科学版精品课程立体化教材·经济学系列

经济学导论

主　编　贾利军

副主编　张亚彬　李常青　梁　媛

科学出版社

北　京

内 容 简 介

本书从经济学的发展与演变脉络出发，介绍了不同经济学流派的主要思想，并紧密结合现实生活问题，从微观、宏观和世界发展三个维度对经济学的基本原理进行了阐述，对当前世界经济的发展进行了解释。全书的主旨在于为学习者提供一个对经济学的全面的认识，让人们认识到经济学不是一门脱离人和社会的抽象的科学，而是围绕人的经济和社会活动展开分析的具体的科学。

本书既可作为高等院校非经济类学生的通识教育课程教材，也可作为经济类学生及经济学初学者和爱好者的入门自学教材与阅读参考书。

图书在版编目(CIP)数据

经济学导论 / 贾利军主编.—北京：科学出版社, 2015.2
科学版精品课程立体化教材·经济学系列

ISBN 978-7-03-043547-7

Ⅰ. ①经… Ⅱ. ①贾… Ⅲ. ①经济学–高等学校–教材 Ⅳ. ①F0

中国版本图书馆 CIP 数据核字(2015)第 041483 号

责任编辑：江　薇 / 责任校对：刘亚琦
责任印制：徐晓晨 / 封面设计：蓝正设计

科学出版社出版
北京东黄城根北街 16 号
邮政编码：100717
http://www.sciencep.com

北京虎彩文化传播有限公司印刷

科学出版社发行　各地新华书店经销

*

2015 年 3 月第 一 版　开本：787×1092　1/16
2020 年 3 月第三次印刷　印张：18
字数：432 000

定价：39.00 元

（如有印装质量问题，我社负责调换）

序　言

经济学作为一门研究经济规律的社会科学，一直备受人们的推崇和青睐。经济学和我们的经济生活紧密相连，我们的衣食住行、投资与消费、就业与社会保障，都离不开经济学的研究，每当我们的经济生活发生变化时，大家都习惯于从经济学和经济学家那里找到答案。然而，当2008年席卷全球的金融危机爆发后，人们在寻找危机爆发原因的同时，也在反思为什么从流行的经济学教科书中无法找到有力的解释。

众所周知，当前在经济学教学上流行的经济学教科书主要是来自西方主流经济理论，主流经济理论的主导地位在第二次世界大战后至今的60多年里，基本上是在主张国家干预的凯恩斯主义经济学和主张自由放任的新古典经济学之间发生轮换。西方主流经济学完全占据了经济学的课堂教学，而其他学派的经济学往往被作为异端经济学和非主流来对待，被边缘化倾向加剧，这样造成的结果是，学生在经济学的学习过程中，误认为基于新古典框架的主流经济学就是经济学的全部，同时也缺乏了对经济学这门社会科学本身应具有的批判。专业学习经济学的同学还可以在今后的高年级和研究生的学习阶段接触到其他的经济学流派的理论，而对于非经济学专业的学生来讲，他们对经济学的学习也就只能停留在对新古典经济学的认识上，因此对现实经济问题的认识也会片面化，只侧重于静态的、抽象的、数理工具的分析，缺乏历史的、具体的、动态的分析。

我在理工科院校从事经济学通识教育和经济学第二学位的教学的过程中，对这一点感触非常深。因此，一直想应该有一本这样的教材，在学生一开始接触经济学时，就应该告诉学习者经济学有不同的流派，不同的流派有不同的分析方法和经济政策主张，经济学的发展是在不断的批判与继承中演变而来的，同时还应使学生认识到经济学作为一门社会科学是有价值判断的，所以编写这本教材也正是基于这样的思考，并以此作为教材编写思路的基本出发点。

这里要感谢北京理工大学的主管校领导和教务处对本书编写给予的大力支持，在我提出这本书编写的基本想法和思路时，他们都积极支持，并将本书列为校“十二五”规划教材，能在理工院校将一门用于通识教育的教材列为计划，实在是不易，这也充分表明了理工大学对人才培养工作的高度重视，充分体现了北京理工大学“德以明理，学以精工”的校训精神。正是基于这样的支持，我们有信心和决心将本书编写出来。在本书的编写过程中，我的研究生冯卓、赵婉、郝志敏、秦彬煊、李天瓅、白梦娇、李晓佼、尤祺等提出了很多建议，也帮助我们做了大量的细致工作，在此对他们付出的劳动表示感谢。最后，还要感谢科学出版社的工作人员，对本书的出版也付出了大量的辛勤劳动。当然书中难免存在疏漏和不足，希望各位同仁和读者提出批评和建议，使我们编撰出版的教材不断优化和甄于完善。

贾利军

2014年11月

目　录

第一篇　导　论

第三篇　宏观经济学

第四篇　全球信息化下的世界经济

第 一 篇

导 论

第1章　什么是经济学

经济学的起源可以追溯到古希腊时期，以色诺芬（Xenophon）、亚里士多德（Aristotle）为代表的早期经济学，经过亚当•斯密（Adam Smith）、卡尔•马克思（Karl Marx）、阿尔弗雷德•马歇尔（Alfred Marshall）及约翰•梅纳德•凯恩斯（John Maynard Keynes）等经济学家的发展，理论体系和应用不断完善与发展。经济学研究的是一个社会如何利用稀缺的资源生产有价值的商品，并将它们在不同的个体之间进行分配。

经济学核心思想是物质稀缺性和有效利用资源，可分为两大主要分支——微观经济学和宏观经济学①。在其发展的历程中，经济学衍生出了演化经济学、行为经济学等交叉边缘学科。

1.1　经济活动及经济学的产生

“经济学”一词最早可以追溯到古希腊，当时 oeconomicu 的意思是“家庭管理”。色诺芬在《经济论》中讨论“经济学”，主要研究优秀的主人如何管理好自己的财产，使自己的财富不断增加。

公元 1500 年以后，市场和贸易的规模迅速扩大，到了 18 世纪，资本主义在欧洲部分地区已经相当发达，出现许多资本主义性质的手工工场，多年的海外贸易和殖民扩张为英、法等国积累了原始资本，提供了广阔的原料产地和海外市场。

16 世纪“政治经济时代”开始取代“道德哲学时代”，重商主义（mercantilism）等经济思想开始出现，随着经济理论的不断演变，产生了更有条理的经济思想。1776 年，亚当・斯密出版了《对国民财富的性质和原因的研究》（简称《国富论》）这一经济学经典著作，他本人因此被视为古典经济学派卓越的创始人。

19 世纪末期，经济学研究更倾向于对经济现象的论证，有些经济学家改变了“政治经济学”这个名称。威廉姆・斯坦利・杰文斯（William Stanley Jevons）在他的《政治经济学理论》1879 年第二版序言中，明确提出应当用“经济学”代替“政治经济学”。1890 年马歇尔出版了《经济学原理》，从书名上改变了长期使用的“政治经济学”这一学科名称。

除了学科内部的纵深发展外，经济学领域的学科交叉与创新发展的趋势非常明显，涌现出许多新兴边缘学科，如演化经济学（Evolutionary Economics）就是 21 世纪兴起的介于生物学和经济学的一门边缘科学，演化证券学则是介于生物学和证券学的边缘学科。

---

① 萨缪尔森 P, 诺德豪斯 W. 经济学（第十九版）. 萧琛, 等译. 北京：商务印书馆, 2013.

1.2 经济学的发展历程

经济学这一学科是随着资本主义生产方式的产生和发展而相应地出现和形成的。16～17 世纪是西欧资本原始积累时期，商业资本的兴起和发展，促使封建自然经济瓦解，国内市场统一，并通过对殖民地的掠夺和对外贸易的扩张积累了大量资金，推动了工场手工业的发展，为资本主义生产方式的勃兴提供了条件。在这一时期，英、法两国出现了不少宣扬重商主义思想的著作。重商主义重视金银货币的积累，把金银看作是财富的唯一形式，认为对外贸易是财富的真正源泉，只有通过出超才能获取更多的金银财富。因此，主张在国家的支持下发展对外贸易。但是重商主义的研究只限于流通过程，还没有形成一套完整的经济理论体系。

17 世纪中叶以后，工场手工业逐渐发展成为工业生产的主要形式。重商主义已经不适应日益壮大的产业资本的利益和要求。这时，封建制度还严重阻碍着资本主义的发展，资产阶级面临的任务是与封建势力作斗争。这种斗争要求从理论上说明资本主义生产方式怎样使财富迅速增长，探讨财富生产和分配的规律，论证资本主义生产的优越性。由此，产生了由流通过程进入生产过程研究的古典经济学。古典经济学的先驱是英国的威廉•配第[①]（William Petty）和法国的布阿吉尔贝尔（P Pierre Le Pesant, sieur de Boisguillebert）。配第的主要贡献在于提出了劳动价值论的一些基本观点，并在此基础上初步考察了工资、地租、利息等范畴。布阿吉尔贝尔认为流通过程不创造财富，只有农业和畜牧业才是财富的源泉。

古典经济学在 19 世纪初发展到顶峰的同时，也开始着它的庸俗化过程。这反映了西欧产业革命初期阶级矛盾的特点。法国的让•巴蒂斯特•萨伊（Jean Baptiste Say）和英国的托马斯•罗伯特•马尔萨斯（Thomas Robert Malthus）是把古典经济学庸俗化的创始者。萨伊发展了斯密的三种收入决定交换价值的庸俗观点；他还从效用价值论出发，转到生产费用论，进而建立“三位一体公式”的分配论。他还提出“供给创造需求”的市场法则。马尔萨斯在将斯密学说庸俗化的同时，同李嘉图进行激烈论争，他抓住李嘉图在价值论上无法解决的难题进行抨击，并力图否定大卫•李嘉图（David Ricardo）的劳动价值论和关于利润来源的学说。约翰•斯图尔特•密尔（John Stuart Mill）和约翰•雷姆赛•麦克库洛赫（John Ramsay McCulloch）则以斯密和李嘉图的信徒面目出现，采用注释和通俗化的形式将古典经济学庸俗化。

19 世纪后期，随着经济的进一步发展，资本主义从自由资本主义向垄断资本主义阶段过渡，以马歇尔、瓦尔拉斯（Walras）为代表的新古典经济学开始盛行。他们运用生产成本价值论、供求理论、边际（marginal）理论等，追求“一般均衡”和“帕累托最优”，主张发展自由放任的市场经济，反对国家干预。

1929 年，资本主义世界爆发了空前的大危机。自由放任的经济政策开始广受质疑，这时，凯恩斯的理论便应运而生，他主张运用政府干预这只“看得见的手”对经济进行

① 配第（1623—1687），英国经济学家、科学家、哲学家，古典政治经济学创始人，著有《赋税论》《政治算术》《献给英明人士》《货币略论》等。

调控，以弥补“有效需求不足”。罗斯福新政是凯恩斯理论的第一次大规模使用和实践，并大获成功，帮助美国从经济危机的泥潭中走了出来。凯恩斯主义也因此大受追捧。

第二次世界大战后，经济学进入了后凯恩斯主义时期。凯恩斯的《通论》问世后，追随者们对《通论》中若干论点的理解和现实问题的看法发生分歧，形成两个对立的学派：新古典综合派和后凯恩斯学派。前者以美国剑桥的麻省理工学院为中心；后者以英国剑桥大学为中心。因此，两派之争又称为“两个剑桥之争”。后凯恩斯学派的主要代表人物有：琼·罗宾逊（Joan Robinson）、尼古拉·卡尔多（Nicholas Kaldor）、皮埃罗·斯拉法（Piero Sraffa）、卢伊季·L. 帕西内蒂（Luigi L. Pasinetti）等。后凯恩斯主义反对新古典的微观经济理论，坚持凯恩斯的宏观经济理论，力图使两种理论进一步分裂。他们主张改进先行税收制度，实现收入均等化；通过政府的福利措施，缓解“富裕中的贫困”的现象；对投资进行全面的社会管制，克服经济盲目增长，把经济社会纳入凯恩斯所设想的“长期充分就业增长”的轨道。

1.3　经济学体系

现今的经济学体系框架一般主要分为微观经济学和宏观经济学两部分。

1.3.1　微观经济学

微观经济学由马歇尔开创，由肯尼思·阿罗（Kenneth Arrow）、吉拉德·德布鲁（Gerard Debreu）完善和发展了一般均衡理论。微观经济学发展到现在，结构完整，框架完善。主要以单个经济单位作为研究对象，分析单个生产者如何将有限资源分配在各种商品的生产上以取得最大利润，涉及的内容相当广泛，其中主要有：均衡价格理论、消费者行为理论、生产者行为理论（包括生产理论、成本理论和市场均衡理论）、分配理论、一般均衡理论与福利经济学、市场失灵与微观经济政策。以下从消费者理论和生产者的角度分别对微观经济学的理论和思路进行简要介绍。

（1）消费者在自己的收入预算约束下根据自己的偏好和商品的满足自己偏好的特性与价格来做出能够让自己的效用最大化的决策。某种商品价格的变化引起消费量的变化可以分解为收入效应和替代效应，正常商品的替代效应大于收入效应的情况下，我们就能推导出一条反映商品价格和商品需求量反向相关的需求曲线。

（2）生产者在成本约束下根据自己的技术函数（投入产出函数）决定投入量的选择，利用类似的思路可以推导出一条反映产量和商品价格之间正相关关系的供给曲线。假定市场可以出清，产品市场和要素市场都是完全竞争的市场，那么我们的供给曲线就是一条直线，如果市场不是完全竞争的，我们就会有关于垄断的探讨了，供给曲线就向右上方倾斜，反映产量和商品价格之间由垄断因素（产品差异或者市场不准入）造成的正相关关系。有了需求曲线和供给曲线，如果它们相交于某一个点，这个点就是均衡点，在这个点上商品的价格是均衡价格、商品的产量是均衡产量，市场是出清的。如果消费者的偏好和企业的选择集都是凸性的，如果做出调整，不是消费者受损就是厂商受损，说明市场均衡产量也是帕累托有效的。也就是说，自由竞争的市场经济能够实现市场出清，而且是有效率的。阿罗[①]和德布鲁[②]也证明了 n 种商品、n 个消费者和生产者的情况下市场也可以实现出清。市场如果由于外部性、自然垄断等原因不能实现出清，那就引出了所谓制度经济学和公共经济学的议题。

1.3.2 宏观经济学

宏观经济学主要讨论经济在长期和短期增长的所有决定因素，包括关于通货膨胀、就业等问题的讨论。要理解宏观经济学，需要记住两个基本学派的划分，它们根本假设并不很一致，导致很多结论不同，互相争吵不休。

古典学派：假定市场由于理性预期等因素是可以实现出清的，所以政府并不需要干预宏观经济，只要控制货币发行量为理性经济人提供一个合理稳定的政策预期就好。其基本的分析工具是 AD-AS 曲线。

凯恩斯学派：假设市场由于工资刚性（黏性）的问题无法自动实现出清，至少在短期是这样的。长期中工资是可以调整的，凯恩斯学派和古典学派之间并没有很大的分歧。但是，在短期，由于上述原因，政府必须采用货币政策和财政政策来干预经济。它的分析手段除了 AD-AS 曲线之外，还有就是约翰・希克斯[③]（John Hicks）发明的分别代表货币市场均衡及产品市场均衡的 LM 曲线和 IS 曲线，它们之间的互动可以解释利率（货币的价格）和产出之间的互动关系。

由于这个基本的差别，两派在通胀原因、就业与通胀关系、政策有效性等问题上争论得不可开交。新凯恩斯学派和理性预期学派分别代表了凯恩斯和古典学派的前沿成就。争论仍在继续，我们拭目以待。

除了短期经济问题中争论的这些问题，宏观经济学也关心长期经济增长的问题。由哈罗德（Harrod）最先提出最优经济增长率这一概念，但是哈罗德假定技术不变后来推导出了一个哈罗德陷阱，对经济的长期增长持悲观的态度。罗伯特・默顿・索洛[④]（Robert Merton Solow）发展了哈罗德模型，引入了技术可变的因素，得出了技术进步是引起长期经济增长的唯一因素，他的模型也成了分析经济增长问题的经典模型和基础。弗兰克・拉姆齐（Frank Plumpton Ramsey）、大卫・卡斯（David Cass）和特亚林・科普曼斯（Tjalling Koopmans）由此发展出 RCK 模型，从生产者、家庭两个角度研究增长路径。如果不管考虑一个国家内部的经济也考虑外部的因素，就是开放的宏观经济学，也是国际经济学的基础。现代最新的经济学发展趋势：前些年新制度经济学大行其道，这些年博弈论后来居上。2007 年诺贝尔奖得主埃里克・马斯金（Eric Maskin）、

---

① 阿罗（1921— ），主要研究成果概括为"开创社会选择理论""为一般均衡求解""建立信息经济学"。1972 年与希克斯一起分享了诺贝尔经济学奖。

② 德布鲁（1927—2004），美籍法国人，概括了帕累托最优理论，创立了相关商品的经济与社会均衡的存在定理，1983 年获诺贝尔经济学奖。

③ 希克斯（1904—1989），1972 年诺贝尔经济学奖获奖者，一般均衡理论模式的创建者。

④ 索洛（1924— ），美国经济学家，以其新古典经济增长理论著称。

罗杰·B. 迈尔森（Roger B. Myerson）、里奥尼德·赫维茨（Leonid Hurwicz）等三人都是研究博弈论中的机制设计理论的。现代经济学研究又离不开以计量经济学为基础的实证建模。计量经济学在传统的普通最小二乘法（Ordinary least square, OLS）模型的基础上，也对非稳定的时间序列数据、面板数据进行单独的模型分析；对解释变量为非连续变量的二元离散选择模型构建了 probit 模型和 logit 模型。

1.4　经济学研究对象及方法

1.4.1　经济学研究对象

不同学派由于持有的立场和研究内容不同，其研究对象也有不同的定义。一般来讲，经济学是研究稀缺资源在各种可供选择的用途中间进行有效配置的科学。理论经济学研究人们既定的目的与具有不同用途供选择的手段之间的关系，即认为人的欲望是众多的，而一定时期作为满足欲望手段的资源总是有限的，用于某个目的就不能用于其他目的，经济学就是要研究人们在以有限的资源满足众多的欲望时怎样做出合理的选择；应用经济学的研究对象是国民经济各个部门的经济活动（如农业、工业、商业等），或涉及各个部门而带有一定综合性的专业经济活动（如经济计划、财政、货币、银行等），或单个经济单位的经济活动（如企业的经营管理）及其相应的经济关系；马克思主义政治经济学则研究人类社会各个发展阶段上的生产关系体系，即在一定的生产资料所有制前提下包括生产、交换、分配、消费诸关系在内的经济关系及其发展规律的科学。新政治经济学则主要利用现代经济分析的形式的和技术的工具来考察政治对于经济的重要性。

1.4.2　经济学研究方法

1. 实证分析与规范分析

经济学中的实证分析是指排除了主观价值判断，只对经济现象、经济行为或经济活动及其发展趋势进行客观分析，它只考虑经济事物间的相互联系的规律，并根据这些规律来分析和预测人们经济行为的效果。它要回答的只是客观事物“是什么”。现在的失业率是多少？失业率如何影响通货膨胀？汽油税又会怎样影响汽油的消费量？这些问题只有通过诉诸事实才能解决。这些问题有可能比较容易，也可能很难，但是它们都属于实证经济学的范围。

规范分析是从一定的价值判断出发，说明某一具体经济事物是好还是坏，是否符合某种价值标准，它要回答的是某一事物“应该是什么”。它涉及伦理和价值判断。通货膨胀的容忍限度应该是多少？是否应当向富人课以重税以帮助穷人？国防开支每年应当增长 3%，还是 5%或是 10%？这些问题涉及根深蒂固的价值和道德判断。对它们可以进行争论，但是它们绝不可能通过科学或诉诸事实加以解决。对于通货膨胀应该多高，什么程度的贫穷是合乎正义的，以及我们需要多少国防开支的问题，根本就不存在正确或者错误的答案。这些问题是由政治上的抉择来解决的。

用实证分析方法来研究经济问题的理论称为实证经济学；用规范分析方法来研究经

济问题的理论则称为规范经济学。这种划分与强调研究对象的微观经济学和宏观经济学不同，前者是以分析方法为划分标准，后者是以研究范围为划分标准。微观经济学和宏观经济学主要都是用实证分析方法进行研究的，因而基本上都属于实证经济学。

实证分析是现代西方经济学中最重要的分析方法。经济学作为一门科学，与其他学科包括自然科学具有的共性就是它的科学性。要使经济学成为一门真正的科学，首先必须揭示各种经济现象发展变化的客观规律，正确回答客观事实是怎样的，而这正是要通过实证分析来达到的。离开了实证分析，就不能正确地认识社会的客观经济运行。因此，经济学的实证化是经济学科学化的唯一途径。经济学又属于社会科学，作为社会科学，与自然科学相比较又有它的特殊性，经济学不可能完全摆脱规范分析，也无法回避价值判断的问题，因为经济学总是为一定的社会经济制度和人们的经济利益服务的，它必须对客观经济现象的好与坏，以及应该是什么做出判断。所以，在经济学的研究中应该把实证分析方法和规范分析方法结合起来才更为科学。

2. 静态分析和动态分析

静态分析也称均衡分析，它是指对经济运行的一种短期分析。它主要研究什么是均衡状态，以及达到均衡状态所需要的条件，但它不论及达到均衡状态的过程和所需的时间。

如果把时间因素导入经济分析，具体分析当自变量发生变化后，原来的均衡点怎样过渡到新的均衡点的实际变化过程，这就是动态分析。由于动态分析的重点是研究实际变化的过程，它也称为过程分析。

3. 存量与流量分析

存量与流量是经济分析中经常遇到的两个重要概念。搞清存量与流量的概念，并分析它们间的关系，对于理解经济活动的数量关系具有十分重要的意义。

存量是指在一定时点上存在的变量的数值。例如，2001 年 12 月 31 日某国银行储蓄存款总额数、国家固定资产总额数等。

流量是指在一定时期内发生的变量的数值。例如，2001 年某国银行储蓄存款总额数、国家固定资产总额数等。

4. 边际分析

边际分析是西方经济学普遍采用的分析方法。边际分析有两层含义：一是增量；二是一定数量中最后一个单位所带来的增量，这一增量在数字上可正也可负。因此，边际概念就是指一定数量中最后增加的一个单位所带来的增量。

西方经济学认为，在经济分析中引入边际分析方法是经济学的一个革命，尤其在它的定量分析中边际概念和边际分析方法被广泛地使用。例如，在微观经济学中有边际效用、边际成本、边际产量、边际收益等概念；在客观经济学中有边际消费倾向、边际储蓄倾向等。

边际分析揭示经济活动中的数量变动关系，是对经济数量变化的客观描述。从这一意义上说，它只是一种单纯的数量分析。运用这一方法去分析经济活动中的客观数量关系，有助于人们认识各种数量关系变化的趋势和规律。因此，作为一种数量分析的工具，边际分析方法在学习西方经济学的过程中是必须掌握的。

本 章 总 结

1. 经济学研究的是一个社会如何利用稀缺的资源生产有价值的商品，并将它们在不同的个体之间进行分配。经济学的核心思想是物质稀缺性和有效利用资源，可分为两大主要分支——微观经济学和宏观经济学。

2. 经济学就是要研究人们在以有限的资源满足众多的欲望时怎样做出合理的选择。理论经济学研究人们既定的目的与具有不同用途供选择的手段之间的关系。

3. 经济学的研究方法主要有实证分析与规范分析、静态分析和动态分析、存量与流量分析、边际分析等。

思 考 题

1. 经济学是一门什么样的学科？
2. 经济学产生和发展的根源及动因是什么？
3. 经济学的研究对象是什么？
4. 经济学有哪些研究方法？
5. 经济学的学科体系由哪几部分构成？

课外阅读

对人类社会发展具有深远影响的经济学家介绍

亚当·斯密（Adam Smith，1723—1790），经济学鼻祖。英国人，古典经济学的代表人物。1759年出版的《道德情操论》获得学术界极高评价。1776年3月，他所著述的《国民财富的性质和原因的研究》出版后引起大众广泛的讨论，世人尊称亚当·斯密为“现代经济学之父”和“自由企业的守护神”。

大卫·李嘉图（David Ricardo, 1772—1823），英国产业革命高潮时期的资产阶级经济学家，他继承和发展了斯密经济理论中的精华，使古典政治经济学达到了最高峰，是英国资产阶级古典政治经济学的杰出代表和完成者。1817年他发表了代表作《政治经济学及赋税原理》，其比较优势学说构成了现代贸易理论的基石。

阿尔弗雷德·马歇尔（Alfred Marshall, 1842—1924），剑桥学派的创建人，是19世纪末、20世纪初英国著名的经济学家，其供给与需求的概念，以及综合边际效用学派的观点，提出均衡价格理论，构成了微观经济学的基础。1890年发表《经济学原理》，他的理论及其追随者被称为新古典理论和新古典学派。

琼·罗宾逊（Joan Robinson，1903—1983）（琼·罗宾逊夫人），英国著名女经济学家，新剑桥学派的代表人物，与美国的张伯伦一起提出了厂商均衡理论，标志着微观经济学体系的最终确立。琼·罗宾逊著述甚多，除《不完全竞争经济学》外，其他主要著作有《就业理论引论》《论马克思主义经济学》《资本积累论》《经济增长论文集》《经济哲学》《经济学的异端》《现代经济学导论》等。

约翰·梅纳德·凯恩斯（John Maynard Keynes, 1883—1946），英国人，现代西方经济学最有影响的经济学家之一，他创立的宏观经济学与弗洛伊德所创的精神分析法和爱因斯坦发现的相对论一起并称为 20 世纪人类知识界的三大革命。1936 年，凯恩斯的代表作《就业、利息与货币通论》发表，被西方学者认为“凯恩斯是在致命危机威胁资本主义世界时挽救和巩固了这个社会”。另外两部重要著作是《论货币改革》和《货币论》。

保罗·萨缪尔森（Paul A. Samuelson，1915—2009），美国诺贝尔经济学奖第一人。萨缪尔森和他的导师汉森是凯恩斯主义在美国的主要代表人物，被称为新古典综合派，实质上是将马歇尔为代表的新古典经济学与凯恩斯主义经济理论综合在一起。其核心思想是采取凯恩斯主义的宏观财政政策和货币政策来调节资本主义的经济活动。萨缪尔森的经典著作是《经济学》，还有《线性规划与经济分析》《经济分析基础》。

约瑟夫·熊彼特（Joseph Alois Schumpeter, 1883—1950），奥地利政治经济学家，他阐释了经济增长的根源——创新。管理大师德鲁克称他具备“永垂不朽的大智慧”。熊彼特在《经济发展理论》一书中提出“创新理论”以后，又相继在《经济周期》和《资本主义、社会主义和民主主义》两书中加以运用和发挥，形成了以“创新理论”为基础的独特的理论体系，从而闻名于世，影响颇大。他也是最先研究经济周期的经济学家之一，其代表作还有《经济分析史》。

弗里德里希·冯·哈耶克（Friedrich August Hayek，1899—1992），奥地利裔英国经济学家，伦敦学派的代表人物，也是极端的经济新自由主义者。他的自由主义思想在西方国家学术界有重要影响。1974 年他与瑞典经济学家缪达尔共同获得诺贝尔经济学奖。哈耶克著有《货币理论和经济周期理论》《物价与生产》《资本纯理论》《通向奴役的道路》《法律、立法与自由》《个人主义与经济秩序》《自由秩序原理》。

米尔顿·弗里德曼（Milton Friedman，1912—2006），芝加哥经济学派和货币主义的代表人物。1976 年，凭借在“消费理论分析、货币史和货币理论研究领域中的成就”和“对经济稳定政策的错综复杂性的论证”获诺贝尔经济学奖。他的重要著作有《实证经济学论文集》《消费函数理范》《资本主义与自由》《自由选择》。

罗伯特·卢卡斯（Robert Lucas，1937—　），美国芝加哥大学教授，理性预期学派的代表人物，率先将理性预期假说成功地运用于宏观经济分析，1995 年获得诺贝尔经济学奖，他在宏观经济模型构造、计量方法、动态经济分析及国际资本流动分析等方面都做出了卓越的贡献。著作主要包括《理性预期与经济计量实践》《经济周期理论研究》《经济周期模式》《经济动态学中的递归法》。

罗伯特·蒙代尔（Robert A. Mundell，1923—　），加拿大人，供给学派的代表人物。美国哥伦比亚大学教授、世界品牌实验室主席、1999 年诺贝尔经济学奖获得者、“最优货币区理论”的奠基人，被誉为“欧元之父”，其著作包括《国际货币制度：冲究和改革》《人类与经济学》《国际经济学》《货币理论：世界经济中的利息、通货膨胀和增长》等。

道格拉斯·诺斯（Douglass North，1920—　），新经济史学派代表人物，新制度经济学集大成者，1993 年诺贝尔经济学奖得主之一，华盛顿大学教授。同时，也是华盛顿大学新制度社会科学研究中心的奠基人。创立了包括产权理论、国家理论和意识形态理论在内的"制度变迁理论"。代表著作有《1790—1860 年的美国经济增长》《美国过去的增长与福利：新经济史》《制度变化与美国的经济增长》《西方世界的兴起：新经济史》《经济史中的结构与变迁》等。

约瑟夫·斯蒂格利茨（Joseph E. Stiglitz，1943—　），哥伦比亚大学教授，经济学理论联系现实的代表人物，信息经济学的开创者和奠基人之一，2001 年诺贝尔经济学奖获得者。他是世界上公共部门经济学领域最著名的专家。与 A. B. 阿特金森合写《公共经济学讲义》，与 D. M. G.纽伯里合写《商品价格稳定理论》。此外，他同宇泽弘文（H. Uzawa）合编了一部书——《现代经济增长理论选读》。

第 2 章　经济学的主要流派及其观点

自经济学诞生以来，经济发展阶段的不同、代表阶级不同和研究方法不同等原因，导致经济学家的经济思想理论认识不一致，从而形成了众多的经济学流派。在经济学发展过程中，先后出现了重商主义学派、重农学派、古典学派、社会主义思潮、德国历史学派、边际学派、新古典学派、数理经济学、制度学派（institutional school）、福利经济学、凯恩斯学派、芝加哥学派、经济及增长与发展理论等。各学派经济思想的发展具有延续性和连贯性，各经济学流派的思想史真实地揭示了经济学演变的过程，展示了经济学发展的脉络和规律。

由于经济学流派众多，内容庞杂，许多理论十分晦涩难懂，本章就经济学的主要学派产生的历史背景、主要信条、为谁谋利、如何成为一个有效的理论体系及哪些内容具有深远的影响等方面进行论述，以使读者能够对各流派的基本理论观点及各流派之间的分歧和争论有所了解。

2.1　经济学主要流派

2.1.1　重商主义学派

重商主义学派的影响大致在 1500～1776 年，处于中世纪之后，自由主义盛行之前。当时自给自足的封建社会慢慢被新兴商业资本主义取代，国内与国际贸易日益繁荣，货币的使用范围逐渐扩大。西半球金矿的发现促进了贸易量的增长，也激发了贵金属理论的产生。航海发展促进了地理大发现，地理大发现拓展了贸易范围。生产规模虽然较小，但越来越多的商人周旋于生产者和消费者之间，在商业活动中成为重要的角色。

重商主义学派的主要代表人物有托马斯·曼（Thomas Mann）、杰拉德·马利尼斯（Gerard Malynes）、查尔斯·戴维南特（Charles Davenant）、让·巴蒂斯特·柯尔培尔（Jean Baptiste Colbert）、威廉·配第等。

威廉·配第不仅在重商主义方面提出了很多新观点，而且是古典经济学的先驱。他对于货币流通、劳动分工、地租理论、资本品的重要性和劳动价值论等方面都有论述，对后来的古典经济学家有很大的影响。

2.1.2　重农学派

重农学派出现于重商主义时代结束时期的法国，该学派的出现以 1756 年弗朗斯瓦·魁奈[①]（Francois Quesnay）在《百科全书》中第一篇经济学论文的发表为标志，结

① 魁奈（1694—1774），资产阶级古典政治经济学奠基人之一，法国重农学派的创始人和重要代表。

束是以 1776 年安·罗伯特·雅克·杜尔阁[①]（Anne Robert Jacques Targot）失去在法国政府的高官位置和亚当·斯密出版《国富论》为代表。

重农学派是在反对重商主义和法国旧政权封建特性的过程中产生的，但是它也没有完全摆脱当时盛行于法国的中世纪观念。当时的法国政府对生产进行极为细致的管制，并且对工业征收高额的各种税费，束缚了生产的发展，还对贸易进行了严格的管制。

魁奈在其于 1757 年发表在《百科全书》中的一篇文章里指出，小农场没有能力采用最有效率的生产方式，支持由“企业家”经营的大农场。他在 1758 年完成的为法国国王创作的《经济表》中，描述了在一个理想的、自由竞争的经济中，商品与货币的循环流动。这是对财富流动第一次系统的分析，后来成为了宏观经济学的基础。

杜尔阁在 1766 年写的《关于财富的形成和分配的考察》一书中，发展了一种工资理论，认为工人之间的竞争使工资可以降低到维持最低生存需要的水平上，这就是后来“工资铁律”的早期表述。杜尔阁对经济学最大的贡献是其准确地表达了收益递减规律，该规律出自他的《基于圣·佩拉维论文的观察》一书中。

2.1.3　古典学派

古典学派始于 1776 年亚当·斯密《国富论》的出版，代表人物主要有亚当·斯密、达德利·诺思（Dudley North）、理查德·康替龙（Richard Cantillon）、大卫·休谟（David Hume）等。1871 年杰文斯、卡尔·门格尔（Carl Menger）、瓦尔拉斯各自出版了阐述新古典理论的著作，至此古典学派结束。

牛顿提出万有引力定律的“科技革命”和爆发于英国的“工业革命”这两次“革命”对于古典经济思想起到了特别重要的影响。科技革命非常依赖实验依据，推广了宇宙是由自然规律统治的这一观点。在古典学派的思想中，可以看到牛顿的影响，他们认为，封建制度和重商主义的严格限制已经没有存在的必要了，自然规律将引导经济体系和人们的活动。工业革命使得英国在商业和工业方面都取得了霸权地位，工业革命和古典政治经济学首先在英国得到了发展。英国从自由国际贸易中获得了巨大的利益，一个自由的、流动的、低工资的劳动大军也涌现出来。古典经济学主张自由放任的政策和最低限度的政府干预。

亚当·斯密是经济学的主要创立者，被称为经济学的“鼻祖”。他于 1759 年出版的《道德情操论》获得学术界极高评价。而后于 1768 年开始着手著述《国富论》，这是斯密最具影响力的著作，对于经济学领域的创立有极大贡献，使经济学成为一门独立的学科。《国富论》一书认为劳动才是最重要的，而劳动分工将能大量提升生产效率；另外一个重点便是自由市场，一双“看不见的手”将会引导市场生产出正确的产品数量和种类。

2.1.4　社会主义思潮

随着大工厂的出现，工业革命毁灭了传统的农业-乡村-手工业经济，城市和工厂周

① 杜尔阁（1727—1781），法国政治家，重农主义理论家，曾担任法国的财政部长。

围出现了拥挤的贫民窟，劳动力成为商品，广大的劳动者失去了生产资料，资产阶级和无产阶级的对立开始形成，分化日益严重。资本主义内部矛盾日益尖锐，无产阶级反对资产阶级的斗争日益高涨。马克思和恩格斯参加了当时阶级斗争的实践。在此基础上，周密地研究了资本主义生产方式的矛盾，批判地继承了18世纪三大空想社会主义者——法国的圣西门[①]（Saint-Simon）、夏尔·傅里叶[②]（Charles Fourier）和英国的罗伯特·欧文[③]（Robert Owen）的思想成果，创立了唯物史观和剩余价值论，使社会主义从空想变为科学。1848年，《共产党宣言》发表，标志着科学社会主义的诞生。1867年发表的《资本论》和1875年撰写的《哥达纲领批判》，对资本主义的经济运行进行了深刻的剖析，同时对科学社会主义的理论原理进行了深刻的论证。

2.1.5 边际学派

边际效用学派是在19世纪70年代初，作为传统经济学的对立面出现的。它的奠基者是三位几乎同时各自独立提出主观价值论的经济学家——英国的杰文斯、奥地利的门格尔、法国的瓦尔拉斯，被称为“边际三杰”。

边际学派以倡导边际效用价值论和边际分析为共同特点，在其发展过程中形成两大支派：一是以心理分析为基础的心理学派或称奥地利学派，其主要代表为门格尔、弗里德里希·冯·维塞尔[④]（Friedrich von Wieser）和欧根·冯·庞巴维克[⑤]（Eugen Bohm-Bawerk）等；二是以数学为分析工具的数理学派或称洛桑学派，其主要代表有英国的杰文斯、法国的瓦尔拉斯和维弗雷多·帕累托[⑥]（Vilfredo Pareto）。边际效用学派在美国的主要代表是约翰·莫里斯·克拉克[⑦]（John Maurice Clark），他在边际效用论的基础上提出边际生产力分配论。当代资产阶级经济学家把边际效用价值论的出现称为“边际主义革命”，即对古典经济学的革命。这个学派运用的边际分析方法，后来成为资产阶级经济学发展的重要基础。

边际学派在学术上主要关注边际，分析理性行为，强调微观经济，使用抽象、演绎的方法，强调完全竞争，提出需求导向的价格理论，强调主观效用，使用均衡方法，将土地与资本合并，主张最小的政府干预。

2.1.6 新古典学派

新古典学派从19世纪末起至20世纪30年代，一直被西方经济学界奉为典范。从字

---

① 圣西门（1760—1825），法国哲学家，经济学家，空想社会主义者。

② 傅里叶（1772—1837），法国空想社会主义者。

③ 欧文（1771—1858），英国空想社会主义者、企业家、慈善家，现代人事管理之父，人本管理的先驱。

④ 维塞尔（1851—1926），奥地利经济学派早期的经济学家。其最知名的两本著作分别是详细解释了机会成本和归属理论的Natural Value（1889年），以及试着将其理论套用至现实世界的Social Economics（1914年）。

⑤ 庞巴维克（1851—1914），奥地利学派经济学家，奥地利学派的主要代表人物之一，曾三次出任奥地利财政部长。1904年辞去财政部长职务，任维也纳大学经济学教授。

⑥ 帕累托（1848—1923），意大利经济学家、社会学家，洛桑学派的主要代表之一。生于巴黎，瑞士洛桑大学教授。发展了瓦尔拉的一般均衡的代数体系，提出了著名的“帕累托最优”，著有《政治经济学讲义》《政治经济学提要》等。

⑦ 克拉克（1884—1963）。美国经济学家，哥伦比亚大学教授，《美国经济评论》编辑，美国国际经济学会名誉会长。

面意思上看，新古典主义（neoclassicism）意味着一种新的（neo）形式的古典主义。

新古典学派的主要代表人物有马歇尔[①]、约翰·古斯塔夫·克努特·维克塞尔[②]（John Gustav Knut Wicksell）、欧文·费雪（Irving Fisher）、拉尔夫·乔治·霍特里（Ralph George Hawtrey）、皮耶罗·斯拉法[③]（Piero Sraffa）、爱德华·黑斯廷斯·张伯伦[④]（Edward Hastings Chamberlin）、琼·罗宾逊[⑤]等。

马歇尔在 1890 年出版的《经济学原理》一书中，继承古典经济学的传统，以折中主义手法把供求论、生产费用论、边际效用论、边际生产力论等融合在一起，建立了一个以完全竞争为前提、以均衡价格论为核心的相当完整的经济学体系。此外，新古典学派还有货币经济学、不完全竞争经济学等分支。

2.1.7　数理经济学

数理经济学因受到英国的杰文斯和法国的瓦尔拉斯的高度推崇，才知名于世，并被当作数理经济学和数理学派的正式起源。此后，英国的弗朗西斯·伊西德罗·埃奇沃斯[⑥]（Francis Ysidro Edgeworth）、马歇尔、意大利的帕累托等进一步发展了数理经济学。

数理经济学是一种独特的方法，主要指通过数学符号和数学方法表达或阐明的经济学原理或经济学分析。所以归入这一类的经济学并不意味着都以某种特定的经济事物作为共同的研究对象，也不一定在理论上和观点上彼此完全一致，数理经济学研究的主要问题，也因人因时而异。

2.1.8　制度学派

制度学派是 19 世纪末 20 世纪初诞生在美国的一个经济学派别，主要代表人物有托尔斯坦·本德·凡勃伦[⑦]（Thorstein Bunde Veblen）、康蒙斯[⑧]（Commons）、韦斯利·克莱尔·米切尔[⑨]（Wesley Clair Mitchell）、约翰·肯尼思·加尔布雷思[⑩]（John Kenneth Galbraith）等。

19 世纪末，美国成为垄断资本主义最发达的国家，同时也成为贫富两极分化最突出

① 马歇尔（1842—1924），近代英国最著名的经济学家，新古典学派的创始人，剑桥大学经济学教授，19 世纪末和 20 世纪初英国经济学界最重要的人物。

② 费雪（1851—1926），美国经济学家、数学家、经济计量学的先驱者之一。生于纽约州的少格拉斯。

③ 斯拉法（1898—1983），英籍意大利经济学家，著有《李嘉图著作和通信集》《成本与产量之间的关系》《竞争条件下的收益规律》等。

④ 张伯伦（1899—1967），美国著名经济学家，提出垄断性竞争理论。

⑤ 琼·罗宾逊（1903—1983），英国著名女经济学家，新剑桥学派的代表人物，琼·罗宾逊夫人是世界级经济学家当中唯一的女性，而且是有史以来最著名的女性经济学家。

⑥ 埃奇沃斯（1845—1926），英国统计学家，数理统计学的先驱。

⑦ 凡勃伦（1857—1929），美国经济学巨匠、制度经济学鼻祖，代表作是《有闲阶级论》。

⑧ 康蒙斯（1862—1945），美国制度学派的理论家，也是制度学派的实践家,是凡勃伦的同辈追随者。

⑨ 米切尔（1874—1948），美国经济学家和教育家，制度学派的重要代表人物。

⑩ 加尔布雷思（1908—2006），美国经济学家、新制度学派的领军人物。

的国家，阶级矛盾日益加深。凡勃伦 1899 年发表《有闲阶级论》，1904 年发表《企业论》，创立制度学派。他采用历史方法、社会达尔文主义和职能主义心理学，批评传统经济学的方法论，承认资本主义制度存在各种弊端和缺陷，强调对资本主义各种经济关系的改良，形成制度学派的传统。

新制度学派（neo-institutional school）形成于 20 世纪 50 年代，是当代西方经济学的主要流派之一。主要代表人物是美国的加尔布雷思、肯尼思·博尔丁（Kenneth Ewart Boulding），以及瑞典的卡尔·纲纳·缪达尔（Karl Gunnar Myrdal）等。

2.1.9 凯恩斯学派

1929～1933 年，资本主义世界爆发了空前严重的经济危机，震撼了各主要资本主义国家，整个资本主义世界陷入了长期的萧条之中。面对着空前严重的危机和失业，否认危机和失业的可能性的传统经济学受到了广泛的质疑。约翰·梅纳德·凯恩斯的凯恩斯经济学便应运而生了。

凯恩斯经济学批评了新古典经济学里面的就业理论，继承了重商主义的国家干预学、马尔萨斯的有效需求不足学、孟德维尔（Mandevile）的高消费促进繁荣的学说和霍布森（Hobson）的过度储蓄引起的经济萧条学说，引发了经济学中的“凯恩斯革命”。后来，阿尔文·汉森（Alvin Hansen）和保罗·萨缪尔森等经济学家将他们理解的凯恩斯的经济学方法直接推进了宏观经济学的主流。

2.1.10 芝加哥学派

自马歇尔时代以来，经济思想的许多重要发现刺激了经济中更多的政府干预，凯恩斯革命更是深深植根于人们的心中。人们普遍接受和认可政府应该利用财政政策、货币政策和收入政策来稳定经济。芝加哥大学的米尔顿·弗里德曼（Milton Friedman）、罗伯特·卢卡斯①（Robert Lucas Jr）、加里·贝克尔（Gary Becker）等几位著名经济学家，反对这一推理思路，几乎是“逆着一股强大的知识与历史潮流而前进”，他们的主要信条符合广义的古典-新古典传统。

2.2 经济学主要流派的主要思想

2.2.1 重商主义的主要思想

重商主义学派产生于 15 世纪西欧资本主义萌芽出现和地理大发现时期，认为财富的直接源泉是流通领域，坚持国际贸易、保护国内市场。

重商主义学派的发展可以分为两个历史时期，从 15 世纪下半期到 17 世纪上半期为

① 卢卡斯（1937— ），美国经济学天才、理性预期学派的重量级代表，倡导和发展了理性预期与宏观经济学研究的运用理论，并对经济周期理论提出了独到的见解，是 1995 年诺贝尔经济学奖获得者。

早期重商主义，从 17 世纪上半期到 18 世纪下半期为晚期重商主义。早期主张严禁金银出口，对外贸易奉行绝对的“少买多卖”的原则。晚期则重视扶植工厂手工业的发展和扩大商品出口，并允许货币出口和发展殖民地转运贸易，主张降低物价和外国竞争，但要求对外贸易出超，获得贸易顺差。

以下是重商主义的基本观点。

（1）社会财富观。重商主义认为财富就是货币（即金银）。一切经济活动和国家政策，都是为了攫取金银、增加财富。

（2）财富源泉观。重商主义认为，财富的直接源泉在流通领域，只有对外贸易才会真正增加一国的财富。因此，对外贸易必须保持顺差。

（3）强调商业的重要性。重商主义认为，在工商业中，工业要为商业服务。国家鼓励的只是那些可以高价出口的商品的生产。

（4）国家干预经济。重商主义认为国家必须积极干预经济生活，管理和指导经济，保护国内有利于增加金银货币的工商业，促进对外贸易的有利发展。

重商主义最早用商业的眼光和用市场的角度论述经济规律，有一定的进步性，但它的一些理论和观点带有浓厚的经验主义色彩，从而带有理论肤浅和片面性的特征。

2.2.2　重农学派的主要思想

重农学派以自然秩序为最高信条，视农业为财富的唯一来源和社会一切收入的基础，认为保障财产权利和个人经济自由是社会繁荣的必要因素。重农主义者认为，自然秩序是永恒的、理想的、至善的。但社会的自然秩序没有绝对的约束力，如果人们认识自然秩序并按其准则来制定人为秩序，这个社会就处于健康状态；反之，社会就处于疾病状态。自然秩序的实质是个人的利益和公众利益的统一，而这又只能在自由体系之下得到实现。于是重农主义者就从自然秩序引申出经济自由主义。

纯产品学说是重农主义理论的核心。他们的全部体系都围绕着这一学说而展开，一切政策也以之为基础。重农主义者认为财富是物质产品，财富的来源不是流通而是生产。所以财富的生产意味着物质的创造及其量的增加。在各经济部门中，他们认为只有农业是生产的，因为只有农业既生产物质产品又能在投入和产出的使用价值中，表现为物质财富的量的增加。工业不创造物质而只变更或组合已存在的物质财富的形态，商业也不创造任何物质财富，而只变更其市场的时、地，两者都是不生产的。农业中投入和产出的使用价值的差额构成了“纯产品”。在“纯产品”的基础上，重农学派提出了废除其他赋税只征收一种单一地租税的主张。他们认为“纯产品”是赋税唯一可能的来源。“纯产品”归结为地租，于是地租就是唯一能负税的收入。

在分析社会财富、资本的流通和再生产的尝试上，重农学派做出了重要贡献。他们既分析了资本在劳动过程中借以组成的物质要素，研究了资本在流通中所采取的形式；又在此前提下，把社会总产品的生产，通过货币的中介，在社会三个阶级间的流通过程，表现为社会总资本的再生产过程。同时，在再生产过程中，包括了对各社会阶级收入来源、资本和所得的交换、再生产消费和最终消费的关系、农业和工业两大部门之间的流通等的分析。这些都在魁奈的《经济表》中得到了全面表达。

2.2.3 古典学派的主要思想

古典经济学又称古典政治经济学、资产阶级古典政治经济学。古典经济学一般指英国古典经济学，其杰出代表和理论体系的创立者是亚当·斯密，他所著的《国富论》把资本主义经济学发展成一个完整的体系，书中批判了重商主义把对外贸易作为财富唯一源泉的片面观点，斯密把经济研究从流通领域拓展到生产领域。

古典经济学主要涉及经济成长动力，反对重商主义；强调经济自由，主要是自由放任主义和自由竞争的思想。其许多基本概念和原理是由斯密在《国富论》中提出的，主张当人民依照私利行动时，国家所创造的财富是最大的。

古典学派即指研究古典经济学的学者们。古典学派并非由研究者本身建立，却是后来的研究者对以英国为中心的经济学派的统称。其中，最早使用“古典学派”这一名词的是马克思，它用来包括李嘉图、詹姆斯·穆勒及他们以前的经济学家，也即指在李嘉图那里达到了顶峰的一派理论的创建者们。用凯恩斯的话来说：“但我在使用‘古典学派’这一名词时，也包括了李嘉图的后继者，即那些接受了李嘉图的经济学的观点并加以发扬光大的人，如约翰·斯图亚特·穆勒、马歇尔、埃奇沃斯及庇古教授。这种习惯的用法也未必恰当。”

2.2.4 社会主义思潮

空想社会主义（utopian socialism）是现代社会主义思想的来源之一，流行于19世纪初期的西欧，著名代表人物为欧文、圣西门和傅里叶，主张建立一个没有资本主义弊端的理想社会。空想共产主义都主张废除私有制，消灭阶级差别，共同劳动，平均分配产品，建立社会平等。欧文甚至在1824年在美国印第安纳州买下1214公顷土地，开始新和谐移民区实验，但实验以失败告终，而欧文也因此破产。他们中有些代表人物还主张暴力革命，并提出和论证了过渡时期等问题。但他们在一些基本问题上，还未能摆脱空想社会主义的根本缺陷，因而他们的理想社会不能实现。

马克思是最为著名的“科学社会主义”的代表人物，他试图揭示资本主义内在的矛盾将导致其最终消亡。马克思相信，在发达资本主义国家内部社会革命是不可避免的。

马克思认为，商品是为了利润生产出来的产品，并且具有满足人们需要的能力，价值是一种凝结在商品中的无差别的人类劳动，即抽象劳动所创造的理论。剥削是人类社会发展到一定阶段的产物。社会上剩余产品的出现是剥削产生的物质前提条件，社会分工的发展、生产资料私有制的产生、社会分裂为阶级是剥削产生的现实基础。在资本主义发展的过程中，平均利润率在长期中趋于下降，由于资本主义内部的不可调和的矛盾，经济危机不可避免，并最终会导致资本主义的灭亡。

2.2.5 边际学派的主要思想

19世纪70年代，“边际三杰”几乎同时提出了“边际效用”的概念，他们以不同的术语与不尽相同的方法，论证同一个思想：商品价值是人对商品的效用的主观心理评价，价值量取决于物品满足人最后的亦即最小欲望的那一单位的效用。

边际效用学派的理论基础是边际效用价值论。商品价值来源于效用，不能直接满足人的欲望的生产资料的价值，由其参与生产的最终消费品的边际效用决定。

边际效用学派的几种主要的分配理论，虽然都以主观价值论为基础，但其分析的前提条件和具体论证又各不相同。就研究方法而言，边际效用学派逐渐分成了两大支派：一支以奥地利学派的庞巴维克和美国的克拉克为代表，着重以心理分析方法建立理论体系；而另一支以英国经济学家杰文斯、瑞士洛桑学派奠基人瓦尔拉及其直接继承人帕累托为代表，强调运用数学方法进行叙述和论证。

边际效用学派对资产阶级经济学有广泛而深远的影响。边际效用论和边际生产理论是以马歇尔为代表的英国剑桥学派的理论支柱之一，又是现代资产阶级微观经济学的重要组成部分。凯恩斯完全接受了包括边际生产力分配论在内的边际原理和方法，将它推广应用于分析宏观经济范畴，从而使边际原理成为现代宏观经济学的重要工具之一。

2.2.6 新古典学派的主要思想

新古典宏观经济学遵循古典经济学的传统，相信市场力量的有效性；认为如果让市场机制自发地发挥作用，就可以解决失业、衰退等一系列宏观经济问题。新古典的货币主义学派进行总需求、货币总供给、总储蓄和投资等总量分析，强调实际因素的同时也强调货币因素。

新古典学派的理论依赖于四个假设条件，即个体追求自身利益的最大化、理性预期、市场出清和自然率的假说。根据这些假设，他们得出了一系列的理论观点。

（1）在经济政策含义上基本是经济自由主义的倾向，即主张尽可能地实行自由放任的经济政策，让市场机制充分地发挥自行调节的作用，反对政府对经济生活干预过多，特别是反对实行凯恩斯主义的宏观经济政策。

（2）宏观经济政策无效性。这里涉及的宏观经济政策既指财政政策，也指货币政策。他们通过著名的菲利普斯曲线说明，按照理性预期的假设条件，宏观经济政策是无效的。

（3）关于适应性预期错误的观点。因为人们预期未来时，除了以过去的事实作为依据，也要考虑事态在将来的变化。

2.2.7 数理经济学的主要思想

经济学中应用数学的方式通常有两种：一是推导和表述经济理论；二是从数量上检验经济学假设和经济理论。在第一种方式上所使用的主要工具包括代数、微积分、差分方程与微分方程、线性代数和拓扑学；而第二种方式使用的主要工具是多元回归分析等数学技术。计量经济学是现代经济学最主要的工具，它把这两种类型的数理经济学结合起来。

从 20 世纪 30 年代起，英国的 J. R. 希克斯（1904—1989）和美国的萨缪尔森就此进行精密的数学分析和求解，但仍以微积分为主要工具，要受连续函数的不切实际假定的限制，所以 J. 冯·诺伊曼（1903—1957）、阿罗、德布鲁等先后用集合论和线性模型展开新的探索。

20 世纪 60 年代以后，数理经济学和微积分、集合论、线性模型结合在一起，同时数学方法的运用几乎遍及经济学的每个领域，随着人们对经济活动认识的深入，数理经济学也在不断地发展、完善。

第二次世界大战以后，经济生活的需要和电子计算机的发明，促使与数理经济学有关的经济计量学得到迅速发展，它反过来又推动数理经济学继续前进。

数理经济学虽然对分析经济事物的数量关系取得一些成就，但它在一定程度上忽视经济事物的质的方面，特别是忽视对生产关系的研究。这种研究方法具有很大的局限性，特别是对揭露社会经济关系的规律和实质的研究没有多少应用的价值。

2.2.8 制度学派的主要思想

根据凡勃伦的定义，制度是“广泛存在的社会习惯”，是本身有着进化的过程。因此，制度学派所研究的内容，在经济的市场的因素之外，还包括法律的、社会的、伦理的、历史的各种因素。他们更强调非市场因素，强调制度分析方法或结构分析方法、历史分析方法和社会文化分析方法。他们主张国家对经济进行调节，以克服市场经济所造成的弊端和缺陷。

制度学派是当时资本主义处于较高发展水平的美国环境中的产物。制度学派从一开始起就强调资本主义制度本身的缺陷和局限性，强调有必要调整资本主义的各种经济关系，对之进行改良，并预言美国资本主义的唯一出路在于社会改良。

以下是制度学派的主要思想。

（1）基本都强调非市场因素（如制度因素、法律因素、历史因素、社会和伦理因素等）是影响社会经济生活的主要因素，认为市场经济本身具有较大的缺陷，使社会无法在人与人之间的“平等”方面协调。

（2）制度学派不同意传统经济学所使用的抽象演绎法，不同意 19 世纪 70 年代后的经济学家越来越重视的数量分析方法。他们认为只有把对制度的分析或经济结构、社会结构的分析放在主要位置上，才能阐明资本主义经济中的弊端，也才能弄清楚资本主义社会演进的趋向。

（3）制度学派主张国家对经济进行调节，以克服市场经济所造成的缺陷和弊端，即国家不干预私人经济生活的政策。反对当时处于正统地位的经济学家根据经济自由主义思想所制定的政策。

新制度学派一方面继承了制度学派的传统，以制度分析、结构分析为标榜，并主张在资本主义现存生产资料所有制基础上进行改革；另一方面又根据第二次世界大战结束以后的新的政治经济条件，比过去的制度学派更加注意资本主义的现实问题，批判资本主义的缺陷，并提出更为具体的政策建议。它在政策目标和价值准则问题上所涉及的范围也要广泛得多。

2.2.9　凯恩斯学派的主要思想

凯恩斯的经济政策观点的核心是反对自由放任，主张国家干预。

凯恩斯所说的扩大政府职能，主要是指扩大政府调节消费倾向和投资引诱的职能。调节消费倾向，目的在于刺激消费。调节投资引诱，目的在于刺激投资。有效需求是由消费需求和投资需求组成的，刺激消费和投资，就是刺激有效需求。

凯恩斯还认为，政府最聪明的办法是双管齐下，一方面，由社会控制投资率，增加投资；另一方面，提高消费倾向，增加消费。不过，凯恩斯强调说，不能太着重于增加消费，而应着重于投资。

刺激消费和投资，可以采用货币政策和财政政策，凯恩斯认为，仅仅依靠货币政策很难奏效，主要应当依靠财政政策。关于财政政策，凯恩斯不同意传统经济学保持国家预算平衡的观点，而是认为赤字财政有益。关于货币政策，凯恩斯不同意传统经济学保持国内价格水平稳定的观点，而是认为温和的通货膨胀无害。

2.2.10　芝加哥学派的主要思想

芝加哥学派的主要原理和特征有：

（1）最优化行为。强调人们试图最大化他们的福利的新古典主义原理，即在进行决策的时候，他们会采取最优化行为。

（2）观察到的价格和工资大体上很好地近似于长期竞争的价格和工资。

（3）数学导向。芝加哥学派非常依赖数学推理，既使用马歇尔的局部均衡方法，也使用瓦尔拉斯的一般均衡方法。

（4）抛弃凯恩斯主义。经济是自我调节和管制的，伴随着自我限制的微小波动。严重的衰退和萧条是由不适当的货币政策导致的，而不是来自于支出的自动变化。

（5）有限政府。政府作为一个代理人本质上是无效率的，它追求的目标可以通过私人交换来满足。

2.2.11　经济增长与发展理论

经济增长与经济发展的经济理论为世界经济增长做出了巨大的贡献，经济增长是随着时间的变化一个国家的实际产出[国内生产总值（GDP）]的增长，由以下三个原因导致：①自然资源、人力资源和资本的增长；②资源质量的改进；③提高生产力的技术进步。经济发展是指随着时间的变化一个国家提高其生活水平的过程。

在经济增长和发展领域，比较著名的理论有哈罗德-多马模型、索洛增长模型、熊彼特的经济分析和制度变迁理论等。哈罗德-多马模型分析认为投资具有生产能力的创造效应和需求创造效应；索洛对经济学的线性规划、宏观经济理论、环境经济学和劳动经济学等几个方面都做出了突出的贡献，索洛在经济增长理论中支持新古典经济学的观点，即经济可以进行内部调整以达到稳定均衡的增长；熊彼特则构建了一个理论体系来解释经济周期和经济发展理论。

2.3 经济学家谱史

在经济学的发展历程中，出现了许多著名的经济学派和经济学家。在各学派的观点和主张之间，既有继承和发展，也有针锋相对的差异。图 2-1 以时间序列展现了各学派及其代表人物之间的关系，反映着经济学的发展演变脉络。

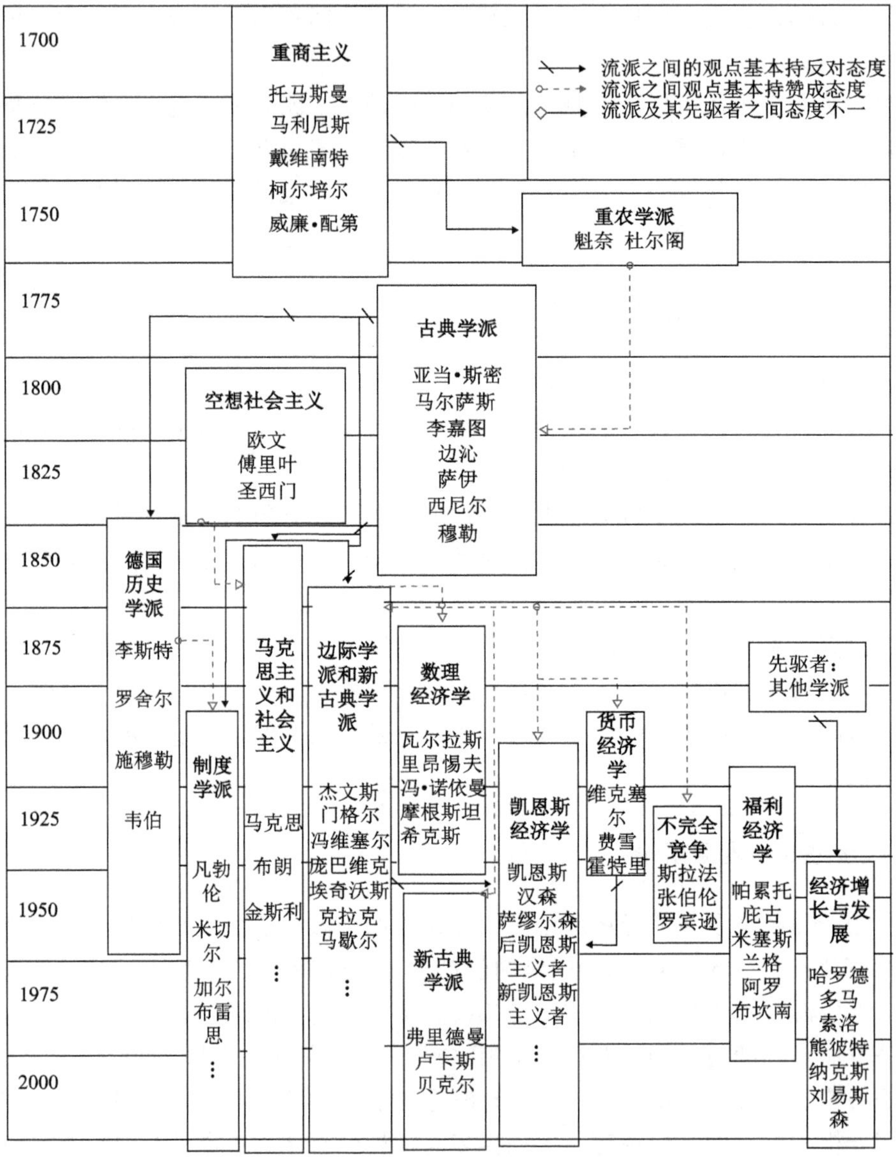

图 2-1 经济学家谱史

本章总结

经济发展阶段的不同、代表阶级不同和研究方法不同等原因，导致经济学家的经济思想理论认识不一致，从而形成了众多的经济学流派。在经济学发展过程中，出现了重商主义学派、重农学派、古典学派、社会主义思潮、德国历史学派、边际学派、新古典学派、数理经济学、制度学派、福利经济学、凯恩斯学派、芝加哥学派、经济增长与发展理论等。各学派经济思想的产生和发展都是基于当时的时代背景而产生的，各经济学流派的思想都代表了某一阶级或阶层的利益。

思考题

1. 重商主义学派产生的历史背景是什么？
2. 经济学有哪些主要的流派？
3. 古典学派的核心观点和主张是什么？
4. 新古典学派和古典学派有什么异同？
5. 被广泛接受的经济增长模型主要有哪几种？

课外阅读

诺贝尔经济学奖获得者生平与经济思想

年份	得主	国家	得奖原因
1969	朗纳·弗里施	挪威	他们建立了动态模型来分析经济过程，前者是现代经济学的奠基人之一，后者是全综合性宏观经济模型的首创者
	扬·廷贝亨	荷兰	
1970	保罗·萨缪尔森	美国	他发展了数理和动态经济理论，将经济科学提高到新的水平，他的研究涉及经济学的全部领域
1971	西蒙·库兹涅茨	美国	在研究人口发展趋势及人口结构对经济增长和收入分配关系的影响方面做出了巨大贡献
1972	约翰·希克斯	英国	他们深入研究了经济均衡理论和福利理论
	肯尼斯·约瑟夫·阿罗	美国	
1973	华西里·列昂惕夫	美国	发展了投入产出方法，该方法在许多重要的经济问题中得到运用
1974	贡纳尔·默达尔	瑞典	他们深入研究了货币理论和经济波动，并深入分析了经济、社会和制度现象的互相依赖
	弗里德里希·冯·哈耶克	英国	
1975	列昂尼德·坎托罗维奇	苏联	前者在 1939 年创立了享誉全球的线性规划要点，后者将数理统计学成功运用于经济计量学，他们对资源最优分配理论做出了贡献
	特亚林·科普曼斯	美国	
1976	米尔顿·弗里德曼	美国	创立了货币主义理论，提出了永久性收入假说
1977	贝蒂尔·奥林	瑞典	对国际贸易理论和国际资本流动做了开创性研究
	詹姆斯·爱德华·米德	英国	
1978	赫伯特·西蒙	美国	对于经济组织内的决策程序进行了研究，这一有关决策程序的基本理论被公认为关于公司企业实际决策的开创性的见解

续表

年份	得主	国家	得奖原因
1979	西奥多·舒尔茨	美国	在经济发展方面进行了开创性研究，深入研究了发展中国家在发展经济中应特别考虑的问题
	威廉·阿瑟·刘易斯	圣卢西亚	
1980	劳伦斯·克莱因	美国	以经济学说为基础，根据现实经济中实有数据所作的经验性估计，建立起经济体制的数学模型
1981	詹姆士·托宾	美国	阐述和发展了凯恩斯的系列理论及财政与货币政策的宏观模型，在金融市场及相关的支出决定、就业、产品和价格等方面的分析做出了重要贡献
1982	乔治·斯蒂格勒	美国	在工业结构、市场的作用和公共经济法规的作用与影响方面，做出了创造性重大贡献
1983	罗拉尔·德布鲁	法国	概括了帕累托最优理论，创立了相关商品的经济与社会均衡的存在定理
1984	理查德·史东	英国	国民经济统计之父，在国民账户体系的发展中做出了奠基性贡献，极大地改进了经济实证分析的基础
1985	弗兰科·莫迪利安尼	意大利	第一个提出储蓄的生命周期假设，这一假设在研究家庭和企业储蓄中得到了广泛应用
1986	詹姆斯·麦基尔·布坎南	美国	将政治决策的分析同经济理论结合起来，使经济分析扩大和应用到社会—政治法规的选择
1987	罗伯特·索洛	美国	对增长理论做出贡献，提出长期的经济增长主要依靠技术进步，而不是依靠资本和劳动力的投入
1988	莫里斯·阿莱斯	法国	他在市场理论及资源有效利用方面做出了开创性贡献，对一般均衡理论重新做了系统阐述
1989	特里夫·哈维默	挪威	建立了现代计量经济学的基础性指导原则
1990	哈利·马可维兹	美国	他们在金融经济学方面做出了开创性工作
	默顿·米勒	美国	
	威廉·福塞斯·夏普	美国	
1991	罗纳德·科斯	英国	揭示并澄清了经济制度结构及函数中交易费用和产权的重要性
1992	盖瑞·贝克	美国	将微观经济学的理论扩展到对于人类行为的分析上，包括非市场经济行为
1993	罗伯特·福格尔	美国	前者建立了包括产权理论、国家理论和意识形态理论在内的“制度变迁理论”；后者用经济史的新理论及数理工具重新诠释了过去的经济发展过程
	道格拉斯·诺斯	美国	
1994	约翰·海萨尼	美国	这三位数学家在非合作博弈的均衡分析理论方面做出了开创性的贡献，对博弈论和经济学产生了重大影响
	约翰·福布斯·纳什	美国	
	莱因哈德·泽尔腾	德国	
1995	小罗伯特·卢卡斯	美国	倡导和发展了理性预期与宏观经济学研究的运用理论，深化了人们对经济政策的理解，并对经济周期理论提出了独到的见解
1996	詹姆斯·莫里斯	英国	前者在信息经济学理论领域做出了重大贡献，尤其是不对称信息条件下的经济激励理论，后者在信息经济学、激励理论、博弈论等方面都做出了重大贡献
	威廉·维克里	美国	
1997	罗伯特·C. 默顿	美国	前者对布莱克-斯科尔斯公式所依赖的假设条件做了进一步减弱，在许多方面对其做了推广；后者给出了著名的布莱克-斯科尔斯期权定价公式，该法则已成为金融机构涉及金融新产品的思想方法，然而得奖次年其以得奖理论经营的长期资产管理基金（Long-Term Capital Management, LTCM）亦因其公式失效而破产
	迈伦·斯科尔斯	美国	

续表

年份	得主	国家	得奖原因
1998	阿马蒂亚·森	印度	对福利经济学几个重大问题做出了贡献，包括社会选择理论、对福利和贫穷标准的定义、对匮乏的研究等
1999	罗伯特·蒙代尔	加拿大	他对不同汇率体制下货币与财政政策及最适宜的货币流通区域所作的分析使他获得这一殊荣
2000	詹姆斯·赫克曼	美国	在微观计量经济学领域，他们发展了广泛应用于个体和家庭行为实证分析的理论与方法
	丹尼尔·麦克法登	美国	
2001	乔治·阿克洛夫	美国	为不对称信息市场的一般理论奠定了基石，他们的理论迅速得到了应用，从传统的农业市场到现代的金融市场，他们的贡献来自于现代信息经济学的核心部分
	迈克尔·斯宾塞	美国	
	约瑟夫·斯蒂格利茨	美国	
2002	丹尼尔·卡内曼	美国	把心理学分析法与经济学研究结合在一起，为创立一个新的经济学研究领域奠定了基础
	弗农·史密斯	美国	开创了一系列实验法，为通过实验室实验进行可靠的经济学研究确定了标准
2003	克莱夫·格兰杰	英国	用“随着时间变化的易变性”和“共同趋势”两种新方法分析经济时间数列，从而给经济学研究和经济发展带来巨大影响
	罗伯特·恩格尔	美国	
2004	芬恩·基德兰德	挪威	揭示了经济政策和世界商业循环后驱动力的一致性
	爱德华·普雷斯科特	美国	
2005	托马斯·克罗姆比·谢林	美国	通过博弈论分析促进了对冲突与合作的理解
	罗伯特·约翰·奥曼	以色列	
2006	埃德蒙·费尔普斯	美国	在宏观经济跨期决策权衡领域所取得的研究成就
2007	里奥尼德·赫维克兹	美国	为机制设计理论奠定了基础
	埃克里·马斯金	美国	
	罗杰·梅尔森	美国	
2008	保罗·克鲁格曼	美国	对经济活动的贸易模式和区域的分析
2009	埃莉诺·奥斯特姆	美国	经济治理，尤其是对普通民众做出的贡献和经济治理分析，尤其是企业边际领域方面的贡献
	奥利弗·E. 威廉姆森	美国	
2010	彼得·戴蒙德	美国	在“市场搜寻理论”中具有卓越贡献
	戴尔·莫滕森	美国	
	克里斯托弗·皮萨里德斯	塞浦路斯	
2011	托马斯·萨金特	美国	在宏观经济学中对成因及其影响的实证研究
	克里斯托弗·西姆斯	美国	
2012	阿尔文·罗思	美国	创建“稳定分配”的理论，并进行“市场设计”的实践
	劳埃德·沙普利	美国	
2013	尤金·法马	美国	为“资产价格的经验主义分析”所作的贡献
	拉尔斯·彼得·汉森	美国	
	罗伯特·席勒	美国	
2014	让·梯若尔	法国	表彰他在市场力量和监管方面的贡献

经济危机

经济危机（economic crisis）指的是一个或多个国民经济或整个世界经济在一段比较长的时间内不断收缩（负的经济增长率）。经济危机是资本主义经济发展过程中周期爆发的生产相对过剩的危机，也是经济周期中的决定性阶段。经济危机是资本主义体制的必然结果，自1825年英国第一次爆发普遍的经济危机以来，资本主义经济从未摆脱过经济危机的冲击。

有的学者把经济危机分为被动型危机与主动型危机两种类型。所谓被动型经济危机是指该国宏观经济管理当局在没有准备的情况下出现经济的严重衰退或大幅度的货币贬值，从而引发金融危机进而演化为经济危机的情况。经济危机的直接原因有几种可能：经济政策错误；原材料紧张，尤其是原油危机；自然灾害；全球化的后果；金融政策错误。经济危机会造成严重的后果，严重时可能引发社会动乱或政变。

资本主义经济危机的根本原因在于资本主义制度本身，在于资本主义的基本矛盾——生产的社会化与资本主义私人占有形式之间的矛盾。随着简单商品经济的矛盾——私人劳动与社会劳动之间的矛盾发展成为资本主义的基本矛盾，经济危机的发生成为不可避免的了。

资本主义经济危机所暴露的生产过剩，并不是生产出来的商品真正超过了人民群众的实际需要。资本主义的生产过剩并不是绝对的过剩，而是相对的过剩。在资本主义社会以前的各个社会形态里，战争、瘟疫、天灾等各种原因，以及剥削阶级的横征暴敛，也会在一个或长或短的时期内使生产和社会生活陷于严重的苦难和危机之中。但这种危机的特征是生产严重不足，而资本主义的经济危机则是生产过剩。

经济危机的现象，在第二次世界大战以前和战后有所不同。但无论是战前或战后，其共同点是：商品滞销，利润减少，导致生产（主要是工业生产）急剧下降，失业大量增加，企业开工不足并大批倒闭，生产力和产品遭到严重的破坏和损失，社会经济陷入瘫痪、混乱和倒退状态。生产下降和失业激增，是战前与战后经济危机的共同的主要标志。战前与战后的不同之处，主要是在货币、金融危机方面。

在战前的危机中，一般是通货紧缩，物价下跌，银根吃紧，利率上升，银行挤兑并大批倒闭；而在战后的危机中，由于国家垄断资本主义采取膨胀政策以及其他原因，从1957～1958年的世界性经济危机开始，各主要资本主义国家在危机期间都出现了通货膨胀、物价上涨的反常现象。

危机往往在资本主义经济发展最繁荣时爆发，资本主义的各种矛盾这时达到最尖锐的程度。危机首先在商品流通的某一环节出现，然后迅速波及各个部门，最后导致整个社会经济活动严重混乱。危机是经济周期的决定性阶段，是上一个经济周期的终点，也是下一个经济周期的起点。危机之后是萧条阶段。第二次世界大战前，每一个周期都包括危机、萧条、复苏、高涨四个不同的阶段。战后的周期虽然发生了某些形态变化，但四个阶段的交替仍然是周期的基础。

在萧条阶段，商品供给超过有支付能力需求的现象有所缓和，生产不再继续下降，失业人数也不再增加，但过剩商品还未完全销售出去，社会购买力仍然十分低下，社会经济呈停滞状态。

萧条阶段之后，市场情况有所好转，生产开始逐步回升，经济逐渐摆脱停滞局面，于是，萧条阶段过渡到复苏阶段。

在复苏阶段，由于市场的扩大，价格开始上升，利润渐有回升，从而刺激着资本家增加投资、扩大生产。随着生产的不断扩大、资本主义经济发展的逐渐加快，社会生产超过危机前的最高点，进入经济周期的高涨阶段。

在高涨阶段，整个资本主义经济呈现出一片繁荣景象。但是，资本主义经济的繁荣只是暂时的，繁荣包含了新的危机的先兆。随着社会生产的不断扩大，资本主义经济的各种矛盾发展到尖锐程度时，危机必将再次爆发。资本主义经济进入了下一个周期。

在资本主义经济的发展过程中，经济危机是周期地重演的，危机与危机之间的间隔表现了一定的规律性。自 1825 年英国第一次发生普遍的生产过剩的经济危机以来，随后发生危机的年份是 1836 年、1847 年、1857 年、1866 年、1873 年、1882 年、1890 年和 1900 年。在资本主义自由竞争阶段及向垄断资本主义阶段过渡时期，每隔十年左右就要发生一次这样的经济危机。进入 20 世纪，在 1900 年危机之后，迄第二次世界大战以前，又发生了 1907 年、1914 年、1921 年、1929～1933 年、1937～1938 年的经济危机，差不多每隔七八年就发生一次危机。

第 二 篇

微观经济学

第3章　供给与需求

微观经济学研究的核心问题是既定的经济资源如何被有效率地分配到各种不同的用途上。在市场经济中，众多的生产者生产着种类繁多的商品，是市场价格引导着资源配置方向，使稀缺资源得到最优配置。市场供求是决定市场价格的基本力量，因此，对供给和需求的分析是现代西方经济学一般理论分析的逻辑起点。

3.1　市 场 简 述

古时候，人们将固定时段或地点进行交易的场所称为市场，随着分工的细化及城市的成长，住在城镇邻近区域的技工、农夫、匠人、养殖户等就会互通有无、相互交易，同时住在城里面的医生、教师、小店主、公职人员等也会前来购买自己所需的生活必需品，进一步促进城市功能的增加和城市经济的发展。城市中这个为人们交易提供方便，可以让人们在此提供货物的场所就是我们所理解的狭隘的“市场”，方便人们寻找货物和接洽生意。

市场是买卖双方进行交易的场所。这是对市场概念的狭义解释。广义上的市场还包括厂商、货物、销售者、购买者等。

人类社会的不断进步使得市场的种类越来越多，市场是由一切具有特定需求和欲望，并且愿意和能够通过交换的方式来满足需求和欲望的顾客构成。市场体系是由各类专业市场，如商品服务市场、金融市场、劳务市场、技术市场、信息市场、房地产市场、文化市场、旅游市场、服务市场等组成的完整体系。同时，在市场体系中的各专业市场均有其特殊功能，它们互相依存、相互制约，共同作用于社会经济。

3.2　供给与需求曲线

在市场经济中，价格是经济参与者相互之间联系和传递经济信息的机制，并且价格机制使经济资源得到有效配置。例如，当某种稀缺的昂贵原料被用来生产一种产品时，这种产品在市场上的价格必然表现得很高。于是，作为生产者就会节省对这种原料的使用，甚至会有积极性去寻找某种新技术，以减少或替代对这种原料的使用。而且，消费者会因为产品的高价而自愿减少对产品的需求量。既然在市场经济中价格的作用如此重要，那么，价格是如何形成的呢？

其实，任何商品的价格都是由需求和供给两方面因素决定的，消费者和厂商的经济行为的相互联系表现为产品市场和生产要素市场供求关系的相互作用，正是这种供求关系的相互作用形成了市场的均衡价格。作为微观经济学分析的起点，本节将分别介绍需求和供给的两个基本概念，即需求曲线和供给曲线，以及两者之间的相互作用。

3.2.1 需求函数与需求曲线

某种商品的需求是指消费者在一定时期内在各种可能的价格水平愿意而且能够购买该商品的数量。根据定义，如果消费者对某种商品只有购买的欲望而没有购买的能力，就不能算作需求。需求必须是指消费者既有购买欲望又有购买能力的有效需求。

一种商品的需求数量是由许多因素共同决定的。其中，主要的因素有：该商品的价格、消费者的收入水平、相关商品的价格、消费者的偏好和消费者对该商品的价格预期等。简化起见，我们假定其他影响因素保持不变，只分析商品的价格对该商品需求量的影响，即把一种商品的需求量仅仅看成是这种商品的价格的函数，于是，需求函数就可以用下式表示：

$$Q_d = f(P)$$

式中，P 为商品的价格；Q_d 为商品的需求量。

需求函数表示一种商品的需求量和该商品的价格之间存在着一一对应的关系。这种关系可以分别用商品的需求表（表 3-1）和需求曲线（图 3-1）来加以表示。

表 3-1　某商品的需求表

价格-数量组合	*A*	*B*	*C*	*D*	*E*	*F*	*G*
价格/元	1	2	3	4	5	6	7
需求量/单位数	700	600	500	400	300	200	100

根据需求表中商品不同的价格-需求量的组合在平面坐标图上绘制一条需求曲线，横轴 OQ 表示商品的数量，纵轴 OP 表示商品的价格。应该说明的是，与数学上的习惯相反，在微观经济分析需求曲线和供给曲线时，通常以纵轴表示自变量 P，以横轴表示因变量 Q。如图 3-1 所示。

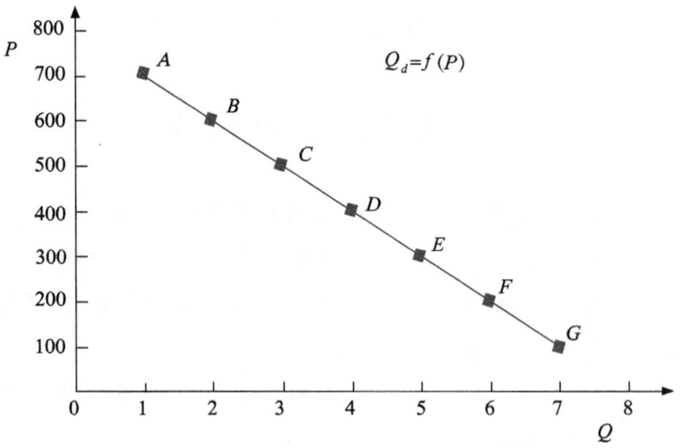

图 3-1　某商品的需求曲线

建立在需求函数基础上的需求表和需求曲线都反映了商品的价格变动和需求量变动之间的关系。需求曲线具有一个明显的特征，它是向右下方倾斜的，即它的斜率为负值。

它们都表示商品的需求量和价格之间呈反方向变动的关系。

3.2.2 供给函数与供给曲线

某种商品的供给是指生产者在一定时期内在各种可能的价格下愿意而且能够提供出售的该种商品的数量。根据上述定义，如果生产者对某种商品只有提供出售的愿望，而没有提供出售的能力，则不能形成有效供给，也不能算作供给。

一种商品的供给数量取决于多种因素的影响，其中主要的因素有：该商品的价格、生产的成本、生产的技术水平、相关商品的价格和生产者对未来的预期。同需求函数一样，这里我们假定其他因素均不发生变化，仅考虑一种商品的价格变化对其供给量的影响，即把一种商品的供给量只看成是这种商品价格的函数，则供给函数就可以表示为

$$Q_s = f(P)$$

式中，P为商品的价格；Q_s为商品的供给量。

供给函数表示一种商品的供给量和该商品价格之间存在着一一对应的关系。这种函数关系可以分别用供给表（表3-2）和供给曲线（图3-2）来表示。

表3-2 某商品的供给表

价格-数量组合	*A*	*B*	*C*	*D*	*E*
价格/元	2	3	4	5	6
供给量/单位数	0	200	400	600	800

根据供给表中商品不同的价格-供给量的组合在平面坐标图上绘制一条供给曲线，横轴OQ表示商品数量，纵轴OP表示商品价格。与需求曲线类似，简单起见，供给函数为线性函数，其对应的供给曲线为直线型，如图3-2所示。

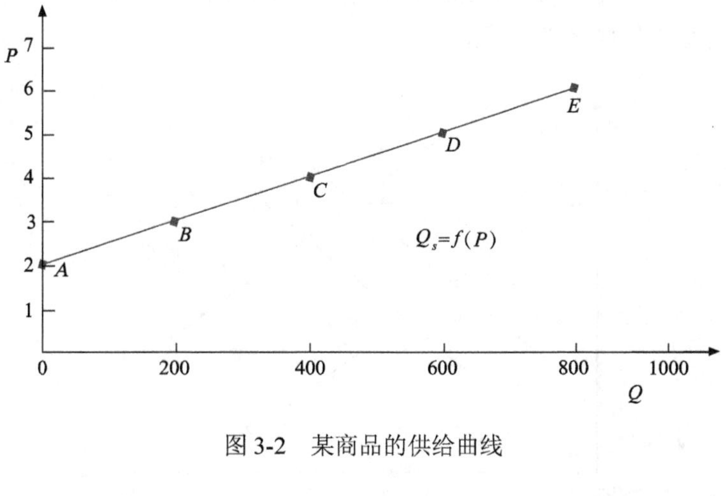

图3-2 某商品的供给曲线

以供给函数为基础的供给表和供给曲线都反映了商品的价格变动和供给量变动之间的规律。商品的供给量随着商品价格的上升而增加，供给曲线表现出向右上方倾斜的特

征，即供给曲线的斜率为正值。它们都表示商品的供给量和价格呈同方向变动的关系。

3.3 供给与需求相互作用

微观经济学中的商品价格是指商品的均衡价格，商品的均衡价格是在商品的市场需求和市场供给这两种相反力量的相互作用下形成的。在西方经济学中，均衡是一个被广泛运用的重要的概念，均衡的最一般的意义是指经济事务中有关的变量在一定条件的相互作用下所达到的一种相对静止的状态。**均衡价格是指该种商品的市场需求量和市场供给量相等时的价格**，在均衡水平下的相等的供求数量被称为均衡数量。市场上需求量和供给量相等的状态，也被称为市场出清的状态。

商品的均衡价格是如何形成的呢？

商品的均衡价格表现为市场上需求和供给这两种相反的力量共同作用的结果，它是在市场的供求力量的自发调节下形成的。当市场价格偏离均衡价格时，市场上会出现需求量和供给量不相等的非均衡的状态。一般说来，在市场机制的作用下，这种供求不相等的非均衡状态会逐步消失，实际的市场价格会自动地回复到均衡价格水平。

供求定理：在其他条件不变的情况下，需求变动分别引起均衡价格和均衡数量的同方向的变动；供给变动引起均衡价格的反方向的变动，引起均衡数量的同方向的变动。

需要指出的是，如果需求和供给同时发生变动，则商品的均衡价格和均衡数量的变化是难以确定的，这要结合需求和供给变化的具体情况来确定。以图 3-3 为例进行分析。假定消费者收入水平上升引起的需求增加，使得需求曲线由 D_1 向右平移至 D_2；同时，厂商的技术进步引起供给增加，使得供给曲线由 S_1 向右移至 S_2。比较 S_1 曲线分别与 D_1 曲线和 D_2 曲线的交点 E_1 和 E_3 可知，收入水平上升引起的需求增加，使得均衡价格上升。再比较 D_1 曲线分别与 S_1 曲线和 S_2 曲线的交点 E_1 和 E_2 可知，技术进步引起的供给增加，又使均衡价格下降。最后，这两种因素同时作用下的均衡价格，将取决于需求和供给各自增长的幅度。由 D_2 曲线和 S_2 曲线的交点 E_4 可得：由于需求增长的幅度大于供给增加的幅度，最终的均衡价格是上升了。

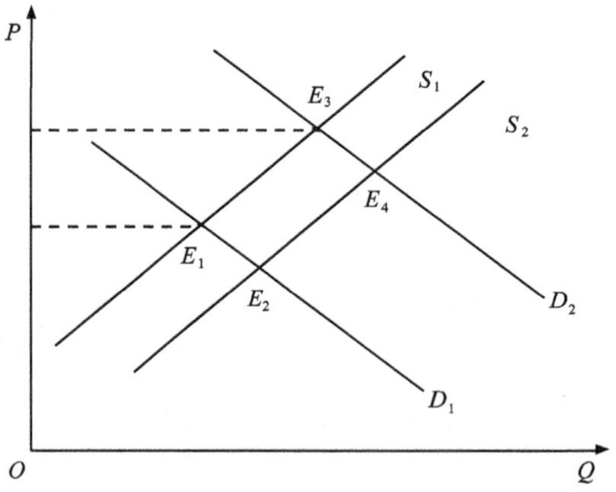

图 3-3 需求和供给的同时变动对均衡的影响

本 章 总 结

1. 市场是买卖双方进行交易的场所。这是对市场概念的狭义解释。广义上的市场还包括厂商、货物、销售者、购买者等。

2. 某种商品的需求是指消费者在一定时期内在各种可能的价格水平愿意而且能够购买该商品的数量。

3. 某种商品的供给是指生产者在一定时期内在各种可能的价格下愿意而且能够提供出售的该种商品的数量。

4. 均衡价格是指该种商品的市场需求量和市场供给量相等时的价格，在均衡水平下的相等的供求数量被称为均衡数量。

5. 供求定理：在其他条件不变的情况下，需求变动分别引起均衡价格和均衡数量的同方向的变动；供给变动引起均衡价格的反方向的变动，引起均衡数量的同方向的变动。

思 考 题

1. 需求和供给的变动对均衡价格、均衡数量产生怎样的影响？
2. 需求价格弹性的大小与销售收入变动有什么关系？
3. 如果考虑提高生产者的收入，那么对农产品和电视机、录像机一类高档消费品应该采取提价还是降价的办法？为什么？
4. 通常，公共汽车、自来水公司、地铁等都在要求涨价，请以需求价格弹性的有关理论来说明其理由。
5. 在学过了供给曲线和弹性理论后，请分析粮食产量与农民收入变动的关系。

课外阅读

“有形市场”与“无形市场”

根据市场关系发生的场所将市场分为有形市场和无形市场。有形市场是指经工商行政管理机关登记注册，取得许可的商品公开、集中交易的场所，也是工商行政管理部门的重要监管领域。有形市场首先强调的是场所，其次还有“实体”的概念，可以被理解为是与企业一样的实体性组织。无形市场是对应于有形市场的概念，对应的目的在于在场所上与有形市场相区分，“无形”二字重点表达了交换关系对有形市场“场所”界限的排斥。

浅谈奢侈品的供求

市场上有一类特殊的商品，它们往往“越贵越畅销”，传统的供求理论已不能解释这一反常的消费现象，这类商品常被称为奢侈品。这种现象不符合大众消费市场的情况，它在某一价格水平（价格较高）之上的部分遵循新的运行规律，即价格越高，需求越强劲，供给却减少。价格升高反而需求强劲，是因为一般效用之外的额外效用在发挥消费的主导作用;价格升高反而供给减少,是因为进入壁垒的增高和已进入企业的主动限产。这一理论可以有效解释奢侈品市场“反常”的消费现象,以下是对这一理论的探讨。

1. 对传统供求理论的回顾

需求是价格的递减函数,价格越低,需求量越大。数学公式表示为$Q_d = f(P)$,式中,P为商品的价格;Q_d为商品的需求量。图3-4中的需求曲线D向右下方倾斜,即它的斜率为负值,表示商品的需求量与价格之间呈反方向变动的关系。

供给是价格的递增函数,价格越高,供给量越大。数学公式表示为$Q_s = f(P)$,式中,P为商品的价格;Q_s为商品的供给量。图3-4中的供给曲线S向右上方倾斜,即它的斜率为正值,表示商品的供给量与价格之间呈同方向变动的关系。

当需求量与供给量一致时,即需求曲线D与供给曲线S相交于E点时,形成均衡价格,此时的数量为均衡数量。这一理论解释大众化消费市场与产品很有效,但却无法解释一些高档商品、奢侈品的消费现象。

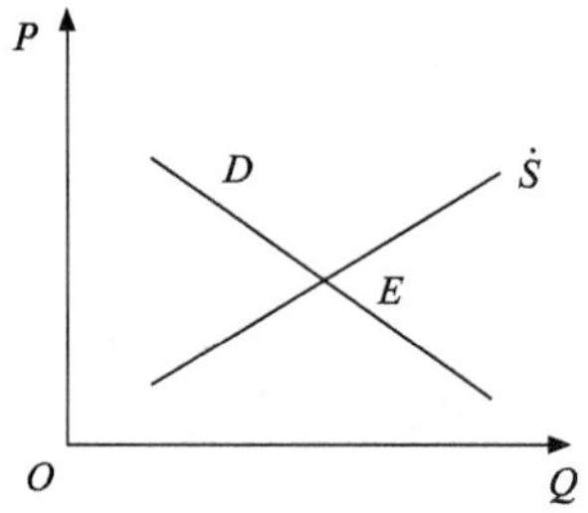

图3-4　大众消费品的供求均衡

2. 新的理论探索

上文提到的某一价格水平往往较高,只有超过这一价格P_0,才会出现反常现象(不同奢侈品的价格水平不同),此时,商品的需求量与价格之间呈同方向变动的关系,价格越高,需求量越大,也就是价格上升反倒引发需求增加,这是由于追求额外效用的结果。数学公式表示为$Q_d = f(P)$,式中,P为商品的价格;Q_d为商品的需求量。此时的需求曲线D(图3-5)向右上方倾斜,斜率为正,并且价格只能在P_0以上运行。

商品的供给量与价格之间呈反方向变动的关系,价格越高,供给量越少,这主要是由于进入壁垒增高导致供应减少,以及业内企业限制销量引发价格上升,或维持高价。数学公式表示为$Q_s = f(P)$,式中,P为商品的价格;Q_s为商品的供给量。此时的供给曲线S(图3-5)向右下方倾斜,斜率为负,并且价格只能在P_0以上运行。

因此,奢侈品的价格由向下的供给曲线S与向上的需求曲线D相交于F点,形成新的均衡价格和均衡数量。

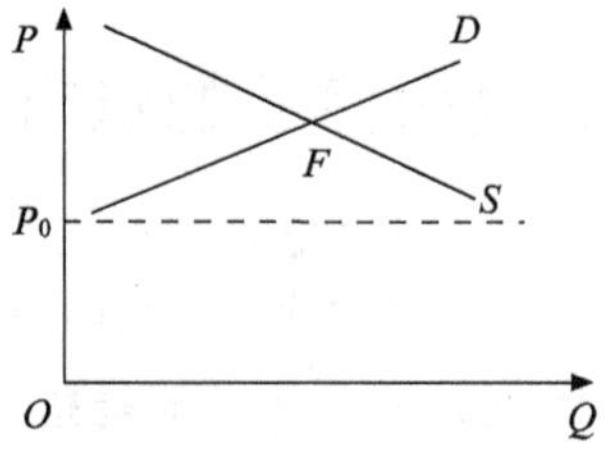

图3-5　奢侈品的供求均衡

3. 形成这种反常现象的原因分析

通常情况是，在满足人们的某种实际效用的情况下，消费者希望价格越低越好；也就是说，对同样可满足的实用价值，人们希望支付的代价越少越好，这就是大众消费市场一般情况。

在奢侈品市场，消费者在追求某种实际效用之外，更注重追求额外效用，而且额外效用在消费中起主导作用，这种额外效用往往是一种虚荣效用，如身份的象征、地位的显示等心理满足，这种效用的满足不是价格越低越好，而是价格越高越好，即对精神价值的满足，人们需要维持一定的高价位，甚至希望价格越高越好，越高意味着身份的尊贵、地位的显赫。因而，这种额外效用的满足，需要奢侈品具有三个方面的条件：商品稀缺性带来的价值、品牌带来的附加价值、高价格带来的心理满足。

2006 年 8 月 3 日，上海汤臣一品以每平方米 13 万元的价格成交后，一夜间创造了中国豪宅的最高天价，这是财富与地位的象征，其附加价值远远高于实际使用价值，拥有它，无异于证明自己是一名成功人士或上流社会中的一员，事实证明，这种高端楼盘并不缺乏市场，价格越高越体现了身份的高贵。

显见，奢侈品非一般商家所能生产，因此，对供应商带来的影响是进入市场的壁垒增高，进入壁垒的增高阻碍了其他供应商的进入，使得供给有限，供给有限凸显了产品的价值，使产品得以高定价。而已经进入该行业的商家，一方面，通过增加一般效用提升产品价值；另一方面，通过品牌塑造等增加附加价值，提升产品的竞争力，同时，扩大了自身品牌的影响力，可以维持行业中的高定价权；再者，通过主动限产造成稀缺性。

法拉利是世界著名的汽车品牌，其限量版跑车通过严格的限量生产，“制造”出稀缺性，也带来高价格的基础，又通过严格的客户筛选，奠定其“名副其实”的品牌价值。结果，并不是一般人拥有几百万就能买到法拉利的，首先，你必须通过严格的客户筛选程序，以保证拥有法拉利的是真正有身份、有地位的人。因此，拥有法拉利限量版跑车成为了一种地位和身份的象征，而不再是简单的代步工具，价格自然也是水涨船高、需求旺盛了。

4. 对某一价格水平 P_0 的说明

前文中提到的某一价格水平往往较高，当然，不同的奢侈品这一价格水平也是不同的。如图 3-5 中，在价格 P_0 之下，不存在需求与供给，这是由奢侈品的特殊性质决定的，消费者愿意通过高价消费满足自己的虚荣来达到额外效用，供应商通过高价来显示品牌的附加值和扩大其自身的影响力。因而，在 P_0 之下不存在供求，否则，这就不是奢侈品的供求，而是一般商品的供求。下面的例子可以说明这一问题。

高档次的派克金笔可以视为一种奢侈品，如果降价销售（在 P_0 之下），普通消费者也能购买，尽管可以提高销量，但此时，派克金笔已经失去了作为派克笔的高贵形象，它不再是一种奢侈品了，它的供求与一般商品无异。

5. 分析奢侈品供求的现实意义

随着中国国民生活水平的提高，奢侈品市场也有了长足的发展。据高盛研究报告称，

2013 年中国奢侈品市场本土消费为 280 亿美元，增幅 3%，境外消费则进一步加强，达到 740 亿美元，即中国人 2013 年奢侈品消费总额为 1020 亿美元，合 6000 多亿元人民币，这也表明中国人买走了全球 47%的奢侈品，是全球奢侈品市场无可争议的最大客户。

中国奢侈品市场的发展潜力不容忽视，它的健康成长成为一个现实问题摆在我们面前。在大众化消费市场里的价格武器在此已经失去了市场，因为降价已无意义，降价不会使这类消费（指高档商品、奢侈品消费）增加，降价只会使此类需求转移，即由原来消费的这种产品转向新的可以代表其身份、地位的奢侈品。升价反倒是这类市场的典型特征，关键是如何能让价格升起来，升价的核心在于增加价值，让消费者觉得物有所值，要靠增加价值（主要是附加价值）来提升价格，这才是根本。

第 4 章　消费者选择

在第 3 章中，分析了商品的需求曲线和供给曲线。一般商品的需求曲线是一条往右下方倾斜的曲线，表示该商品的价格和需求量之间是一种反方向变动的关系。那么，为什么一般商品的需求曲线是往右下方倾斜，而不是其他的形状呢？本章将主要分析这个问题。

消费者选择理论也叫消费者行为理论，或者叫效用论。这种理论主要是分析消费者需求曲线背后的深层次原因。**效用是用来表示消费者在消费商品时所感受到的满足程度。**于是，就产生了对这种满足程度即效用大小的度量问题。针对这个问题，西方经济学家先后提出了基数效用和序数效用的概念，并在此基础上，形成了分析消费者行为的两种方法，它们分别是基数效用论者的边际效用分析方法和序数效用论者的无差异曲线分析方法。

4.1　基数效用论与边际效用分析方法

在 19 世纪和 20 世纪初期，西方经济学家普遍使用基数效用的概念，基数效用论者认为，效用如长度、重量等概念一样，可以具体衡量并加总求和，具体的效用量之间的比较是有意义的。表示效用大小的计量单位被称作效用单位。例如，对某一个人来说，吃一顿丰盛的晚餐和看一场高水平的足球赛的效用分别为 5 效用单位和 10 效用单位，则可以说这两种消费的效用之和为 15 效用单位，且后者的效用是前者的效用的 2 倍。

基数效用论者除了提出可以用基数衡量的假定以外，还提出了边际效用递减规律的假定。总效用是指消费者在一定时间内从一定数量的商品的消费中所得到的效用量的总和。边际效用是指消费者在一定时间内增加一单位商品的消费所得到的效用量的增量。假定消费者对一种商品的消费数量为 Q，则总效用函数为

$$\mathrm{TU} = f(Q)$$

相应的边际效用函数为

$$\mathrm{MU} = \frac{\Delta \mathrm{TU}}{\Delta Q}$$

当商品的增加量趋于无穷小，即 $\Delta Q \to 0$ 时，有

$$\mathrm{MU} = \lim_{\Delta Q \to 0} \frac{\Delta \mathrm{TU}(Q)}{\Delta Q} = \frac{\mathrm{dTU}(Q)}{\mathrm{d}Q}$$

这里要指出的是，在西方经济学中，边际分析方法是最基本的分析方法之一，“边际”概念则是很重要的一个基本概念。边际量的一般含义是表示一单位的自变量所引起的因变量的变化量。抽象的边际量的定义公式为

$$\text{边际量}=\frac{\text{因变量的变化量}}{\text{自变量的变化量}}$$

边际效用递减规律：在一定时间内，在其他商品的消费数量保持不变的条件下，随着消费者对某种商品消费量的增加，消费者从该商品连续增加的每一消费单位中所得到的效用增量即边际效用是递减的。通常被用来体现该规律的例子类似如下：在一个人饥饿的时候，吃第一个包子给他带来的效用是很大的。以后，随着这个人所吃的包子数量的连续增加，虽然总效用是不断增加的，但每一个包子给他所带来的效用增量即边际效用却是递减的。当他完全吃饱的时候，包子的总效用达到最大值，而边际效用却降为零。如果他还继续吃包子，就会感到不适，这意味着包子的边际效用进一步降为负值，总效用也开始下降。

根据表 4-1 所绘制的总效用和边际效用曲线如图 4-1 所示。图 4-1 中的横轴表示商品的数量，纵轴表示效用量，TU 曲线和 MU 曲线分别为总效用曲线和边际效用曲线。由于边际效用被定义为消费品的一单位变化量所带来的总效用的变化量，又由于图 4-1 中的商品消费量是离散的，MU 曲线上的每一个值都记在相应的两个消费数量的中点上。

表 4-1　某商品的效用表

商品数量（1）	总效用（2）	边际效用（3）	价格（4）
0	0		
1	10	10	5
2	18	8	4
3	24	6	3
4	28	4	2
5	30	2	1
6	30	0	0
7	28	–2	

注：货币的边际效用 $\lambda=2$

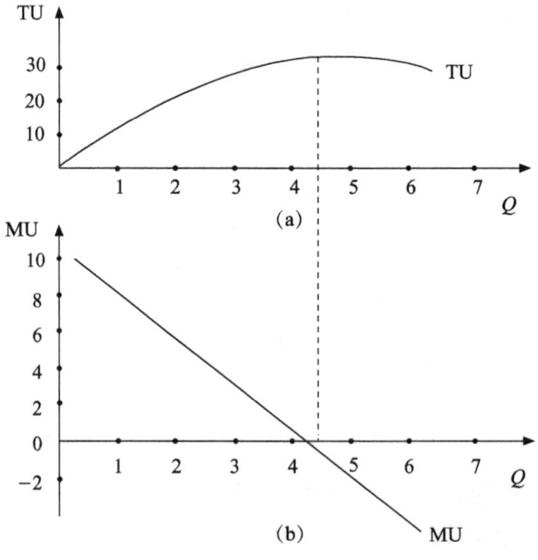

图 4-1　某商品的效用曲线

在图 4-1 中，MU 曲线是向右下方倾斜的，它反映了边际效用递减规律，相应地，TU 曲线是以递减的速率先上升后下降的。当边际效用为正值时，总效用曲线呈上升趋势；当边际效用递减为零时，总效用曲线达最高点；当边际效用继续递减为负值时，总效用曲线呈下降趋势。从数学意义上讲，如果效用曲线是连续的，则每一消费量上的边际效用值就是总效用曲线上相应的点的斜率。

4.2　序数效用论与无差异曲线

序数效用论者认为，商品给消费者带来的效用大小应用顺序或等级来表示。为此，序数效用论者提出了消费者偏好的概念。**所谓偏好，就是爱好或喜欢的意思。**序数效用论者认为，对于各种不同的商品组合，消费者的偏好程度是有差别的，正是这种偏好程度的差别，反映了消费者对这些不同的商品组合的效用水平的评价。具体地讲，给定 *A*、*B* 两个商品组合，如果某消费者对 *A* 商品组合的偏好程度大于 *B* 商品组合，那也就是说，这个消费者认为 *A* 组合的效用水平大于 *B* 组合，或者说，*A* 组合给该消费者带来的满足程度大于 *B* 组合。

序数效用论者提出了关于消费者偏好的三个基本假定。

第一个假定是偏好的完全性。偏好的完全性指消费者总是可以比较和排列所给出的不同商品组合。换言之，对于任何两个商品组合 *A* 和 *B*，消费者总是可以做出，而且仅仅只能做出以下三种判断中的一种：对 *A* 的偏好大于对 *B* 的偏好；或者对 *B* 的偏好大于对 *A* 的偏好；或者对 *A* 和 *B* 的偏好相同（即 *A* 和 *B* 是无差异的）。偏好的完全性的假定保证消费者对于偏好的表达方式是完备的，消费者总是可以把自己的偏好评价准确地表达出来。

第二个假定是偏好的可传递性。可传递性指对于任何三个商品组合 *A*、*B* 和 *C*，如果消费者对 *A* 的偏好大于对 *B* 的偏好，对 *B* 的偏好大于对 *C* 的偏好，那么，在 *A*、*C* 这两个组合中，消费者必定有对 *A* 的偏好大于对 *C* 的偏好。偏好的可传递性假定保证了消费者偏好的一致性，因而也是理性的。

第三个假定是偏好的非饱和性。该假定指如果两个商品组合的区别仅在于其中一种商品的数量不相同，那么，消费者总是偏好于含有这种商品数量较多的那个商品组合。这就是说消费者对每一种商品的消费都没有达到饱和点，或者说，对于任何一种商品，消费者总是认为数量多比数量少好。此外，这个假定还意味着，消费者认为值得拥有的商品都是“好的东西”（goods），而不是“坏的东西”（bads）。在这里，“坏的东西”指诸如空气污染、噪声等只能给消费者带来负效用的东西。在我们以后的分析中，不涉及“坏的东西”。

为了简化分析，假定消费者只消费两种商品。这样，我们就可以直接在二维平面图上讨论无差异曲线。

无差异曲线是用来表示消费者偏好相同的两种商品的所有组合的。或者说，它是表示能够给消费者带来相同的效用水平或满足程度的两种商品的所有组合的。下面用表 4-2 和图 4-2 具体说明无差异曲线的构建。

表 4-2　某消费者的无差异表

商品组合	表 a		表 b		表 c	
	X_1	X_2	X_1	X_2	X_1	X_2
A	20	130	30	120	50	120
B	30	60	40	80	55	90
C	40	45	50	63	60	83
D	50	35	60	50	70	70
E	60	30	70	44	80	60
F	70	27	80	40	90	54

表 4-2 是某消费者关于商品 1 和商品 2 的无差异表，表 4-2 中列出了关于这两种商品各种不同的组合。该表由三个子表即表 a、表 b 和表 c 组成，每一个子表中都包含六个商品组合，且假定每一个子表中六个商品组合的效用水平是相等的。以表 a 为例：表 a 中有 *A*、*B*、*C*、*D*、*E* 和 *F* 六个商品组合。在 *A* 组合中，商品 1 和商品 2 的数量各为 20 和 130；在 *B* 组合中，商品 1 和商品 2 的数量各为 30 和 60，如此等等。而且，消费者对这六个组合的偏好程度是无差异的。同样地，消费者对表 b 中的六个商品组合的偏好程度也都是相同的，表 c 中六个商品组合给消费者带来的满足程度也都是相同的。

但需要注意的是，表 a、表 b 和表 c 三者各自所代表的效用水平的大小是不一样的。只要对表中的商品组合进行仔细观察和分析，就可以发现，根据偏好的非饱和性假设，或者说，根据商品数量“多比少好”的原则，可以得出结论：表 a 所代表的效用水平低于表 b，表 b 又低于表 c。

根据表 4-2 绘制的无差异曲线如图 4-2 所示。图 4-2 中的横轴和纵轴分别表示商品 1 的数量 X_1 和商品 2 的数量 X_2，曲线 I_1、I_2、I_3 顺次代表与表 a、表 b 和表 c 相对应的三条无差异曲线。这三条无差异曲线是这样得到的：以无差异曲线 I_1 为例，先根据表 a 描绘出相应的六个商品组合点 *A*、*B*、*C*、*D*、*E* 和 *F*，然后用曲线把这六个点连接起来（在商品数量可以无限细分的假定下），便形成了光滑的无差异曲线 I_1。用相同的方法，可以根据表 b 和表 c，分别绘制出无差异曲线 I_2 和 I_3。

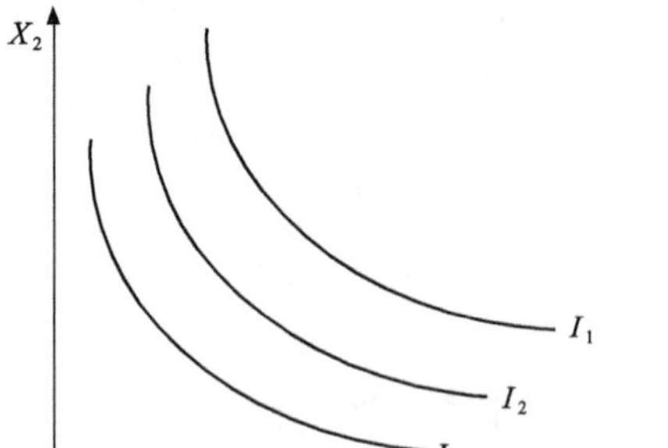

图 4-2　某消费者的无差异曲线

需要指出，在表 4-2 中我们只列出了三个子表，相应地，在图 4-2 中我们只得到了三条无差异曲线。实际上，我们可以假定消费者的偏好程度可以无限多，也就是说，我们可以有无穷个无差异子表，从而得到无数条无差异曲线。表 4-2 和图 4-2 只不过是一种分析的简化而已。

4.3 预算约束线

无差异曲线描述了消费者对不同的商品组合的偏好，它仅仅表示了消费者的消费愿望。这种愿望构成分析消费者行为的一个方面。另外，消费者在购买商品时，必然会受到自己的收入水平和市场上商品价格的限制，这就是预算约束。预算约束可以用预算线来说明。

4.3.1 预算线的含义

预算线又称为预算约束线或价格线。**预算线表示在消费者的收入和商品的价格给定的条件下，消费者的全部收入所能购买到的两种商品的各种组合。**

假定某消费者的一笔收入为 120 元，全部用来购买商品 1 和商品 2，其中，商品 1 的价格 P_1=4 元，商品 2 的价格 P_2=3 元。那么，全部收入都用来购买商品 1 可得 30 单位，全部收入用来购买商品 2 可得 40 单位。由此做出的预算线为图 4-3 中的线段 AB。

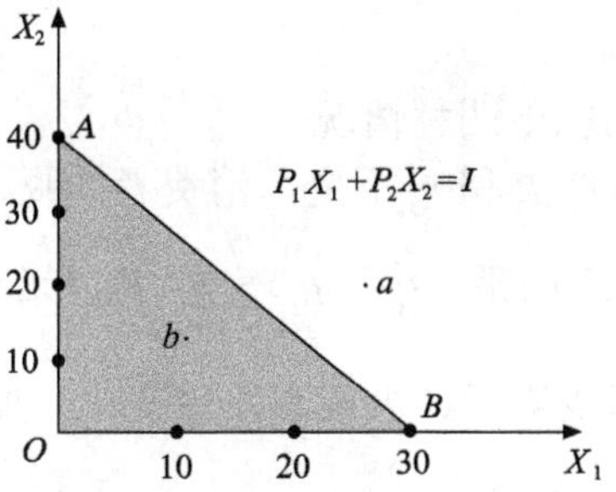

图 4-3 预算线

图 4-3 中预算线的横截距 OB 和纵截距 OA 分别表示全部收入用来购买商品 1 和商品 2 的数量。预算线的斜率是两种商品的价格之比的相反数，即 $-\frac{P_1}{P_2}$，因为，预算线的斜率可以写为

$$-\frac{OA}{OB}=-\frac{\frac{120}{P_2}}{\frac{120}{P_1}}=-\frac{P_1}{P_2}$$

下面，我们由以上的具体例子转向对预算线的一般分析。

假定以 I 表示消费者的既定收入，以 P_1 和 P_2 分别表示商品 1 和商品 2 的价格，以 X_1 和 X_2 分别表示商品 1 和商品 2 的数量，那么，相应的预算等式为

$$P_1X_1+P_2X_2=I \tag{4-1}$$

该式表示：消费者的全部收入等于他购买商品 1 和商品 2 的总支出。而且，可以用 $\frac{I}{P_1}$ 和 $\frac{I}{P_2}$ 来分别表示全部收入仅购买商品 1 或商品 2 的数量，它们分别表示预算线的横截距和纵截距。此外，式（4-1）可以改写成如下形式：

$$X_2=-\frac{P_1}{P_2}X_1+\frac{I}{P_2} \tag{4-2}$$

式（4-2）的预算线方程告诉我们，预算线的斜率为 $-\frac{P_1}{P_2}$，纵截距为 $\frac{I}{P_2}$。

除此之外，从图 4-3 中还可以看到，预算线 AB 把平面坐标图划分为三个区域：预算线 AB 以外的区域中的任何一点，如 a 点，是消费者利用全部收入都不可能实现的商品购买的组合点。预算线 AB 以内的区域中的任何一点，如 b 点，表示消费者的全部收入在购买该点的商品组合以后还有剩余。唯有预算线 AB 上的任何一点，才是消费者的全部收入刚好花完所能购买到的商品组合点。图 4-3 中的阴影部分的区域（包括直角三角形的三条边）被称为消费者的预算可行集或预算空间。

4.3.2 预算线的变动

预算线的变动可以归纳为以下四种情况。

第一种情况：两商品的价格 P_1 和 P_2 不变，消费者的收入 I 发生变化。这时，相应的预算线的位置会发生平移。其理由是，P_1 和 P_2 不变，意味着预算线的斜率 $-\frac{P_1}{P_2}$ 保持不变。于是，I 的变化只能使得预算线的横、纵截距发生变化。如图 4-4（a）所示。

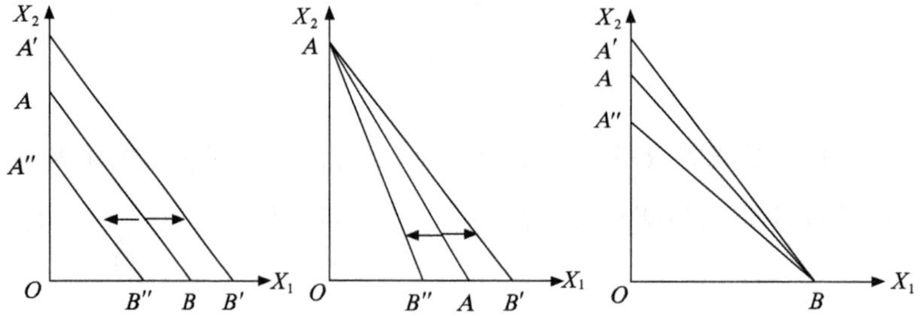

图 4-4 预算线的变动

第二种情况：消费者的收入 I 不变，两种商品的价格 P_1 和 P_2 同比例同方向发生变化。这时，相应的预算线的位置也会发生平移。其理由是，P_1 和 P_2 同比例同方向的变化，并不影响预算线的斜率 $-\frac{P_1}{P_2}$，而只能使预算线的横、纵截距发生变化。如图 4-4（a）所示。

第三种情况：当消费者的收入 I 不变，商品 1 的价格 P_1 发生变化而商品 2 的价格 P_2 保持不变。这时，预算线的斜线 $-\frac{P_1}{P_2}$ 会发生变化，预算线的横截 $\frac{I}{P_1}$ 也会发生变化，但是，预算线的纵截距 $\frac{I}{P_2}$ 保持不变。如图 4-4（b）所示。

第四种情况：消费者的收入 I 与两种商品的价格 P_1 和 P_2 都同比例同方向发生变化。这时预算线不发生变化。其理由是，此时预算线的斜率 $-\frac{P_1}{P_2}$，以及预算线的横截距和纵截距都不会发生变化。它表示消费者的全部收入用来购买任何一种商品的数量都未发生变化。

4.4　消费者均衡

在已知消费者的偏好和预算线约束的前提下，就可以分析消费者对最优商品组合的选择。具体的做法是，把前面考察过的消费者的无差异曲线和预算线结合在一起，来分析消费者追求效用最大化的购买选择行为。

消费者的最优购买行为必须满足两个条件：第一，最优的商品购买组合必须是消费者最偏好的商品组合。也就是说，最优的商品购买组合必须是能够给消费者带来最大效用的商品组合。第二，最优的商品购买组合必须位于给定的预算线上。关于第二点，如图 4-3 中被预算线划分的三个区域所示。这就是：预算线左边的区域中的任何一个商品组合都是不可取的，因为，消费者的收入未花完，消费者应该将其全部收入都用于实现效用最大化的目标上。而预算线右边的区域中的任何一个商品组合对于消费者来说都是不现实的，或者说，都是无力购买的。所以，最优的购买组合只能出现在预算线上。

下面，利用图 4-5 来具体说明消费者的最优购买行为。

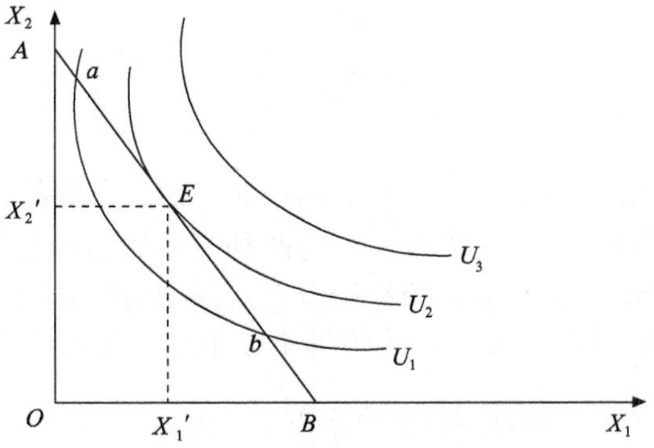

图 4-5　消费者的均衡图

首先，把要分析的问题准确表述如下：假定消费者的偏好给定，再假定消费者的收入和两种商品的价格给定，那么，消费者应该如何选择最优的商品组合，以获得最大的效用呢？

认真考虑一下这个问题，可以得到以下两点：第一，消费者偏好给定的假定，意味着给定了一个由该消费者的无数条无差异曲线所构成的无差异曲线簇。为了简化分析，我们从中取出三条，这便是图 4-5 中三条无差异曲线U_1、U_2和U_3的由来。第二，消费者的收入和两种商品的价格给定的假定，意味着给定了该消费者的一条预算线，这便是图 4-4 中唯一的一条预算线 AB 的由来。

然后，在图 4-5 中找出该消费者实现效用最大化的最优商品组合。面对图 4-5 中的一条预算线和三条无差异曲线，我们说，只有预算线 AB 和无差异曲线U_2的相切点 E，才是消费者在给定的预算约束下能够获得最大效用的均衡点。在均衡点 E 处，相应的最优购买组合为(X_1', X_2')。

为什么唯有 E 点才是消费者效用最大化的均衡点呢？这是因为，就无差异曲线U_3来说，虽然它代表的效用水平高于无差异曲线U_2，但它与既定的预算线 AB 既无交点又无切点。这说明消费者在既定的收入水平下无法实现无差异曲线U_3上的任何一点的商品组合的购买。就无差异曲线U_1来说，虽然它与既定的预算线 AB 相交于 a、b 两点，这表明消费者利用现有收入可以购买 a、b 两点的商品组合。但是，这两点的效用水平低于无差异曲线U_2，因此，理性的消费者不会用全部收入去购买无差异曲线U_1上 a、b 两点的商品组合。事实上，就 a 点和 b 点来说，若消费者能改变购买组合，选择 AB 线段上位于 a 点右边或 E 点左边的任何一点的商品组合，则都可以达到比U_1更高的无差异曲线，以获得比 a 点和 b 点更高的效用水平。这种沿着 AB 线段由 a 点往右和由 b 点往左的运动，最后必定在 E 点达到均衡。显然，只有当既定的预算线 AB 和无差异曲线U_2相切于 E 点时，消费者才在既定的预算约束条件下获得最大的满足。故 E 点就是消费者实现效用最大化的均衡点。

最后，找出消费者效用最大化的均衡条件。在切点 E，无差异曲线和预算线的斜率是相等的。我们已经知道，无差异曲线的斜率的绝对值就是商品的边际替代率 MRS_{12}，预算线的斜率的绝对值可以用两种商品的价格之比$\dfrac{P_1}{P_2}$来表示。

由此，在均衡点 E 有

$$\mathrm{MRS}_{12} = \frac{P_1}{P_2}$$

这就是消费者效用最大化的均衡条件。它表示：在一定的预算约束下，为了实现最大的效用，消费者应该选择最优的商品组合，使得两种商品的边际替代率等于两种商品的价格之比。也可以这样理解：在消费者的均衡点上，消费者愿意用一单位的某种商品去交换的另一种商品的数量（即 MRS_{12}），应该等于该消费者能够在市场上用一单位的这种商品去交换得到的另一种商品的数量（即$\dfrac{P_1}{P_2}$）。

4.5 替代效应和收入效应

一种商品价格的变化会引起该商品的需求量的变化，这种变化可以被分解为替代效应和收入效应两个部分。本节将分别讨论正常物品和低档物品的替代效应和收入效应，并以此进一步说明这两类物品的需求曲线的形状特征。

4.5.1　替代效应和收入效应的含义

当一种商品的价格发生变化时，会对消费者产生两种影响：一是使消费者的实际收入水平发生变化。在这里，实际收入水平的变化被定义为效用水平的变化。二是使商品的相对价格发生变化。这两种变化都会改变消费者对该种商品的需求量。

例如，在消费者购买商品 1 和商品 2 两种商品的情况下，当商品 1 的价格下降时，一方面，对于消费者来说，虽然货币收入不变，但是现有的货币收入的购买力增强了，也就是说实际收入水平提高了。实际收入水平的提高，会使消费者改变对这两种商品的购买量，从而达到更高的效用水平，这就是收入效应。另一方面，商品 1 价格的下降，使得商品 1 相对于价格不变的商品 2 来说，较以前便宜了。商品相对价格的这种变化，会使消费者增加对商品 1 的购买而减少对商品 2 的购买，这就是替代效应。显然，替代效应不考虑实际收入水平变动的影响，所以，替代效应不改变消费者的效用水平。当然，也可以同样地分析商品 1 的价格提高时的替代效应和收入效应，只是情况刚好相反罢了。

综上所述，一种商品价格变动所引起的该商品需求量变动的总效应可以被分解为替代效应和收入效应两个部分，即总效应=替代效应+收入效应。其中，**由商品的价格变动所引起的实际收入水平变动，进而由实际收入水平变动所引起的商品需求量的变动，称为收入效应。由商品的价格变动所引起的商品相对价格的变动，进而由商品的相对价格变动所引起的商品需求量的变动，称为替代效应。收入效应表示消费者的效用水平发生变化，替代效应则不改变消费者的效用水平。**

4.5.2　正常物品的替代效应和收入效应

以图 4-6 为例分析正常物品价格下降时的替代效应和收入效应。

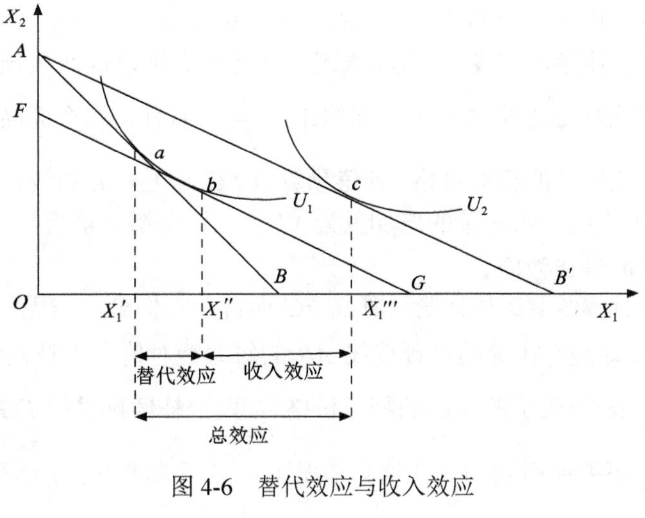

图 4-6　替代效应与收入效应

图 4-6 中的横轴 OX_1 和纵轴 OX_2 分别表示商品 1 和商品 2 的数量，其中，商品 1 是正常物品。在商品价格变化之前，消费者的预算线为 AB，该预算线与无差异曲线 U_1 相切于 a 点，a 点是消费者效用最大化的一个均衡点。在 a 点上，相应的商品 1 的需求量

为OX_1'。现假定商品 1 的价格P_1下降使预算线的位置由 AB 移至 AB'。新的预算线 AB' 与另一条代表更高效用水平的无差异曲线U_2相切于 c 点，c 点是商品 1 的价格下降以后的消费者的效用最大化的均衡点。在 c 点上，相应的商品 1 的需求量为OX_1'''。比较 a、c 两个均衡点，商品 1 的需求量的增加量为$X_1'X_1'''$，这便是商品 1 的价格P_1下降所引起的总效应。这个总效应可以被分解为替代效应和收入效应两个部分。

1. 替代效应

在图 4-6 中，由于商品 1 的价格P_1下降，消费者的效用水平提高了，消费者的新的均衡点 b 不是在原来的无差异曲线U_1上而是在更高的无差异曲线U_2上。为了得到替代效应，必须剔除实际收入水平变化的影响，使消费者回到原来的无差异曲线U_1上去。要做到这一点，需要利用补偿预算线这一分析工具。

什么是补偿预算线？当商品的价格发生变化引起消费者的实际收入水平发生变化时，补偿预算线是用来表示以假设的货币收入的增减来维持消费者的实际收入水平不变的一种分析工具。具体地说，在商品价格下降引起消费者的实际收入水平提高时，假设可以取走消费者的一部分货币收入，以使消费者的实际收入维持原有的水平，则补偿预算线在此就可以用来表示使消费者的货币收入下降到只能维持原有的无差异曲线的效用水平（即原有的实际收入水平）这一情况。相反，在商品价格上升引起消费者的实际收入水平下降时，假设可以对消费者的损失给予一定的货币收入补偿，以使消费者的实际收入维持原有的水平，则补偿预算线在此就可以用来表示使消费者的货币收入提高到得以维持原有的无差异曲线的效用水平（即原有的实际收入水平）这一情况。

再回到图 4-6。为了剔除实际收入水平变化的影响，使消费者能够回到原有的无差异曲线U_1上去，其具体的做法是：作一条平行于预算线 AB'，且与无差异曲线U_1相切的补偿预算线 FG。这种做法的含义是：补偿预算线 FG 与无差异曲线U_1相切，表示假设的货币收入的减少（用预算线的位置由 AB'，向左平移到 FG 表示）刚好能使消费者回到原有的效用水平。补偿预算线 FG 与预算线 AB' 平行，则以这两条预算线的相同斜率，表示商品 1 价格和商品 2 价格的一个相同的比值$\frac{P_1}{P_2}$，而且，这个商品的相对价格$\frac{P_1}{P_2}$是商品 1 的价格P_1变化以后的相对价格。补偿预算线 FG 与无差异曲线U_1相切于均衡点 b，与原来的均衡点 a 相比，需求量的增加量为$X_1'X_1''$，这个增加量就是在剔除了实际收入水平变化影响以后的替代效应。

进一步地，就预算线 AB 和补偿预算线 FG 而言，它们分别与无差异曲线U_1相切于 a、b 两点，但斜率却是不相等的。预算线 AB 的斜率绝对值大于补偿预算线 FG，由此可以推知，预算线 AB 所表示的商品的相对价格$\frac{P_1}{P_2}$大于补偿预算线 FG 所表示的，显然，这是由P_1下降而P_2不变所引起的。在这种情况下，当预算线由 AB 移至 FG 时，随着商品的相对价格$\frac{P_1}{P_2}$的变小，消费者为了维持原有的效用水平，其消费必然会沿着既定的无差异曲线U_1由 a 点下滑到 b 点，增加对商品 1 的购买而减少对商品 2 的购买，即用商品 1 去替代商品 2。于是，由 a 点到 b 点的商品 1 的需求量的增加量为$X_1'X_1''$，便是P_1下降的替代效应。它显然归因于商品相对价格的变化，它不改变消费者的效用水平。在这里，P_1下降所引起的需求量的增加量为$X_1'X_1''$，是一个正值，即替代效应的符号为正。也就是说，正常物品的替代效应与价格呈反方向变动的关系。

2. 收入效应

收入效应是总效应的另一个组成部分。设想一下，把补偿预算线FG再推回到AB'的位置上去，于是，消费者的效用最大化的均衡点就会由无差异曲线U_1上的b点回复到无差异曲线U_2上的c点，相应的需求量的变化量$X_1''X_1'''$就是收入效应。这是因为，在上面分析替代效应时，是为了剔除实际收入水平的影响，才将预算线AB'移到补偿预算线FG的位置。所以，当预算线由FG的位置再回复到AB'的位置时，相应的需求量的增加量$X_1''X_1'''$必然就是收入效应。收入效应显然归因于商品1的价格变化所引起的实际收入水平的变化，它改变消费者的效用水平。

在这里，收入效应$X_1''X_1'''$是一个正值。这是因为，当P_1下降使得消费者的实际收入水平提高时，消费者必定会增加对正常物品商品1的购买。也就是说，正常物品的收入效应与价格呈反方向变动的关系。

综上所述，对于正常物品来说，替代效应与价格呈反方向变动的关系，收入效应也与价格呈反方向变动的关系，在它们的共同作用下，总效应必定与价格呈反方向变动的关系。正因为如此，正常物品的需求曲线是向右下方倾斜的。

4.5.3 正常物品与低档物品的区别及收入效应

在分析低档物品的替代效应和收入效应之前，我们有必要先看一下正常物品和低档物品的区别，以及由此带来的这两类商品的各自收入效应的特点。

商品可以分为正常物品和低档物品两大类。正常物品和低档物品的区别在于：正常物品的需求量与消费者的收入水平呈同方向变动的关系，即正常物品的需求量随着消费者收入水平的提高而增加，随着消费者收入水平的下降而减少。低档物品的需求量与消费者的收入水平呈反方向变动的关系，即低档物品的需求量随着消费者收入水平的提高而减少，随着消费者收入水平的下降而增加。

相应地，可以推知：当某正常物品的价格下降（或上升）导致消费者实际收入水平提高（或下降）时，消费者会增加（或减少）对该正常物品的需求量。也就是说，正常物品的收入效应与价格呈反方向变动的关系。这就是上面的结论，也是在图4-6中，b点必定落在a、c两点之间的原因。而对于低档物品来说，当某低档物品的价格下降（或上升）导致消费者的实际收入水平提高（或下降）时，消费者会减少（或增加）对该低档物品的需求量。也就是说，低档物品的收入效应与价格呈同方向变动的关系。这意味着，在类似于图4-6的分析中，b点的位置会发生变化。

由于正常物品和低档物品的区别不对它们各自的替代效应产生影响，对于所有的商品来说，替代效应与价格都是呈反方向变动的关系。

4.5.4 低档物品的替代效应和收入效应

对于低档物品来说，替代效应与价格呈反方向变动的关系，收入效应与价格呈同方向变动的关系，而且，在大多数的场合，收入效应的作用小于替代效应的作用，所以，总效应与价格呈反方向变动的关系，相应的需求曲线是向右下方倾斜的。但是，在少数场合，某些低档物品的收入效应的作用会大于替代效应的作用，于是，就会出现违反需求曲线向右下方倾斜的现象。这类物品就是“吉芬物品”。

4.5.5 吉芬物品的替代效应和收入效应

英国人吉芬于 19 世纪发现，1845 年爱尔兰发生灾荒，土豆价格上升，但是土豆需求量却反而增加了。这一现象在当时被称为“吉芬难题”。这类需求量与价格呈同方向变动的特殊商品以后也因此被称作“吉芬物品”。

很显然，吉芬物品是一种特殊的低档物品。作为低档物品，吉芬物品的替代效应与价格呈反方向变动的关系，收入效应则与价格呈同方向变动的关系。吉芬物品的特殊性就在于：它的收入效应的作用很大，以至于超过了替代效应的作用，从而使得总效应与价格呈同方向变动的关系。这也就是吉芬物品的需求曲线呈现出向右上方倾斜的特殊形状的原因。

运用以上分析的结论就可以解释“吉芬难题”了。在 19 世纪中叶的爱尔兰，购买土豆的消费支出在大多数的贫困家庭的收入中占一个较大的比例，于是，土豆价格的上升导致贫困家庭实际收入水平大幅度下降。在这种情况下，变得更穷的人们不得不大量地增加对劣等物品土豆的购买，这样形成的收入效应是很大的，它超过了替代效应，造成了土豆的需求量随着土豆价格的上升而增加的特殊现象。

现将本节分析正常物品、低档物品和吉芬物品的替代效应与收入效应所得到的结论综合于表 4-3。

表 4-3　商品价格变化所引起的替代效应和收入效应

商品类别	替代效应与价格的关系	收入效应与价格的关系	总效应与价格的关系	需求曲线的形状
正常物品	反方向变化	反方向变化	反方向变化	向右下方倾斜
低档物品	反方向变化	同方向变化	反方向变化	向右下方倾斜
吉芬物品	反方向变化	同方向变化	同方向变化	向右上方倾斜

本 章 总 结

1. 效用是指消费者在消费商品时所感受到的满足程度。一种商品对消费者是否具有效用，取决于消费者是否有消费这种商品的欲望，以及这种商品是否具有满足消费者欲望的能力。

2. 边际效用递减规律：在一定时间内，在其他商品的消费数量保持不变的条件下，随着消费者对某种商品的消费量的增加，消费者从该商品连续增加的每一消费单位中所得到的效用增量即边际效用是递减的。

3. 预算线又称为预算约束线或价格线。预算线表示在消费者的收入和商品的价格给定的条件下，消费者的全部收入所能购买到的两种商品的各种组合。

思 考 题

1. 如果你有一辆需要四个轮子才能开动的车子有了三个轮子，那么当你有第四个轮子时，这第四个轮子的边际效用似乎超过了第三个轮子的边际效用，这是不是违反了边际效用递减规律？
2. 免费发给消费者一定量的实物与发给消费者按市场价格计算的这些实物折算的现金，哪种方法给消费者带来更高的效用，为什么？
3. 分别用图分析正常品、低档品和吉芬商品的替代效应与收入效应，并进一步说明这三类物品的需求曲线的特征。
4. 基数效应论者是如何推导需求曲线的？
5. 请解释亚当·斯密提出的“价值之谜”——水的使用价值很大，而交换价值却很小；钻石的使用价值很小，交换价值却很大。

课外阅读

不确定性和彩票

在消费者知道自己某种行为决策的各种可能的结果时，如果消费者还知道各种可能的结果发生的概率，则可以称这种不确定的情况为风险。为了对存在风险情况下的消费者行为加以说明，西方学者往往使用一些现实生活中的事例，经常被使用的一个事例便是彩票的购买。

假设某消费者持有 100 美元的初始货币财富量（即他已经持有 100 美元），他面临是否购买某种彩票的选择。这种彩票的购买支出是 5 美元。如果该消费者购买彩票，他中彩的概率为 2.5%，不中彩的概率为 97.5%。在中彩的情况下，他可以得到 200 美元的奖金；在不中彩的情况下，他什么都得不到。于是，该消费者可以决定不购买彩票，那么，他总是可以稳妥地持有 100 美元的初始货币财富量，当然，也不必支付 5 美元的彩票购买成本。这样，他避免了购买彩票所可能遭受的损失，也失去了购买彩票所可能得到的更多财富。该消费者也可以决定购买彩票，如果他中彩的话，他就会拥有 295 美元，因为，初始货币财富量 100 美元–购买彩票的支出 5 美元+中彩的奖金 200 美元＝295 美元。如果他不中彩的话，他就只持有 95 美元。因为，初始货币财富量 100 美元–购买彩票的支出 5 美元＝95 美元。

在经济分析中，可以用符号来表示消费者所面临的具有不确定结果的彩票。假定某消费者所面临的一种彩票具有两种可能的结果，这两种结果不会同时发生。当第一种结果发生时，该消费者拥有的货币财富量为 W_1；当第二种结果发生时，该消费者拥有的货币财富量为W_2。第一种结果发生的概率为p，$0<p<1$。第二种结果发生的概率为$1-p$。于是，这张彩票可以表示为：$L=[p,(1-p);W_1,W_2]$。如果将这种彩票表示法具体运用到上面的例子中，则有$p=2.5\%$，$1-p=97.5\%$；$W_1=295$美元，$W_2=95$美元。此外，由于两种结果不会同时发生，在知道了第一种结果的概率的同时，也就知道了第二种结果的概率。于是，以上彩票也可以简单地表示为

$$L=[p;W_1,W_2]$$

需要指出的是，当消费者购买彩票时，消费者由中彩所得到的奖金可以是物品，也可以是一笔钱，等等。由于消费者的中奖所得总是可以被表示为一定数量的货币值，在分析中，彩票的每种可能的结果都可以被简化为一定的货币量。

在分析不确定条件下的消费者行为时，期望效用和期望值效用是两个经常要用到的基本概念。下面仍以彩票为例来介绍这两个概念。

1. 期望效用

如同在确定条件下消费者行为追求的目标是获得最大的效用一样，在不确定条件下消费者行为追求的目标也是得到最大的效用。但是，在不确定情况下，由于消费者事先并不知道哪种结果事实上会发生，他只是在事先做出最优的决策，以使他的期望效用最大化。为此，西方经济学家建立了期望效用的概念。

对于一张彩票$L=[p;W_1,W_2]$来说，彩票的期望效用函数为

$$E\{U[p;W_1,W_2]\}=pU(W_1)+(1-p)U(W_2) \tag{4-3}$$

式中，p和$1-p$分别为W_1和W_2发生的概率。

以上的彩票的期望效用函数也可简写为

$$E[U(W_1,W_2)]=pU(W_1)+(1-p)U(W_2) \tag{4-4}$$

期望效用函数也被称为冯·诺依曼-摩根斯顿效用函数。由式（4-3）和式（4-4）可知，消费者的期望效用就是消费者在不确定条件下可能得到的各种结果的效用的加权平均数。

由于期望效用函数的建立，对不确定条件下的消费者面临风险的行为的分析，就成了对消费者追求期望效用最大化的行为的分析。

2. 期望值的效用

对于一张彩票$L=[p;W_1,W_2]$来说，彩票的期望值为

$$pW_1+(1-p)W_2 \tag{4-5}$$

彩票的期望值是彩票不同结果下的消费者所拥有的货币财富量的加权平均数。相应地，彩票期望值的效用为

$$U[pW_1+(1-p)W_2] \tag{4-6}$$

天下有没有“吉芬商品”？

——评张五常、汪丁丁需求定律之争

2001 年以来，我国经济学界就需求定律问题展开了一场争论，参战高手之多，讨论时间之长，影响范围之广，极为罕见。而今，尘埃似将落尽，但这场争端并无结果，对于广大读者或经济学界人士而言，还是一头雾水：需求曲线是否必定向右下角倾斜？世界上到底有没有吉芬商品？

张五常和薛兆丰等坚持认为，需求曲线必定向下。例如，在某大学的演讲中，张五常表示：“我知道汪丁丁对这个需求曲线的说法，我知道黄有光对它的说法。可是，你们听我说：第一，需求曲线和需求定律是不一样的，曲线走哪个方向都可以。需求定律呢，也就是说需求曲线一定是向下倾斜，这是第一点。第二，这条需求曲线可不可以向右上升，逻辑上，可以，绝对可以。但是呢，那就不是需求定律了。”

黄有光、汪丁丁等则认为存在向上倾斜的需求曲线。例如，汪丁丁认为，在特定的成本分摊方式和激励机制下，确实可以出现“越贵越买”的现象，如对“文凭”的需求，在特定社会条件下，可以出现“向上倾斜”的情况。

到底谁对谁错？似乎很难判断，一是双方都有似乎很有说服力的论证；二是双方的学术背景都不容小觑，如张五常是新制度经济学派的主要开创人物之一，而且，诺贝尔经济学奖得主阿尔钦等也赞同这个观点；黄有光在国外很有名气，是新兴古典经济学的奠基者之一，汪丁丁是北京天则经济所的学术委员会主席。

其实，吉芬商品是否存在，一直是经济学上没有解决的难题。即使在美国学术界，也一直存在争论。例如，2001 年华夏出版社出版的中译本《经济学的困惑与悖论》，就有专文讨论这个问题，但依然没有定论。在当前国内外的经济学教科书上，吉芬商品都是作为需求定律的例外存在的。

在笔者看来，现实世界存在这样一种现象：当学者研究问题越深入，浅显的问题越难把握。实际上，上述双方乃至古今中外所有学者所争论的问题，解决起来非常容易——他们在处理逻辑与现实的关系问题上陷入泥潭，所以都出现了偏差。

从标准教科书看，需求定律指的是，在其他条件不变时，需求价格与需求量成反比。用坐标图表示，若用横坐标表示需求量，纵坐标表示价格，那么需求定律就可以描绘成一条从左上角到右下角的曲线，就是“向右下倾斜”。这个定律应该是很好理解的，但出问题的往往在我们最容易忽视的那个前提，即“其他条件不变”。这很关键，之所以说“需求定律”，而不说是“需求公理”，就在于定律是有条件的，公理是无条件的。比如，几何上有个公理，说的是“两点之间直线的距离最短”，这个描述之所以是公理，就是因为无论我们在北京还是纽约，在地球还是月球，这个规律都是成立的，不必去证明了。但定律就不一样，必须依托一定的前提条件，没有前提条件，得出的结论必然是错的，比如牛顿定律，如果在极微观和极宏观的条件下，都不成立。所以，瓦尔特尼科尔森在《微观经济学原理与应用》一书的第一章反复强调注重前提条件的必要性和重要性。

回过头来分析“需求定律之争”。如果其他条件都不变，则该定律 100%成立（鉴于各种教科书论证得很详尽了，此不赘述)。但是，应用在实践中，则需要考虑“其他条件”了。比如，用张五常在其连载的《经济解释》中的一个例子：如果大雨连天，雨伞的价格上升，而其需求量也增加了。从现象看，这显然是与需求定律不容，这是否意味着需求定律是错的？不是，因为我们还没有考虑“其他条件”。张五常的解释是：“雨伞的需求量上升，不是因为其价格上升，而是因为连天大雨。”汪丁丁的观点其实也没有推翻需求定律，他说的是考虑了“质量”这个“其他条件”后的情形。所以，我们可以得出结论：①其他条件不变，则需求曲线必定向右下倾斜；②如果考虑其他条件，则需求曲线不一定向右下倾斜。雨伞的例子就是铁证。依此类推，股票价格上涨，买的人反而多了，是因为存在“其他条件”，如投资者预期该股票的价格还会上涨，有钱可赚（有人用数学公式推导，计算结果是每股价格实际上是降低的，纯粹属于异想天开）。同理，土豆价格上涨，需求量反而上升，是因为消费者收入较低，买不起其他食品，或者说，消费的主食因收入的限制而只好采用土豆，当土豆价格上涨时，他们预期价格还会涨，于是就去抢购了。其实，在我国短缺经济时代，就存在商品价格上涨，百姓抢购的事实。在抢购这些事例中，也是因为存在“其他条件”在变化的事实。文凭问题，同理。从以上事例看，如果剔除“其他条件”，则这些产品的需求曲线必定向右下倾斜，但考虑“其他条件”后，需求曲线就向右上倾斜了。而考虑了“其他条件”，并不等于推翻了需求定律。

分析到这里，那些学者们所争论的问题的答案再清楚不过了。黄有光、汪丁丁等所说的情况，是考虑了“其他条件”的，但错将这些情况当“定律”，或者说是把“事实”当“理论”了。张五常等坚持认为不存在的吉芬商品之所以存在（不仅仅是逻辑上的存在），是因为张五常等将“其他条件”忘记了，将“定律”当成了“公理”，极端化了。但既然张五常教授承认“雨伞问题”的存在性，为什么就不承认吉芬商品？天下竟然有如此自相矛盾的！

资料来源：刘正山. 天下有没有“吉芬商品”？——评张五常、汪丁丁需求定律之争. 国际金融报, 2002-8-16.

第5章　生产与成本

第4章详细地分析了影响需求曲线的消费者行为，本章开始转而对影响供给曲线的生产者行为进行分析。经济学一般假定厂商的目标是追求最大利润，在这一假定条件下，生产者不仅要实现收益最大化，还要同时考虑成本的最小化。本章继续从生产者的生产函数和成本两个方面着手对上述问题进行介绍。

5.1　企业理论概述

本节在简要说明企业类型后，将重点研究企业的利润最大化目标，以便分析企业的生产和成本决策。

5.1.1　企业的本质

罗纳德·科斯（R. H. Coase）指出，企业本质是一种资源配置的机制，企业与市场是两种可以互相替代的资源配置方式。

企业理论是新制度经济学的重要理论之一。科斯最早建立了新制度经济学的企业理论，他认为，企业是价格机制的替代物。阿尔钦[①]（Armen Albert Alchian）和哈罗德·德姆塞茨[②]（Harold Demsetz）则不同意科斯的看法，他们认为企业是一种团队生产。沿着科斯的思路，张五常提出，企业是合约选择的一种形式；奥利弗·伊顿·威廉姆森[③]（Oliver Eaton Williamson）则认为，企业是一种科层组织。20世纪七八十年代以后，经济学家们进一步分析了影响交易成本的具体因素，他们认为，企业是不完全合约的产物。这些研究使企业理论渐臻完善。

> 科斯的代表作是两篇著名的论文，其一是1937年发表的《企业的本质》，该文独辟蹊径地讨论了企业存在的原因及其扩展规模的界限问题，科斯创造了“交易成本”这一重要概念来予以解释。其思想被概括为“在完全竞争条件下，私人成本等于社会成本”，并命名为“科斯定理”。

5.1.2　企业的目标

利润最大化是指在完全竞争条件下企业在预定时间内实现最大利润或最小亏损。在这一目标引导下，企业会通过增加产量、提高效率、降低成本的方法合理配置企业资源。

① 阿尔钦（1914—2013），1914年生于美国加利福尼亚的弗雷诺斯。经济学家，现代产权经济学创始人，价格理论大师。

② 德姆塞茨（1930—　），美国伊利诺伊州芝加哥人。

③ 威廉姆森（1932—　），“新制度经济学”的命名者。

当企业生产的产品使边际收益和边际成本相等时，这种产量就实现了利润最大化。

企业谋求利润最大化是由企业的性质和市场经济的特点决定的。企业是独立的经济组织，是自主经营、自负盈亏的生产经营实体和竞争主体，这是企业最本质的内涵。企业只有使自己获得的收益大于投入成本，即获得利润，才能生存。一个企业的价值是由它能否获得长期利润及能否为社会提供持续的产品和服务决定的。在激烈的市场竞争中，只有综合实力强劲的企业才能维护自身的生存和发展。为了在激烈的市场竞争中求生存、求发展，企业必须追求利润最大化以不断积累资本，企业为谋求利润最大化决定目标产量的依据是产品边际收益等于边际成本。

如图 5-1 所示：当产量为 Q_1 时，边际收益 MR_1 大于边际成 MC_1，因此，增加产量可以增加利润。当产量为 Q_2 时，边际成本 MC_2 大于边际收益 MR_2，此时，减少产量可以增加利润。利润最大化产量是水平价格线与边际成本曲线的交点。

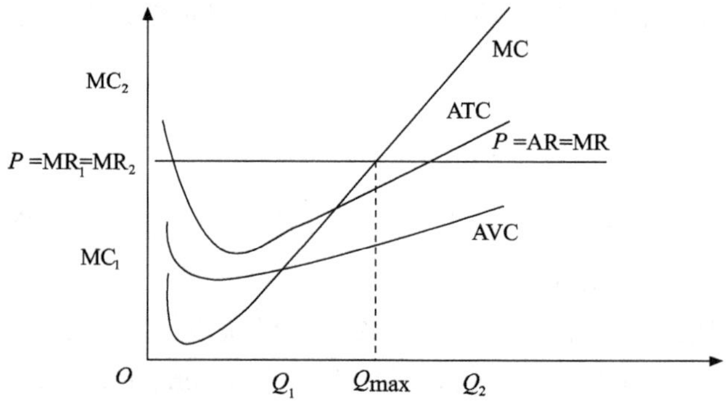

图 5-1　利润最大化示意图

企业谋求利润最大化必须遵循社会伦理要求。企业除了是一个“经济人”以外，还是一个“社会人”，即社会的一分子。因此，企业必须以社会作为其生存和发展的保障。从这个层面上讲，企业和社会的利益是一致的。

在企业经营管理中，要实现利润最大化，须注重了解市场需求、推动技术革新、培养企业人才、降低生产成本、激励员工士气等各个方面。具体分析如下。

（1）企业管理决策层应加强学习。不断更新市场理念和知识，洞悉市场经济规律，研究产品市场需求。结合市场需求与供给现状及产品自身价格弹性做出正确的生产决策与产品价格决策。形成适度规模经济，避免陷入恶性产品价格竞争。

（2）企业积极推动技术进步与革新，增强发展后劲。改进现有产品生产工艺，完善产品功能，提高产品质量。同时坚持新产品的开发研制，拓展产品市场的深度与宽度，注重对企业员工队伍的技术培训，提高员工整体技术水平。一方面可以提高企业整体员工素质，有利于塑造良好的企业形象；另一方面有利于提高企业生产效率，缩减成本，最终服务于企业利润最大化目标的实现。

（3）重视生产成本管理控制。具体包括：做好各种原始记录；对成本管理人员明确分工，加强督促；做好成本的预测、计划与控制；加强统计核算，分析并解决存在的问题。企业利润可以分为会计利润、经济利润和正常利润。只有经济利润才是决策的基础。

经济利润等于销售收入减去机会成本。因此，企业管理者在进行成本管理时应注意关注产品的机会成本。例如，产品生产各工序间的间隔时间、不合格产品的再加工、消费者对产品的不满意评价等。

“企业以盈利为目标”这一基本的经济学假定决定企业管理的最终目标就是实现企业盈利。利润最大化符合企业存在的目的。但同时，利润的形成受诸多因素的影响，其中包括一些不可控因素。因此，企业在面对最大利润时应结合自身环境信息做出合理决策。

5.1.3　企业的类型

法律根据不同类别企业的具体需求，如设立的条件、设立的程序、内部组织机构等来组建企业。企业法定分类的基本形态主要是独资企业、合伙企业和公司。法律对这三种企业划分的内涵做了基本概括，即企业的资本构成、企业的责任形式和企业在法律上的地位。从我国的立法实践来看，我们基本上按所有制形式安排企业立法，划分企业类型。随着社会主义市场经济体制的逐步建立，以及企业改革的进一步深化，我国也将把独资企业、合伙企业和公司作为我国企业的基本法定分类。

此外，在我国还可以按照经济类型对企业进行分类。这是我国对企业进行法定分类的基本做法。根据宪法和有关法律规定，我国目前有国有经济、集体所有制经济、私营经济、联营经济、股份制经济、涉外经济（包括外商投资，中外合资，以及港、澳、台投资经济）等经济类型，相应地，我国企业立法的模式也是按经济类型来安排，从而形成了按经济类型来确定企业法定种类的特殊情况。它们是国有企业、集体所有制企业、私营企业、股份制企业、联营企业、外商投资企业、港澳台投资企业、股份合作企业。

5.2　短期与长期生产函数

5.2.1　生产函数

企业进行生产的过程就是从投入生产要素到生产出产品的过程。在西方经济学中，生产要素一般被划分为劳动、土地、资本和企业家才能四种类型。生产过程中生产要素的投入量和产品的产出量之间的关系，可以用生产函数来表示。**生产函数是指在一定时期内，在技术水平不变的条件下，生产中所使用的各种生产要素的数量与所能生产的最大产量之间的关系。**简单的生产函数可表示为

$$Q = f(L, K)$$

在分析上，生产函数分为长期与短期两种。短期：指生产函数中至少有一个生产要素（一般为资本 K）无法调整（或变动）的期间。因此，生产函数为

$$Q = f(L, \overline{K}) = f(L)\text{（资本固定）}$$

长期：指所有生产要素皆可变动的期间。这时的生产函数可表示为

$$Q = f(L, K)$$

5.2.2 几种常见的生产函数

生产函数的具体形式可以是多种多样的，下面介绍比较经常地出现于西方介绍经济学的文献之中的生产函数的三种具体形式。

1. 固定替代比例的生产函数

固定替代比例的生产函数表示在每一产量水平上任何两种生产要素之间的替代比例都是固定的。假定生产过程中只使用劳动和资本两种要素，则固定替代比例的生产函数的通常形式为

$$Q=aL+bK$$

式中，Q 为产量；L 和 K 分别为劳动和资本的投入量；常数 a、$b>0$。显然，这一线性生产函数相对应的等产量曲线是一条直线。

2. 柯布-道格拉斯生产函数

该生产函数的一般形式为

$$Q=AL^{\alpha}K^{\beta}$$

式中，Q 为产量；L 和 K 分别为劳动和资本；A、α 和 β 为三个参数，且 $0<\alpha, \beta<1$。

柯布-道格拉斯生产函数中的参数 α 和 β 的经济含义是：当 $\alpha+\beta=1$ 时，α 和 β 分别表示劳动和资本在生产过程中的相对重要性，α 为劳动所得在总产量中所占的份额，β 为资本所得在总产量中所占的份额。

另外，如果 $\alpha+\beta=1$，则生产为规模报酬不变；如果 $\alpha+\beta<1$，生产为规模报酬递减；$\alpha+\beta>1$，则生产为规模报酬递增。

3. 里昂惕夫生产函数

里昂惕夫生产函数又称固定投入比例生产函数，指在每一个产量水平上任何一对要素投入量之间的比例都是固定的生产函数。里昂惕夫生产函数的一般形式为

$$Q=\min(L/U, K/V)$$

式中，Q 为产量；L 和 K 分别为劳动和资本的投入量；U 和 V 分别为固定的劳动和资本的生产技术系数，它们分别表示生产一单位产品所需要的固定的劳动投入量和资本投入量。该生产函数的意义是：产量 Q 取决于 L/U 和 K/U 这两个比值中较小的那个，即使其中的一个比例数值较大，那也不会提高产量，因为在这里，Q 的生产被假定必须按照 L 和 K 之间的固定比例，当一种生产要素的数量不能变动时，另一种生产要素的数量再多，也不能增加产量。如图 5-2 所示。

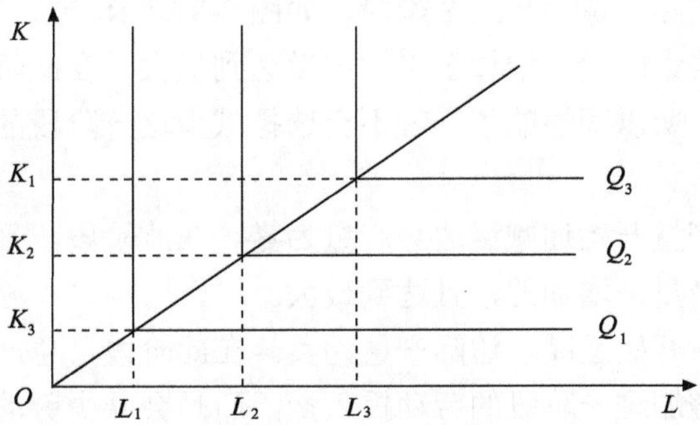

图 5-2 里昂惕夫生产函数

5.2.3 短期生产函数

> 微观经济学中，短期生产函数是指一种可变要素投入的生产函数，短期生产函数又涉及总产量、平均产量和边际产量等概念。

1. 总产量、平均产量和边际产量的概念

总产量是指短期内在某种特定生产规模下，利用一定数量的某种生产要素（如劳动）所生产的产品的全部数量，其表达式为

$$\mathrm{TP}_L=f(L)$$

平均产量是指总产量除以要素投入量之商，即平均每一单位可变要素的产量，其计算公式为

$$\mathrm{AP}_L=\mathrm{TP}/L$$

边际产量是指增加一单位可变要素的投入所增加的产量。边际产量的计算公式为

$$\mathrm{MP}_L=\frac{\Delta \mathrm{TP}}{\Delta L}\text{或}\ \mathrm{MP}_L=\lim_{\Delta L\to 0}\frac{\Delta \mathrm{TP}}{\Delta L}=\frac{\mathrm{dTP}}{\mathrm{d}L}$$

2. 边际报酬递减规律

边际报酬递减规律是指在技术水平不变的条件下，在连续等量地把一种可变生产要素增加到一种或几种数量不变的生产要素上去的过程中，当这种可变生产要素的投入量小于某一特定值时，增加该要素投入所带来的边际产量是递增的；当这种可变要素的投入量连续增加并超过这个特定值时，增加该要素投入所带来的边际产量是递减的。

> 边际报酬递减是因为对于任何一种产品的生产来说,可变要素投入量和不变要素投入量之间都存在一个最佳的组合比例。

3. 总产量、平均产量和边际产量相互之间的关系

分析一种可变要素的合理投入时，可根据产量的变化将生产过程划分为平均产量递

增、平均产量递减和边际产量为负三个阶段，如图 5-3 所示。

第一阶段，可变要素的投入增加至平均产量达到最大。在此阶段，平均产量和平均边际产量都是递增的，所以理性的生产者不会选择减少这一阶段的劳动投入量，而会继续增加劳动投入量。

第二阶段，平均产量开始递减至边际产量为零。在此阶段，平均产量和边际产量都处于递减阶段，但总产量是增加的，且达到最大。

第三阶段，总产量开始递减，边际产量为负。在此阶段，总产量开始下降，所以理性的生产者不会选择增加这一阶段的劳动投入量，而是会减少劳动投入量。

综上所述，理性的生产者不会选择第一阶段和第三阶段进行生产，必然选择在第二阶段组织生产，即只有第二阶段才是可变要素投入的合理区域。但在这一区域中，生产者究竟投入多少可变要素可生产多少产品，必须结合成本函数才能确定。

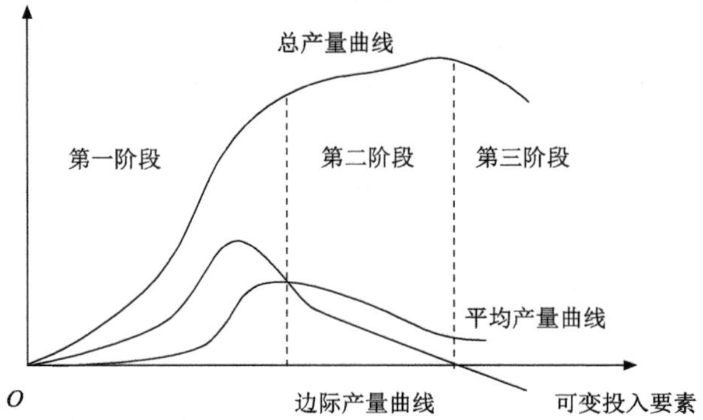

图 5-3　总产量、平均产量和边际产量曲线

5.2.4　长期生产函数

1. 长期生产函数的基本概念

在长期内，所有的生产要素投入量都是可变的，多种可变生产要素的长期生产函数可写为

$$Q = f(X_1, X_2, \cdots, X_n)$$

式中，Q 为产量；X_i（i=1, 2, 3,⋯, n）为第 i 种可变生产要素的投入数量。该生产函数表示：长期内在技术水平不变的条件下由 n 种可变生产要素投入量的一定组合所能生产的最大产量。

假定只使用劳动和资本两种可变生产要素，则两种可变生产要素的长期生产函数可以写为

$$Q = f(L, K)$$

式中，Q 为产量；L 为可变要素劳动的投入量；K 为可变要素资本的投入量。

2. 等产量曲线及其特征

等产量曲线是指在技术水平不变的情况下，生产一定产量的两种生产要素投入量的各种不同组合所形成的曲线，如图 5-4 中的等产量曲线，是在 Q=50 的情况下，各种 L 和 K 的投入比例。当 K=6 时，L 投入 1；当 K=3 时，L 投入 2；当 K=1 时，L 投入 6。a、b、c 三点均表示不同投入量组合下的相同产量 Q，即 Q=50。

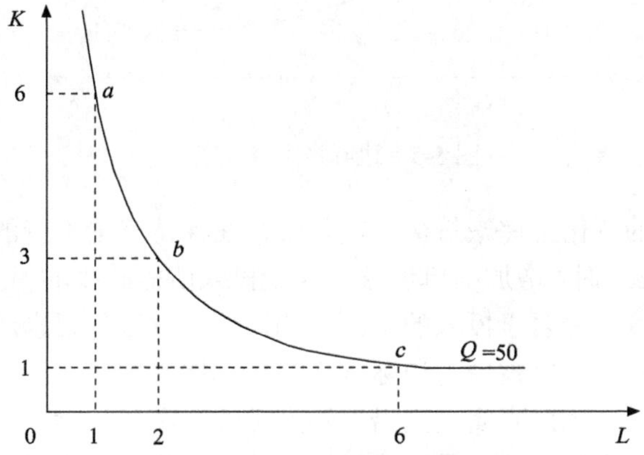

图 5-4　等产量曲线

等产量曲线有如下三个特征。

（1）等产量曲线的斜率为负。因为要保持产量不变，在合理投入范围内，增加一种要素的投入量，就要减少另一种要素的投入量，两种要素是互相代替的。

（2）在一个平面图中任意两条等产量曲线不能相交。

（3）一个平面图中有无数条曲线，离原点越远的等产量曲线表示的产量越大。等产量曲线凸向原点，表明在产量不变的条件下，连续等量地增加一种要素投入量，需要减少的另一种要素的数量越来越少。

> 等产量曲线的斜率递减，说明这种类型的替代有一个重要的特性，即投入要素的边际技术替代率总是随着投入要素的量的增加而递减。

3. 边际技术替代率及其递减规律

边际技术替代率是指在保持产量水平不变的条件下，增加一个单位的某种要素投入量时所减少的另一种要素的投入数量。劳动对资本的边际技术替代率可用以下公式表示：

$$\mathrm{MRTS}_{LK} = -\Delta K / \Delta L$$

边际技术替代率等于两种要素的边际产量之比，即 $\mathrm{MRTS}_{LK}=\mathrm{MP}_L/\mathrm{MP}_K$

边际技术替代率曲线如图 5-5 所示。

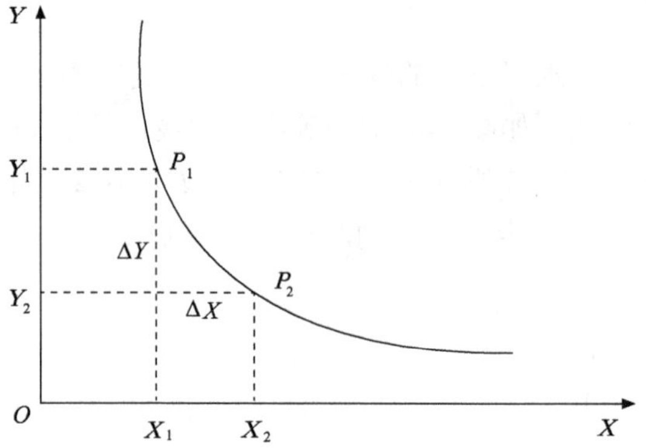

图 5-5　边际技术替代率

边际技术替代率的变化呈递减规律，就是说，在保持产量不变的条件下，当不断地增加一种要素投入量 ΔX 时，增加一单位该种要素投入所需减少的另一种要素 ΔY 的数量越来越少，亦即，随着一种要素投入的不断增加，一单位该种要素所能替代的另一种要素的数量是递减的。这一现象被称为边际技术替代率递减规律。

边际技术替代率递减规律表明，当沿着等产量线向右移动时，边际技术替代率是下降的，而边际技术替代率等于等产量曲线的斜率的绝对值。这说明，等产量曲线的斜率的绝对值从左向右越来越小，因此等产量线是凸向原点的。

在维持产量不变的前提下，当一种生产要素的投入量不断增加时，每一单位的这种生产要素所能替代的另一种生产要素的数量是递减的。这一现象被称为边际技术替代率递减规律。由于等产量曲线是以两要素的相互替代来维持一个固定不变的产量水平，等产量曲线向右下方倾斜。又由于等产量曲线上某一点的边际技术替代率等于产量曲线在该点的斜率的绝对值，边际技术替代率递减规律使得向右下方倾斜的等产量曲线必然凸向原点。

5.2.5　等成本线

等成本曲线是生产要素的价格和厂商的成本既定的条件下，厂商可以购买的两种生产要素数量最大组合所形成的曲线。如果资本和劳动的价格分别为 P_L、P_K，资本和劳动的投入量分别为 L 和 K，总成本为 C，那么，等成本曲线可表示为

$$C=P_LL+P_KK$$

如图 5-6 所示，由于成本方程式是线性的，等成本曲线必是一条直线。

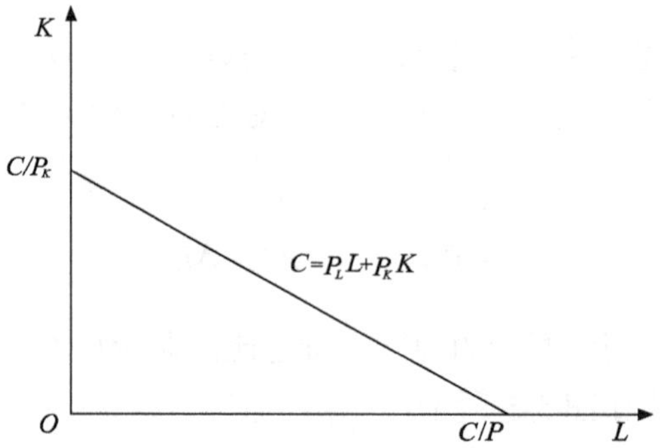

图 5-6　等成本曲线

5.2.6　最优的生产要素组合

在生产的经济区域内选择任意一点进行生产都是可行的，但厂商为了追求利润最大化，必然选择最佳的要素投入组合。这个最佳组合点就是等产量线和等成本线的切点。在切点，两条曲线的斜率是相等的。

$$-\mathrm{MP}_L/\mathrm{MP}_K=P_L/P_K$$

用公式表示生产要素的最佳组合为

$$\mathrm{MP}_L/P_L=\mathrm{MP}_K/P_K$$

它表明，当生产者花费在各种要素上的最后一单位货币的边际产量相等时，生产要素达到最佳组合。即在既定成本条件下使产量最大或在既定的产量目标下使成本最小。图 5-7 分别表示了既定成本与既定产量下的最优选择。

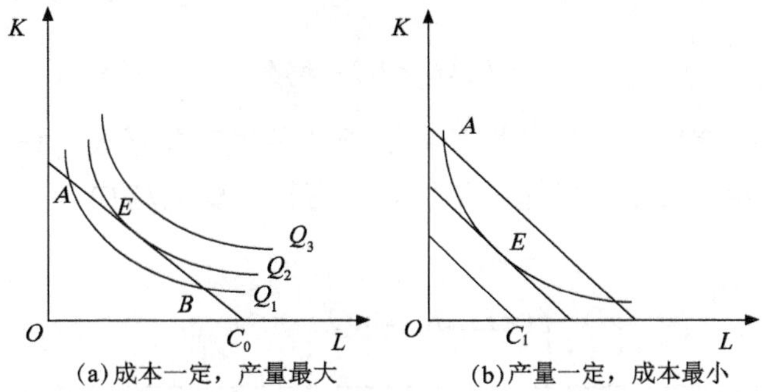

图 5-7　生产要素的最佳组合

如果投入要素有多种，生产要素的最佳组合的公式为

$$\mathrm{MP}_1/P_1=\mathrm{MP}_2/P_2=\cdots=\mathrm{MP}_n/P_n$$

生产扩展线是指等成本线与等产量线的切点所形成的曲线，称为生产扩展线（图 5-8）。表明在生产要素价格和技术水平不变的条件下，当厂商调整产量或成本时，应沿着生产扩展线选择要素投入组合，因为生产扩展线上的每一点都会使厂商得到一定产量下的最小成本或一定成本下的最大产量。生产扩展线有三种形状，即上凹型（资本密集型）、下凹型（劳动密集型）和直线型。同时随着科学技术的迅速发展，还有一种技术密集型生产扩展线。

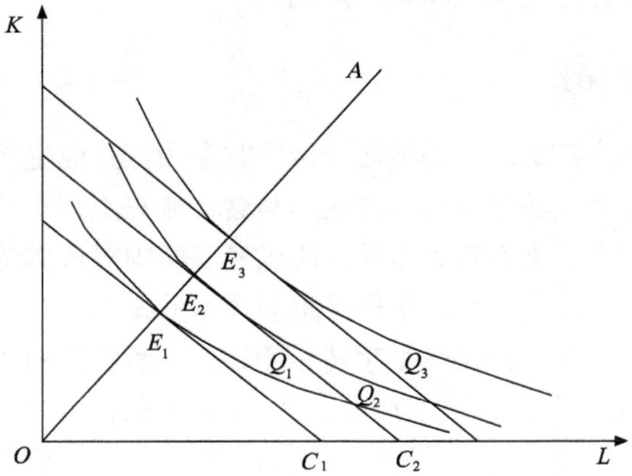

图 5-8　生产扩展线

5.2.7 规模报酬

规模报酬是指所有生产要素的变化与所引起的产量变化之间的关系，属长期的生产理论。有以下三种类型。

第一，规模报酬递增。若产量增长率高于各种生产要素投入增长率，则称该生产函数为规模报酬递增。规模报酬递增是指若所有投入要素增加 λ 倍，则增加的产出会大于 λ 倍，即

$$f(\lambda L, \lambda K) = nQ，n > \lambda$$

第二，规模报酬固定。若产量增长率等于各种生产要素投入增长率，则称该生产函数为规模报酬固定。规模报酬固定是指若所有投入要素增加 λ 倍，则产出亦会增加 λ 倍，即

$$f(\lambda L, \lambda K) = \lambda Q$$

第三，规模报酬递减。若产量增长率低于各种生产要素投入增长率，则称该生产函数为规模报酬递减。规模报酬递减是指若所有投入要素增加 λ 倍，则增加的产出会少于 λ 倍，即

$$f(\lambda L, \lambda K) = nQ，n < \lambda$$

> 规模报酬分析的是企业的生产规模变化与所引起的产量变化之间的关系。企业只有在长期内才能变动全部生产要素，进而变动生产规模，因此企业的规模报酬分析属于长期生产理论问题。

5.3 短期与长期成本函数

企业生产需要一定的要素投入与成本，所以企业生产对应着会产生一定数量的成本。企业的生产成本随着企业的产量变动和生产要素选择而变动，而这些选择又受到时间因素的限制，所以成本也分为短期成本和长期成本。

5.3.1 经济学中成本的概念

企业的成本又称为生产成本，是指在一定的时期内，企业生产一定数量产品所花费的生产要素的费用。然而经济学家眼中的成本与会计账户上规定的成本，也就是经济成本和会计成本，两者在意义上有较大差异。所以经济学中对成本的使用重在衡量稀缺资源配置于不同途径上的代价。这里就引出了机会成本的概念。

机会成本是指将一定的资源用于某项特定用途时，所放弃的该项资源用于其他用途时所能获得的最大收益。机会成本的存在需要三个前提条件：第一，资源是稀缺的；第二，资源具有多种生产用途；第三，资源的投向不受限制。从机会成本的角度来考察生产过程时，厂商需要将生产要素投向收益最大的项目，而避免带来生产的浪费，以达到

资源配置的最优。

在经济学里，一个企业的生产成本包含显性成本和隐性成本。显性成本是指厂商为生产一定商品而在要素市场上购买生产要素所支付的实际费用。如给工人支付的工资，为购买原材料所支付的货币，向银行支付的利息。它们可以从企业的会计账簿上得到反映。隐性成本是指厂商在生产过程中使用自身所拥有的那些生产要素的价值总额。例如，企业所有者自身的薪金，生产中使用自己所拥有的厂房、机器等。在经济学中考察生产成本时，应将隐性成本包含在内。对于许多小规模工商企业而言，隐性成本所占的比重相当高。例如，自己投入劳动的工资、投入资金的利息、自己的用于经营的房屋的租金等。对于许多大企业而言，最主要的隐性成本是投入资金的利息。

利润指企业的总收益与总成本之间的差额，这个利润也被称为超额利润。正常利润是指厂商对自己企业家才能的报酬的支付。正常利润是隐成本的一部分，超额利润中不包括正常利润。当企业的超额利润为零时，即当总成本等于总收益的时候，企业也获得正常利润。

5.3.2　短期成本理论

假设企业仅使用劳动 L 和资本 K 两种生产要素，在短期内，假定资本投入量不变，则厂商可以根据产量来确定可变要素劳动的数量。这样在劳动工资 w 和资本价格 r 一定的情况下，短期总成本为

$$\mathrm{STC}(Q) = w \cdot L(Q) + r \cdot \overline{K}$$

具体地讲，厂商的短期成本有以下七种：总不变成本、总可变成本、总成本、平均不变成本、平均可变成本、平均总成本和边际成本。它们的英文缩写顺次为：TFC、TVC、STC、AFC、AVC、AC 和 MC。

总不变成本是厂商在短期内为生产一定量的产品对不变生产要素所支付的总成本。

总可变成本是厂商在短期内为生产一定量的产品对可变生产要素所付出的总成本。

总成本是厂商在短期内为生产一定量的产品对全部生产要素所付出的总成本。它是总固定成本和总可变成本之和，即 STC=TFC+TVC。

平均不变成本是厂商在短期内平均每生产一单位产品所消耗的不变成本。

平均可变成本是厂商在短期内平均每生产一单位产品所消耗的可变成本。

平均总成本是厂商在短期内平均每生产一单位产品所消耗的全部成本，它等于平均不变成本和平均可变成本之和。

边际成本是厂商在短期内每增加一单位产品时所增加的成本。

根据上式应有

$$\mathrm{TFC} = r \cdot \overline{K}$$

$$\mathrm{TVC} = w \cdot L(Q)$$

$$\mathrm{AFC} = \mathrm{TFC} / Q = r \cdot \overline{K} / Q$$

$$\mathrm{AVC} = \mathrm{TVC} / Q = w \cdot L(Q) / Q$$

$$AC=STC/Q=AFC+AVC$$

$$MC=dSTC/dQ=wdL/dQ$$

各短期成本曲线的形状如下。

总不变成本曲线是一条水平线。它表示在短期内无论产量如何变化，总不变成本是固定的。

总可变成本曲线是一条由原点出发的向右上方倾斜的曲线（图 5-9）。在一定的产量水平上，总可变成本曲线存在着一个拐点。在拐点之前，TVC 曲线的斜率是递减的，在拐点之后，TVC 曲线的斜率是递增的。这一特征来源于边际报酬递减规律。

总成本曲线是一条由水平的 TFC 曲线与纵轴的交点出发的向右上方倾斜的曲线（图 5-9）。在每一个产量点上，不仅 STC 曲线的斜率和 TVC 曲线的斜率相等，而且 STC 曲线和 TVC 曲线之间的垂直距离都等于固定的总不变成本。

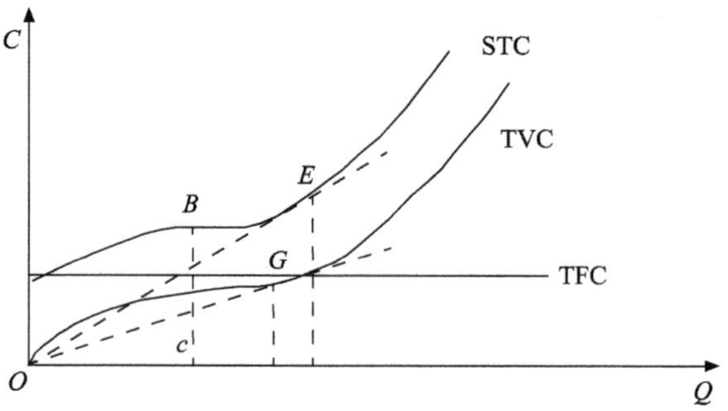

图 5-9　不变成本、可变成本和总成本曲线

平均不变成本曲线是一条向两轴渐近的双曲线（图 5-10），它表示平均不变成本随产量的增加而减少。

平均可变成本曲线、平均总成本曲线和边际成本曲线都呈“U”形，如图 5-10 所示，它们都表现出随着产量的增加而先降后升的特征。他们的这一特征也来源于边际报酬递减规律。

短期成本变动的决定因素是边际报酬递减规律。边际报酬递减规律是短期生产的一条基本规律，因此，它也决定了短期成本曲线的特征。边际报酬递减规律是说在其他条件不变的情况下，随着一种可变要素投入量的连续增加，它所带来的边际产量先是递增的，达到最大值后再递减。从成本的角度来看，当产量由零开始不断增加时，起初由于可变要素投入量相对于不变要素投入量是较少的，增加可变要素的投入量会提高生产率，这样边际成本是递减的。但当可变要素投入量增加到最佳的比例以后再继续增加可变要素的投入量，生产效率会降低，这样边际成本是递增的。这说明短期生产函数和短期成本函数之间存在着某种对应关系。边际报酬的递增阶段对应的是边际成本的递减阶段，边际报酬的递减阶段对应的是边际成本的递增阶段，与边际报酬的极大值相对应的是边际成本的极小值。

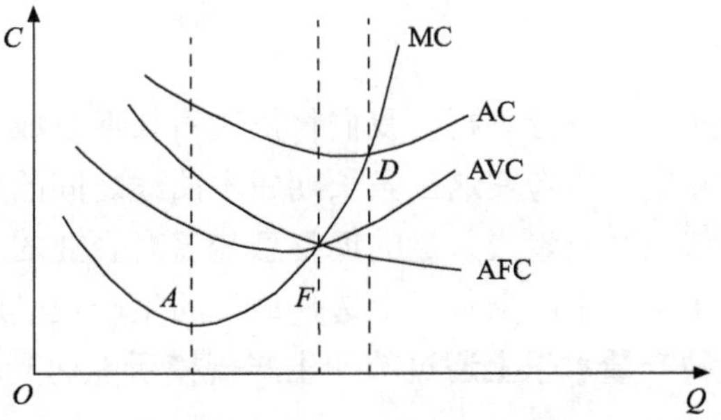

图5-10 平均不变成本、平均可变成本和平均成本曲线

利用边际报酬递减规律所决定的 MC 曲线的“U”形特征可以得到短期成本曲线的一些关系，具体如下。

STC 曲线、TVC 曲线和 MC 曲线之间的关系：

$$MC = \frac{dSTC}{dQ}$$

由于每一产量点上的 STC 曲线和 TVC 曲线的斜率是相等的，每一产量点上的 MC 值就是相应的 STC 曲线和 TVC 曲线的斜率。边际报酬递减规律的作用下，当 MC 曲线逐渐地由下降变为上升时，相应地，STC 曲线和 TVC 曲线的斜率也由递减变为递增。当 MC 曲线在 A 点达极小值时，STC 曲线和 TVC 曲线相应地各自存在一个拐点。

先分析 AC 曲线和 MC 曲线之间的关系。“U”形的 AC 曲线与“U”形的 MC 曲线相交于 AC 曲线的最低点 *D*。在 AC 曲线的下降阶段，即在 *D* 点以前，MC 曲线在 AC 曲线的下方；在 AC 曲线的上升阶段，即在 *D* 点以后，MC 曲线在 AC 曲线的上方。之所以有这个特征，其原因在于：对于任何两个相应的边际量和平均量而言，只要边际量小于平均量，边际量就把平均量拉下，只要边际量大于平均量，边际量就把平均量拉上，所以当边际量等于平均量时，平均量必然达到其本身的极值点。还有一个重要的特点就是：不管是下降还是上升，MC 曲线的变动都快于 AC 曲线的变动。这是因为对于产量变化的反应来说，边际成本 MC 要比平均成本 AC 敏感得多，因此不管是减少还是增加，MC 曲线的变动都快于 AC 曲线的变动。

再分析 AVC 曲线和 MC 曲线的关系。“U”形 AVC 曲线与“U”形 MC 曲线相交于 AVC 曲线的最低点 *F*。在 AVC 曲线的下降阶段，即在 *F* 点以前，MC 曲线在 AVC 曲线之下；在 AVC 曲线的上升阶段，即在 *F* 点以后，MC 曲线在 AVC 曲线之上。而且，不管是下降还是上升，MC 曲线的变动都快于 AVC 曲线的变动。解释的原因同前面分析相似。

比较 AC 曲线和 MC 曲线的交点 *D*（AC 曲线的最低点）与 AVC 曲线和 MC 曲线的交点 *F*（AVC 曲线的最低点）可以发现，前者的出现慢于后者，并且前者的位置高于后者。这是因为：在平均总成本中，不仅包括平均可变成本，还包括平均不变成本，由于平均不变成本是递减的，AC 曲线的最低点 *D* 的出现既慢于又高于 AVC 曲线的最低点 *F*。

5.3.3 长期成本理论

本节将对厂商的长期成本进行分析。我们将依次对长期总成本、长期平均成本和长期边际成本进行分析，并进一步考察这三条长期成本曲线之间的相互关系。

厂商在长期内对全部生产要素投入量的调整意味着对企业的生产规模的调整。即从长期看，厂商总是可以在每一个产量水平上选择最优的生产规模进行生产。**长期总成本是指厂商在长期中在各种产量水平上通过改变生产规模所能达到的最低总成本。**

长期总成本函数表示为

$$\mathrm{LTC}=\mathrm{LTC}(Q)$$

长期总成本曲线是无数条短期总成本曲线的包络线。在这条包络线上，在连续变化的每一个产量水平上都存在着 LTC 曲线和一条 STC 曲线相切的最优生产规模，该切点所对应的总成本就是生产该产量的最低总成本。因而 LTC 曲线表示长期内厂商在每一产量水平上由最优生产规模所能带来的最小生产成本。

长期总成本曲线是从原点出发向右上方倾斜的。它表示：当产量为零时，长期总成本为零，以后随着产量的增加，长期总成本是增加的。而且，长期总成本 LTC 曲线的斜率先递减，经拐点之后，又变为递增，如图 5-11 所示。

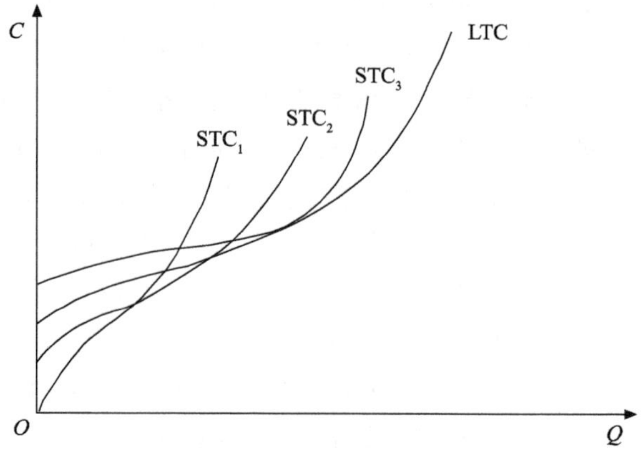

图 5-11 长期总成本曲线

长期平均成本表示厂商在长期内按产量平均计算的最低总成本。长期平均成本函数表示为：$\mathrm{LAC}(Q)=\mathrm{LTC}(Q)/Q$。

长期平均成本曲线是无数条短期平均成本曲线的包络线。在这条包络线上，在连续变化的每一个产量水平，都存在 LAC 曲线和一条 SAC 曲线相切的切点，该 SAC 曲线所代表的生产规模就是生产该产量的最优生产规模，该切线所对应的平均成本就是相应的最低平均成本。LAC 曲线表示厂商在长期内在每一产量水平上可以实现的最小的平均成本。

长期平均成本曲线呈先降后升的“U”形，这种形状和短期平均成本曲线是相似的。但是这两者形成“U”形的原因并不相同。短期平均成本曲线呈“U”形的原因是短期生产函数的边际报酬递减规律的作用。但在长期内所有生产要素投入量都可变的情况下，边际报酬递减规律不对长期平均成本曲线的形状产生影响。

长期平均成本曲线的“U”形特征主要是由长期生产中的规模经济和规模不经济所决定。

在企业生产扩张的开始阶段，厂商由于扩大生产规模，其经济效益得到提高，这叫规模经济。当生产扩张到一定的规模以后，厂商继续扩大生产规模，就会使经济效益下降，这叫规模不经济。一般来说，在企业的生产规模由小到大的扩张过程中，会先后出现规模经济和规模不经济。如图 5-12 所示，LAC 曲线呈现“U”形，LAC 随 Q 先减小，后增大。正是规模经济和规模不经济的作用，决定了长期平均成本 LAC 曲线表现出先下降后上升的“U”形特征。

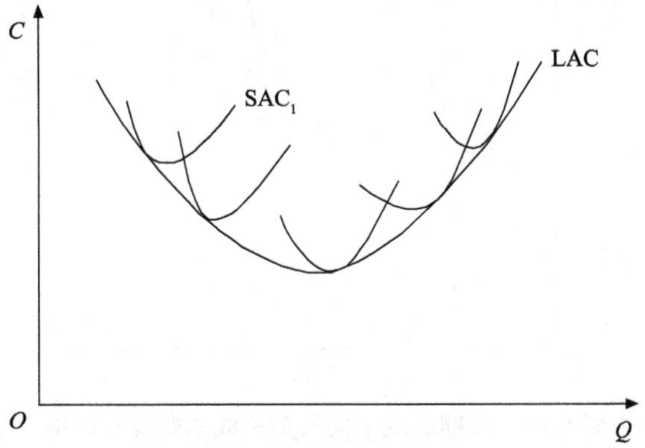

图 5-12　长期平均成本曲线

长期边际成本 LMC 曲线呈“U”形，它与长期平均成本曲线相交于长期平均成本曲线的最低点。其原因在于：根据边际量和平均量之间的关系，如图 5-13 所示，当 LAC 曲线处于下降段时，LMC 曲线一定处于 LAC 曲线的下方，也就是说，此时 LMC<LAC，LMC 将 LAC 下拉；相反，当 LAC 曲线处于上升段时，LMC 曲线一定位于 LAC 曲线的上方，也就是说，此时 LMC>LAC，LMC 将 LAC 上拉。因为 LAC 曲线在规模内在经济和规模内在不经济的作用下呈先降后升的“U”形，这就使得 LMC 曲线也必然呈先降后升的“U”形，并且两条曲线相交于 LAC 曲线的最低点。

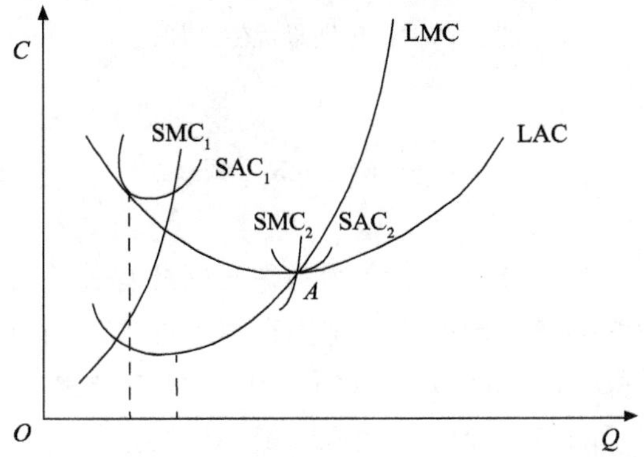

图 5-13　长期边际成本曲线与短期边际成本曲线

如图 5-14 所示，在每一个产量点上，都存在着一个 LTC 曲线与相应的代表最优生产规模的 STC 曲线的相切点，一个 LAC 曲线与相应的代表最优生产规模的 SAC 曲线的相切点，以及一个 LMC 曲线与相应的代表最优生产规模的 SMC 曲线的相交点。在 LAC 曲线的最低点（图 5-15 中 F 点），LMC 曲线与代表最优生产规模的 SMC 曲线也恰好相交于这一点。

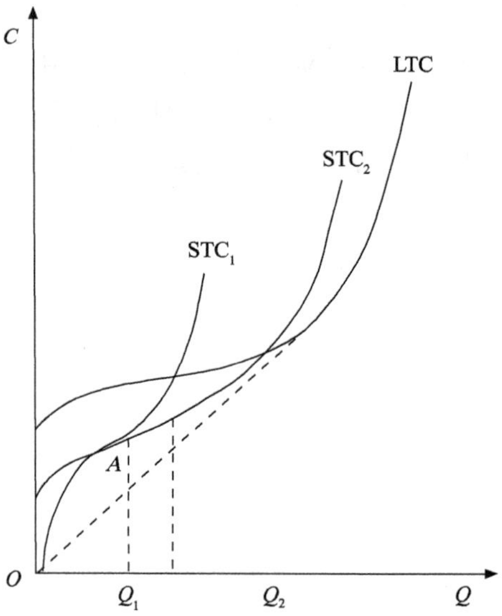

图 5-14　短期总成本向长期总成本曲线的调整

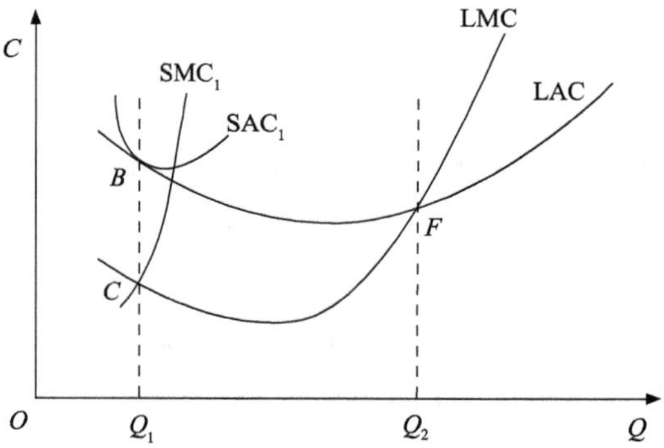

图 5-15　长短期最优生产规模

本 章 总 结

1. 管理者、投资者和经济分析人员必须考虑与资源有关的机会成本。

2. 在短期内，企业既存在固定成本，也存在变动成本，当只有一种要素是可变时，报酬递减的存在决定了成本曲线的形状。在长期内，所有要素的数量都是可以改变的。

3. 企业扩展线描述了随着规模的增加成本最小化要素组合状态的变化。长期平均成本曲线是短期平均成本曲线的包络线。当企业产量增加一倍而成本增加低于一倍时，就出现了规模经济现象。

思　考　题

1. 试比较消费者行为理论和生产者行为理论，找出两者在分析方法上的相同或相似之处。
2. 生产要素的最佳投入组合是如何实现的？
3. 生产者行为理论的主要任务说明了什么？
4. 试阐述规模经济与规模不经济的原因。
5. 短期平均成本曲线和长期平均成本曲线都呈“U”形，请分别解释原因。

课外阅读

企业怎样做决策

——海尔集团的案例

海尔集团是一个大型的国际化企业，其覆盖的经营范围都成为了世界品牌，海尔集团的管理模式现代化，财务制度比较完善，但是调查显示，海尔集团似乎不注重企业的利润，更看重的是海尔的品牌。但是这种品牌竞争力并没有使得海尔的利润得到有效改善，海尔的利润在几年前出现了一次滑落，随后经过了一些改革，在各个领域内的高端市场上寻找突破口，比如，曾主推三门宇航变频冰箱，也推出了三超直流双新风空调，洗衣机和电热水器等都推出过新的电器，然而海尔集团的利润水平还是没有得到改善。

海尔集团2012年第三季度的净利润比第二季度增长了50.51%，海尔集团的这个增长幅度主要归功于营业外收入的增加和财务费用负值的增加。所得税和营业外支出的增加相对减少了海尔集团第三季度的净利润。海尔集团利润总额增长了14.9亿元，这也是营业外收入的增加幅度比较大和财务费用负值的增加额比较大导致的。营业利润增长51.12%，与营业收入的增长幅度保持一致，营业税金及附加和管理费用的增长额比较大，财务费用的负值增长与其相抵消使营业利润的增长和营业收入的增长持平。

海尔集团一个季度的营业外收入和营业外支出幅度比较大，这对于营业收入和营业支出来说有负面影响，企业本身的生产经营不及其他收入就应该使企业警醒。实现利润最大化是企业的最终目标，海尔集团虽然注重海尔品牌，但是最终目的也是实现海尔集团的最大利润。具体战略如下：海尔集团的发展历程决定了海尔集团不是处在企业发展的引入期，所以在价格上虽然可以提高来扩大自己的收入，但是竞争压力使得价格策略并非有效，所以海尔集团应该从自身的发展水平和规模，采取新的发展战略，如差异化战略，可以使海尔的产品具有更显著的差异性。

提高收入的一个有效途径就是提高销量，而提高企业的销量就要做好营销管理。海尔集团的品牌已经被人熟知，所以进行大量的广告宣传并不可取，要采取多渠道进行品牌意识深化，要使老顾客深信海尔的产品，同时也要吸引新的顾客，这就要求海尔一直保证企业形象和信誉，这是根本的问题；另外可以在包装上或是产品外包上进行改进，以其新面貌吸引更多的顾客。随着网络技术发达,海尔集团具备比较完善的信息化平台,网络宣传和网络销售途径也是值得考虑和完善的。

实现企业利润最大化,一个是考虑收入问题,另一个就是考虑成本费用问题。要想实现海尔集团的利润最大化就要考虑如何减少和控制成本费用。从以上的数据分析可知,海尔集团的营业税金及附加和管理费用的增长幅度超过了营业收入的增长率,所以要调整这些费用。具体而言,减少定量的销售费用和管理费用,管理费用涉及日常的生产,要合理减少日常管理的办公费和管理人员的工资等费用。另外,短期的降低成本途经还包括削减投资、裁员、减低费用标准、采购商务降价、延长付款周期等,但是海尔集团是一个大型企业,这些方面的改革似乎杯水车薪,所以要合理地进行项目的预算管理,合理支出、合理投资,从根本上解决海尔集团的费用问题,真正实现利润最大化。

资料来源: 曾晓丽, 钟书华. 企业技术联盟与海尔成功之路. 科技管理研究, 2003, (1): 61-63.

第6章 完全竞争

前章讨论了企业利润最大化理论的一个方面，即成本。但生产者为了解决利润最大化产量及利润最大化产量上的盈亏问题，会在根据生产技术的选择进行生产后，面临不同的市场结构。市场结构决定着生产厂商的行为，主要是对价格的决策。市场理论有时也被称为厂商均衡理论，本章要说明的是不同的市场结构条件下的厂商如何在长期和短期依据利润最大化原则来做出产量与价格的决定。

6.1 完全竞争厂商的需求和收益

6.1.1 厂商和市场的类型

什么是市场？市场指从事物品买卖的交易场所或接洽点。一个市场可以是一个有形的买卖物品的交易场所，也可以是利用现代化通信工具进行物品交易的接洽点。从本质上讲，市场是物品买卖双方相互作用并得以决定其交易价格和交易数量的一种组织形式或制度安排。

> 狭义上的市场是买卖双方进行商品交换的场所。广义上的市场是指为了买卖某些商品而与其他厂商和个人相联系的一群厂商和个人。市场的规模即市场的大小，是购买者的人数。

任何一种交易物品都有一个市场。经济中有多少种交易物品，就相应地有多少个市场。例如，可以有石油市场、土地市场、大米市场、自行车市场、铅笔市场等。我们可以把经济中所有的可交易的物品分为生产要素和商品这两类，相应地，经济中所有的市场也可以分为生产要素市场和商品市场这两类。根据不同的市场结构的特征，将市场划分为完全竞争市场、垄断竞争市场、寡头市场和垄断市场四种类型。决定市场类型划分的主要因素有以下四个：①市场上厂商的数目；②厂商所生产的产品的差别程度；③单个厂商对市场价格的控制程度；④厂商进入或退出一个行业的难易程度。其中，可以认为，第一个因素和第二个因素是最基本的决定因素。第三个因素是第一个因素和第二个因素的必然结果，第四个因素是第一个因素的延伸。关于完全竞争市场、垄断竞争市场、寡头市场和垄断市场的划分及其相应的特征可以用表6-1来概括。

表6-1 不同类型市场

市场类型	厂商数目	产品差别程度	对价格控制的程度	进出一个行业的难易程度	接近哪种商品市场
完全竞争	很多	完全无差别	没有	很容易	一些农产品
垄断竞争	很多	有差别	有一些	比较容易	一些轻工产品

续表

市场类型	厂商数目	产品差别程度	对价格控制的程度	进出一个行业的难易程度	接近哪种商品市场
寡头	几个	有差别或无差别	相当程度	比较困难	钢、汽车、石油
垄断	唯一	唯一的产品，且无替代品	很大程度，但经常受到管制	很困难，几乎不可能	公用事业，如水、电

表 6-1 只是一个简单的说明，读者从表中获得一个初步的印象即可。以后在对每一类市场进行考察时，本书会对每一类市场的特征做出详细的分析。

与市场这一概念相对应的另一个概念是行业。行业指为同一个商品市场生产和提供商品的所有的厂商的总体。市场和行业的类型是一致的。例如，完全竞争市场对应的是完全竞争行业，垄断竞争市场对应的是垄断竞争行业，如此等等。

为什么在经济理论研究中要区分不同的市场结构呢？我们知道，市场的均衡价格和均衡数量取决于市场的需求曲线和供给曲线。消费者追求效用最大化的行为决定了市场的需求曲线，厂商追求利润最大化的行为决定了市场的供给曲线。厂商的利润取决于收益和成本。其中，厂商成本主要取决于厂商的生产技术方面的因素，而厂商的收益则取决于市场对其产品的需求状况。在不同类型的市场条件下，厂商所面临的对其产品的需求状况是不相同的，所以在分析厂商的利润最大化的决策时，必须要区分不同的市场类型。

6.1.2　完全竞争厂商的需求曲线和收益曲线

完全竞争，又称为纯粹竞争，是指不存在任何阻碍和干扰因素的市场情况，亦即没有任何垄断因素的市场结构。

完全竞争市场需要具备以下四个条件。

（1）市场上有大量的买者和卖者。由于市场上有无数的买者和卖者，相对于整个市场的总需求量和总供给量而言，每一个买者的需求量和每一个卖者的供给量都是微不足道的，都好比是一桶水中的一滴水。任何一个买者买与不买，或买多与买少，以及任何一个卖者卖与不卖，或卖多与卖少，都不会对市场的价格水平产生任何的影响。于是，在这样的市场中，每一个消费者或每一个厂商对市场价格没有任何的控制力量，他们每一个人都只能被动地接受既定的市场价格，他们被称为价格接受者。

（2）市场上每一个厂商提供的商品都是同质的。这里的商品同质指厂商之间提供的商品是完全无差别的，它不仅指商品的质量、规格、商标等完全相同，购物环境、售后服务等方面也完全相同。这样一来，对于消费者来说，无法区分产品是由哪一家厂商生产的，或者说，购买任何一家厂商的产品都是一样的。在这种情况下，如果有一个厂商单独提价，那么，他的产品就会完全卖不出去。当然，单个厂商也没有必要单独降价。因为，在一般情况下，单个厂商总是可以按照既定的市场价格实现属于自己的那一份相对来说很小的销售份额。所以，厂商既不会单独提价，也不会单独降价。可见，完全竞争市场的第二个条件，进一步强化了在完全竞争市场上每一个买者和卖者都是被动的既定市场价格的接受者的说法。

（3）所有的资源具有完全的流动性。这意味着厂商进入或退出一个行业是完全自由和毫无困难的。所有资源可以在各厂商之间和各行业之间完全自由地流动，不存在任何障碍。

（4）信息是完全的。即市场上的每一个买者和卖者都掌握与自己的经济决策有关的一切信息。这样，每一个消费者和每一个厂商可以根据自己所掌握的完全的信息，做出自己的最优的经济决策，从而获得最大的经济利益。而且，由于每一个买者和卖者都知道既定的市场价格，都按照这一既定的市场价格进行交易，这也就排除了由信息不通畅而可能导致的一个市场同时按照不同的价格进行交易的情况。

符合以上四个假定条件的市场被称为完全竞争市场。经济学家指出，完全竞争市场是一个非个性化的市场。因为，市场中的每一个买者和卖者都是市场价格的被动接受者，而且，他们中的任何一个成员都既不会也没有必要去改变市场价格；每个厂商生产的产品都是完全相同的，毫无自身的特点；所有的资源都可以完全自由地流动，不存在同种资源之间的报酬差距；市场上的信息是完全的，任何一个交易者都不具备信息优势。因此，完全竞争市场中不存在交易者的个性。所有的消费者都是相同的，都是无足轻重的，相互之间意识不到竞争；所有的生产者也都是相同的，也都是无足轻重的，相互之间也意识不到竞争。因此，我们说，完全竞争市场中不存在现实经济生活中的那种真正意义上的竞争。

市场上对某一个厂商的产品的需求状况，可以用该厂商所面临的需求曲线来表示，该曲线也被简称为厂商的需求曲线。在完全竞争条件下，厂商所面临的需求曲线是一条由既定的市场均衡价格水平出发的水平线。如图 6-1 中的 d 曲线，它表示：完全竞争厂商只是市场价格的接受者，而且，在每一个既定的市场价格水平，单个厂商总是可以把他愿意提供的任何数量的商品卖出去，或者说，在一个厂商面对市场众多的消费者的情况下，在这个厂商的眼里，市场上对其他商品的需求量是无限大的。

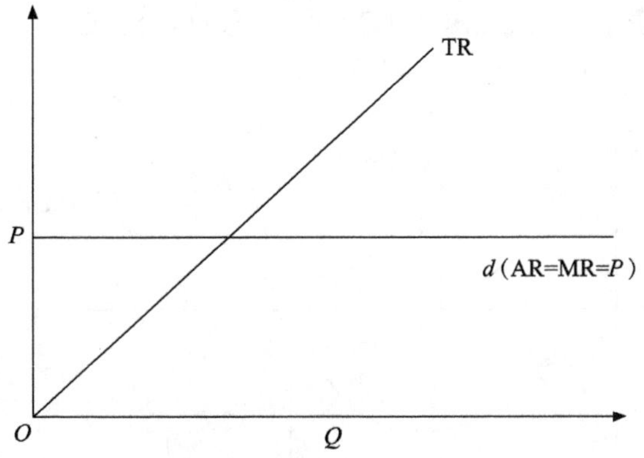

图 6-1　需求曲线和收益曲线

在此，我们先一般地介绍厂商的收益这一概念，然后，将具体分析完全竞争厂商收益曲线的一些特征及其相互之间的关系。

总收益指厂商按一定价格出售一定量产品时所获得的全部收入。以 P 表示既定的市场价格，以 Q 表示销售总量，总收益的定义公式为

$$\mathrm{TR}(Q) = P\Delta Q$$

平均收益指厂商在平均每一单位产品销售上所获得的收入。平均收益的定义公式为

$$AR(Q)=\frac{TR(Q)}{Q}$$

边际收益指厂商增加一单位产品销售所获得的总收入的增量。边际收益的定义公式为

$$MR(Q)=\frac{\Delta TR(Q)}{\Delta Q} \text{或} MR(Q)=\frac{\Delta TR(Q)}{\Delta Q}=\frac{dTR(Q)}{dQ}$$

由式可知，每一销售水平上的边际收益值就是相应的总收益曲线的斜率。

完全竞争厂商的收益曲线具有两个特征：第一，完全竞争厂商的平均收益曲线、边际收益曲线和需求曲线 d 这三条线是重叠的，即有 AR=MR=P。第二，完全竞争厂商的总收益曲线是一条由原点出发的呈上升趋势的直线。其斜率之所以不变是因为每一销售量上的边际收益是相应的总收益曲线的斜率，即 MR=dTR/dQ，而完全竞争厂商的边际收益是不变的，它始终等于既定的市场价格。

6.1.3 厂商实现利润最大化的均衡条件

厂商实现最大利润的均衡条件是边际收益等于边际成本，MR=MC。或者说在其他条件不变的情况下，厂商应该选择最优的产量，使得最后一单位产品所带来的边际收益等于付出的边际成本。

图 6-2 中的横轴代表产量 Q，纵轴代表价格 P。厂商经营活动中的生产成本状况用短期边际成本曲线和短期平均成本曲线来表示，厂商的销售收益状况用厂商所面临的水平形状的需求曲线 d 表示。根据 MR=MC 的均衡条件，SMC 曲线和 MR 的交点 E 便是厂商实现最大利润的均衡点，相应的最优产量为 Q_e。

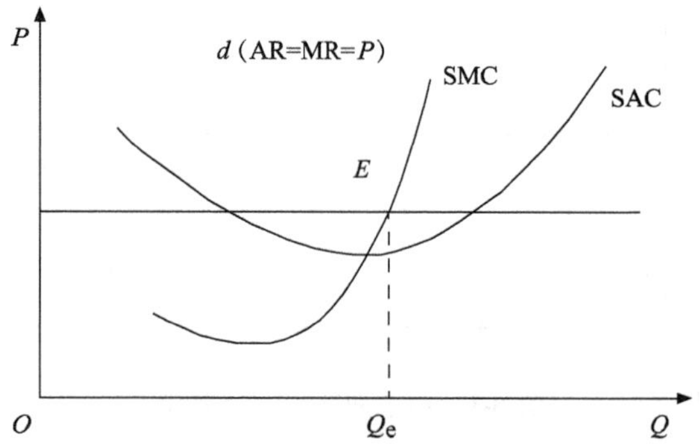

图 6-2　完全竞争的短期均衡条件

6.2　完全竞争厂商的短期生产

6.2.1 完全竞争厂商的短期均衡

在完全竞争厂商的短期生产中，市场的价格是给定的，而且，生产中的不变要素的

投入量是无法变动的，即生产规模也是给定的。因此，在短期，厂商是在给定的生产规模下，通过对产量的调整来实现 MR=SMC 的利润最大化的均衡条件。其中，MR 为边际收益，SMC 为短期边际成本。在短期均衡时，厂商可以获得最大利润，可以利润为零，也可能蒙受最小损失。

> 在完全竞争的市场上，产品的价格是由市场力量，即由市场需求和市场供给决定的均衡价格，处在这种市场上的厂家只能是产品价格的接受者。

6.2.2 完全竞争市场的短期供给曲线

经过前面的学习，所谓供给曲线，是用来表示在每一个价格水平厂商愿意而且能够提供的产品的数量的。在完全竞争市场上，厂商的短期供给曲线可以用短期边际成本曲线来表示。

对完全竞争厂商来说，有 P=MR，所以，完全竞争厂商的短期均衡条件又可以写成 P=MC(Q)。此式可以这样理解：在每一个给定的价格水平 P，完全竞争厂商应该选择最优的产量 Q，使得 P=MC(Q)成立，从而实现最大的利润。这意味着在价格 P 和厂商的最优产量 Q（即厂商愿意而且能够提供的产量）之间存在着一一对应的关系，而厂商的 SMC 曲线恰好准确地表明了这种商品的价格和厂商的短期供给量之间的关系。

从完全竞争厂商的短期均衡分析中，可以得到完全竞争厂商的短期供给曲线。完全竞争厂商的短期均衡条件为 MR=SMC，因为 AR=MR=P，所以该均衡条件也为：P=SMC。均衡条件表明：完全竞争厂商为了获得短期的最大利润，应该选择最优的产量使得商品的价格和边际成本相等。

我们可以将这种关系表示为

$$Q_S = f(P)$$

这就是完全竞争厂商的短期供给函数。完全竞争厂商的短期供给曲线就是完全竞争厂商的短期边际成本曲线等于和高于平均可变成本曲线最低点的部分。显然，完全竞争厂商的短期供给曲线必定是向右上方倾斜的，如图 6-3 所示。

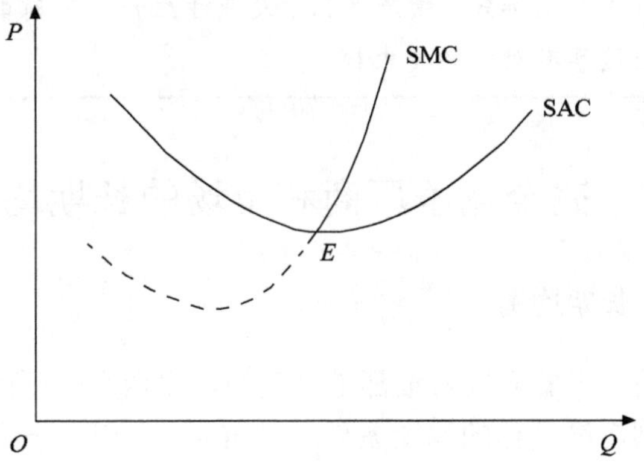

图 6-3 完全竞争的短期供给曲线

6.2.3 生产者剩余

根据厂商的短期供给曲线，可以引申出生产者剩余的概念。**生产者剩余是生产者愿意接受的产品卖价与他实际获得的产品卖价的差额。**就单个生产者而言，生产者剩余是生产者所获得的价格超出边际成本的部分。就整个市场而言，生产者剩余是供给曲线以上、市场价格以下的部分。

它通常用市场价格线以下、厂商的供给曲线（即 SMC 曲线的相应部分）以上的面积来表示，如图 6-4 中的阴影部分面积所示。其原因在于：我们知道，在生产中，只要每一单位产品的价格大于边际成本，厂商进行生产总是有利的。这时，厂商就可以得到生产者剩余。因此，在图 6-4 中，在生产零到最大产量 Q_0 之间的价格线以下和供给曲线即短期边际成本曲线构成生产者剩余。

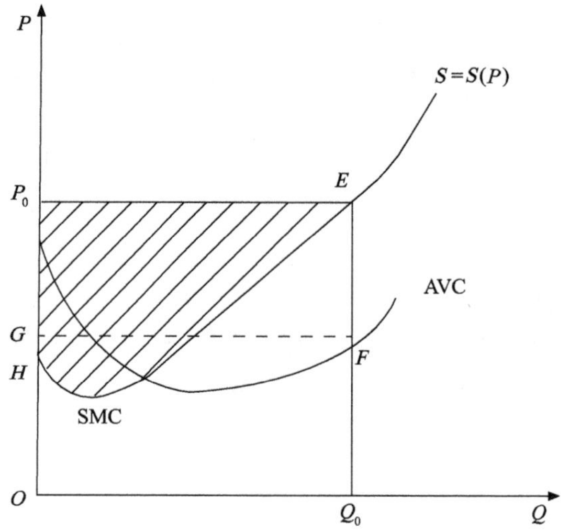

图 6-4 生产者剩余

> 生产者剩余是人力资源创造的增值部分，其中包括用于职工集体福利部分和用于扩大再生产两部分。生产者剩余是属于生产者所有的，是生产者的权益，生产者应该享有对它的要求权。

6.3 完全竞争厂商和市场的长期均衡

6.3.1 完全竞争厂商的长期均衡

在长期中，所有的生产要素投入量都是可变的，完全竞争厂商通过对全部生产要素投入量的调整来实现利润最大化的均衡条件 MR=LMC。而完全竞争厂商在长期内对全部生产要素的调整可以表现为两个方面：一方面表现为厂商进入或退出一个行业，这也就是行业内企业数量的调整；另一方面表现为厂商对生产规模的调整。

在长期内，如果行业内的单个厂商可以获得利润，则会吸引其他新的厂商加入到该行业的生产中来。随着新厂商的加入，行业的厂商数目增加，整个行业的供给就会增加，市场价格就会下降，市场价格会一直下降到使单个厂商的利润消失为止。相反，如果行业内的单个厂商的生产是亏损的，则行业内原有厂商中的一部分就会自动退出生产。随着原有厂商的退出，行业内厂商的数目就会减少，整个行业的供给就会减少，市场价格就会上升，市场价格会一直升到使单个厂商的亏损消失为止。最后，由于行业中的每一个厂商都处于一种既无利润又无亏损的状态，行业内厂商的进入和退出也就停止了，于是，完全竞争厂商便处于一种长期均衡状态。

前面的分析表明，长期内市场的商品价格会随着行业内厂商数目变化所引起的行业供给的变化而变化。因而单个厂商在每一个变化了的价格水平上，调整生产规模使其满足 MR=LMC 的均衡条件。在这样一个调整过程中，单个厂商最后必然将生产规模调整到与利润为零的长期均衡所要求的产量相适应的最优生产规模水平。此时均衡的条件为LMC=SMC=MR=AR=P=LAC=SAC。

6.3.2 完全竞争市场的长期均衡

完全竞争行业的长期均衡主要有以下三种情况。

1. 成本不变行业

成本不变行业是这样一种行业，其产量变化所引起的生产要素需求的变化，不对生产要素的价格发生影响。成本不变行业的长期供给曲线是一条水平线，其原因在于成本不变行业的长期平均成本是不变的。水平的供给曲线表示：在长期内，成本不变行业是在不变的均衡价格水平提供产量，这个均衡价格水平等于单个厂商的不变的最低的长期平均成本。市场需求的变化只会影响整个行业的均衡产量，但不会影响到长期的均衡价格。

2. 成本递增行业

成本递增行业是这样的一个行业，其产量增加所引起的生产要素需求的增加，会导致生产要素价格上升。成本递增行业的长期供给曲线是向右上方倾斜的，其原因在于成本递增行业的长期平均成本是递增的。向右上方倾斜的供给曲线表示：随着成本递增行业长期供给量的增加，长期供给价格是不断上升的，市场需求的变化不仅引起行业长期均衡产量的同方向变化，还引起市场长期均衡价格的同方向的变化。成本递增行业是我们常见的行业，因而，一般而言行业的长期成本曲线是向右上方倾斜的。

3. 成本递减行业

成本递减行业是这样一个行业，其产量增加所引起的生产要素需求的增加，反而使生产要素的价格下降。成本递减行业的长期供给曲线是向右下方倾斜的，其原因在于成本递减行业的长期平均成本是递减的。向右下方倾斜的供给曲线表示：成本递减行业的长期供给价格随着行业长期供给量的增加而减少，市场需求的变化会引起行业长期均衡产量的同方向变化和市场长期均衡价格的反方向变化。

本章总结

1. 完全竞争市场指一种竞争不受任何阻碍和干扰的市场结构。完全竞争的条件是：①对单个厂商而言价格既定；②产品同质；③要素自由流动；④信息充分。除此之外，还有完全竞争者都具有理性的假设。事实上，这种理想的完全竞争市场很难在现实中存在。

2. 完全竞争市场的资源利用最优、经济效率最高，可以作为经济政策的理想目标。在完全竞争条件下，该市场结构有以下优点：首先，消费者和生产者可以根据他们所处的环境不断调整他们的预期和供需状况，因而厂商始终灵活纠正其错误判断而产生的行为；其次，每一个竞争性的均衡是帕累托最优；最后，同样的激励机制将鼓励企业的技术创新，并为企业带来更大收益。

思考题

1. 不完全竞争市场与完全竞争市场上，厂商对生产要素的需求有什么不同？
2. 哪些因素决定厂商对于生产要素的需求？
3. 试述完全竞争厂商和行业的短期均衡。
4. 市场结构理论的主要任务说明什么？
5. 试比较不同市场组织的经济效率。

课外阅读

对完全竞争市场的评论

（1）完全竞争市场可以促使微观经济运行保持高效率。完全竞争市场全面排除了任何垄断性质和任何限制，完全依据市场的调节进行运行，因而可以促使微观经济运行保持高效率。因为在完全竞争市场条件下，生产效率低和无效率的生产者会在众多生产者的相互竞争中被迫退出市场，生产效率高的生产者则得以继续存在，同时，又有生产效率更高的生产者随时进入市场参与市场竞争，生产效率更高的生产者则在新一轮的市场竞争中取胜，因而，完全竞争市场可促使生产者充分发挥自己的积极性和主动性，进行高效率的生产。

（2）完全竞争市场可以促进生产效率的提高。完全竞争市场可以促使生产者以最低成本进行生产，从而提高生产效率。因为在完全竞争市场类型条件下，每个生产者都只能是市场价格的接受者，所以他们要想使自己的利润最大化，就必须以最低的成本进行生产。

（3）完全竞争市场可以增进社会利益。完全竞争市场中的竞争，在引导生产者追求自己利益的过程中，也有效地促进了社会的利益。这是亚当·斯密的重大发现及著名论断。他认为，市场竞争引导每个生产者都不断地努力追求自己的利益，他们所考虑的并不是社会利益。

（4）完全竞争市场可以提高资源的配置效率。在完全竞争市场条件下，资源能不断地自由流向最能满足消费者需要的商品生产部门，在资源的不断流动过程中实现了资源在不同用途间、不同效益间和在生产过程中的不同组合间的有效选择，使资源发挥出更大的效用，从而也就会大大提高资源的配置效率与配置效益。

完全竞争市场也是一种有许多缺陷的市场形式，它的主要缺陷表现在以下三个方面。

（1）完全竞争市场在现实生活前提条件的情况下，很难成立，因而，完全竞争市场的效率也必须在具备了严格前提条件的情况下才会出现。而在现实经济实践中，难以全面具备完全竞争市场的所有前提条件，因此，实际上完全竞争市场在现实经济实践中很难出现。

（2）完全竞争市场所必须具备的有大量小企业存在这个条件既不可能也不适用。在现实经济实践中，即使进入市场非常自由，由于其他各个方面条件的限制和影响，进入市场中的企业也不可能无限多。即使市场中已存在有大量的企业，这些企业也只能是小企业。在有着大量小企业的情况下，市场中的商品价格就可能相对较高。因为，其一，小企业的生产规模较小，不能进行规模生产，存在着规模不经济，生产成本高。因而小企业生产的产品价格高。其二，小企业的生产成本下降潜力小，这是因为小企业无力引进先进的生产技术和设备，生产的效率难以有较大的提高，这样其产品的生产成本也就难降低。即使能够引进先进的生产技术和设备，也无法达到规模生产，这时其生产成本不仅不能下降，反而会上升。

（3）完全竞争市场中完整知识的假设是不现实的。一般情况下，无论是生产者还是消费者，都只能具有不完整的知识。生产者对其在现实市场中的地位、将来发展的动向及影响市场的各种因素的信息等等知识，都不可能完整地掌握，只能经常在不确定的世界中进行活动。消费者不可能全面掌握特定市场上全部产品的价格、品质等方面的情况。同时，市场信息也不可能畅通无阻而且非常准确。所以，市场参与者都不可能具有完整、全面、准确的市场信息和市场知识，完整的市场知识只能是不现实的理论假设。

一般来说，在现实经济生活中，只有农业生产等极少数行业比较接近完全竞争市场。因为在农业生产中农户的数量多，而且每个农户的生产规模一般都不大，同时，每个农户生产的农产品产量及其在整个农产品总产量中所占的比例都极小，所以，每个农户的生产和销售行为都无法影响农产品的市场价格，只能接受农产品的市场价格。如果有的农户要提高其农产品的出售价格，农产品的市场价格不会因此而提高，其最终结果只能是自己的产品卖不出去。如果农户要降低自己农产品的出售价格，农产品的市场价格也不会因此而下降，虽然该农户的农产品能以比市场价格更低的价格较快的销售出去，但是，不可避免地要遭受很大的经济损失。这样，农户降低其农产品价格的行为就显得毫无实际意义了。尽管完全竞争市场在现实经济生活中几乎是不存在的，但是，研究完全竞争市场类型仍有其积极的意义。

资料来源：孙蒙. 关于一般均衡理论的评论. 科技信息, 2009,（18）: 50-51.

刘爱霞. 浅析一般均衡理论在经济学中的应用. 职业时空, 2011,（10）: 33-34.

第 7 章　垄断与不完全竞争

第 6 章分析了完全市场理论，而在西方经济学中，除符合完全市场竞争条件的市场外，还有无数个或多或少带有一定垄断性质的市场，这些市场则被称为**不完全竞争市场**，并与完全竞争市场相对立。现实中，经济学家将不完全竞争市场分为三个类型，它们是：**垄断市场、寡头垄断市场及垄断竞争市场**。其中，垄断市场的垄断程度最高，寡头垄断市场居中，垄断竞争市场最低。本章的主要内容是分析并说明三类不完全竞争市场中厂商如何进行产量和价格的决策，并就包括完全竞争市场在内的不同市场组织的经济效果进行比较。

7.1　垄　　断

7.1.1　垄断产生的原因

如果整个行业中只有唯一的一个厂商，且该厂商出售的商品没有替代品，那么这个厂商是**垄断厂商**，其所在市场是**垄断市场**。

> **垄断**
>
> 也称完全垄断，是指行业或市场内只有唯一厂商生产无近似替代品的现象。

形成垄断的根本原因是市场有**进入壁垒**，也就是说其他厂商不能进入该市场并与垄断厂商竞争。导致进入壁垒主要有以下三个原因：第一，**垄断资源**。垄断产生的最简单方式是唯一的厂商控制了生产某种商品的全部资源或基本资源的供给。这种对生产资源的独占，排除了经济中的其他厂商生产同种产品的可能性。第二，**政府许可的垄断**。厂商拥有政府许可生产某种商品的专利权或版权。这便使得厂商可以在一定的时期内垄断该产品的生产。政府为保障国家利益或社会公平，也会在某些行业实行特许经营的垄断政策，如铁路运输部门、供电供水部门等，于是，独家厂商就成了这些行业的垄断者。第三，**自然垄断**。有些产品的生产具有规模经济的特点，即厂商生产的规模经济需要在一个很大的产量范围和相应的巨大的资本设备的生产运行水平上才能得到充分的体现，以至于整个行业的产量只有由一个厂商来生产时才有可能达到这样的生产规模。而且，只要发挥这一厂商在这一生产规模上的生产能力，就可以满足整个市场对该种产品的需求。在这类产品的生产中，行业内总会有某个厂商凭借雄厚的经济实力和其他优势，最先达到这一生产规模，从而自然而然地垄断了整个行业的生产和销售。

图 7-1：规模经济是导致垄断的原因之一。当某个厂商的平均成本曲线持续下降，我们说该厂商是个自然垄断者。在这种情形下，如果市场为更多的厂商瓜分，每个厂商生产的产量更少，评级成本上升。结果，单个厂商可以以最低成本生产任何既定的产量。

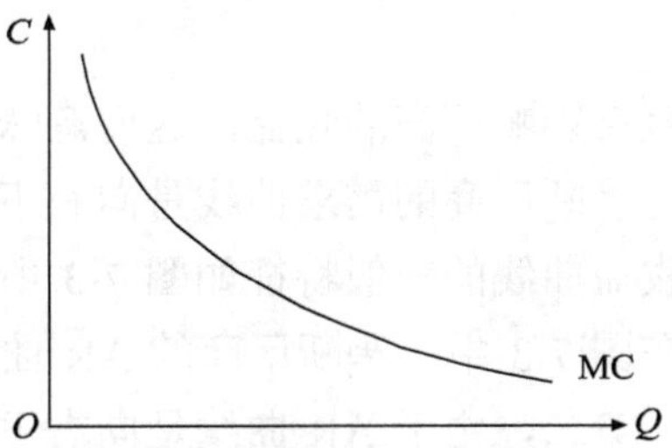

图 7-1　企业的平均成本曲线

与完全竞争市场一样，垄断市场的假设条件也是严格的。在现实的经济生活里，垄断市场也几乎是不存在的。由于完全竞争市场的经济效率被认为是最高的，从而完全竞争市场模型通常被用来作为判断其他类型市场的经济效率的高低的标准，那么，垄断市场模型就是从经济效率最低的角度来提供参考。

7.1.2　垄断厂商的产量、价格决策及收益

1. 垄断厂商的需求曲线

垄断厂商和竞争厂商的最重要区别是：垄断厂商有能力影响它的产品的价格。竞争厂商与它所在的市场的规模相比太微小，因此不具有影响产品价格的能力。竞争厂商将价格作为由市场条件给定的。相反，由于垄断厂商是市场中的唯一生产者，它可以通过调整供给量的方法改变产品价格。

竞争厂商和垄断厂商的重要区别

在竞争市场上，价格等于边际成本。在垄断市场上，价格大于边际成本。

垄断市场中只有一个厂商，所以，市场的需求曲线就是垄断厂商所面临的需求曲线，它是一条向右下方倾斜的曲线。不同于完全竞争市场中厂商的水平需求曲线。仍假定厂商的供给量等于市场的需求量，于是，向右下方倾斜的垄断厂商的需求曲线表示：垄断厂商可以用减少销售量的办法来提高市场价格，也可以用增加销售量的办法来压低市场价格。即垄断厂商可以通过改变销售量来控制市场价格，而且，垄断厂商的销售量与市场价格呈反方向变动的关系。

由于完全竞争厂商是价格接受者，它们实际上面对着水平的需求曲线，如图 7-2（a）所示。由于垄断厂商是市场上的唯一生产者，它面对的是向下倾斜的市场曲线，如图 7-2（b）所示。结果，垄断厂商如果想增加销量就必须接受更低的价格。

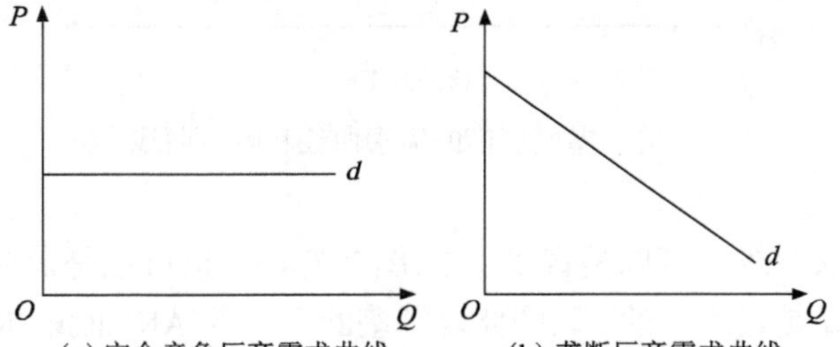

(a) 完全竞争厂商需求曲线　　(b) 垄断厂商需求曲线

图 7-2　完全竞争厂商的需求曲线和垄断厂商的需求曲线

2. 垄断厂商的收益曲线

厂商所面临的需求状况直接影响厂商的收益，这便意味着厂商的需求曲线的特征将决定厂商的收益曲线的特征。垄断厂商的需求曲线是向右下方倾斜的，其相应的平均收益曲线、边际收益曲线和总收益曲线的一般特征如图 7-3 所示：第一，由于厂商的平均收益总是等于商品的价格，在图 7-3 中，垄断厂商的 AR 曲线和需求曲线 d 重叠，都是同一条向右下方倾斜的曲线。第二，由于 AR 曲线是向右下方倾斜的，则根据平均量和边际量之间的相互关系可以推知，垄断厂商的边际收益总是小于平均收益。因此，图 7-3 中 MR 曲线位于 AR 曲线的左下方，且 MR 曲线向右下方倾斜。第三，由于每一销售量上的边际收益就是相应的总收益曲线的斜率，在图 7-3 中，当 MR>0 时，TR 曲线的斜率为正；当 MR<0 时，TR 曲线的斜率为负；当 MR=0 时，TR 曲线达最大值点。

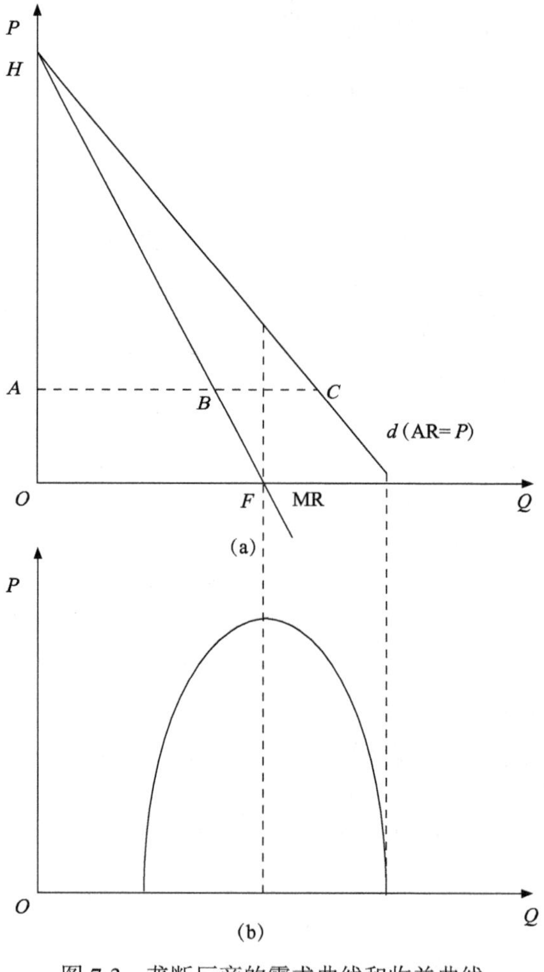

图 7-3　垄断厂商的需求曲线和收益曲线

垄断厂商的需求曲线 d 可以是直线型的[图 7-3(a)]，也可以是曲线型的。图 7-3 中垄断厂商的需求曲线 d 是直线型的，该图体现了垄断厂商的 AR 曲线、MR 曲线和 TR 曲线相互之间的一般关系。在此，需要提出的是，当垄断厂商的需求曲线 d 为直线型时，相应的 MR 曲线还有其他一些重要的特征。关于这一点具体分析如下。

假定线性的反需求函数为

$$P = a - bQ \tag{7-1}$$

式中，a、b 为常数，且 a、$b>0$。由式（7-1）可得总收益函数和边际收益函数分别为

$$\mathrm{TR}(Q) = PQ = aQ - bQ^2 \tag{7-2}$$

$$\mathrm{MR}(Q) = \frac{\mathrm{dTR}(Q)}{\mathrm{d}Q} = a - 2bQ \tag{7-3}$$

根据式（7-1）和式（7-3）可求得需求曲线和边际收益曲线的斜率分别为

$$\frac{\mathrm{d}P}{\mathrm{d}Q} = -b \tag{7-4}$$

$$\frac{\mathrm{dMR}}{\mathrm{d}Q} = -2b \tag{7-5}$$

由此可得以下结论：当垄断厂商的需求曲线 d 为直线型时，d 曲线和 MR 曲线的纵截距是相等的，且 MR 曲线的横截距是 d 曲线横截距的一半，即 MR 曲线平分由纵轴到需求曲线 d 的任何一条水平线[如在图 7-3（a）中有 $AB=BC$，$OF=FG$ 等]。

3. 边际收益、价格和需求的价格弹性

当厂商所面临的需求曲线向右下方倾斜时，厂商的边际收益、价格和需求的价格弹性三者之间的关系可以证明如下。

假定反需求函数为

$$P = P(Q)$$

则可以有

$$\mathrm{TR}(Q) = p(Q) \cdot Q$$

$$\mathrm{MR}(Q) = \frac{\mathrm{dTR}(Q)}{\mathrm{d}Q} = P + Q \cdot \frac{\mathrm{d}P}{\mathrm{d}Q} = P\left(1 + \frac{\mathrm{d}P}{\mathrm{d}Q} \cdot \frac{Q}{P}\right)$$

即

$$\mathrm{MR} = P\left(1 - \frac{1}{e_d}\right) \tag{7-6}$$

式中，e_d 为需求的价格弹性，即

$$e_d = -\frac{\mathrm{d}Q}{\mathrm{d}P} \cdot \frac{P}{Q}$$

式（7-6）就是表示垄断厂商的边际收益、商品价格和需求的价格弹性之间关系的式子。

由式（7-6）可得以下三种情况。

当 $e_d>1$ 时，有 MR>0。此时，TR 曲线斜率为正，表示厂商总收益随销售量 Q 的增加而增加。

当 $e_d<1$ 时，有 MR<0。此时，TR 曲线斜率为负，表示厂商总收益随销售量 Q 的增加而减少。

当 $e_d=1$ 时，有 MR=0。此时，TR 曲线斜率为零，表示厂商的总收益达极大值点。

最后需要指出的是，以上对垄断厂商的需求曲线和收益曲线所作的分析，对于其他非完全竞争市场条件下的厂商也同样适用。只要非完全竞争市场条件下厂商所面临的需求曲线是向右下方倾斜的，相应的厂商的各种收益曲线就具有以上所分析的基本特征。

7.1.3 垄断厂商的短期均衡

在分析垄断厂商的收益后，我们需要思考，厂商如何生产以做到利润最大化。利用边际分析法，我们可以考察垄断厂商的产量决策。

垄断厂商为了获得最大的利润，也必须遵循 MR=MC 的原则。在短期内，垄断厂商无法改变固定要素投入量，垄断厂商是在既定的生产规模下通过对产量和价格的调整，来实现 MR=SMC 的利润最大化的原则。这可用图 7-4 来说明。

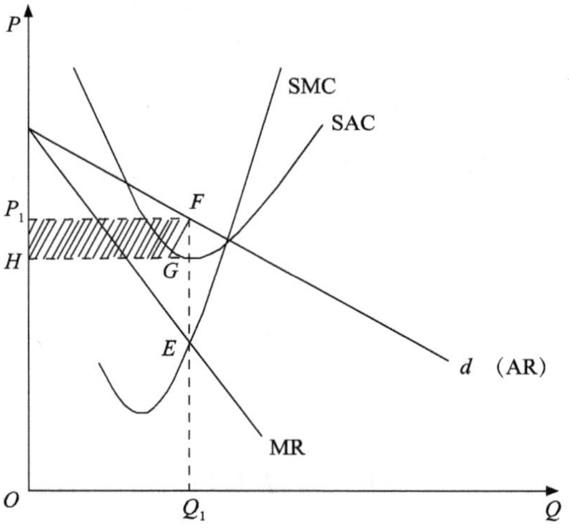

图 7-4 垄断厂商的短期均衡（一）

图 7-4 中的 SMC 曲线和 SAC 曲线代表垄断厂商的既定的生产规模，d 曲线和 MR 曲线代表垄断厂商的需求和收益状况。垄断厂商根据 MR=SMC 的利润最大化的均衡条件，将产量和价格分别调整到 Q_1 和 P_1 的水平。在短期均衡点 E 上，垄断厂商的平均收益为 FQ_1，平均成本为 GQ_1，平均收益大于平均成本，垄断厂商获得利润。单位产品的平均利润为 FG，总利润量相当于图 7-4 中的阴影部分的矩形面积。

为什么垄断厂商只有在 MR=SMC 的均衡点上，才能获得最大的利润呢？

这是因为，只要 MR>SMC，垄断厂商增加一单位产量所得到的收益增量就会大于所付出的成本增量。这时，厂商增加产量是有利的。随着产量的增加，如图 7-4 所示，MR

会下降，而 SMC 会上升，两者之间的差额会逐步缩小，最后达到 MR=SMC 的均衡点，厂商也由此得到了增加产量的全部好处。而 MR<SMC 时，情况正好与上面相反。所以，垄断厂商的利润在 MR=SMC 处达最大值。

如果认为垄断厂商在短期内总能获得利润，是不正确的。垄断厂商在 MR=SMC 的短期均衡点上，可以获得最大的利润，也可能是亏损的（尽管亏损额是最小的）。造成垄断厂商短期亏损的原因，可能是既定的生产规模的成本过高（表现为相应的成本曲线的位置过高），也可能是垄断厂商所面临的市场需求过小（表现为相应的需求曲线的位置过低）。垄断厂商短期均衡时的亏损情况如图 7-5 所示。

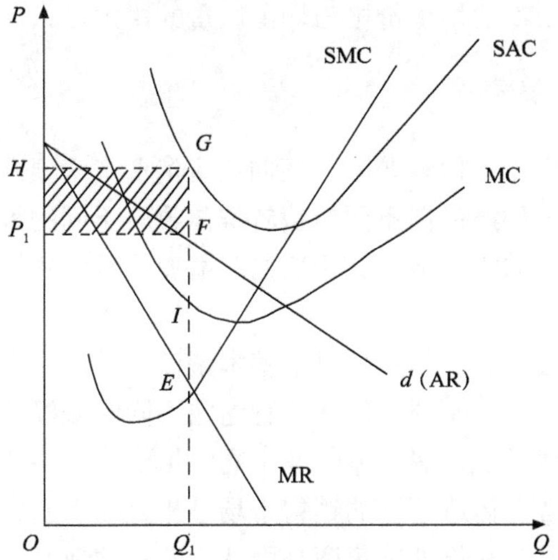

图 7-5　垄断厂商的短期均衡（二）

在图 7-5 中，垄断厂商遵循 MR=SMC 的原则，将产量和价格分别调整到 Q_1 和 P_1 的水平。在短期均衡点 E，垄断厂商是亏损的，单位产品的平均亏损额为 GF，总亏损额等于图 7-5 中矩形 HP_1FG 的面积。与完全竞争厂商相同，在亏损的情况下，若 AR>AVC，垄断厂商就继续生产；若 AR<AVC，垄断厂商就停止生产；若 AR=AVC，垄断厂商则认为生产和不生产都一样。在图 7-5 中，平均收益 FQ_1 大于平均可变成本 IQ_1，所以，垄断厂商是继续生产的。

由此可以得到垄断厂商短期均衡条件为

$$MR=SMC \tag{7-7}$$

垄断厂商在短期均衡点上可以获得最大利润，可以利润为零，也可以蒙受最小亏损。

7.1.4　垄断厂商的长期均衡

垄断厂商在长期内可以调整全部生产要素的投入量即生产规模，从而实现最大的利润。垄断行业排除了其他厂商进入的可能性，因此，与完全竞争厂商不同，如果垄断厂商在短期内获得利润，那么，他的利润在长期内不会因为新厂商的加入而消失，垄断厂商在长期内是可以保持利润的。

垄断厂商在长期内对生产的调整一般可以有三种可能的结果：第一种结果，垄断厂商在短期内是亏损的，但在长期，又不存在一个可以使它获得利润（或至少使亏损为零）的最优生产规模，于是，该厂商退出生产。第二种结果，垄断厂商在短期内是亏损的，在长期内，它通过对最优生产规模的选择，摆脱了亏损的状况，甚至获得利润。第三种结果，垄断厂商在短期内利用既定的生产规模获得了利润，在长期中，它通过对生产规模的调整，使自己获得更大的利润。垄断厂商在长期均衡点上一般可获得利润。

最后，由于垄断厂商所面临的需求曲线就是市场的需求曲线，垄断厂商的供给量就是全行业的供给量，故本节所分析的垄断厂商的短期和长期均衡价格与均衡产量的决定，就是垄断市场的短期和长期的均衡价格与均衡产量的决定。

7.1.5 价格歧视

本章前几节中，我们一直假设垄断厂商向所有消费者索要同一价格。然而在很多情形下，**垄断厂商会对同一种产品向不同消费者群体收取不同的价格，即使为不同消费者群体生产产品的成本是相同的。**这种做法往往会增加垄断厂商的利润。这种行为被称为**价格歧视**。

垄断厂商实行价格歧视，必须具备以下基本条件。

第一，市场的消费者具有不同的偏好，且这些不同的偏好可以被区分开。这样，厂商才有可能对不同的消费者或消费群体收取不同的价格。

第二，不同的消费者群体或不同的销售市场是相互隔离的。这样就排除了中间商由低价处买进商品，转手又在高价处出售商品而从中获利的情况。

价格歧视可以分为一级、二级和三级价格歧视，下面分别予以考察。

1. 一级价格歧视

如果厂商对每一单位产品都按消费者所愿意支付的最高价格出售，这就是一级价格歧视。一级价格歧视也被称作完全价格歧视。一级价格歧视如图 7-6 所示：当厂商销售第一单位产品 Q_1 时，消费者愿意支付的最高价格为 P_1，于是，厂商就按此价格出售第一单位产品。当厂商销售第二单位产品时，厂商又按照消费者愿意支付的最高价格 P_2 出售第二单位产品。依此类推，直到厂商销售量为 Q_m 为止，即以价格 P_m 销售第 m 单位的产品。这时，垄断厂商得到的总收益相当于图 7-6 中的阴影部分面积。而如果厂商不实行价格歧视，都按同一个价格 P_m 出售 Q_m 的产量时，总收益仅为 OP_mBQ_m 的面积。

下面，我们进一步利用图 7-7 分析一级价格歧视所产生的影响。

图 7-7 中，垄断厂商根据 MR=MC 原则所确定的均衡价格为 P_m，均衡数量为 Q_m。假定产量和价格的变化是连续的。如果存在一级价格歧视，我们发现，在产量小于 Q_m 的范围内，消费者为每一单位产品所愿意支付的最高价格均大于 P_m，所以，厂商增加产量就可以增加利润。在产量达到 Q_m 以后，消费者为每单位产品所愿意支付的最高价格仍均大于 MC，所以，厂商增加产量还可以增加利润。因此，厂商始终有动力增加产量，一直到将产量增加到 Q_c 水平为止。这时，厂商总收益相当于 $OAEQ_c$ 的面积，厂商获得了比按同一价格 P_c 销售全部产量 Q_c 时更大的利润。而且，消费者剩余全部被垄断厂商

所占有，转化为厂商收益（或利润）的增加量。

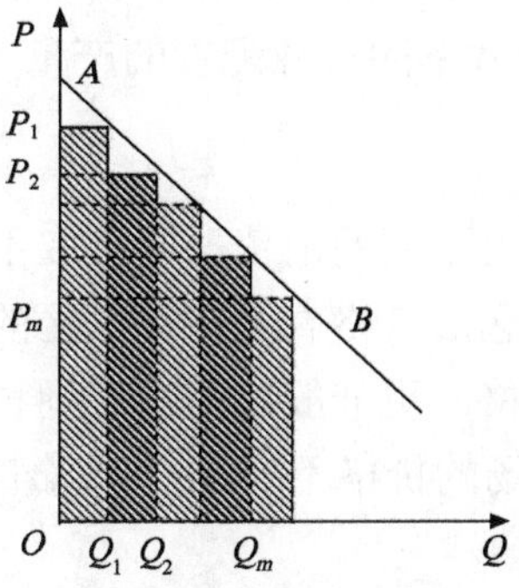

图 7-6 一级价格歧视（一）

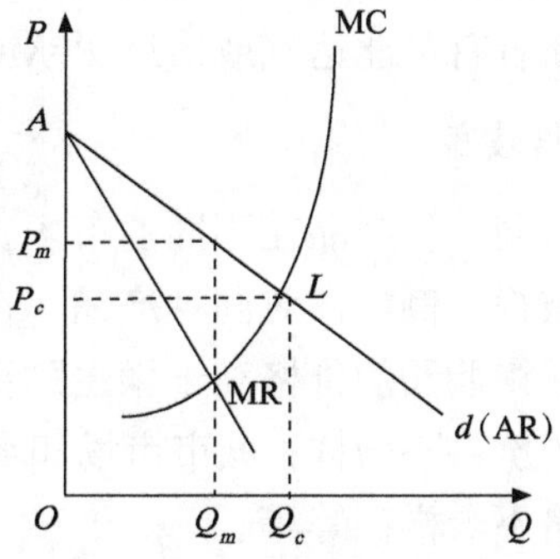

图 7-7 一级价格歧视（二）

此外，在图 7-7 中还可以发现，在 Q_c 的产量上，有 P=MC。这说明此时 P_c 和 Q_c 竟然等于完全竞争时的均衡价格和均衡产量。所以，一级价格歧视下的资源配置是有效率的，尽管此时垄断厂商剥夺了全部的消费者剩余。

2. 二级价格歧视

二级价格歧视不如一级价格歧视那么严重。一级价格歧视要求垄断者对每一单位的产品都制定一个价格，而二级价格歧视只要求对不同的消费数量段规定不同的价格。例如，当消费者购买 6 单位产品时，其价格为 6 元；当消费者再购买 4 单位产品时，这新增 4 单位产品购买量的价格便下降为 5 元，如此等等。

在图 7-8 中，垄断者规定了三个不同的价格水平。在第一个消费段上，垄断者规定的价格最高，为 P_1；当消费者数量增加到第二个消费段时，价格下降为 P_2；当消费数量再增加到第三个消费段时，价格便下降为更低的 P_3。

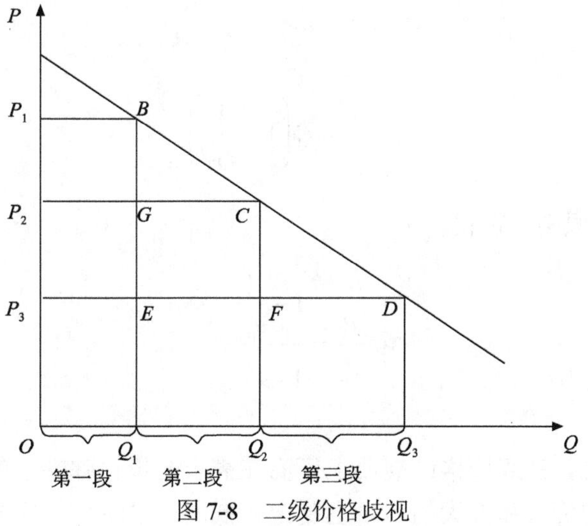

图 7-8 二级价格歧视

如果不存在价格歧视，则垄断厂商的总收益相当于矩形 OP_3DQ_3 的面积，如果实行二级价格歧视，则垄断厂商的总收益的增加量（即利润的增加量）相当矩形 P_3P_1BE 加

矩形 *EGCF* 的面积，这一面积恰好就是消费者剩余的损失量。

由此可见，实行二级价格歧视的垄断厂商利润会增加，部分消费者剩余被垄断者占有。此外，垄断者有可能达到或接近 P=MC 的有效率的资源配置的产量。

3. 三级价格歧视

垄断厂商对同一种产品在不同的市场上（或对不同的消费群）收取不同的价格，这就是三级价格歧视。例如，对同种产品，在富人区的价格高于在贫民区的价格；同样的学术刊物，图书馆购买的价格高于学生购买的价格。更一般地，对于同种产品，国内市场和国外市场的价格不一样；城市市场和乡村市场的价格不一样；“黄金时间”和非“黄金时间”的价格不一样；等等。

下面具体分析三级价格歧视的做法。分析中假定某垄断厂商在两个分割的市场上出售同种产品。

首先，厂商应该根据 $MR_1=MR_2=MC$ 的原则来确定产量和价格。其中，MR_1 和 MR_2 分别表示第 1 个市场和第 2 个市场的边际收益，MC 表示产品的边际成本。这是因为，第一，就不同的市场而言，厂商应该使各个市场的边际收益相等。只要各市场之间的边际收益不相等，厂商就可以通过不同市场之间的销售量的调整，来获得更大的利益。例如，当 $MR_1>MR_2$ 时，厂商自然会减少市场 2 的销售量而增加市场 1 的销售量，以获得更大的利益。这种调整一直会持续到 $MR_1=MR_2$ 为止。第二，厂商应该使生产的边际成本 MC 等于各市场相等的边际收益。只要两者不等，厂商就可以通过增加或减少产量来获得更大的利益，直至实现 $MR_1=MR_2=MC$ 的条件。

其次，根据式（7-6），在市场 1 有

$$\mathrm{MR}_1=P_1\left(1-\frac{1}{e_{d1}}\right)$$

在市场 2 有

$$\mathrm{MR}_2=P_1\left(1-\frac{1}{e_{d2}}\right)$$

再根据 $MR_1=MR_2$ 的原则，可得

$$\frac{P_1}{P_2}=\frac{1-\dfrac{1}{e_{d2}}}{1-\dfrac{1}{e_{d1}}} \tag{7-8}$$

由式（7-8）可知，三级价格歧视要求厂商在需求的价格弹性小的市场上制定较高的产品价格，在需求的价格弹性大的市场上制定较低的产品价格。实际上，对价格变化反应不敏感的消费者制定较高的价格，而对价格变化反应敏感的消费者制定较低的价格，是有利于垄断者获得更大的利润的。

7.1.6　针对自然垄断的政府政策

自然垄断的一个主要特征是厂商的平均成本在很高的产量水平上仍随着产量的增加而递减，也就是说，存在着规模经济。这主要是因为，这些行业的生产技术需要大量的固定设备，使得固定成本非常大，而可变成本相对很小，所以，平均成本曲线在很高的产量水平上仍是下降的。一般地说，供水行业、供电行业、通信行业等都具有这一特征。例如，供电设施需要大量的固定设备，一旦供电系统建成以后，每生产一度电所增加的可变成本是很小的。

一方面，由于自然垄断表现出规模经济，其经济效果肯定要比几家厂商同时经营时高。但这仅是问题的一方面。另一方面，往往更引起经济学家注意的是，自然垄断作为垄断的一种形式，同样存在着由缺乏竞争所造成的垄断厂商的高价格、高利润及低产出水平等经济效率的损失。所以，政府会管制具有自然垄断特征的公用事业、通信业和运输业等行业对其产品的定价。

对自然垄断的政府管制主要有以下五个方面。

（1）边际成本定价法。垄断厂商索取的价格一般都高于边际成本，边际成本定价法认为产品价格应该等于垄断企业的边际成本。如果价格等于边际成本，垄断企业的产（销）量能使得总剩余最大，资源配置是有效率的。但忽视了从长期看，厂商的边际成本会低于平均成本的情况，也就是说规定的产品价格必定小于平均成本，厂商会面临亏损。与其只能索要如此低的价格，垄断公司不如退出市场。

（2）平均成本定价法。从控制价格的角度说，可以采取另外的定价方法来替代边际成本定价法，从而走出边际成本定价法困境。其中，主要的有平均成本定价法和双重定价法。

平均成本定价法是使管制价格等于平均成本。此时，厂商不再亏损，厂商会继续经营，但利润为零。然而，平均成本定价会导致净损失，因为此时价格不再反映产品的边际生产成本。在本质上，平均成本定价类似于对垄断企业销售的产品征税。

（3）双重定价法。双重定价法类似于价格歧视的做法。政府允许厂商对一部分购买欲望较强的消费者收取较高的价格，从而厂商获得利润。同时，厂商对一部分购买欲望较弱的消费者仍按边际成本定价法收取较低的价格，但厂商是亏损的。此外，双重定价法还要求制订的价格计划应该使得厂商由于收取较高价格所获得的利润能补偿由于收取较低价格所遭受的亏损。这样，尽管从整体上看厂商利润为零，但厂商还是愿意继续经营的。

（4）政府补贴。除了政府对垄断厂商的产品进行定价外，政府还可以给予垄断厂商补贴。这种补贴的本质是政府承担了上述定价法给厂商带来的损失。然而，为了向厂商支付补贴，政府需要通过税收筹资，而征税本身也会导致净损失。

（5）资本回报率管制。为了解决以上方式带来的不足，政府还可以为垄断厂商规定一个接近于完全竞争市场的资本回报率，它相当于等量的资本在相似技术、相似风险条件下所能得到的平均市场报酬。由于资本回报率被控制在平均水平，也就在一定程度上控制住了垄断厂商的价格和利润。

但是，实行资本回报率管制时，同样会带来一些问题：第一，没有确定近乎于完全竞争市场的资本回报率的客观标准。第二，作为资本回报率决定因素的厂商的资本量和生产成本等因素因信息不对称而难以估计。第三，管制滞后的存在，使得资本回报率管制的效果受到影响。

7.2 垄断竞争

7.2.1 垄断竞争市场的条件

完全竞争市场和垄断市场是两种极端的市场组织。在现实经济生活中，很多行业位于完全竞争市场和完全垄断市场这两个极端市场之间的不完全竞争市场，通常存在的是垄断竞争市场和寡头垄断市场。其中，垄断竞争市场与完全竞争市场比较接近。

垄断竞争市场是这样一种市场形态：一个市场中，厂商出售类似但不完全相同的产品。在垄断竞争市场上，因为产品特有的差异，每个厂商对于自己的产品有一定垄断权，但是又有生产类似产品的很多其他厂商与它竞争相同的客户。与完全竞争市场和垄断市场不同，垄断竞争市场中厂商生产不是同一种无差别的产品，而是生产非常接近的同种产品。例如，飞机制造业、电灯泡业等。

具体地说，垄断竞争市场的条件主要有以下三点。

第一，产品差异化。在市场中有大量的厂商生产有差别的同种产品，这些产品彼此之间都是非常接近的替代品。因此，每个企业面临着向下倾斜的需求曲线，而不是价格接受者。

产品差别不仅指同一种产品在质量、构造、外观、销售服务条件等方面的差别，还包括商标、广告方面的差别和以消费者的想象为基础的任何虚构的差别。例如，虽然在两家不同方便面品牌出售的同一口味方便面（如酸菜牛肉面）在实质上没有差别，然而，在消费者的心理上却认为某品牌比另一品牌好吃。这时，即存在着虚构的产品差别。

第二，厂商众多。一个市场中的厂商数量非常多，以至于每个厂商都认为自己的行为影响很小，不会引起竞争对手的注意和反应，因而自己也不会受到竞争对手和报复措施的影响。

第三，自由进出市场。因为生产产品具有差别化及替代性，厂商进入和退出市场比较容易。在现实生活中，垄断竞争的市场组织在零售业和服务业中是很普遍的。例如，修理、糖果零售业等。在垄断竞争市场中，各个厂商的产品是有差别的，厂商们相互之间的成本曲线和需求曲线未必相同。但为了方便模型搭建，在垄断竞争市场模型中，经济学家假定市场中的所有的厂商都具有相同的成本曲线和需求曲线。这一假定能使分析得以简化，又不影响结论的实质。

7.2.2 垄断竞争厂商的产量、价格决策及收益

垄断竞争厂商可以在一定程度上控制自己产品的价格，即通过改变自己生产的有差别的产品的销售量来影响商品的价格，所以，如同垄断厂商一样，竞争厂商所面临的需求曲线也是向右下方倾斜的。有所不同的是，各垄断厂商的产品相互之间都是很接近的

替代品，市场中的竞争因素又使得垄断竞争厂商的需求曲线具有较大的弹性，因此，垄断竞争厂商向右下方倾斜的需求曲线比较平坦的，相对地比较接近完全竞争厂商的水平形状需求曲线。

1. 垄断竞争厂商的需求曲线

垄断竞争厂商所面临的需求曲线有两种，它们通常被区分为 d 需求曲线和 D 需求曲线。下面用图 7-9 分别说明这两种需求曲线。

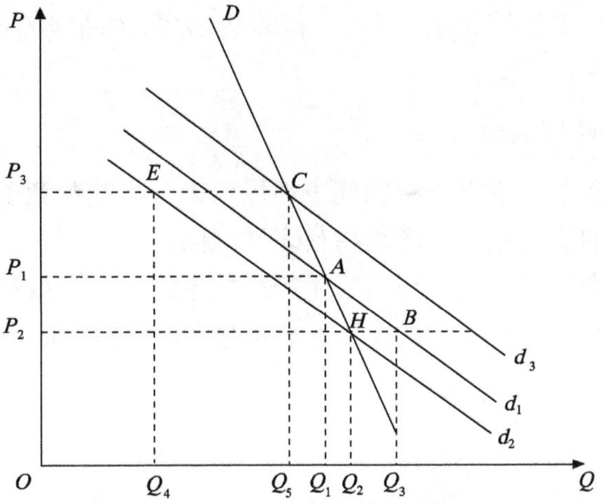

图 7-9　垄断竞争厂商的需求曲线

d 需求曲线表示：在垄断竞争市场中的某个厂商改变产品价格，而其他厂商的产品价格都保持不变时，该厂商的产品价格和销售量之间的关系。在图 7-9 中，假定某垄断竞争厂商开始时处于价格为 P_1 和产量为 Q_1 的 A 点上，它想通过降价来增加自己产品的销售量。因为，该厂商认为，它降价以后不仅能增加自己产品的原有买者的销售量，而且能把买者从市场中的其他厂商那里吸引过来。该垄断竞争厂商相信其他厂商不会对它的降价行为做出反应。随着它的商品价格由 P_1 下降为 P_2，它的销售量会沿着 d_1 需求曲线由 Q_1 增加为 Q_2。因此，它预期自己的生产可以沿着 d_1 需求曲线由 A 点运动到 B 点。

D 需求曲线表示：在垄断竞争市场的某个厂商改变产品价格，而且市场中的其他所有厂商使产品价格发生相同变化时，该厂商的产品价格和销售量之间的关系。在图 7-9 中，如果某垄断竞争厂商将价格由 P_1 下降为 P_2，市场中其他所有厂商也都将价格由 P_1 下降为 P_2，于是，该垄断竞争厂商的实际销售量是 D 需求曲线上的 Q_3，Q_3 小于它的预期销售量，即 d_1 需求曲线上的 Q_2。这是因为市场中其他厂商的买者没有被该厂商吸引过来，每个厂商的销售量增加仅来自整个市场的价格水平的下降。所以，该垄断竞争厂商降价的结果是使自己的销售量沿着 D 需求曲线由 A 点运动到 H 点。同时，d_1 需求曲线也相应地从 A 点沿着 D 需求曲线平移到 H 点，即平移到 d_2 需求曲线的位置。d_2 需求曲线表示当整个市场将价格固定在新的价格水平 P_2 以后，该垄断竞争厂商单独变动价格时在各个价格下的预期销售量。

所以，关于 D 需求曲线，还可以说，它是表示垄断竞争市场中的单个厂商在每一市场价格水平的实际销售份额。若市场中有 n 个垄断竞争厂商，不管全体 n 个厂商将市场价格调整到何种水平，D 需求曲线总是表示每个厂商的实际销售份额为市场总销售量的$\frac{1}{n}$。

从以上的分析中可以得到关于 d 需求曲线和 D 需求曲线的一般关系：第一，当垄断竞争市场中的所有厂商都以相同方式改变产品价格时，整个市场价格的变化会使得单个垄断竞争厂商的 d 需求曲线的位置沿着 D 需求曲线发生平移。第二，由于 d 需求曲线表示单个垄断竞争厂商单独改变价格时所预期的产品销售量，D 需求曲线表示每个垄断竞争厂商在每一市场价格水平实际所面临的市场需求量，d 需求曲线和 D 需求曲线相交意味着垄断竞争市场的供求相等状态。第三，很显然，d 需求曲线的弹性大于 D 需求曲线，即前者较之于后者更平坦一些。

2. 垄断竞争厂商的短期均衡

经济学家通常以垄断竞争市场中的代表性厂商来分析垄断竞争厂商的短期均衡和长期均衡。以下分析中的垄断竞争厂商均指代表性厂商。

在短期内，垄断竞争厂商是在现有的生产规模下通过对产量和价格的调整，来实现 MR=SMC 的均衡条件。现用图 7-10 来分析垄断竞争厂商的短期均衡的形成过程。

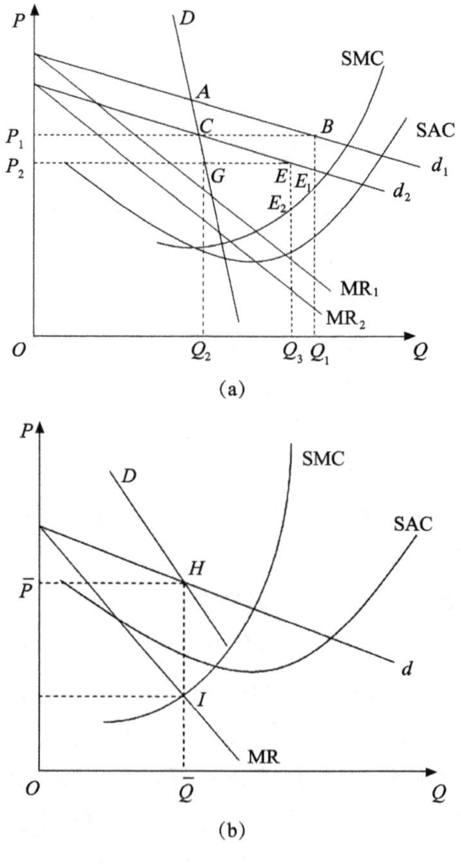

图 7-10　垄断竞争市场代表性厂商的短期均衡

在图 7-10（a）中，SAC 曲线和 SMC 曲线表示代表性厂商的现有生产规模，d 曲线和 D 曲线表示代表性厂商的两种需求曲线，MR_1 曲线是相对于 d_1 曲线的边际收益曲线，

MR_2 曲线是相对于 d_2 曲线的边际收益曲线。假定代表性厂商最初在 d_1 曲线和 D 曲线相交的 A 点上进行生产。就该厂商在 A 点的价格和产量而言，与实现最大利润的 MR_1=SMC 的均衡点 E_1 所要求的产量 Q_1 和价格 P_1 相差很远。于是，该厂商决定将生产由 A 点沿着 d_1 需求曲线调整到 B 点，即将价格降低为 P_1，将产量增加为 Q_1。

然而，由于市场中每一个厂商所面临的情况都是相同的，而且每个厂商都是在假定自己改变价格而其他厂商不会改变价格的条件下采取了相同的行动，即都把价格降为 P_1，都计划生产 Q_1 的产量。于是，事实上，当整个市场价格下降为 P_1 时，每个厂商的产量都毫无例外是 Q_2，而不是 Q_1。相应地，每个厂商的 d_1 曲线也都沿着 D 曲线运动到了 d_2 的位置。所以，首次降价的结果是使代表性厂商的经营位置由 A 点沿 D 曲线运动到 C 点。

在 C 点位置上，d_2 曲线与 D 曲线相交，相应的边际效益曲线为 MR_2。很清楚，C 点上的代表性厂商的产品价格 P_1 和产量 Q_2 仍然不符合在新的市场价格水平下的 MR_2=SMC 的均衡点 E_2 上的价格 P_2 和产量 Q_3 的要求。因此，该厂商又会再一次降价。与第一次降价相似，厂商将沿着 D 曲线由 C 点运动到 G 点。相应地，d 曲线将向下平移，并与 D 曲线相交于 G 点（图中从略）。依此类推，代表性厂商为实现 MR=SMC 的利润最大化的原则，会继续降低价格，d 曲线会沿着 D 曲线不断向下平移，并在每一个新的市场价格水平与 D 曲线相交。

上述的过程一直要持续到代表性厂商没有理由再继续降价为止，即一直要持续到厂商所追求的 MR=SMC 的均衡条件实现为止。如图 7-10（b）所示，代表性厂商连续降价的行为的最终结果，将使得 d 曲线和 D 曲线相交点 H 上的产量和价格，恰好是 MR=SMC 时的均衡点所要求的产量 $\bar{Q}$ 和价格 $\bar{P}$。此时，厂商便实现了短期均衡，并获得了利润。当然，垄断竞争厂商在短期均衡点上并非一定能获得最大的利润，也可能是最小的亏损。这取决于均衡价格是大于还是小于 SAC。在厂商亏损时，只要均衡价格大于 AVC，厂商在短期内总是继续生产的；只要均衡价格小于 AVC，厂商在短期内就会停产。

垄断竞争厂商短期均衡的条件是

$$\mathrm{MR}=\mathrm{SMC} \tag{7-9}$$

在短期均衡的产量上，必定存在一个 d 曲线和 D 曲线的交点，它意味市场上的供求是相等的。此时，垄断竞争厂商可能获得最大利润，可能利润为零，也可能蒙受最小亏损。

3. 垄断竞争厂商的长期均衡

图 7-10（b）中描述的情形无法长久存在。当厂商利润为正时，新的厂商有进入市场的激励。这种进入增加了可供消费者选择的产品数量，因此减少了市场中已有的每个厂商面对的需求。换句话说，利润鼓励新厂商进入，进入使市场中已有厂商的需求曲线向左移动。随着已有厂商的产量下降，这些厂商的利润开始下降。

相反，当厂商普遍亏损时，市场中的厂商有退出的激励。随着厂商退出，可供消费者选择的产品减少。厂商数量的减少，使仍停留在市场里的厂商面对的需求扩大了。换句话说，亏损鼓励厂商退出，退出使市场中剩余厂商的需求曲线向右移动。随着市场中剩下的厂商的产量增加，这些厂商的利润开始上升（即亏损额减小）。

这种进入和退出的过程一直持续下去，直至市场中厂商的经济利润恰好为零。一旦市场达到了长期均衡，新厂商没有进入的激励，原有厂商也没有退出的激励。

7.3 寡头垄断

寡头垄断市场又称为寡头市场。它不像垄断竞争市场，有大量厂商在市场中，而是仅有少数几家厂商控制整个市场的产品的生产和销售的这样一种市场组织。寡头市场被认为是一种较为普遍的市场组织。美国的汽车业、电气设备业甚至网球制造业，都被少数几家厂商所控制。

7.3.1 寡头垄断的形成及分类

寡头垄断市场的成因和垄断市场的是很相似的，只是在程度上有所差别。寡头垄断市场是比较接近垄断市场的一种市场组织。某些产品的生产必须在相当大的生产规模上运行才能达到最好的经济效益；政府的扶持及近乎自然垄断都是促成寡头垄断的原因。

寡头垄断行业可按不同方式分类。根据产品特征，可以分为纯粹寡头垄断行业和差别寡头垄断行业两类。在纯粹寡头垄断行业中，厂商之间生产的产品没有差别，厂商间依存度高。例如，钢铁、水泥等行业。在差别寡头垄断行业中，厂商之间生产的产品仍是有差别的。例如，汽车、冰箱等行业。此外，寡头行业还可按厂商的行动方式，区分为有勾结行为的（即合作的）和独立行动的（即不合作的）两种不同类型。

寡头垄断厂商的价格和产量决定是一个很复杂的问题。其主要原因在于：在寡头垄断市场中，只有少数几家厂商，每个厂商的产量都在全行业的总产量中占一个较大的份额，从而每个厂商的产量和价格变动都会对其他竞争对手以至整个行业的产量和价格产生举足轻重的影响。也就是说，每个厂商的利润不仅取决于其自身产量和价格，也取决于其他厂商的产量和价格。在制定生产决策时，每个厂商必须考虑它的决策对所有其他厂商生产决策的可能的影响。所以，每个寡头厂商的利润受行业中所有厂商的决策的相互作用的影响。寡头厂商们的行为之间这种复杂关系，使得寡头理论复杂化。同时，也引出来经济学中重要的一个分支：博弈论（有关博弈论的内容将在课后延伸阅读详细讲解）。

鉴于上述原因，目前没有一个寡头垄断市场模型，可以对寡头市场的价格和产量决定做出一般性总结。下面介绍几个具有代表性的寡头垄断模型。

7.3.2 古诺模型

古诺模型是早期的寡头模型，它是由法国经济学家古诺于 1838 年提出的。古诺模型是一个只有两个寡头厂商的简单模型，属于厂商独立行动条件下的非合作寡头垄断模型。该模型也被称为“双头垄断模型”。古诺模型的结论可以推广到三个及三个以上的寡头厂商的情况，不会损失一般性。

古诺分析的是两个出售水资源且生产成本为零的寡头厂商的情况。古诺模型的假定是：市场上只有 A、B 两个厂商生产和销售相同的产品，它们的生产成本即边际成本为零；它们共同面临的市场的需求曲线是线性的，A、B 两个厂商都准确地了解市场的需求曲线；A、B 两个厂商都是在已知对方产量的情况下，各自确定能够给自己带来最大利润的产量，即每一个厂商都是消极地以自己的产量去适应对方已确定的产量。如图 7-11 所示。

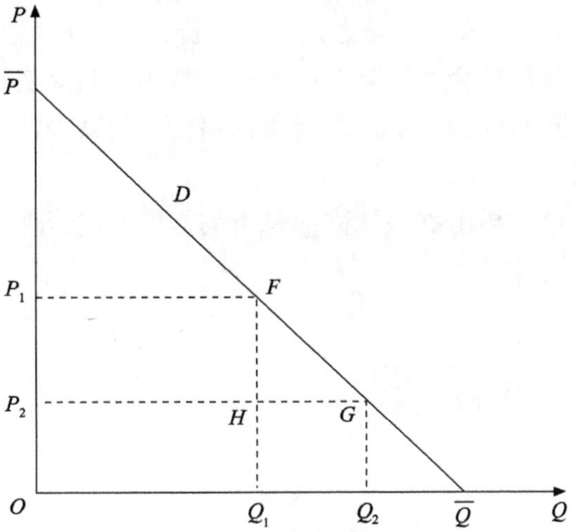

图 7-11　古诺模型

在第一轮，A 厂商首先进入市场。由于生产成本为零，厂商的收益就等于利润，A 厂商面临 D 需求曲线，将产量定为市场总容量的$\frac{1}{2}$，将价格定为 OP_1，从而实现了最大的利润，其利润量相当于图 7-11 中矩形 OP_1FQ_1 的面积。然后，B 厂商进入市场。B 厂商准确地知道 A 厂商在本轮留给自己的市场容量的$\frac{1}{2}$，B 厂商也按相同的方式行动，生产它所面临的市场容量的$\frac{1}{2}$。此时，市场价格下降为 OP_2，B 厂商获得的最大利润相当于图中矩形 Q_1HGQ_2 的面积。而 A 厂商的利润因价格的下降而减少为矩形 OP_2HQ_1 的面积。

在这样轮复一轮的过程中，A 厂商的产量会逐渐地减少，B 厂商的产量会逐渐地增加，最后，达到 A、B 两个厂商的产量都相等的均衡状态为止。在均衡状态中，A、B 两个厂商的产量都为市场总容量的$\frac{1}{3}$，即每个厂商的产量为$\frac{1}{3}O\overline{Q}$，行业的总产量为$\frac{1}{3}O\overline{Q}$。

可以看出，在古诺模型中，寡头通过调整产量的方式获取最大利润。

双头古诺模型的结论可以推广。令寡头厂商的数量为 m，则可以得到一般的结论，具体如下：

$$每个寡头厂商的均衡产量=市场总容量\cdot\frac{1}{m+1}$$

$$行业的均衡总产量=市场总容量\cdot\frac{m}{m+1}$$

7.3.3 斯威齐模型

斯威齐模型也被称为弯折的需求曲线模型，该模型也是合作寡头垄断模型，由美国经济学家斯威齐于 1939 年提出。这一模型用来解释一些寡头市场上的价格刚性现象。

该模型提出以下假设：因为寡头厂商意识到相互依赖的关系，当一个寡头厂商提高价格时，行业中的其他寡头厂商不会随之改变产品价格，以保持自身的市场份额不减少，而提价的寡头厂商的产品销量会大大降低；当一个寡头厂商降低价格时，行业中的其他寡头厂商会将价格下降到相同的水平，以避免销售份额的减少，而降价的寡头厂商产品销量的增加将十分有限。

以上的假设条件，可推导出寡头厂商的弯折的需求曲线。现用图 7-12 加以说明。

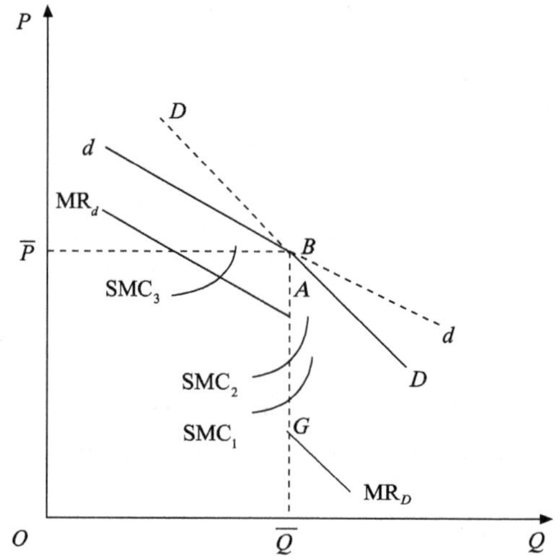

图 7-12　弯折的需求曲线模型

图 7-12 中有厂商的一条 dd 需求曲线和一条 DD 需求曲线，它们与 7.3.2 小节分析的垄断竞争厂商所面临的两条需求曲线的含义是相同的。dd 需求曲线表示该寡头厂商变动价格而其他寡头厂商保持价格不变时的该寡头厂商的需求状况，DD 需求曲线表示行业内所有寡头厂商都以相同方式改变价格时该厂商的需求状况。假定开始时的市场价格为 dd 需求曲线和 DD 需求曲线的交点 B 所决定的 $\overline{P}$，那么，根据该模型的基本假设条件，该垄断厂商由 B 点出发，提价所面临的需求曲线是 dd 需求曲线上左上方的 dB 段，降价所面临的需求曲线是 DD 需求曲线上右下方的 BA 段，于是，这两段共同构成的该寡头厂商的需求曲线为 BD。显然，这是一条弯折的需求曲线，折点是 B 点。这条弯折的需求曲线表示该寡头厂商从 B 点出发，在各个价格水平所面临的市场需求量。

由弯折的需求曲线可以得到间断的边际收益曲线。图 7-12 中与需求曲线 dB 段所对应的边际收益曲线为 MR_d，与需求曲线 BD 段所对应的边际收益曲线为 MR_D，两者合在一起，便构成了寡头厂商的间断的边际收益曲线，其间断部分为垂直虚线 AG。

利用间断的边际收益曲线，便可以解释寡头市场上的价格刚性现象。只要边际成本 SMC 曲线的位置变动不超出边际收益曲线的垂直间断范围，寡头厂商的均衡价格和均衡数量都不会发生变化。例如，在图 7-12 中的边际收益曲线的间断部分 AG，与 SMC_1 曲

线上升为 SMC_2 曲线的位置时，寡头厂商仍将均衡价格和均衡产量保持在 $\overline{P}$ 和 $\overline{Q}$ 的水平。除非成本发生很大变化，如成本上升使得边际成本曲线上，升为 SMC_3 曲线的位置时，才会影响均衡价格和均衡产量水平。

该模型有一个缺陷：虽然弯折的需求曲线模型为寡头市场较为普遍的价格刚性现象提供了一种解释，但是该模型并没有说明价格刚性本身的形成原因，所以不能真正解释寡头垄断的定价问题。

7.3.4 其他寡头垄断模型

1. 斯塔克伯格模型

斯塔克伯格模型是由德国经济学家斯塔克伯格在 20 世纪 30 年代提出的。与古诺模型一样，斯塔克伯格模型也是讨论生产同质产品的寡头厂商之间如何决定产量的，但后者与前者并不一样。斯塔克伯格模型是一个价格领导模型，斯塔克伯格模型假设厂商之间存在着行动次序的区别，根据行动的先后分为“领导者”和“追随者”。

领导型厂商首先决定一个产量，而跟随型厂商可以观察到这个产量，然后根据领导型厂商的产量来决定自身的产量。在模型中，追随型厂商具有反应函数，该函数产生于给定领导型厂商产量条件下追随型厂商的利润最大化模型。领导性厂商在决定自身产量的时候，会充分了解跟随性厂商的行动，这意味着领导性厂商可以知道跟随厂商特有的反应函数。因此，领导性厂商自然会预期到自己决定的产量对跟随厂商的影响，并调整产量，选择能够实现自身利润最大化的产量。

2. 卡特尔模型

卡特尔是寡头垄断厂商通过公开的或正式的方式串谋（即合作合谋）在一起并形成同盟的组织。此时，市场形成垄断情形，寡头垄断市场中厂商的可以获取最大利润。而为了保持利润最大化。要在某个市场上形成卡特尔，至少需要以下三个条件。

第一，卡特尔必须具有提高行业价格的能力。只有在预计卡特尔会提高价格并将其维持在高水平的情况下，企业才会有加入的积极性。这种能力的大小，与卡特尔面临的需求价格弹性有关，弹性越小，卡特尔提价的能力越强。

第二，卡特尔成员被政府惩罚的预期较低。只有当成员预期不会被政府抓住并遭到严厉惩罚，卡特尔才会形成，因为巨额预期罚金将使得卡特尔的预期价值下降。

第三，设定和执行卡特尔协定的组织成本必须较低。使组织成本保持在低水平的因素有：涉及的厂商数目较少；行业高度集中；所有的厂商生产几乎完全相同的产品；行业协会的存在。

卡特尔组织中各成员通过以下五种方式保持利润最大化。

第一，**协商产量**，也称数量卡特尔。垄断厂商对产品的生产量和销售量进行控制，降低市场上的产品供给，使价格上升。

第二，**协商产品价格**，也称价格卡特尔。这是最基本也是最常见的卡特尔形式。垄断厂商通过将产品维持在某一特定价位上以谋取最大利润或排挤非卡特尔组织成员的其他竞争对手。

第三，**规定销售条件**，也称销售条件卡特尔。垄断厂商通过在卡特尔协议中规定产品销售条件，产生歧视性销售，达到利润最大化的目的。

第四，**形成技术专利联营**，也称技术卡特尔。卡特尔成员相互提供专利产品或自由转让、使用专利，但不对非卡特尔厂商开放使用权及转让权。

第五，**设立统一销售公司**，也称辛迪加。垄断厂商共同出资设立统一的销售公司，作为唯一对外的厂商售卖卡特尔内垄断厂商的产品。

7.3.5 寡头厂商的供给曲线

如同垄断厂商和垄断竞争厂商一样，寡头厂商面临的需求曲线也是向右下方倾斜的，寡头厂商的均衡产量和均衡价格之间也不存在一一对应关系，所以，不存在寡头厂商和行业的具有规律性的供给曲线。此外，再考虑到寡头厂商之间的行为的相互作用的复杂性，建立寡头厂商和市场的具有规律性的供给曲线也就更困难了。

7.4 不同市场的比较

从经济效益看，不同市场组织下的经济效益是不相同的，市场组织的类型直接影响经济效益的高低。此处，经济效益指经济资源利用的有效性。高的经济效益表示对资源的充分利用或能以最有效的生产方式进行生产；低的经济效益表示对资源的利用不充分或没有以最有效的方式进行生产。经济学家通过对不同市场条件下厂商的长期均衡状态的分析得出结论：完全竞争市场的经济效益最高，垄断竞争市场较高，寡头市场较低，垄断市场最低。可见，市场的竞争程度越高，则经济效益越高；反之，市场的垄断程度越高，则经济效益越低。

从垄断市场与技术进步的关系看，有的经济学家认为，垄断厂商会阻碍技术进步。因为垄断厂商只要依靠自己的垄断力量就可以长期获得利润，所以垄断厂商往往缺乏技术创新的动力，甚至为了防止潜在竞争对手的新技术和新产品对其垄断地位造成的威胁，还有可能通过各种方式去阻碍技术进步。但也有不少经济学家认为，垄断是有利于技术进步的。因为，一方面垄断厂商利用高额利润所形成的雄厚经济实力，有条件进行各种科学研究和重大的技术创新，并将成果运用于生产过程；另一方面，垄断厂商可以利用自己的垄断地位，在长期内保持由于技术进步而带来的更高的利润。这些经济学家还认为，关于垄断有利于技术进步的观点，在一定程度上对寡头厂商也是适用的。

从规模经济角度看。经济学家认为，对不少行业的生产来说，只有大规模的生产，才能收到规模经济的好处，而这往往只有在寡头市场和垄断市场条件下才能做到。不能设想，无数个如同完全竞争行业或垄断竞争市场中的厂商，可以将钢铁生产和铁路运输等经营在有效率的水平上。

从产品的差别角度看。经济学家认为，在完全竞争市场条件下，所有厂商的产品是完全相同的，它无法满足消费者的各种偏好。在垄断竞争市场条件下，众多厂商之间的产品是有差别的，多样化的产品使消费者有更多的选择自由，可满足不同的需要。但是，产品的一些虚假的非真实性的差别，也会给消费者带来损失。在产品差别这一问题上，产品差别寡头行业也存在与垄断竞争市场相类似的情况。

本 章 总 结

1. 垄断企业是市场上的唯一卖方。垄断产生的原因有：某个企业拥有关键资源；政府给予某企业生产某产品的独占权；某企业比其他企业有能力以更低的成本满足整个市场的需求。

2. 由于垄断企业是市场上的唯一卖方，它面对的需求曲线是向下倾斜的。当垄断企业的产量增加一单位时，产品价格下降，销售收入下降。因此，垄断企业的边际收入总是小于它的产品价格。

3. 和竞争企业一样，垄断企业的利润最大化的产量也是边际收入等于边际成本时的产量。在决定了产量之后，它选择与此需求量相符的价格。和竞争企业不同，垄断企业的价格大于它的边际收入，因此它的价格大于边际成本。

4. 垄断企业的利润最大化的产量水平，小于能使消费者和生产者剩余之和最大的产量水平。也就是说，当垄断企业索要的价格高于边际成本时，那些对该企业产品评价大于边际生产成本但小于价格的消费者不再购买。因此，垄断导致了净损失，这和税收导致的净损失类似。

5. 垄断企业可以通过下列方法增加利润：根据消费者的支付意愿对不同消费者索要不同的价格。这种价格歧视的做法能够增加经济福利，因为如果它不这么做，某些消费者（对产品的评价高于边际成本但小于统一价格的那些消费者）就不会购买。在完全价格歧视这种极端情形下，垄断造成的净损失为零，市场的全部剩余（消费者剩余与生产者剩余之和）落入垄断企业之手。在更一般的情形下，即当价格歧视不是完全价格歧视时，与统一垄断价格相比，价格歧视可能增加福利，也可能降低福利。

6. 垄断竞争市场有三个特征：很多企业；有差异的产品；自由进入。

7. 垄断竞争的市场均衡和完全竞争市场的均衡的区别表现在两个方面：第一，垄断竞争市场上的每个企业都有过剩的生产能力。也就是说，它在平均成本曲线向下倾斜的那部分上经营。第二，每个企业索要高于边际成本的价格。这两个方面有密切的关系。

8. 垄断竞争市场不具有完全竞争市场的所有合意特征。这种市场存在着垄断的标准净损失，这是因为企业在边际成本基础上加价。另外，企业的数量（从而产品的多样性）可能过多或过少。在实践中，政策制定者矫正这些无效率结果的能力非常有限。

9. 垄断竞争固有的产品差异导致了企业使用广告和品牌的策略。批评者认为，企业使用广告和品牌来操纵消费者的偏好和减少竞争程度。辩护者认为，企业使用广告和品牌来向消费者传递信息，以及在价格和产品质量上展开更激烈的竞争。

10. 寡头垄断企业若形成卡特尔像单个垄断企业那样进行生产决策，就能使总利润最大。然而，如果寡头垄断企业各自决定自己的产量水平，那么结果就是产量比垄断产量高，价格比垄断价格低。寡头行业中的企业数量越多，产量和价格越接近于完全竞争情形时的产量和价格水平。

思 考 题

1. 垄断市场（厂商）为什么没有供给曲线？
2. 一些商家在售卖商品时，提出对学生有针对性折扣，这是哪种价格歧视，这样的价格歧视为商家带来了什么效益？
3. 假设某市场经济不发达国家的政府放开对该国电信运营的国有垄断经营，该国电信业会出现何种现象？
4. 比较完全竞争市场、垄断竞争市场和寡头垄断市场的异同，是什么造成了以上三种市场的出现？

课外阅读

微软被判垄断，企业险遭拆分

在21世纪的前十年，最为著名的反垄断案非美国多州政府诉微软涉嫌垄断莫属。微软公司作为视窗（Windows）操作系统的开发者和生产销售者，当微软很多年前设计出这种软件之后，它向政府申请并得到了版权。版权让微软公司拥有生产和销售视窗操作系统拷贝的专利权。如果某个人想购买一份正版的视窗操作系统的拷贝，他别无选择只能向微软交纳大约1000元人民币，这是微软为其产品索要的价格。我们说微软在视窗操作系统市场上是垄断的。这种垄断已近似为完全垄断。

微软对消费者索要的价格高于边际成本。这个结果在微软公司的视窗系统情形中显然是正确的。视窗系统的边际成本，即微软公司多生产一份拷贝的成本，只有寥寥几元，但消费者却要花上千元购买正版系统。视窗系统的价格是边际成本的很多倍。而这样的结果不是对社会最有利的。

经过两年多的数次开庭和审判，2000年6月因微软案闻名美国的杰克逊法官做了地方法院最终判决，微软垄断事实成立，将其分解为两个独立的公司：一个经营操作系统；另一个则经营此外的电脑应用软件。虽然最后微软上诉并使得原判决被撤销，使得微软成功躲避了被拆分的厄运，但上诉法院仍认定微软垄断事实成立。

价格歧视实例

机票的价格：同一航班的机票存在着多种不同的价格。很多航空公司对于下列这样的顾客提供较低的机票价格：顾客购买的是往返而不是单程机票，并且在目的地城市住一晚。这种做法让人有些奇怪。为什么航空公司要关注它的顾客是否在目的地城市度过星期六呢？原因在于，这条规定可将商务旅行者和一般旅行者区分开。商务旅行者的支付意愿高，而且很有可能不愿意在目的地城市度过星期六。相反，由于旅游等个人原因出行的一般乘客支付意愿较低，而且s更可能愿意在目的地城市度过星期六。因此，通过这种办法航空公司可成功地进行价格歧视。对商务旅行者索要较高的价格，而对一般旅行者索要较低的价格。

数量上的优惠：到目前为止，我们列举的价格歧视的例子，都是垄断企业向不同的消费者索要不同的价格。然而，有时垄断企业可以通过下列方式进行价格歧视：同一消费者在购买不同数量时支付不同价格。例如，很多企业向购买数量大的消费者提供较低的价格。面包店的小面包的售价为每个 0.50 元，每打的售价却为 5 元。这是一种价格歧视，因为消费者对第一单位商品的支付意愿比对第十二单位商品的支付意愿高。数量上的优惠通常也是一种成功的价格歧视方法，因为随着消费者购买数量的增加，他的边际支付意愿递减。

博弈论简述

我们已经知道，在寡头市场上，厂商们之间的行为是相互影响的，每一个厂商都需要首先推测或了解其他厂商对自己所要采取的某一个行动的反应，然后，在考虑到其他厂商这些反应方式的前提下，再采取最有利于自己的行动。在寡头市场上的每一个厂商都是这样思考和行动的，因此，厂商之间行为的互相影响和相互作用的关系就如同博弈（即如同下棋）一样。

博弈论，也称对策论，是描述和研究行为者之间策略相互依存和相互作用的一种决策理论。博弈论被应用于政治、外交、军事、经济等研究领域。自 20 世纪 80 年代以来，博弈论在经济学中得到了更广泛的运用，它对寡头理论、信息经济学等方面的发展做出了重要的贡献。博弈论的应用被认为是微观经济学的重要发展。在此，我们将介绍博弈论的一些基本概念，并以此分析一些寡头博弈行为。

1. 博弈

任何一个博弈都有三个基本要素：参与者、策略和支付。在每一个博弈中，都至少有两个参与者，每一个参与者都有一组可选择的策略。作为博弈的结局，每个参与者都得到各自的报酬，即各自得到一笔支付，其支付可以为正，也可以为负。每一个参与者所得到的支付都是所有参与者各自所选择的策略的共同作用的结果。

我们可以用一个支付矩阵（也称报酬矩阵）来描述博弈的三个基本要素，并运用它来分析一个博弈。假定某寡头市场上有甲、乙两个厂商（即两个参与者），都有两个可选择的策略，这两个策略都是合作与不合作。其支付矩阵如图 7-13 所示。

		乙			
		合作		不合作	
甲	合作	10	10	6	12
	不合作	12	6	8	8

图 7-13　占优策略均衡

在图 7-13 中，甲的两种策略写在左边，乙的两种策略写在上边。图 7-13 中的每一格表示对应于甲、乙的一个策略组合的一个支付组合，每格中的第一个数字表示甲的报酬，第二个数字表示乙的报酬。例如，图 7-13 中的第一格表示当甲采取合作策略，乙也采取合作策略时，甲的报酬是10，乙的报酬也是10。

仔细分析一下矩阵图（图 7-13）可发现，如果甲、乙择合作的策略，则总报酬最大为20，每个参与者均得10；如果甲、乙两者中有一方选择合作，而另一方选择不合作，则选择不合作一方可得12，而选择合作一方只得6；如果甲、乙双方都选择不合作的策略，则总报酬最小为16，每个参与者均得8。那么，在图7-13中所描述的四种可能的策略组合中，甲、乙双方博弈的最终结局是什么呢?在此，我们需要引入占优策略均衡和纳什均衡这两个概念。

2. 博弈均衡的基本概念

为了研究博弈的最终结局，或者说，为了分析博弈最后达到的均衡状态，经济学家提出了博弈均衡的概念，其中两个主要的博弈均衡的基本概念是占优策略均衡和纳什均衡。

1）占优策略均衡

在此，我们仍以图7-13来说明占优策略均衡概念。分析甲参与者的策略选择，可以看到，当乙选择合作策略时，甲若选择合作策略，可得10；甲若选择不合作策略，可得12。于是，甲肯定选择不合作策略（因为12>10）。当乙选择不合作策略时，甲若选择合作策略，可得6；甲若选择不合作策略，可得8。于是，甲一定会选择不合作策略（因为8>6）。很清楚，不管乙采取合作策略还是不合作策略，甲都会采取不合作策略。于是，我们说，不合作策略就是甲的占优策略。类似的分析对于乙也是适用的。因为，不管甲选择合作策略还是不合作策略，乙肯定会选择不合作策略，所以，不合作策略也是乙的占优策略。更一般地，我们给出占优策略的定义：无论其他参与者采取什么策略，某参与者的唯一的最优策略就是他的占优策略。也就是说，如果某一个参与者具有占优策略，那么，无论其他参与者选择什么策略，该参与者确信自己所选择的唯一策略都是最优的。

博弈均衡指博弈中的所有参与者都不想改变自己的策略的这样一种相对静止的状态。显然，在我们分析的例子中，（不合作，不合作）这一对策略组合（前者表示甲选择的策略，后者表示乙选择的策略）下的博弈状态，就是一种均衡状态。此时，任何一方都不想偏离各自的不合作策略。由于在均衡时甲、乙双方选择的都是自己的占优策略（即不合作），该博弈均衡又被称为占优策略均衡。一般地说，由博弈中的所有参与者的占优策略组合所构成的均衡就是占优策略均衡。

我们可以在支付矩阵图中用划横线的方法来寻找占优策略均衡。具体做法如下：先看甲的策略选择。当乙采取合作策略时，甲会选择不合作策略，得报酬12，则我们在报酬12下划一横线。当乙采取不合作策略时，甲仍会选择不合作策略，得报酬8，则我们在报酬8下划一横线。类似地，再看乙的策略选择。甲选择合作或不合作策略时，乙都会选择不合作策略，则我们分别在相应的乙的报酬12和报酬8下各画一条横线。最后，矩阵图中唯一的两个数字都被划上横线的那一格报酬组合（8，8）所对应的（不合作，不合作）的策略组合就是该博弈的占优策略均衡。

2）纳什均衡

在一个博弈中，只要每一个参与者都具有占优策略，那么，该博弈就一定存在占优策略均衡。但是需要指出的是，在有的博弈中，并不存在占优策略，仍可以达到博弈均衡。以图 7-14 说明这一点。

		乙		
		L		R
甲	U	7　10		3　5
	D	6　8		8　9

图 7-14　纳什均衡

图 7-14 中的支付矩阵表示甲有两个策略 U 和 D，乙有两个策略 L 和 R。对于甲的策略选择而言，当乙选择 L 时，甲会选择 U（因为 7>6）；当乙选择 R 时，甲会选择 D（因为 8>3）。显然，甲没有占优策略，甲的最优策略随乙的策略的变化而变化。类似地，对于乙的策略选择而言，当甲选择 U 时，乙会选择 L（因为 10>5）；当甲选择 D 时，乙会选择 R（因为 9>8）。同样，乙也没有占优策略，乙的最优策略也随甲的策略的变化而变化。尽管如此，我们仍可注意到，在以上的博弈过程中，对于（U，L）策略组合而言，只要甲选择了 U，乙就不会改变对 L 的选择；同样，只要乙选择了 L，甲也不会改变对 U 的选择。从这个意义上讲，策略组合（U，L）也达到了一种均衡状况。由此，我们给出纳什均衡的定义：在一个纳什均衡里，任何一个参与者都不会改变自己的最优策略，如果其他参与者均不改变各自的最优策略。

根据纳什均衡的定义，图 7-14 博弈中的（U，L）和（D，R）这两对策略组合都是纳什均衡。而另外两对策略组合（D，L）和（U，R）都不是纳什均衡。因为，以（D，L）的策略组合而言，当甲选择 D 时，乙就会改变策略，选择 R 而不是 L。所以，（D，L）策略组合不是均衡的。

由此可见，占优策略均衡是比纳什均衡更强的一个博弈均衡概念。占优策略均衡要求任何一个参与者对于其他参与者的任何策略选择来说，其最优策略都是唯一的。而纳什均衡只要求任何一个参与者在其他参与者的最优策略选择给定的条件下，其选择也是最优的。所以，占优策略均衡一定是纳什均衡，而纳什均衡不一定是最优策略均衡。在我们前面分析的例子中，图 7-13 的博弈均衡既是占优策略均衡，同时又是纳什均衡。图 7-14 中两组均衡的策略组合都是纳什均衡，但都不是占优策略均衡。

3）寡头厂商的共谋及其特征

在寡头市场上只有为数很少的几家厂商，因此，每个厂商的行为对市场的影响都是举足轻重的。每个厂商为了获得更大的市场份额，往往会采取降低价格的竞争手段。但是，某一个厂商首先采取降价的竞争手段后，其他厂商也会采取相应的降价手段回应或报复，以保住甚至扩大自己原有的市场份额。于是，在经过寡头厂商相互之间的这种轮番降价的竞争过程后，市场的价格会降到一个很低的水平，而每个寡头厂商都会受到惨重的损失，或者说，最终形成一种类似“两败俱伤”的局面。面对这种由竞相削价的恶性竞争造成损失的结局，寡头厂商们意识到与其相互激烈的进行价格竞争而招致惨重的损失，还不如相互之间达成协议使价格维持在一个较高的价格水平上，这样，每个厂商都可以在一个稳定的高价格水平上得到各自的经济利益，而避免了由价格竞争所带来的损失。这便是寡头市场上共谋现象普遍存在的原因。事实上，在西方经济社会中，寡头市场上大量的卡特尔组织和其他的一些共谋（或合作）组织的存在，很好地说明了这一点。

同时，必须清醒地认识到，尽管寡头市场上的共谋现象是很普遍的，但是，寡头厂商们之间的共谋却是很脆弱的。当寡头厂商们之间为了各自的利益达成共谋协议之后，这种合作协议随时都有可能被破坏。于是，由此产生的问题是：为什么合作协议会被破坏?这种合作不稳定的现象是否应该避免?以及如何避免?这些问题引起了经济学家的广泛关注。

为了解释寡头市场上合作的不稳定性特征，我们将先介绍博弈论中的一个经典模型“囚徒困境”，然后，我们再把囚徒困境的博弈模型及其体现的思想扩展运用到寡头市场的共谋问题中去，以解释共谋的不稳定性，并进一步提出解决这一问题的策略。

4）囚徒困境

囚徒困境的博弈模型的假设条件是：甲、乙两个被怀疑为合谋偷窃的嫌疑犯被警方捉获，但警方对他们偷窃的证据并不充分。他们每一个人都被单独囚禁，并单独进行审讯，即双方无法互通信息。警方向这两个嫌疑犯交代的量刑原则是：如果一方坦白，另一方不坦白，则坦白者从宽处理，判刑 1 年；不坦白者从重处理，判刑 7 年。如果两人都坦白，则每人都各判刑 5 年。如果两个都不坦白，则警方由于证据不足，只能对每个人各判刑 2 年。图 7-15 的支付矩阵描述了这种博弈。图 7-15 中的报酬均为负数，以表示判刑的年数。

		乙			
		坦白		不坦白	
甲	坦白	−5	−5	−1	−7
	不坦白	−7	−1	−2	−2

图 7-15　囚徒困境

在警方交代了量刑原则以后，如图 7-15 所示，甲、乙各自都有两个策略：坦白和不坦白。他们需要做出的决策是：为了自己的利益，每个人应该选择坦白策略，还是选择不坦白策略。于是，两个囚徒之间的博弈便开始了。

这两个囚徒之间的博弈过程如下：先考虑囚徒甲的策略选择。囚徒甲要决定自己的选择，他必须要先考虑囚徒乙的选择，即囚徒甲是在考虑了囚徒乙的策略选择的前提下来决定自己的策略选择。那么，囚徒甲一定是这样思考的：根据已知的支付矩阵（图 7-15），如果囚徒乙选择坦白，则囚徒甲选择坦白，会判 5 年；选择不坦白，会判 7 年。于是，在囚徒乙坦白的前提下，囚徒甲会选择坦白（因为 5<7）。如果囚徒乙选择不坦白，则囚徒甲选择坦白，会判 1 年；选择不坦白，会判 2 年。于是，在囚徒乙不坦白的前提下，囚徒甲仍会选择坦白（因为 1<2）。很清楚，无论囚徒乙选择的策略是坦白还是不坦白，囚徒甲都会选择坦白这一策略。也就是说，囚徒甲有一个占优策略即坦白。

按照以上相类似的思路，当我们分析囚徒乙的策略选择时，我们也会得到类似的结论（具体分析从略）：无论囚徒甲选择的策略是坦白还是不坦白，囚徒乙都会选择坦白这一策略。也就是说，囚徒乙也有一个占优策略，这个占优策略也是，我们得到的结论是：

博弈双方都有一个占优策略，它们都是坦白。这就是说，囚徒困境的博弈有一个占优策略均衡（坦白，坦白）。当我们得到这一个占优策略均衡之后，再回过头来仔细分析一下图 7-15 的支付矩阵，我们会发现：如果两人都是选择不坦白（即合作），则都可以获得最好的结局（－2，－2）。但由于他们之间不能互通信息，每一方都担心当对方坦白而自己不坦白时自己所遭受的重判(即对方坦白判 1 年,自己不坦白判 7 年)。在这种情况下，每个囚徒从自己的利益考虑，最后的选择都是坦白。显然，（坦白，坦白）是囚徒困境博弈模型的一个必然的均衡结果，而且是一个很强的占优策略均衡。

最后，需要特别指出的是，囚徒困境的均衡反映了一个深刻的问题：从个人理性角度出发所选择的占优策略的结局（－5，－5），却不如合作策略的结果（－2，－2）。或者说，从个人理性角度出发所选择的占优策略的结局，从整体来看，却是最差的结局。很清楚，囚徒困境的占优策略均衡反映了一个矛盾，即个人理性和团体理性的冲突。

囚徒困境的博弈模型所体现的合作不稳定的特征及其后果，可以扩展运用到寡头市场上，以解释寡头市场上的共谋不稳定性及其相关的问题。

3. 囚徒困境实例：美苏军备竞赛

第二次世界大战之后的几十年间，美国和苏联这两个世界上的两个超级大国展开了长期的军事装备竞赛。这个问题引发了博弈论的一些早期研究工作。博弈理论学家指出，军备竞赛非常类似于囚犯的困境。

为了看清原因，考虑美国和苏联的两个策略：是建造新武器还是裁军。每个国家都偏爱拥有比对方多的军备，因为更强的武装储备意味着在世界事务中有更大的影响力。但是，每个国家也喜欢不受对方武器攻击的世界中。

图 7-16 给出了这个致命的博弈。如果苏联选择强军计划，美国也会选择强军计划，因为这么做能避免自己的力量变弱。如果苏联选择裁军计划，美国会选择强军计划，因为这么做能使自己的力量更强大。对于每个国家来说，强军计划是占优策略。因此，每个国家都会选择继续进行军备竞赛，导致了每个国家都处以危险之中，这是一个较差的结果。

		美国的选择			
		强军		裁军	
苏联的选择	强军	处于危险中	处于危险中	安全而强大	危险而脆弱
	裁军	危险而脆弱	安全而强大	安全	安全

图 7-16　军备竞赛

在冷战时期,美国和苏联试图通过军备控制谈判和签订协议的方式来解决这个问题。这两个国家面对的问题，和寡头垄断企业们试图维持卡特尔时面对的问题是类似的。正如寡头垄断厂商在产量水平上争吵不休一样，美国和苏联也在允许每个国家拥有军备数量问题上争吵不休。而且，正如卡特尔难以执行协定的产量水平一样，美国和苏联都担心对方会进行欺骗。在军备竞赛博弈和寡头垄断企业的博弈中，自利的残酷逻辑驱使参与方向非合作结果迈进，而这样的结果对于每个参与方都是糟糕的。

第 8 章　要素市场与收入分配

到目前为止我们主要考察了商品市场，在本章中我们将分析市场体系的另一主要部分，即要素市场。在传统的观念中，要素或生产要素包括劳动、资本和土地，后来又增加了企业家才能。在要素市场中，市场也被分为完全竞争市场和不完全竞争市场，工资、利息、地租及利润起到了商品市场中价格的作用。因为要素市场和商品市场有很多相似之处，所以本章只讨论完全竞争条件下的要素市场。

8.1　完全竞争和要素需求

8.1.1　要素需求的基本含义

准确地说，要素的需求主要是指生产要素的需求。在许多方面，要素市场的内涵跟产品和劳务市场是相似的，但从其产生的动力这个角度进行分析，两者则并不完全一致。生产要素的需求是派生需求，这里“派生”是指生产要素的需求并不是由自身所决定的，而是在该企业向另一个市场供给物品的决策中产生。也就是说，在利润这一目标的制约下，企业为了最大化盈利，并不会盲目扩大生产，而会从市场对其产品的需求这个角度进行判断，他为市场提供多少产品，则产生相应的要素需求。因而在一般情况下，如果想把握要素的需求，我们需要在一定的制约条件和清晰的目标函数下进行。我们通过考虑竞争的、以利润最大化为目标的企业如何决定购买多少生产要素来分析要素的需求。

需要指出的是，只有在完全竞争的市场条件下，企业的要素需求才能准确地从一个市场传递到另一个市场，所以当我们在讨论要素需求时，我们从理论上假想市场是处于这样一种特殊的状态，具备以下基本特征：①市场上存在大量的卖者和买者；②产品是同质的，可互相替代而无差别化；③生产要素在产业间可自由流动，不存在进入或退出障碍。

以上三个基本特征有以下六个表现。

（1）大量的买者和卖者。大量的买者，意味着每个买者的商品需求量相对于市场上的总需求量来说都是微不足道的，从而任何个别买者都不具有买者垄断的力量，他的需求量的增加或减少并不能影响市场的总需求；大量的卖者是指任何一个卖者的商品供给量，都只是市场上总供给量的极小一部分，微不足道，其变化影响不了市场的总供给。从而最大程度体现出市场机制——定价，使得每个个体都只是价格的接受者，而无法影响市场定价。

（2）商品的同一性。同一数量的同种商品之间同质或者可以相互替代。这就保证了任何数量的任何商品，不论谁来购买或销售，都没有差别。商品的同一性，是对大量买者与卖者的补充。两者共同说明个别买者与卖者的需求与供给，都只是市场总需求与总供给的微不足道的一部分。

（3）自由进入或退出。卖者有自由进入和退出一个行业的自由。所谓一个行业，是指由生产同一产品的所有企业所构成的社会部门。进入一个行业如果有障碍，则该行业中卖者数目可能少到每家卖者都具有影响市场价格的能力。退出一个行业，意味着进入另一个行业。总之，自由进入或退出，进一步补充说明了买卖双方的大量存在。

（4）生产要素的完全流动性。任何一种生产要素，都可以自由地从一个企业转移到另一个企业之中，即生产要素可以自由进入和退出一个企业。例如，工人可以自由调换工作，原料不受垄断控制等。

（5）完全的信息与知识。买卖双方完全了解市场行情，市场信息畅通，得到信息不需付出代价。这样，每个人对市场价格的变化都非常熟悉，如果有人抬高或降低物价，市场上每个人都会立即知道这一变化，人人都会根据变化采取相应措施。

（6）价格接受。由于大量买者与卖者的存在，某个卖者抬价，顾客就会去别的卖者那里购买所需的商品；同样，他降低商品的售价，虽然可招来顾客，但因他的供给量微不足道，结果并不能因他的商品已售完而使市场上的总需求受到影响。对于买者方面，个别买者抬高买价，招来卖者向他出售商品，但他的需求影响不了市场总需求与总求供给，结果也就对市场价格产生不了影响；他压低物价，卖者就不向他出售商品。这样一来，商品的市场价格既定，任何买者与卖者都只能是价格的接受者，只能根据价格行事，而无法对市场价格施加任何可以看得见的影响。

8.1.2　如何衡量要素需求

在一系列的要素需求中，劳动需求是我们分析要素需求的起点。在完全竞争的市场状态下，卖者或买者对市场而言都居于同等地位，不具有某种支配力或特权。因此，卖者或买者间无法形成共谋、暗中配合行为。在这种情况下，厂商是价格的决策者，能够进行决策：要不要生产，生产多少。但决策的基本依据是市场的基本信号——价格。

要素需求的变化过程也就形成了市场机制，或者说市场机制的作用可以通过要素需求体现出来。比如劳动、土地、资本三种要素的组合就会产出产品，生产的本质可以看作三种要素的组合。通过各种要素的需求和供给从而确定要素的价格，通过各种要素产出和成本确定各种要素的报酬。

8.2　劳动和工资

8.2.1　劳动的需求

如果把劳动看作产品，自然等待被雇用的工人就形成了劳动力市场，工人就是劳动的提供者。一般来讲，我们把劳动视为和其他种类商品具有同等性质的商品，于是我们就可以推知，苹果的供给和需求决定了苹果的价格，摘苹果的工人对劳动力的供给和需求就决定了劳动力的价格，也就是现实生活中我们看到的工人的工资。

现实生活中，市场对劳动力的需求主要存在于两个方面：一是存在于服务行业，服务就是消费者购买到的最终商品；另外一种情况则不同，劳动服务用于投入生产环节去生产其他商品，不是消费者直接享用的最终商品。绝大多数劳动在现实生活中更接近后者，所以为了理解劳动的需求，我们需要将注意力集中在雇佣劳动来生产其他商品的企业。通过分析商品的生产与围绕商品生产而产生的劳动需求之间的关系，我们可以理解均衡工资是如何决定的。

8.2.2 生产函数与劳动的边际产量

基于劳动力被广泛应用于生产领域这一现实，在考察劳动力的定价时，我们做出两个假设。首先，假设我们的企业在苹果市场（作为卖者）和苹果采摘工市场（作为买者）都是竞争性的（单个企业对苹果的价格和采摘工的工资的影响力微小）。其次，企业是追求利润最大化的，因此，企业只关注利润，并不直接关注工人雇用量和苹果的产量。而利润等于苹果的总销售收入减去生产这些苹果的总成本。

这就意味着为了分析企业应该雇用多少工人，就必须首先分析工人的数量如何影响苹果的产量。如果将视线集中于某一家苹果生产企业，那么该企业的劳动者数量与苹果产量之间的关系就如表 8-1 所示。

将工人的数量与苹果产量之间的数据进行整理，并反映在图 8-1 上我们就会发现产量曲线随着摘苹果工人数量的增加越来越平缓。这表明随着工人数量增加，劳动的边际产量是下降的。也就是说，生产过程呈现边际产量递减的性质。

表 8-1　竞争性企业劳动者数量与效益的关系

劳动者	产出	边际产量	总产出	工资	边际收益
0	0		0	0	0
		100 件			
1 人	100 件		¥1000.00	¥500.00	¥500.00
		80 件			
2 人	180 件		¥800.00	¥500.00	¥300.00
		60 件			
3 人	240 件		¥600.00	¥500.00	¥100.00
		40 件			
4 人	280 件		¥400.00	¥500.00	¥ - 100.00
		20 件			
5 人	300 件		¥200.00	¥500.00	¥ - 300.00

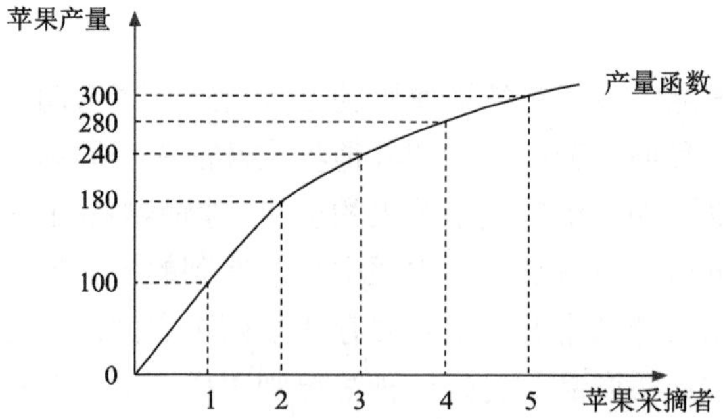

图 8-1　苹果采摘的生产函数

关于生产过程呈现边际产量递减的性质的一种合理解释是：当企业雇用的工人数量比较少时，他们可以采摘果树低枝上的苹果。工人数量增加后，额外的工人必须借助梯子爬到更高处摘苹果。劳动难度的加大导致劳动效率降低。因此，随着工人数量增加，新增工人对苹果的采摘总量的贡献越来越少。

企业更关注钱而不是苹果。因此，在决定雇用多少人摘苹果时，企业考虑的是每个工人能带来多少利润。由于利润等于总收入减去总成本，一个额外工人带来的利润等于此人对收入的贡献减去此人的工资。

企业在考虑应该雇用多少个工人时，假设苹果采摘工的市场工资为每周 500 元。企业雇用第一个工人时，他可以创造 1000 元的价值（刨掉工资还剩 500 元利润）。类似地，第二个工人创造 800 元价值（300 元利润）。第三个工人产生 600 元收入（100 元利润）。第四个工人创造的价值只有 400 元，但是由于他的工资为 500 元（–100 元利润），雇用第四个工人意味着总利润不仅没有上升，反而会减少 100 元。所以，在雇用三个工人之后，若继续增加工人数量就不再有利可图。所以，企业只会雇用三个工人。

于是我们就可以得出结论，企业选择劳动力的雇用数量基本原则是边际产量等于工资。这表明，最后增加的一个工人，他创造的价值与自己拿到的工资相互抵消；在此之前雇用的工人，他们每个人创造的价值大于他们拿到的工资，能够为企业贡献利润；在此之后雇用的工人，他们每个人创造的价值还赶不上他们领取的工资，反而削弱了企业的利润。

8.2.3 劳动力的供给

劳动力作为一种依附于劳动者而存在的产品，其供给水平能够在一定时期内相对恒定。从长期来看，劳动力的供给主要受到以下三个方面的影响。

（1）偏好的变动。从 1950 年，34%的妇女为社会提供劳动并领取报酬，到了 2000 年这一数字变为 60%。这种绝对数量的变化最直接的影响就是增加了社会整体的劳动力的供给。

（2）机会成本的变化。市场之间往往是相互影响的，比如摘苹果的工作如果工资不变，而摘葡萄的人的工资大幅提升了，一些摘苹果的工人就会选择转行，从而减少苹果工人市场上的供给，增加了葡萄工人市场上的供给。

（3）移民。劳动可以作为一种商品在国际上进行交易。劳务输出也是各国国际贸易领域一个常见的统计数据。如图 8-2 所示，亚洲周边国家对新加坡的劳务输出使得新加坡的劳务市场供给结构发生显著变化。截至 2012 年 12 月，新加坡共有外来工 127 万人，占该国劳动人口总数的三分之一左右。很多在日益富裕的新加坡人看来不感兴趣的工作，如巴士司机、建筑工人、酒店服务员等基础服务业，都成为外来劳工主要集中分布的区域。

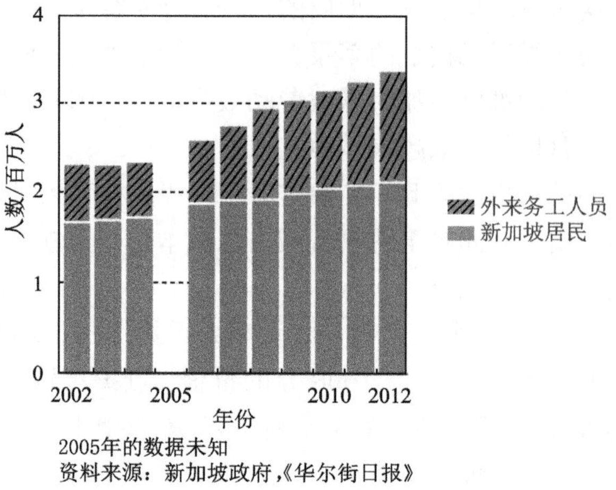

图 8-2　新加坡劳动力人口

8.2.4　劳动力的市场的均衡

工资是在劳动力市场均衡的状态下决定的，它的本质是劳动力的供给曲线与需求曲线交点处的价格水平。这就意味着，只有当购买者愿意支付的价格和供给者愿意接受的价格达到一致时，劳动力的交易才能完成。

劳动力是依附于劳动者而存在的，因而从劳动力供给的角度来看，一般情况下，劳动者的数量在短时间内不会发生剧烈变化(除非由战争等非正常因素导致的大规模移民等情况)。

结合竞争性市场的基本特征进行判断，劳动力市场可以被视为一个竞争性市场。因而，工资主要是由以下两个因素决定的：①工资调整使得劳动力的供求平衡；②工资等于劳动的边际产品价值。

这两条基本规律之所以成立，是因为在第一条规律中，工资和劳动量的动态调整过程使供求趋于平衡，劳动力的价格取决于供给和需求；第二条规律中，由于每个企业追求最大化的利润，这就要求劳动者的边际产量等于其工资。

在劳动量与工资水平动态变化的过程中，劳动力的供给与需求同样存在移动的可能。劳动力的供给曲线会发生变化，如图 8-3 所示，劳动供给的增加造成的直接后果就是工资水平的下降。对应现实生活中的例子就是 20 世纪 80 年代，成千上万的巴勒斯坦人定期从他们家乡到被以色列占领的西岸和加沙地带工作，这种非正常的劳动力流动会导致劳动力供给曲线的移动。

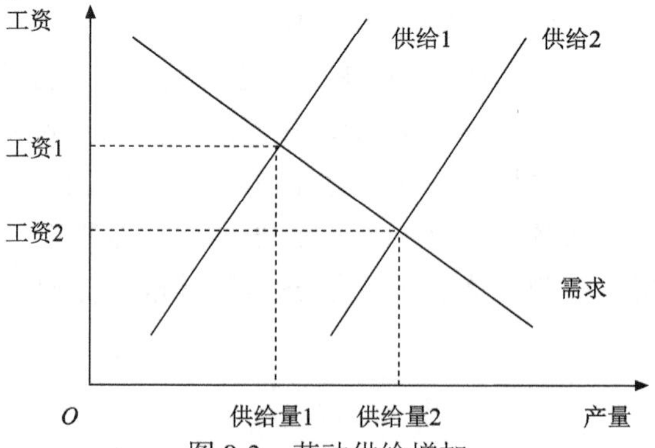

图 8-3　劳动供给增加

同样，劳动力的需求曲线同样会在一定情况下发生移动。如图 8-4 所示，市场对劳动的需求的增加使得工资水平上升。例如，市场对某产品的偏好程度突然提升，劳动力的需求就会发生移动。以摘苹果为例，如果苹果的受欢迎程度在短时期内突然提升了，那么生产者为了增大供给获得利润就必须增加对劳动者的雇用，从而带来对劳动力市场需求曲线的移动。当然，在现实生活中市场对某种产品的偏好不会生改变，但是在长期来看，这种偏好的变化是存在的。

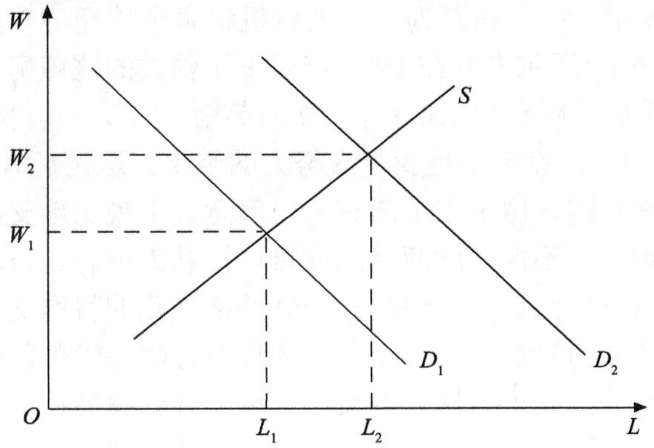

图 8-4　劳动的需求增加

在极个别的情况下，这种偏好的突然变化也有可能出现。比如，曾经于 2010 年前后红极一时的“养生专家”张悟本，由于他在书中提到所谓的“绿豆疗法”，盲目的读者一拥而上就导致了市场对绿豆的需求在短时间内猛涨。这就属于市场对产品的需求短时间内的激变。

8.3　土地和地租

8.3.1　土地的租赁价格与购买价格

对于一家生产企业而言，我们可以把企业的生产要素分为三类：劳动、土地和资本。也就是说在生产环节，所有产品的生产无非都是以上三种要素的投入和产出。经济学中通过生产函数的方式来表明这一概念：

$$Q = f(L, K, N)$$

式中，Q 为产量；L 为劳动力；K 为资本。

这意味着所有产品的基本构成要素无外乎这三项，或者说产品价值的基本来源就是这三项，而不同产品之间的差别主要体现在三种要素的相互配比是不同的。于是我们就知道土地、资本和劳动都在为产品的价值作贡献，那么既然劳动力的使用是可以获得报酬，土地的报酬也同样可以通过一定的方式体现出来。

比如，对于一个苹果园，从春季施肥到秋季采摘，整个生产周期结束时苹果就是它的产品。如果我们详细分析，每个苹果的形成都是以下三个方面因素的结合：一是工人们的劳动，包括施肥、修枝、除虫等各个环节；二是土地，这是苹果园的基本存在形态；三是资本，在整个生产周期中资本发挥的作用到处可见，苹果园日常管理环节的资金支出就是典型的例子。

劳动的边际成本决定了劳动者的工资水平，那么土地的使用报酬也可以通过一定的方式反映出来，这种报酬就是土地的价格。事实上，当我们说土地的价格时，这是一个并不准确的概念，因为土地的价格存在两种区分：购买价格和租赁价格。之所以要进行这种区分，原因在于这些价格是由不同的经济力量决定的。

土地购买价格是人们为了无限期地拥有土地而支付的价格。而土地的租赁价是人们为了在有限的时期内使用这些要素而支付的价格。英国《金融时报》首席经济评论员马丁•沃尔夫（Martin Wolf）在一篇题为“土地投机毒害全球经济”的短文中提到一个他自己的例子：“我（马丁•沃尔夫）在 1984 年买下了伦敦的这幢房子。我估计，以今天的价格衡量，当时那幢房子所在的土地价值 10 万英镑。如今，其价值大概是这个数字的 10 倍。而如此大幅的增值，完全不是我个人努力的结果。这是拥有一块土地的回报。”

对照现实情况，在我国，由于土地国有，一般意义上说土地交易实际上是指人们获得土地的使用权，土地也并不像一般商品那样可以被私人占有。市场上的土地交易并不是在个人之间由买卖双方自由交易，而是有一套严格规范的特殊交易流程。这个交易过程也并不完全是由市场的力量自发调节，在很多环节行政主管部门会代表国家机器对土地的交易进行审批。所以，基于这样一现实，土地的部分商品特征被淡化了，但这并不影响土地在我国的交易。而一旦涉及交易，一个最重要的问题就在于定价，即便是租赁土地同样需要合理定价。

8.3.2 土地价格的确定

仿照劳动力的定价机制，我们就会发现只要是在一个竞争性的市场上，企业的利润是最大化的，那么该种要素的租赁价格就必须等于该要素的边际产量。或者说，劳动、土地和资本各自的价格应该等于它们在生产过程中的边际贡献价值。

以上讨论的是租赁价格，在讨论购买价格时，它的定价机制和租赁价格是不一样的，但两者明显相关。如果我们把土地视为一种可以被私人占有，在市场上可以自由买卖的商品，那么它的定价问题就非常好解决了。我们在交易中愿意对一块地支付的价格和该地块在今后产生的收益应该是相等的。而任何一个时点的均衡租赁收入等于土地的边际产量，所以从这个角度来讲土地的购买价格取决于当前的边际产量值和预期未来会有的边际产量值。这一机制如图 8-5 所示。

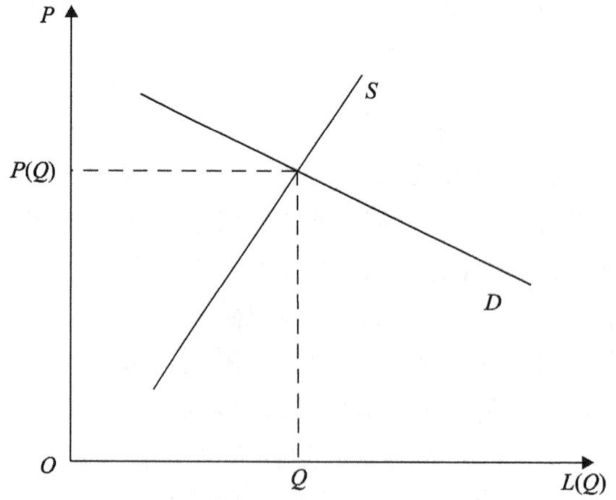

图 8-5 土地市场

8.4　资本和利息

在介绍土地的价格时，我们首先区分了两种完全不同的价格的概念——**购买价格**和**租赁价格**。对于资本也是一样，在我们界定清楚“资本”的概念后，我们也需要区分资本的购买价格和租赁价格。

购买价格是某人为了无限期地拥有资本而支付的价格。**租赁价格**是某人为了在有限的时期内使用这些要素而支付的价格。

劳动力的定价方法比较简单，可以直接参照工人从雇主那儿得到的报酬，这就可以被视为工人在市场上出卖劳动力的价格。但如果从资本的收入这个角度去理解资本的定价就不太容易。比如银行拥有大量的资本，银行把钱借给企业就是通常意义上讲的贷款，企业付给银行的利息就是资本的收入；除了利息外，资本的收入还有其他形式，比如存款利息和股息。

《金融时报》2013 年 8 月有一篇题为“后‘钱荒’时代的中国银行业”的文章，里面提到对包括工商银行、农业银行、中国银行、建设银行、交通银行、招商银行、兴业银行、民生银行、浦发银行、中信银行在内的十家银行进行调研，得出结论：行业盈利增速下滑的原因首先是宏观环境，在经济增长放缓的情况下中国人民银行两次下调了存贷款基准利率，导致银行只能依靠扩大生息资产的规模来维持利息收入稳步增长。这里提到的利息收入，就是各大银行乃至整个行业的主要利润来源。

在现实生活中，对资本的所有者支付报酬的例子非常常见，比如居民将收入存入银行，然后从银行获得利息收入。这些利息收入不过是银行利用居民的存款获得的收益中的一小部分。比如股息，居民用现金去购买某家公司的股票，从而得到股息，这些股息不过是企业利用从居民处获得的资金进行生产活动而获得的利润中的很小一部分。这两个例子有助于我们理解资本收入存在的合理性，而且在很大程度上这种做法已经成为法律或是约定俗成的行业规则。这体现出，资本作为一种生产要素、一种私人财产，所有者将资本出借给他人使用，相当于在一定程度上让渡了自己的使用权，权利的转让应该以相应的报酬为前提。

这些制度上的细节虽然十分有趣，但它们并未改变我们关于资本的收入决定理论。资本的收入等于其边际产量的价值，无论这个收入是以利息或股息形式转移给居民。

参照土地的购买价格和租赁价格，有助于我们理解资本的购买价格与租赁价格。土地的购买价格和资本的购买价格之间有密切的联系。租赁价格和购买价格是正相关的，这是一个最简单的道理。资本能生产出的租赁收入越大，购买者永远占有这些要素应当支付的购买价格就越高。图 8-6 反映的即是资本市场的价格形成机制。

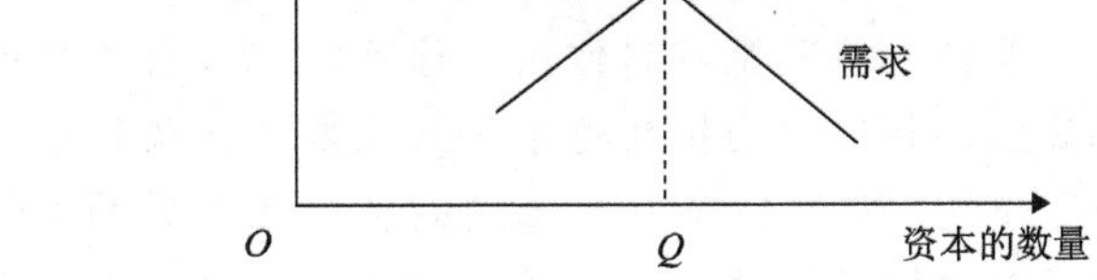

图 8-6　资本市场

本章总结

1. 要素与收入之间存在着紧密的联系，本章主要分析了在生产实现的基础上，收入应该如何进行确定和分配。

2. 在竞争市场这种经济学领域常见的市场状态下，要素需求的产生有助于我们理解要素的定价机制，也为各种要素的定价和报酬的确定提供了依据。

3. 通过分析边际产出和边际成本收益，在竞争市场的动态条件下，通过劳动力、土地和资本的供给实现最有效率的市场状态。这一机制为三种要素的定价提供依据。

4. 通过市场的定价机制，就确定了劳动的报酬——工资、土地的价格——租金和资本的价格——利息。

思考题

1. 试举某一实例，描述三种生产要素的结合产出产品的过程。
2. 在什么情况下，一国劳动力要素会骤然增加或减少，一国资本要素会骤然增加或减少？
3. 对于各国而言，土地资源有没有可能在短时期内骤然增加？
4. 作为墨西哥的邻国，如果美国允许来自墨西哥的大规模劳动力自由流入，美国的本国劳动者将会受到何种影响？
5. 试解释在市场上工资如何能够调整到使劳动供求达到平衡，却与劳动的边际产出相一致。

课外阅读

关于收入分配中的效率和公平——如何帮助穷人？

相对富裕的人群该用什么办法帮助穷人？我们可以帮助修建大坝、铁路和公路；我们可以资助教育或公共卫生事业；我们可以降低本国关税，使穷国得以把商品卖给我们；我们可以提出建议，告诉穷国恰当的经济政策是什么；抑或，我们可以不管他们，因为我们可能会帮倒忙。

但还有另一个办法：为何不直接给他们钱？直到最近几年，这个如此显而易见的方案才开始引起较多关注。直到最近，捐款还一直很难直接到达穷人手中。即便是在英国，要确保福利金全部到达穷人手中，并且每一个穷人都能分到，都是件相当有难度的事情，因此，我们有理由认为，此事对阿富汗来说更是难上加难。

到目前为止，我们一直满足于向穷国政府捐钱，通常附带一些限制条件，意在确保善款得到善用。不过，限制条件可能不起作用。你可能以为自己捐出的钱会变成一家医院，但如果受捐国的卫生部长用你的捐款建了一所原本就在预算中的医院，而将省下的本国预算资金装进自己腰包，那么，你实际上就是在为他在摩纳哥的奢华公寓埋单。

然而，如今我们可以把钱直接转入穷人的虚拟账户。赤贫人群中也有很多人拥有手机，或者能使用电话。印度政府实施了一项规模庞大的项目，给每个人分配一个身份证号（ID）。GiveDirectly 是一家慈善机构，它使用功能完善的手机银行系统 M-PESA，直接把捐款转账给肯尼亚的贫困家庭。

不过，资金直接转账的效果令人满意吗？答案很可能是肯定的。贫困似乎令直接转账难以操作，但事实上，正是因为贫困，事情倒变得简单了。就以马拉维为例吧。即便根据该国较低的生活标准进行调整后，每 10 人中每天收入不足 2 美元的人仍多于 8 人。如果给该国每人发 50 美元，尽管其中的少数富人也会跟着受益，但这有何害处呢？此外，理智的人可能就“为何布里斯托尔或巴恩斯利有些人会是穷人”提出自己的主张，但马拉维人贫穷的原因则毫无异议：那是因为他们生活在马拉维。给他们的每一美元，似乎都很可能会派上大用场。

一些研究表明，贫穷的创业者在获得资助后，会想方设法实现高回报率，年回报率通常高达 40%～80%。研究人员在乌干达进行了一项新的随机实验。该实验更进一步，把资金给了没有任何特殊手艺的农村青年。

Chris Blattman、Nathan Fiala 和 Sebastian Martinez 已将该研究写成工作论文。该研究试图找出，当乌干达政府向随机选取的几组年轻人发放 1 万美元以后，会发生什么。这笔钱平均到每个人身上大概是他们人均年收入的 2 倍。在随后的 4 年里，布拉特曼和他的同事观察这些年轻人的情况，并与对照组相比较。他们是就那么把钱花掉了，还是拿钱去投资？

结果相当令人振奋：这些年轻人通常开始从事一门新的手艺，比如木匠或理发。收入水平大幅上升。与资金紧张的对照组相比，获得资助的年轻女性用所获资金投资的回报率尤其高。而如布拉特曼在自己的博客上所指出，这不仅关乎帮助少数穷人，还关乎资助一个产业转型过程——受资助者一个接一个地从农民变成了熟练的手艺人。以最显而易见的方法帮助穷人，开始显现出魅力。

资料来源：蒂姆•哈福德. 关于收入分配中效率和公平——如何帮助穷人. http: //www.ftchinese.com/story/001051688 [2013-7-30].

第 9 章　经济效率与政府的作用

在 20 世纪 30 年代以前，经济学家们相信市场会自发调节经济的运行，“看不见的手”能够解决市场的所有问题，政府的角色只是“守夜人”。后来人们逐渐认识到市场会出现失灵问题，在这种情况下政府就必须出面解决。在本章中，我们将看到几种典型的导致市场失灵的原因，以及在面临这些问题时政府应当如何应对。

9.1　垄断与市场失灵

一般而言，我们将市场分为四种类型，如图 9-1 所示。对任何一个市场而言，市场上的企业的数量可以帮助我们判断这个市场所处的状态。如果只有一家企业，就是垄断市场；如果有几家企业，就是寡头市场。如果有多家企业出售差别产品，就是垄断竞争市场；而多家企业出售相同产品就是完全竞争市场。一般来讲，垄断是市场失灵的一种类型。

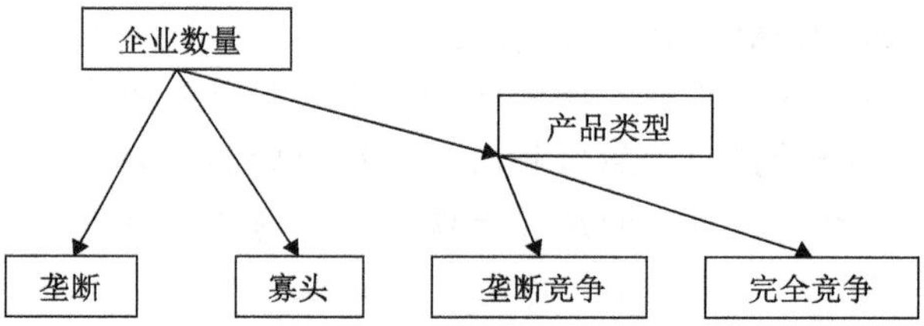

图 9-1　市场结构的四种类型

垄断这个词语在经济学中并不总是一个贬义的词语，在某些语境下它只是表示一种特殊的市场组织形式，比如在产品的生产厂商、定价机制等方面。

我们已经看到：和竞争企业不同，垄断企业索要高于边际成本的价格。从消费者的监督看，这种较高的价格让垄断不符合消费者的要求。然而，与此同时，垄断企业通过索要比较高价格来赚取利润。从垄断企业的角度来说，较高的价格使得垄断符合企业的要求。垄断企业得到的收益是否大于消费者承担的损失，从而可以从总效用的角度认为全社会的福利水平是改善的？这个问题的答案将决定从社会整体的角度看，垄断是否合理。

我们可用福利经济学的工具来回答这个问题。在前面我们已经知道，总剩余衡量市场中所有买者和卖者的经济福利。总剩余等于消费者剩余和生产者剩余之和。消费者剩余是消费者对某商品的支付意愿减去他们实际的支付额。生产者剩余等于生产者得到的销售收入减去生产这些产品的成本。在垄断市场中，只有一个生产者即垄断企业。

你可能已猜出这个分析的结果。在前面，我们的结论是，竞争市场的供需均衡不仅是自然的结果，而且是合意的结果。“看不见的手”指引着资源配置达到总剩余最大。由于垄断市场导致的资源配置状态和竞争市场的不同，垄断市场的结果未能使得总经济福利最大。

我们首先考虑下面这个问题：如果垄断企业是由仁慈的社会计划者经营的，他会怎么做？社会计划者不仅关注垄断企业的利润，还关注该企业的消费者得到的好处。社会计划者试图使得总剩余即生产者剩余（利润）与消费者剩余之和最大。记住：总剩余等于消费者对商品的评价减去垄断企业生产这些产品的成本。

图 9-2 分析了一个仁慈的社会计划者如何选垄断产量水平。需求曲线反映了商品对于消费者的价值，这是用他们的支付意愿衡量的。边际成本曲线反映了垄断企业的成本。因此，社会有效率的产量位于需求曲线和边际成本曲线的相交之处。如果产量低于这个产量（社会有效率的产量），额外一单位产品对于消费者的价值大于提供该产品花费的成本，因此增加产量会提高总剩余。如果产量高于这个产量，生产额外一单位产品的成本大于此单位产品对消费者的价值，因此降低产量会提高总剩余。在这个最优产量（社会有效率的产量）上，额外一单位产品对于消费者的价值恰好等于边际生产成本。

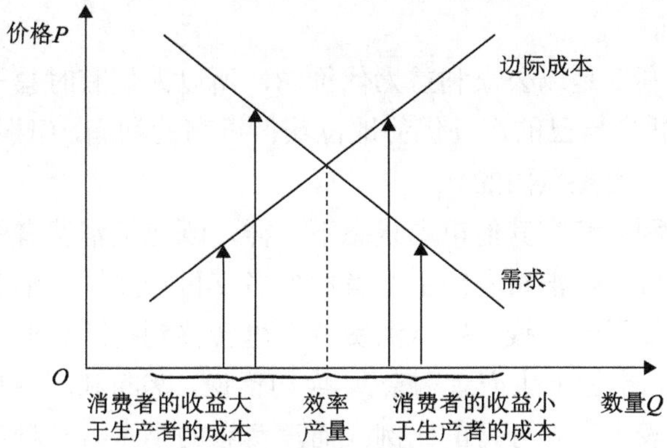

图 9-2　消费者剩余与效率产量

如果这个垄断企业是由社会计划者经营的，企业的产品定价应该位于需求曲线和边际成本曲线的相交之处。这个价格水平能够实现全社会的效用最大。因此，社会计划者索要的价格等于边际成本，这一点像竞争企业而不像追求利润最大化的垄断企业。这个价格向消费者传递了产品生产成本的准确信号。

如图 9-3 所示，从产量的角度可以评估效用水平。通过比较垄断企业选择的产量水平和社会计划者选择的产量水平，我们可以评估垄断的福利效应是否能够实现全社会的效用优化这一目标。在图 9-3 中，垄断企业选择生产和销售的产量，位于边际收益曲线和边际成本曲线的相交之处；社会计划者选择的产量位于需求曲线和边际成本曲线的相交之处。垄断企业的产量小于社会有效率的产量水平。

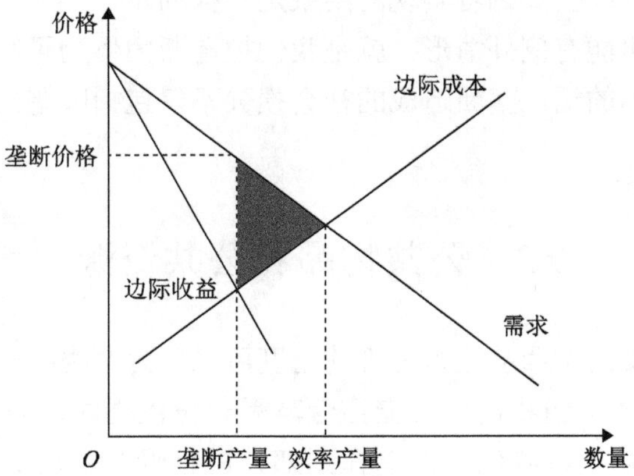

图 9-3　垄断的效率损失

还可以通过价格的角度对效用水平进行评估。由于市场需求曲线描述了商品价格和数量之间的反比例关系，无效率的低产量等价于无效率的高价格。当垄断企业索要高于边际成本的价格时，有些潜在的消费者对它的商品的评价高于边际成本但小于垄断价格。这些消费者不会购买它的商品。由于这些消费者对它的产品的评价高于这些产品的生产成本，这个结果是无效率的。因此，垄断价格阻止了某些互利交易的发生。如图 9-3 所示，垄断的效率损失可用**净损失三角形**表示。由于需求曲线反映了消费者对商品的评价，边际成本曲线反映了垄断生产者的成本。需求曲线和边际成本曲线之间的净损失三角形的面积，等于垄断价格造成的总剩余损失。这是垄断企业使用它的市场优势地位导致的社会经济福利的减少。

垄断企业的“暴利”是以公众利益为代价的，所以人们有时禁不住谴责它们的这种行为。垄断企业的确凭借自己的市场优势地位获得很高的利润，但根据垄断的经济分析，垄断企业的利润未必一定是负面的。

垄断市场上的福利，和在其他市场状态下一样，既包括消费者的福利，又包括生产者的福利。由于垄断价格，消费者向生产者额外多支付一元钱，消费者的福利损失了一元，生产者的福利增加了一元钱。钱从消费者手里转移到垄断企业的手里，不会影响市场的总剩余（消费者剩余加上生产者剩余）。换句话说，垄断利润本身代表的不是经济规模总量减少，而是代表生产者分得的比例大而消费者的小。有一种观点认为，消费者本来应该比生产者得到更多但却得少了，所以垄断对社会不利。需要注意，这样的评价在一定程度上是有道理的，但是否成立则取决于我们对“公平”的规范性解释，已超出了经济效率问题的范畴（效率是个实证问题）。所以，这样的理由无法说明垄断利润是个社会问题。

不过，垄断市场的确存在着问题，但这是因为企业的产销量低于能使总剩余最大的产销量水平（社会有效率的水平或称社会最优水平）。净损失的存在表明垄断的存在导致经济总量的损失。这种效率损失是垄断企业的高价格造成的：当企业索要高于边际成本的价格时，消费者的购买量下降。但要记住，垄断价格下仍能销售出去的那些产品数量不是问题所在。问题产生于无效率的低产量。换一种说法，如果垄断价格没有阻止某些消费者购买商品，生产者剩余的增加量恰好等于消费者剩余的减少量，从而总剩余没有发生变化，这和仁慈的社会计划者实现的结果是一样的。

然而，这个结论可能有例外情形。就是我们把垄断团体为了维持自身市场地位所花费的成本核算进总成本的话，垄断造成的社会损失不仅包括因垄断价格造成的净损失，还包括这些额外成本。

9.2　公共物品和公共资源

我们在生活中享受的东西从是否有价的角度可以分为两类：一类是有价格的；另一类是没有价格的。比如，当我们想在麦当劳享受一份汉堡时，就必须先付款，但当我们想感受自然带来的愉悦，我们可以选择到郊外进行野营。从效用的角度来讲，两者都能产生极大的效用。汉堡可以产生饱腹的效用，而野营可以产生精神愉悦的放松。

虽然两者都可以产生效用，但一个显著的不同在于前者我们需要付费，而后者我们可以免费获得。

免费商品在经济学领域具有特殊意义，因为经济中的大部分商品是由市场分配的，在市场中买卖双方就商品的价格达成协议并完成交易。对于这些商品来说，价格是指引买者决策和卖者决策的信号。然而，当商品可以免费得到时，市场力量的常规作用就不起作用了。

我们身边可以列举出来的免费的东西有很多，一些来自大自然，如河流、山川、海滩、湖滨和海洋等；另一些来自政府，如运动场、公园和节庆游行活动。但不论由谁提供，他们的共同点在于人们不需付费就能享用这些东西。

9.2.1　不同类型的物品

我们按照以下两个特征对经济学概念中的物品分类：①该物品是否具有排他性；②该物品是否具有竞争性（消费中）。

排他性：一种物品具有的可以阻止他人使用该物品的特性。

消费中的竞争性：一种物品具有的某人使用将会减少他人使用的特性。

使用这两个特征，我们可将物品分为四类，具体如图 9-4 所示。

排他性	消费中的竞争性：是	消费中的竞争性：否
是	私人物品 ● 汉堡 ● 衣服 ● 收费性服务	自然垄断 ●消防 ●有线电视 ●高速公路
否	公有资源 ● 海洋中的鱼 ● 环境 ● 公共医疗	公共物品 ●国防 ●公共绿地 ●广场

图 9-4　产品的基本分类

四类物品的基本特征如下。

（1）**私人物品**：既是排他的，又具有竞争性。例如，你买来的冰淇淋蛋筒就是排他的，因为你可以决定是否让其他人来吃你手中的冰淇淋。冰淇淋蛋筒是竞争性的，因为你花钱买到冰激凌，其他人就不能吃你买来的冰淇淋。经济中的大部分物品都是像冰淇淋这样的私人物品：你不付钱就得不到，一旦你得到它，你就是它的唯一受益人。

（2）**公共物品**：既不是排他的，也不具有竞争性。也就是说，你不能阻止人们使用公共物品，你使用某公共物品不会减少其他人使用公共物品的能力。例如，郊外的美景，当美景存在时，你不能阻止别人去欣赏（所以是非排他的）。而且，当你欣赏美景时，他人欣赏到的美景不会比你不在时更多（因此是非竞争性的）。

（3）**公共资源**：是竞争性的，但不是排他的。例如，海洋里的鱼是竞用的，当你在大海里捉鱼时，其他人能捉到的鱼就减少了。但是这些鱼不是排他性的物品，因为大海太大了，很难阻止渔民捕鱼。

（4）**自然垄断**：是排他的，但不是竞争性的。例如，有线电视服务，当我们付费收看时，要阻止别人跟你一道去看他没有付费的频道是很容易的。但是有线电视服务并不是竞争性的，因为他人付费以后欣赏到的电视节目并不会因为你在欣赏该节目而有所损失。

尽管理论上将商品按照排他性和竞争性两个维度分为四类非常容易，但它们之间的界限有时是模糊的。原因在于物品的排他性或竞争性，通常是个度的问题。例如，从现实的例子来讲，大海里的鱼不具有排他性，因为大海太大从而难以完全阻止其他人捕鱼；但国际上对海域依托各国领土进行的划分，本国海域内的渔业资源是禁止他国捕捞的，这保证了海鱼具有一定程度的排他性。类似地，理论上海鱼是竞争性的，因为有限的海鱼资源会因为他人的捕捞而产生变化，但现实中海鱼的竞争性又难以体现，因为对于世界范围内的渔业资源而言，人类的捕捞量可能是非常有限的。

对于我们而言，这种区分虽然在现实中可能意义不大，但在理论上为我们提供了某些极端情况下对比分析的模型。尤其是我们会发现产品和产品之间由于排他性和竞争性的差别，会直接决定该产品是由市场来进行调控还是受政府政策影响更为显著。

9.2.2 公共物品

为了理解公共物品和一般物品的区别，以及为了理解它们给社会造成无效率问题的原因，我们以烟花表演为例说明。这种物品是非排他性的，因为你在欣赏时无法阻止别人看到它们；它们也不是竞争性的，因为你欣赏烟花表演，并未减少其他人从烟花表演中欣赏到的美。

我们以某村的周年纪念活动为例。该村有 500 人，假设每人对烟花表演的评价是相同的，都认为这场烟花表演值得自己为它付出 10 元的费用，于是烟花表演的总价值为 5000 元。假设烟花表演的成本为 1000 元。由于总价值（5000 元）大于总成本（1000 元），该镇在独立日进行烟花表演活动是有效率的。

私人市场往往不能产生这样的效果。假设该村有一名企业家愿意为这个烟花表演支付其基本开支。但由于烟花的特殊性质，在燃放时是无法进行遮挡的，所以这个表演的门票肯定难以卖掉，因为人们即使不去买票同样能看到烟花表演。由于烟花表演缺乏排他性，人们有“搭便车”的机会，人们可以享受效用却不用买票。这就是市场缺乏效率的体现，一般我们称之为“市场失灵”。

理论上对这个市场失灵的一种基本解释是它是由外部性造成的。如果举办了烟花表演，对那些不付费而又能看到烟花的人产生了外部效用。因为整个举动产生的收益一部分是通过外部效用体现出来的，所以即使烟火表演是符合社会大众整体意愿的，它通过门票的资金收入体现出来的收益也并不一定能够完全弥补其成本的开支。最终，通过衡量烟花表演的支出和能够得到的收入，该企业家最终决定不去举办该烟花表演，这个决定对于该企业家来讲是合理的，但对社会来说却是无效率的，因为最符合社会意愿的选择没有实现。

尽管私人市场不能提供这场受大多数村民欢迎的烟火表演，但解决此问题的方案很简单：村里可以集体的名义举办独立日的庆祝活动。村里可以以集体的名义每人收 2 元征税，然后使用这些收入去组织一场烟花表演。这样可以使每个居民的效用产生正面的收益。因为每个居民对这场表演的评价是 10 元，而每个人只用花 2 元就可以获得 10 元的感官效用，所以每人都得到了 8 元的消费者剩余。尽管从私人的角度来讲可能由于成本和收益不成比例而不愿意举办烟花表演，但政府可以雇用企业家帮助实现有效率的结果。

这个故事虽然简单但符合现实。事实上，很多地方政府都为纪念日的烟花表演买单。而且，这个故事说明了关于公共物品的一个一般性的结论：由于公共物品不是排他的，"搭便车"的问题阻止了私人市场提供公共物品。所以涉及公共物品的领域，政府的力量可以潜在地解决这个问题。

政府的解决思路可以是这样的：如果政府认为某公共物品的总利益大于总成本（从社会的角度来讲），政府可提供公共物品。那么收益从什么交付获得呢？最基本的方式是税收。比如在以上的例子中，政府可以从当年的财政收入中拿出一笔钱来雇佣烟花表演，但其实财政收入的主要来源是每位居民当年缴纳的税收。和烟花表演享用的效用相比，个人缴纳的税收显然是一个很小的数目。

在广泛的社会领域，公共物品的例子有很多，此处我们仅考虑其中最为重要的一个：国防。我们作为纳税人缴纳税收形成国家的年度财政收入，而国家为国民提供安全保障这一公共服务。一旦国家提供了国防，就不可能阻止本国的任何人享受国防的利益。而且，当你享受国防的利益时，你无法减少其他人享受国防利益的能力。因此，国防是非排他且非竞争性的。

国防也是最为昂贵的一种公共物品。2009 年，美国联邦政府在国防上的花费为 6610 亿美元，人均超过 2150 美元。尽管人们对这个数字是太大还是太小意见不一，但几乎没有人会质疑政府提供某种程度国防服务的必要性。

9.2.3　公共资源

和公共物品一样，公共资源是非排他的：谁都可以使用而且不用付费。然而，公共资源是竞争性的：你使用公共资源会降低其他人使用该公共资源所获得的效用。因此，公共资源导致了一个新问题的出现。当提供公共资源时，政策制定者需要考虑它的使用与保护问题。一方面要允许大众使用，另一方面又必须防止大众因为过度使用而造成的效用损失。

理解这个问题的最好方法是举例说明，经济学领域有一个著名的实例——公地的悲剧。

在中世纪的某个欧洲小镇，小镇居民最为重要的一种职业是养绵羊，靠卖羊毛为生，羊毛可用于制造衣服。我们的故事从羊整天在草地上吃草说起。草地环绕着小镇，草地不属任何单个家庭所有，而是属于小镇居民集体所有，所以称为公地（公共草地）。所有居民都可以在草地上放羊。集体所有制运行良好，因为草地很大且小镇人口很少。只要每个人都能得到他所想要的好草地来放羊，草地就不是竞用性的。

就这样，很多年过去了，小镇的人口不断增加，羊的数量也不断增加。由于羊的数量增加而草地数量不变，草地开始失去还原能力。最终，草地因过度放牧而变得贫瘠。因为草地上已不长草，小镇居民不可能再放羊了，一度繁荣的羊产业也消失了，很多家庭失去了生活的收入来源。

从最终的结果来看，每一位牧羊人都不愿意出现这样的结局，因为这样的结局对每个人的利益都是一种损害。但为什么会发生这样的悲剧？为什么放羊人允许羊群壮大得那么厉害以至于毁坏了草地呢？原因在于社会激励和私人激励不相同。避免草地被毁需要所有放羊人的集体努力。如果放羊人行动一致，他们可以把羊的数量减少到草地能承受的数量。然而，单个家庭受局部理性的控制，试图使自己的收益最大化，所以缺乏减少自己的羊数动力。

在本质上，公地的悲剧是由外部性造成的。当某个家庭在公地上放羊时，它减少了其他家庭能得到的放羊的草地数量，这就是一种负的外部性。每个家庭在决定放羊数量时，忽视了这个负的外部性，结果就造成了羊的数量过多，而且外部性负增长到足以抵消正面收益的地步。

如果人们能预见到这个悲剧，小镇就会使用各种方法来解决这个问题。它可以规定每个家庭放羊的数量，征收放羊税将外部性内部化，或者拍卖有限的放牧许可权。

公地问题有个更简单的解决方法。小镇可将草地分配给各个家庭。每个家庭可用篱笆将自己家的地圈起来，从而可以防止过度放牧。

公地的悲剧这个故事蕴涵着一个一般性的教训：当某个人使用公共资源时，他减少了其他人使用该公共资源的能力。由于存在着这种负的外部性，公共资源倾向于使用过度。政府的解决方法是使用法规或税收减少公共资源的使用。或者政府有时可将公共资源变为私人物品。

在这个典型的例子中，我们就看到了在公共物品面前，市场的力量能够发挥的作用是十分有限的，而政府的作用能够产生实际作用。

9.3　外部影响和环境

在我们的现实生活当中，我们的每一个选择都会出现对自己的影响和对别人的影响两方面效果。当一个人从事的活动影响了旁观者的福利却不对这种影响支付补偿或收取报酬时，外部性就产生了。如果对旁观者的影响对旁观者来说是不利的，就称为负外部性，如果对旁观者的影响对旁观者来说是有益的，就称为正外部性。

当存在着外部性时，社会对市场结果的兴趣，不仅包括参与市场的买卖双方都能从中得到的效用（福利），还包括间接受影响的旁观者能从中收到的效用（福利）。

但在一般情况下，由于买者和卖者在决定需求或供给数量时，只是从自身的角度出发去衡量自己的投入与产出之间的关系，而并不关注自身行为的外部效应。比如，当我们把一笔钱用于品尝昂贵的美食和美酒时，我们自身从中得到的效用是正向的，但是从社会整体福利的角度来讲，可能就远远不如把这笔钱通过捐赠的方式转移到最需要这笔钱的人手中得到的效用对社会总效用的贡献大。

所以，我们说当存在外部性时，市场均衡并不是有效率的，因为局部的均衡未能使得社会整体福利最大。

9.3.1　正外部性

尽管一些活动让第三方也付出了代价，也有一些活动能够使第三方获得收益。比如教育，总的来看教育的收益是私人化的：教育的消费者后来成为更有生产力的工作者，因此他们获得的大部分教育的收益表现为更高的工资。然而，除了这些私人收益外，教育也产生了正的外部性。教育的其中一种正的外部性是，人群受教育程度越高，人群的素质越高，从而能够在环境建设时发挥出更加积极的作用；教育的另外一种外部性是，人群受教育程度越高，犯罪率越低；教育的第三种外部性是，人群受教育程度越高，技术进步的发展和扩散越容易，从而意味着更高的生产力和更高的工资。

正的外部性的分析，类似于负的外部性的分析。需求曲线不能反映商品对于社会的价值。由于社会价值大于私人价值，社会价值曲线位于需求曲线的上方。最优数量位于社会价值曲线和供给曲线（代表成本）的交点处。因此，社会最优数量大于私人市场决定的数量。

政府可以通过引导市场参与者将外部性内部化，从而矫正市场失灵。在这种情形下，政府的做法和它对付负的外部性的做法正好相反。为了使市场均衡移向社会最优，正的外部性要求政府给予补贴，如图 9-5 所示。事实上，政府正是这么做的：政府通过举办公立学校和设立政府奖学金的形式大力补贴教育。

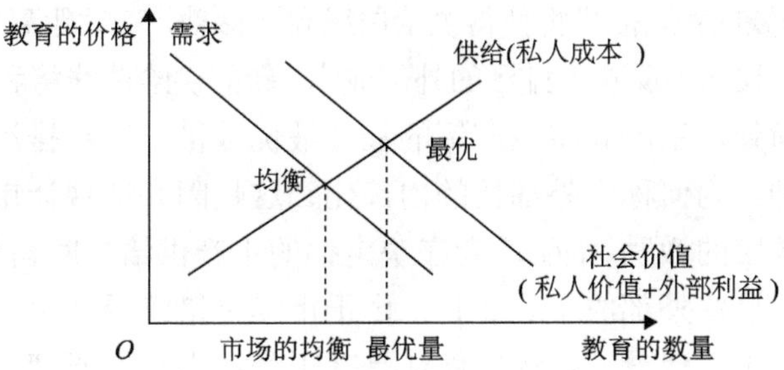

图 9-5　教育的最优供给

9.3.2　负外部性

现在我们假设铝工厂排放污染物：每生产一单位铝，就向大气中排放一定数量的烟雾。由于烟雾增加了呼吸它们的那些人的健康风险，我们认为它具有负外部性。这个外部效应如何影响市场结果的效率？由于存在着外部性，生产铝的社会成本大于铝生产者的成本。对于每单位生产出的铝，社会成本等于铝生产者的私人成本加上污染给旁观者带来的成本。

应该生产多少铝？为了回答这个问题，我们再次想想社会计划者将会怎么做。社会计划者总是能够抛开个体的利润最大进行决策，相反他们着眼于最大化从市场得到的总剩余——铝对消费者的总价值减去生产铝的总成本。然而，这个计划者知道：铝的生产成本包括污染的外部性成本。计划者会选择需求曲线和社会成本曲线最优量对应的交点处的铝的数量，站在社会整体的角度上，这个交点决定了铝的最优数量。计划者决定生产的产量不会小于这个最优产量，因为在低于最优产量水平的那些产量上，铝对消费者的价值超过了生产它的社会成本。计划者决定生产的产量也不会大于这个最优产量，因为在高于最优产量水平的那些产量上，生产铝的社会成本超过了它对消费者的价值。这个过程如图 9-6 所示。

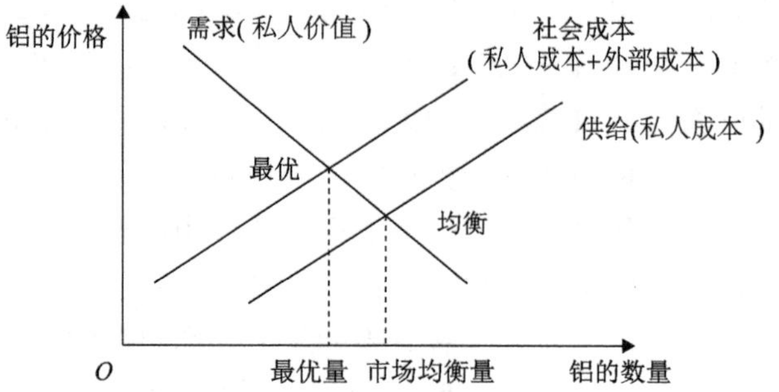

图 9-6　铝的最优供给

注意，铝的均衡数量大于社会最优数量。出现这种无效率现象的原因是市场均衡反映的仅是生产的私人成本。在市场均衡的数量上，边际消费者对铝的评价小于生产它的社会成本。也就是说，在均衡数量处，需求曲线位于社会成本曲线下方。因此，如果将铝的生产量（消费量）减至市场均衡水平以下，总经济福利将增加。

社会计划者如何才能实现最优结果？一种方法是对铝的生产者征税，比如每生产一吨铝生产者应该缴纳多少钱的税。征税将使得供给曲线向上移动，移动距离等于单位税额（每吨铝的缴税额）。如果税收准确反映了排污的外部成本，新的供给曲线将和社会成本曲线重合。

在新的市场均衡处，生产者将生产铝的社会最优数量。征收排污税的做法是外部性的内部化方法的一种。为何称为外部性的内部化？这是因为征税让市场中的买者和卖者有考虑他们行为的效应的激励。铝生产者在决定铝的生产供给量时自然会考虑污染成本，因为税收让他们承担这些外部成本。而且，由于市场价格将反映生产者承担的税收，铝的消费者也有激励减少消费量。征税的做法是基于经济学十大原理中的一个：人们对激励做出反应。稍后，我们将更详细地分析政策制定者如何对付外部性。

9.3.3　环境政策

我们已经讨论了外部性为何使得市场配置资源无效率，但对应该怎样纠正这种无效率却一带而过。在实践中，公共政策制定者和私人个体对付外部性的方法有多种。所有这些纠正方法的目的都是相同的：使得资源配置状态移向社会最优状态。

这一节将介绍政府解决外部性的方法。一般来说，政府处理外部性的方法有两种：一是制定命令和控制政策，直接管制行为；二是制定基于市场的政策，激励私人决策者自行选择解决方法。

命令和控制政策：管制。政府可以通过规定某些行为是必需的（正外部性的情形）或禁止的（负外部性的情形）来纠正外部性。例如，向水源中排放有毒化学物质是犯罪。在这种情形下，社会的外部成本远大于污染者的收益。因此，政府制定命令和控制政策，彻底禁止此类行为发生。

然而，在大多数污染案例中，情形都不是这么简单。尽管某些环保学家提出了明确的目标，但要阻止所有的污染活动是不可能的。例如，几乎所有交通方式——即使是骑马——都会产生某种让人讨厌的污染副产品。政府显然不能因此禁止所有的交通。所以，社会应该权衡它允许的污染的种类及数量的成本和收益，而不是试图彻底消灭所有的污染。在美国，环境保护局是官方环保机构，它的任务是发展和实施旨在保护环境的规定。

环保规定有多种形式。有时环保局指定某个工厂可以排放污染的最高水平，有时它要求企业采用某种特定技术减少排放。在所有情形下，为了设计出好的规则，政府管制者需要知道具体产业的细节和这些产业可采用的其他技术。政府监管者通常难以获得这些信息。

政府也可以不对外部性进行行为管制，而是使用基于市场的政策，这种方法可激励私人自行调整行为达到社会效率。例如，我们在前面已经知道，政府对于负的外部性可采用征税、对正的外部性可采用补贴的方法，将外部性内部化。用于解决负外部性效应问题的税收称为矫正税。这种税也叫庇古税，因为经济学家亚瑟·庇古（1877—1959）早期建议使用这种税。理想的矫正税应该等于具有负外部性的活动产生的外部性成本，而理想的矫正补贴应该等于具有正外部性活动产生的外部性利益。

在解决污染问题时，经济学家通常偏爱使用矫正税而不是使用直接命令的管制方式，这是因为矫正税能以更低的社会成本达到减少污染的目的。为了看清原因，我们举例说明。

假设两个工厂，一个为造纸厂，另一个为炼钢厂，每年都向河流中排放 500 吨废水。环保局决定减少污染量。它有两种方案。

（1）直接管制：环保局告诉每个企业将每年废水排放量降低为 300 吨。

（2）矫正税：环保局对排放的每吨废水征收 5 万元的税收。

直接管制指定了污染水平，而矫正税则给予企业经济激励，让它们自行减少污染。你认为哪个方案更好？

大多数经济学家偏爱矫正税。为了解释这种偏好，他们会首先指出，矫正税在减少总污染数量上的效果和指令性规定是一样好的。环保局通过征收合适水平的税收就能实现它想要的污染水平。税收越高，污染量减少得越大。如果税收足够高，工厂将会彻底关闭，将污染量降低为零。

尽管直接管制和矫正税都能减少污染，但征矫正税的方法却更有效率。直接管制的做法要求每个工厂减少相同的污染量。然而，这种做法未必是成本最低的方法。实际情形可能是造纸厂降低污染的成本小于炼钢厂。如果的确如此，造纸厂为了避免缴税会大幅降低污染量，而炼钢厂的反应则是少量减少污染并交纳税收。

矫正税在本质上是对污染的定价。正如市场将商品分配给那些对该商品评价最高的买者一样，排污多的企业将承担更高的矫正税。无论环保局想要什么样的污染水平，通过征税的方法都能做到以较低的成本达到它的目的。

9.4　不完全信息

在很多情形下，有些人比另外一些人掌握更多信息，信息的不均衡影响了他们的决策及如何进行交易。尤其是在解决问题的过程中，我们常常会发现大量仅为一方掌握的信息会导致双方的一些错误反应。

人们在得到相关知识方面的差别称为**信息不对称**，这种例子到处都是。工人比雇主更了解自己的工作努力程度；二手车的卖者比买者更了解车况。在每个例子中，信息不足的一方（雇主，二手车的买者）都想知道相关信息，但了解情况的一方（雇员，二手车的卖者）更愿意隐藏这些信息。

由于不对称信息如此普遍，近几十年经济学家投入了大量精力来研究它的效应。2001年诺贝尔经济学奖就颁给了三位经济学家——乔治·阿克洛夫（George A. Akerlof）、迈克尔·斯宾塞（A. Michael Spence）和约瑟夫·斯蒂格利茨（Joseph E. Stiglitz）——以表彰他们在此领域的开创性研究工作。他们的研究主要解释了以下现象：当代理人代表委托人开展工作时，就会产生**道德风险**问题。如果委托人不能完全监测代理人的行为，那么代理人的努力程度可能比委托人要求得要少。道德风险是指由代理人的不恰当的或“不道德的”行为引起的风险或“危险”。在这种情形下，委托人试图使用各种方法来激励代理人更积极地工作。

雇佣关系是个经典例子。在这种关系中，雇主是委托人，雇员是代理人。此处的道德风险问题是雇员在非完全监管的情形下可能会回避自己的责任。雇主可用以下几种方法解决这种问题。

（1）改进监测方法。贵金属的加工厂商会要求员工进入工作环境前更换工作服并经过安检，确保员工穿着没有口袋的工作服进行工作环境，从而无法带入或带出贵金属。

（2）支付较高工资。根据效率工资理论，有些雇主的做法是向雇员支付高于市场均衡工资的工资水平。较高的工资能激励雇员减少不负责任的行为，因为雇员知道一旦他们懈怠的行为被发现，在被解雇后，他们很难找到类似的高工资的工作。

（3）延迟支付报酬。企业可以延迟支付部分员工的报酬，因此如果员工被发现懈怠和解雇之后，员工遭受的损失很大。年终奖就是延迟支付报酬的一个例子。类似地，企业也可以选择根据员工在本企业工作的年限支付报酬。因此，随着员工年龄增大，工资增加，这种做法不仅反映了经验的价值，而且可以有效降低道德风险。

除了工作领域之外，其他地方也存在着很多类似的例子。购买过车辆保险的家庭，在应对行驶过程中的风险时就可能放松警惕，因为保险会承担维修成本。为了解决道德风险问题，人们做出了各种规定：保险公司可能会要求在事故现场确定责任归属，但是保险公司在关于车主谨慎程度问题上不具有完全信息。结果，道德风险问题一直存在，人们可降低但不可消除它。

关于信息不完全的另一个类型存在于某些商品的市场，若卖者对商品的特征知道的比买者多，就会产生**逆向选择**的问题。在这种情形下，买者承受着购买到低质量商品的风险。也就是说，站在缺乏信息的买者角度上，“选择”到的商品对自己“不利”。

逆向选择的经典例子是二手车市场。卖者通常知道自己车辆的缺陷，而买者通常不知。由于车的质量最差的卖者比车的质量最好的卖者更有可能卖掉自己的车，买者会担心买到次品。结果，很多人不去二手车市场买车。这就可以解释一辆车即使刚买回来没几周，在二手车市场上处理时也会比同型号的新车便宜很多。二手车的买主会猜想：卖者之所以那么快想卖掉车，肯定是因为车有买者不知道的毛病。

当市场中的逆向选择比较严重时，市场机制就不能正常发挥作用。在二手车市场上，由于买者怀疑车的质量通常出价较低，好车的车主可能会选择不卖。在劳动市场上，高于均衡工资的工资水平会导致失业。在保险市场上，风险较低的人可能会选择不买保险，因为保险公司提供的保险单没有反映他们风险较低的这一真实特征。有些人主张健康保险应该由政府提供，因为他们认为私人市场存在着比较严重的逆向选择问题，从而不能提供有效率的健康保险数量。

我们已经分析了两类信息不完全——**道德风险**和**逆向选择**，以及人们如何应对信息不完全现象（发送信号和甄别信息）。现在我们考虑下面这样一个问题：信息不完全的研究对于公共政策合理范围的界定有何启示意义？

市场有效和市场失灵之间的角逐是微观经济学的中心问题。供需均衡是有效率的，因为它使得社会能从市场中得到的总剩余最大化。亚当·斯密的“看不见的手”似乎威力无限。

不对称信息的研究让我们多了一条警惕市场的理由。当某些人知道的比另外一些人多，市场可能无法达到资源的最佳利用。拥有高质量二手车的车主很难将车卖掉，因为买者担心买到次品。患病风险低的人可能难以买到价格低的健康保险产品，因为保险公司将他们与患病风险高（但隐藏，伪装成低风险）的人同等对待。

在某些情形下，信息不完全也许会要求政府进行干预，但是有三个事实让这个问题变得复杂和不明朗。首先，我们已经看到，私人市场自身有时就能够解决信息不完全的问题，方法是发送信号和甄别信息。其次，政府拥有的信息通常并不比私人多。即使市场的资源配置不是最优的，也可能是次优的。也就是说，当存在不完全信息时，政策制定者会发现难以改善市场的不完美的结果。最后，政府本身是个不完美的组织。

本 章 总 结

1. 一般来讲，竞争市场是有效率的市场，垄断市场是缺乏效率的市场。事实上，在现实生活中并非所有的市场都是完全竞争市场，市场常处于缺乏效率的状态。

2. 在垄断市场的状态下，市场自发的资源配置作用无法顺利实现，这就是所谓的垄断与市场失灵。

3. 公共物品与公共资源并不一致，公共物品既无竞争性，也无排他性；公共资源有竞争性，无排他性。

4. 交易过程对第三方产生影响时，就出现了外部性。外部性分为正外部性和负外部性。前者以技术为例，会使得社会的最优量大于均衡量；负外部性以污染为例，会使得社会的最优量小于均衡量。

5. 许多经济交易中，信息是不完全的。道德风险的存在会使得交易者产生损失，这种现象在经济学中被称为信息不对称，是近些年来微观经济学的研究前沿问题。

思 考 题

1. 政府作为市场的管理者和服务者，是否会创造出垄断企业？试举例。

2. 对于一家企业来说，在媒体上做广告的成本很高，但是几乎每一个企业都必须做，试分析做广告如何减少经济福利，又是如何增进福利的。
3. 现实中有很多著名的垄断企业利用其垄断地位获利，同样也因其垄断地位遭受诉讼，试举例。
4. 试举例，描述政府在解决某一市场失灵案例中所采取的措施。

课外阅读

寻找气候政策的新思路

传统的气候政策有什么弊病？从过去到现在，气候谈判的主要思路均致力于监管消费者或排放者，无论是通过配额、碳排放税还是“限额与交易”（cap-and-trade）机制——比如几天前欧洲议会投票支持的欧盟项目。问题在于，只要有些国家选择不加入《京都议定书》（*Kyoto Protocol*）等全球气候联盟，结果都会造成“碳泄漏”。如果合作国家决定减少化石燃料消费，那么全世界的化石燃料价格就会下跌，其他国家就可以买得起更多的化石燃料。据估计，碳泄漏的比例从20%到25%不等。

碳泄漏不仅削弱了气候联盟对气候的影响，这样的泄漏比例还被拿来当作维持现状的理由。

有替代办法吗？当然有。经济学家们认为供需是平衡的。因此，我们可以从供应（地下开采燃料的数量），而不是消费方面进行监管。

研究报告《购买煤炭！从供应方面制定环境政策的理由》（*Buy Coal! A Case for Supply-Side Environmental Policy*）探索了让气候联盟参与者在化石燃料矿藏市场交易的后果。燃料矿藏因开采成本不同而有所差别。开采成本高的矿藏基本无利可图，因此矿主愿意低价出售开采权。如果气候联盟购买了此类矿藏而不进行开采，就能以较低的成本实现全球减排效果。

其附带作用是，碳泄漏也会相应减少。一旦最无利可图的矿藏被卖给联盟，全球燃料价格发生改变，非联盟国家就不会大幅改变开采水平。那么，如果气候联盟随之减少其自身的开采量，也不必再担心其他国家会大幅提高本国的开采量。

因此，气候联盟最有效的气候政策是致力于减少开采。人们将不必监管消费者或排放者，因此联盟内外的使用者将面临同样的价格。这消除了企业搬到监管较为宽松的国家的冲动，这反过来又削弱了它们在游说反对加入减排协议时施加的影响力。

新技术怎么样？别忘了，当重点放在减少开采的时候，全球燃料价格将相对较高。这将激励所有的企业和国家节约能源，并开发绿色技术或可再生能源。相比之下，传统气候政策允许不合作的国家以低价购买燃料，令它们没有动力采用或开发绿色技术。

那么这种政策可以奏效吗？令人宽慰的是，开采权市场业已存在。跨国企业对此进行交易，中国和印度也是如此。为了避免卖家在收到一次性付款之后重新国有化矿藏的风险，租赁开采权成了一种顺理成章的解决方案。此外，开采权不一定像乍看起来那么昂贵。毕竟，只是致力于开采成本最高的矿藏是最便宜和最有效的——可以以相对较低的价格获得这些矿藏。

实际上，我们在最近几年已经看到了类似的市场演进。抵制热带森林木材的努力并未减少森林滥砍滥伐的现象。相反，木材价格下跌，而那些没有参与抵制的国家却能买得起更多木材。非政府组织及各国政府意识到，收购土地或者直接给减少滥砍滥伐的国家一定费用更有效。

签署开采协议可能有自身的问题，但不妨比较一下传统办法令人失望的效果。要想实现联合国制定的全球气温至多升高2摄氏度的目标，就不能继续开采大部分已探明的资源。现在是时候认真考虑保护那些资源了。最值得保护的是那些排放因子高或开采成本高的资源。前者的例子有加拿大油砂；后者的例子包括在北极等地开采。

无论哪种情况，矿藏所有者既然为世界保存了资源，当然会要求得到报偿。除此之外的任何办法都将是不切实际的。

资料来源：博德·哈斯塔德[①]. 寻找气候政策的新思路. http: //www.ftchinese.com/story/001051440 [2013-7-16].

① 挪威奥斯陆大学经济学教授、凯洛格管理学院客座教授，2013年度Erik Kempe奖获得者。

第 三 篇

宏观经济学

第10章　宏观经济学导论

宏观经济学是相对于微观经济学而言的，作为一个完整的理论体系，它的形成比微观经济学要晚很多。20世纪30年代的大危机，暴露出微观经济学的局限性，正是在对微观经济学所不能解释的整体经济的许多重要问题的研究过程中，产生了宏观经济学。

宏观经济学研究一个国家的整体经济运行情况，通过分析宏观经济变量的变化来了解总体经济的活动规律。本章将分析这些宏观经济变量在国民经济总量循环中的运动及作用，考察几个关键的宏观经济变量——国民生产总值及核算方法等。本章是宏观经济分析的基础，因为阐明国民生产总值及其有关衡量的规定与技术的理论是宏观经济学的前提。

10.1　宏观经济学的特点

10.1.1　宏观经济学的研究对象

宏观经济学是相对微观经济学而言的。微观经济学研究的是经济活动个体决策者的行为及后果，例如，消费者如何购买以实现效用最大，厂商如何生产以实现利润最大，市场机制又如何把千百万个个体决策者的活动协调起来等。而宏观经济学研究的是社会总体的经济行为及其后果。研究社会总体经济行为就是研究国民收入，即研究如何使国民收入稳定地（没有通胀和衰退）以较合适的速度增长。这表明，宏观经济运行中的主要问题有：经济波动及与此相联系的就业与失业问题；价格水平及与此相联系的通胀问题；经济增长问题。

具体说来，宏观经济学就是要研究，为什么一些国家的经济会产生时而高涨、时而萧条的周期性波动，并因此造成不同程度的失业问题；为什么一些国家在一定时期会发生严重的通货膨胀，并导致名义利率和汇率大幅度波动；为什么一些国家经济会迅速增长，而另一些国家经济发展很缓慢，甚至停滞和倒退。上述这些问题都是国民收入变动中的问题。这些问题产生的原因、后果及对策，就是宏观经济学要研究的内容。任何一个国家宏观经济运行的情况都可以通过一些指标加以测度，测度宏观经济运行情况的重要指标有国民收入及其增长率、失业率、物价水平及其变动。

> 国民收入评价指标包括：国内生产总值、国内生产净值、国民生产总值、国民生产净值、国民收入（狭义的）、个人收入和个人可支配收入。

10.1.2　宏观经济学和微观经济学的异同

宏观经济学和微观经济学都是研究市场经济中经济活动参与者的行为及其后果的，而市场经济中所有经济活动参与者的行为都是一定意义上的供给和需求行为，因此，宏观经济学与微观经济学的主要相同之处就在于都是通过需求曲线和供给曲线决定价格和产量，并且微观经济学和宏观经济学的需求曲线一般说来都是向右下方倾斜的，即价格下降，需求量会增加，而它们的供给曲线都是向右上方倾斜的，即价格上升，供给量会增加。这就是说，宏观经济学和微观经济学有着相同的供求曲线形状，它们的交点决定着价格和产量。

微观经济学研究的是个体经济活动参与者的行为及其后果，而宏观经济学研究的是社会总体的经济行为及其后果，这就决定了微观经济学和宏观经济学的主要区别是：微观经济学中的供给和需求曲线都是个体经济的供求曲线，因而由此决定的成交价格和成交量也是具体商品（包括产品和要素）的价格和成交量。例如，大米市场供求均衡所决定的价格也许是 1 元/千克，成交量是 5 万吨；或者某上衣 20 元/件，成交量是 1 万件；等等。然而，宏观经济学中供给和需求曲线是整个社会经济的供求曲线，即总供给曲线和总需求曲线，因而由此决定的价格和产出是整个社会的价格水平和社会产出总值。例如，某国家在某年的价格指数即价格水平是 1.05 或者说 105%，意指该年的价格水平在总供给和总需求的作用下比基期（也许是上一年，也许是以前的某一年份）上升了 5%，同时该国在该年的总产出也许是 300 亿元的国内生产总值。可见，微观经济学中的价格和产量是一个个具体商品的价格和产量，而宏观经济学中的价格和产量是整个社会的价格水平和产出水平，这里价格水平用价格指数表示，产出水平用货币衡量的市场价值（国内生产总值）表示。

不仅如此，微观经济学中需求曲线和供给曲线的一般形态看起来与宏观经济学中的总需求曲线和短期总供给曲线的形态都差不多地向下倾斜和向上倾斜，但是其原因却是不同的。

10.1.3　宏观经济学的加总法

宏观经济学研究社会总体经济行为，因而不能像微观经济学那样运用个量分析方法，而要用总量分析方法，即从个量分析的加总中引出总量的分析方法。

“经济加总”是人们用以描述某些经济生活的一个简单的抽象。例如，总产出就是一个经济加总的概念。一定数量的香蕉、上衣、钢铁等各不相同的东西无法直接加总，但是在市场上都值一定数量的钱，于是，通过货币化就可以把物质形态不同的产品都还原为一定的市场价值从而加总。中国有句老话说“春种田园皆万物，秋收遍地是黄金”。这是说春天播种各种农作物种子，秋天可收获各种值钱的农作物。根据收获的这些农作物的价值，也就可以计算出农业创造出的国内生产总值。

宏观经济学运用经济加总法时有几点值得注意，具体如下。

一是宏观分析中有些总量变化可以从微观分析的个量中直接加总（大部分是加权平均加总）得到。因为微观是宏观的基础，就像树木是森林的基础一样。例如，每个人的消费支出加总就构成整个社会的消费总支出，每个人的消费支出与其收入成一定比例，才有总量消费函数。又如每个厂商的投资支出加总就构成全社会的总投资，每个厂商的投资随利率变化而变化，就有了总量投资函数。

二是有的时候微观经济学中一些个体变量尽管可以加总，但是这种加总却达不到研究整个社会经济行为的目的。例如，降低工资对大部分厂商来说都可以降低成本、增加利润，从而增加生产并增雇工人，但我们却无法从这些厂商降低工资的加总中得到整个社会能增加生产和就业的结论，因为如果其中每个厂商都降低工资，则工人们的消费支出会下降并使总需求下降，从而会导致整个社会的生产和就业下降。可见，尽管微观是宏观的基础，但总体经济行为并不是个体经济行为的简单加总。对于微观经济是正确的东西，对于宏观经济未必也是正确的，其原因除了经济个体与经济总体所追求的目标不同以外，还在于某些行为对经济个体之所以正确或真实，是因为假定其他情况不变，即假定某一经济个体的行为对其他个体不产生影响，但宏观经济涉及的是经济总体，即所有经济个体，因而不能再假定其他同一类别的个量不变。例如，在上例中，某厂商降低工资时不能假定其他厂商不降低工资。

三是有些时候一些微观经济个体的行为根本不能直接加总。例如，一个经济社会的经济景气情况发生变化时，各个厂商的投资意愿可能有很大差异，也许有人会认为经济可能会开始走下坡路从而投资意愿和投资支出下降，而另一些人可能会认为经济会继续向好，从而投资意愿强烈，投资需求旺盛。在这样的情况下，宏观经济分析就难以通过将各厂商的投资直接加总而得出总投资会增加或者减少的结论。

可见，总量分析运用加总方法时需要谨慎，要区分能否加总的不同情况，以及弄清楚加总后能否达到研究宏观经济行为的目的。

10.2　宏观经济的重要指标及其衡量

任何一个国家宏观经济运行的情况都可以通过一些指标加以测度，就像一个人的身体健康状况可以通过体温、血压等指标加以测度一样。**测度宏观经济运行情况的重要指标有国民收入及其增长率、失业率、物价水平及其变动。**

国民收入在经济学中乃是衡量社会经济活动成就的一个广泛概念。它实际上包括以下几个总量：国内生产总值、国内生产净值、国民生产总值、国民生产净值、国民收入（狭义的）、个人收入和个人可支配收入。

任何一国的经济增长率就是指国民收入的增长率特别是国内生产总值（GDP）的增长率。

失业率是衡量宏观经济运行状况的另一个很重要的经济指标，因为就业状况和居民福利、社会稳定甚至整个社会政治经济之间关系最为密切。失业率指失业者（一定年龄段范围内有劳动能力并想工作但是找不到工作的人）人数对劳动力（在一定年龄段范围内有劳动能力并愿意工作的人）人数的比例。失业率迅速上升或者居高不下都表明宏观经济运行中出了很大问题。

物价水平指物价总水平，一般用价格指数即社会上若干种商品价格水平的指数来表示。价格指数又有消费物价指数（CPI）、生产者价格指数（PPI）和 GDP 折算指数三种。物价水平的变动用通货膨胀率表示。通货膨胀率指一个时期到另一个时期价格水平变动的百分比。通货膨胀率不仅对居民生活和企业生产产生影响，还对整个社会经济运行有影响。通货膨胀率过高，也表明宏观经济运行出了问题。

除了上述几个重要的宏观经济指标，其他比较重要的指标还有政府预算赤字、贸易赤字和盈余的变动、利率和汇率的变动等。这些变量间有没有内在联系，一个变量的变动是否会引起另一个变量变动，以及在多大程度上相互关联，这些都属于宏观经济学研究的问题。总的说来，如果微观经济学由于以价格为中心可以被称作价格理论，宏观经济学则由于以国民收入为中心可以被称作收入理论。

根据 10.1 节的论述，宏观经济学是以国民收入为中心的。不仅如此，宏观经济学研究整个社会的经济活动，首先要有定义和计量总产出或总收入的一套方法，而国民收入核算就研究这套方法。核算国民经济活动的核心指标是国内生产总值，因此，GDP 作为衡量宏观经济运行的重要指标将在本节进行详细论述。

宏观经济学是以国民收入为中心的。核算国民经济活动的核心指标是国内生产总值。

首先有必要弄清什么是 GDP。为了弄清这一概念，可以先从一个例子谈起。

假设某企业在某年生产和销售 500 万元制成品。能否说这 500 万元产品价值都是这个企业生产的或者说创造的呢？不能，因为生产中必须消耗原材料、能源等。假定这些消耗是 200 万元，则该企业新生产的价值充其量只有 300 万元（其实这 300 万元价值中还没有扣除厂房设备消耗即折旧的部分，这一点可以先将其忽略）。这 300 万元的价值是该企业产品价值与从别的企业购进的原材料、能源等价值之间的差额。这个差额称为价值增值。这一增值部分才被认为是该企业在该年真正所生产的。因此，企业在某年的产出，是指价值增值。

弄清这一点对认识经济学所说的社会一年的总产出是至关重要的。举个例子说，假定一件上衣从生产到消费者最终使用共要经过五个阶段：种棉、纺纱、织布、制衣和销售。假设棉花价值为 15 元，并假定它都是当年新生产的价值，不再包含为生产棉花所费的肥料、种子等价值（当然，这事实上不可能，但为说明问题起见，需作这样的假定）。再假定棉花纺成纱售价 20 元，于是纺纱厂生产的价值是 5 元，即增值 5 元。20 元纱织成布售价 30 元，于是织布厂生产的价值是 10 元，即增值 10 元。30 元布制成成衣卖给售衣商为 45 元，于是制衣厂生产的价值是 15 元，即增值 15 元。售衣商卖给消费者为 50 元，于是售衣商在售卖中增值 5 元。可见，这件上衣在五个阶段中的价值创造即增值共计：15+5+10+15+5=50 元，正好等于这件上衣的最后售价。现在这件上衣不再出售，由其最后使用者即顾客消费了。像这样一种在一定时期内生产的并由其最后使用者购买的产品和劳务就称为最终产品，而棉花、纱、布等则称中间产品，中间产品是指用于再出售而供生产别种产品用的产品。

上衣的例子说明，一件最终产品在整个生产过程中的价值增值，就等于该件最终产品的价值。一个国家在一定时期内（通常指一年）生产千千万万种最终产品，按照西方经济学的说法，这些最终产品的价值总和就等于生产这些最终产品的各行各业新创造的价值的总和。这被认为是该国在该时期内真正生产的价值，称为国内生产总值。因此，在西方经济学中，国内生产总值是指经济社会（即一国或一地区）在一定时期内运用生产要素所生产的全部最终产品（物品和劳务）的市场价值。这一定义含有如下几方面意思。

（1）GDP 是一个市场价值的概念。各种最终产品的价值都是用货币加以衡量的。产品市场价值就是用这些最终产品的单位价格乘以产量获得的。假如某国一年生产 10 万件上衣，每件上衣售价 50 元，则该国一年生产上衣的市场价值为 500 万元。

（2）GDP 测度的是最终产品的价值，中间产品价值不计入 GDP，否则会造成重复计算。例如，如果把棉花、纱、布及制衣厂手中的成品的价值都算作这一时期生产的价值，则其总额将是：15+20+30+45+50=160 元，其中 50 元的价值才是这件上衣生产中真正被创造出来的价值，而绝不能把重复计算的价值计算在内。

（3）GDP 是一定时期内（往往为一年）所生产而不是所售卖掉的最终产品价值。若某企业年生产 100 万元产品，只卖掉 80 万元，所剩 20 万元产品可看作企业自己买下来的存货投资，同样应计入 GDP。相反，虽然生产 100 万元产品，然而却卖掉了 120 万元产品，则计入 GDP 的仍是 100 万元，只是库存减少了 20 万元而已。

（4）GDP 是计算期内（如 2010 年）生产的最终产品价值，因而是流量而不是存量。流量是一定时期内发生的变量，存量是一定时点上存在的变量。若某人花 20 万元买了一幢旧房，包括 19.8 万元的旧房价值和 2000 元的经纪人费用，这 19.8 万元不能计入 GDP，因为它在生产年份已计算过了，但买卖这幢旧房的 2000 元经纪人费用可计入 GDP，因为这笔费用是经纪人买卖旧房过程中提供的劳务报酬。

（5）GDP 是一国范围内生产的最终产品的市场价值，从而是一个地域概念，而与此相联系的国民生产总值（GNP）则是一个国民概念，指某国国民所拥有的全部生产要素在一定时期内所生产的最终产品的市场价值。因此，一个在日本工作的中国公民的收入要计入中国的 GNP 中，但不计入中国的 GDP 中，而计入日本的 GDP。反之，一个在中国制造业中开设公司的日本老板取得的利润是日本 GNP 的一部分，不是中国 GNP 的一部分，但它是中国 GDP 的一部分。因此，若某国一定时期内的 GNP 超过 GDP，说明该时期该国公民从外国获得的收入超过了外国公民从该国获得的收入，而 GDP 超过 GNP 时，说明的情况则正相反。

（6）GDP 一般指市场活动导致的价值。家务劳动、自给自足生产等非市场活动不计入 GDP 中。

上衣生产的例子不仅说明了产出是指增值，或者说产出等于新增价值，而且说明产出总是等于收入，以及产出总是等于支出。

认识**总产出等于总收入，总产出又等于总支出**，对于弄清如何核算 GDP 有着重大意义。上面说过，GDP 是经济社会在一定时期内生产的全部最终产品的市场价值。因此，从理论上说，似乎只要把所有最终产品市场价值加总就可以得到 GDP 了。如果用 Q_i 代表各种最终产品，P_i 代表它们的价格，则 $\text{GDP}=\sum P_iQ_i$。然而，事实上不大可能这样来核算 GDP，这不仅因为无法找到明确的标准来区分最终产品，而且即使真能按产品差别来划分最终产品，最终产品的清单也是为数众多的一长串。在这样的情况下，用它们乘以各自的价格并加总，实际上几乎不可能，为此只能采取其他方法来核算。上面说过，最终产品价值等于整个生产过程中价值增加的总和，因此，GDP 可以通过核算各行各业在一定时期中生产的价值增值来求得。这种方法称为生产法。从上述分析又已知，总产出等于总支出，因此，GDP 也可以通过核算整个社会在一定时期内购买最终产品的支出总和来求得。这种方法称为支出法。从上述分析还已知，总产出等于总收入，因此GDP还可通过核算整个社会在一定时期内获得的收入来求得。这种方法称为收入法。

GDP是一个市场价值的概念。
GDP是一定时期内（往往为一年）所生产的最终产品价值。
GDP是流量而不是存量。
GDP是一个地域概念。
GDP一般仅指市场活动导致的价值域概念。

10.2.1 核算GDP的两种方法

上面说到，核算GDP可用生产法、支出法和收入法。常用的是后两种方法，下面分别予以说明。

1. 用支出法核算GDP

用支出法核算GDP，就是通过核算在一定时期内整个社会购买最终产品的总支出，即最终产品的总卖价来计量GDP。谁是最终产品的购买者，只要看谁是产品和劳务的最后使用者。在现实生活中，产品和劳务的最后使用，除了居民消费，还有企业投资、政府购买及出口。因此，用支出法核算GDP，就是核算经济社会（指一个国家或一个地区）在一定时期内消费、投资、政府购买及出口这几方面支出的总和。

消费（指居民个人消费）支出（用字母C表示）包括购买耐用消费品（如小汽车、电视机、洗衣机等）、非耐用消费品（如食物、衣服等）和劳务（如医疗、旅游、理发等）的支出。建造住宅的支出则不包括在内。

投资指增加或更换资本资产（包括厂房、住宅、机械设备及存货）的支出（用字母I表示）。为什么用于投资的物品也是最终产品?资本设备难道不是像中间物品一样是用来生产别的产品吗?为什么不属中间产品呢?要知道，资本物品（如厂房设备等）和中间物品是有重大区别的。中间物品在生产别的产品时全部被消耗掉，但资本物品在生产别的产品的过程中只是部分地被消耗。一个钢铁厂若用40年，则每年都要耗费部分价值，40年后全部耗费掉。资本物品由损耗造成的价值减少称为折旧。折旧不仅包括生产中资本物品的物质磨损，还包括资本老化带来的精神磨损。例如，一台设备使用年限虽然未到，但过时了，其价值要贬损。投资包括固定资产投资和存货投资两大类。固定资产投资指新厂房、新设备、新商业用房及新住宅的增加。为什么住宅建筑也属于投资而不属于消费，因为住宅像别的固定资产一样是长期使用，慢慢地被消耗的。存货投资是企业掌握的存货价值的增加（或减少）。如果年初全国企业存货为1000亿元，而年末为1200亿元，则存货投资为200亿元。存货投资可能是正值，也可能是负值，因为年末存货价值可能大于也可能小于年初存货。

政府对物品和劳务的购买（用字母G表示）是指各级政府购买物品和劳务的支出，如政府花钱设立法院、提供国防、建筑道路、开办学校等方面的支出。政府购买只是政府支出的一部分，政府支出的另一些部分，如转移支付、公债利息等都不计入GDP。

净出口指进出口的差额。用X表示出口，用M表示进口，则$X-M$就是净出口。进口应从本国总购买中减去，因为进口表示收入所得流到国外，不是用于购买本国产品的支出；出口则应加进本国总购买量之中，因为出口表示收入从外国流入，是用于购买本国产品的支出。因此，只有净出口才应计入总支出，它可能是正值，也可能是负值。

把上述四个项目加总，用支出法计算 GDP 的公式可写成

$$GDP=C+I+G+(X-M) \tag{10-1}$$

2. 用收入法核算 GDP

收入法即用要素收入亦即企业生产成本核算国内生产总值。严格说来，最终产品市场价值除了生产要素收入构成的成本，还有间接税、折旧、公司未分配利润等内容，因此用收入法核算的国内生产总值应包括以下一些项目。

（1）工资、利息和租金等这些生产要素的报酬。工资包括所有对工作的酬金、津贴和福利费，也包括工资收入者必须缴纳的所得税及社会保险税。利息在这里指人们给企业所提供的货币资金所得的利息收入，如银行存款利息、企业债券利息等，但政府公债利息及消费信贷利息不包括在内。租金包括出租土地、房屋等租赁收入，以及专利、版权等收入。

（2）非公司企业主收入，如医生、律师、农民和小店铺主的收入。他们使用自己的资金，自我雇用，其工资、利息、利润、租金常混在一起作为非公司企业主收入。

（3）公司税前利润，包括公司所得税、社会保险税、股东红利及公司未分配利润等。

（4）企业转移支付及企业间接税。这些虽然不是生产要素创造的收入，但要通过产品价格转嫁给购买者，故也应视为成本。企业转移支付包括对非营利组织的社会慈善捐款和消费者呆账，企业间接税包括货物税或销售税、周转税。

（5）资本折旧。它虽不是要素收入，但包括在应回收的投资成本中，故也应计入 GDP。

这样，按收入法计算可得到国民总收入=工资+利息+利润+租金+间接税和企业转移支付+折旧。它和支出法得到的国内生产总值从理论上说是相等的。但实际核算中常有误差，因此还要加上一个统计误差。

> 按收入法计算的国民总收入=工资+利息+利润+租金+间接税和企业转移支付+折旧。

10.2.2　其他国民收入衡量指标

在某些国家，核算 GDP 时，它还计算国民收入的其他衡量指标，以更全面地反映经济中所出现的情况。这些其他衡量指标与 GDP 的不同之处是不包括或包括某些收入范畴。以下按最大到最小的顺序简要地描述了五种收入衡量指标。

国民生产总值是一国永久居民（称为国民）所赚到的总收入。它与 GDP 的不同之处在于：它包括本国公民在国外赚到的收入，而不包括外国人在本国赚到的收入。例如，当一个加拿大公民暂时在中国工作时，他的产出是中国 GDP 的一部分，但不是中国 GNP 的一部分（而是加拿大 GNP 的一部分）。对包括中国在内的大部分国家来说，国内居民是大部分国内生产的承担者。因此，GDP 和 GNP 是非常接近的。

国民生产净值（NNP）是一国居民的总收入（GNP）减折旧。折旧是经济中设备和

建筑物存量的磨损或损耗，如卡车报废和电脑过时。在商务部提供的国民收入账户中，折旧被称为“固定资本的消费”。

国民收入是一国居民在物品与劳务生产中赚到的总收入。它与国民生产净值几乎是相同的。这两个指标的不同是由数据收集问题引起的“统计误差”。

个人收入是家庭和非公司企业得到的收入。与国民收入不同，个人收入不包括留存收益——公司获得的但没有支付给其所有者的收入。它还要减去间接营业税（如营销税）、公司所得税和对社会保障的支付（主要是社会保障税）。此外，个人收入还包括家庭从其持有的政府债券中得到的利息收入，以及家庭从政府转移支付项目得到的收入，如福利和社会保障收入。

个人可支配收入是家庭和非公司企业在完成它们对政府的义务之后剩下的收入。它等于个人收入减去个人税收和某些非税收支付（如交通罚单）。

虽然各种收入衡量指标在细节上不同，但是它们几乎总是说明了相同的经济状况。当 GDP 迅速增长时，这些收入衡量指标通常也迅速增长。当 GDP 减少时，这些衡量指标通常也减少。就检测整体经济的波动而言，我们用哪一种收入衡量指标无关紧要。

10.3　简单国民收入决定理论

10.2 节讨论国民收入如何核算，这一节讨论国民收入如何决定，即经济社会的生产或收入水平是怎样决定的。现代西方宏观经济学的奠基人凯恩斯的学说的中心内容就是国民收入决定理论。凯恩斯主义的全部理论涉及四个市场：产品市场、货币市场、劳动市场和国际市场。仅包括产品市场的国民收入决定理论称为简单的国民收入决定理论。

说明一个国家的生产或收入如何决定，要从分析最简单的经济关系开始。为此，需要先做些假设。

（1）假设所分析的经济中不存在政府，也不存在对外贸易，只有家户部门（居民户）和企业部门（厂商）。消费行为和储蓄行为都发生在家户部门，生产和投资行为都发生在企业部门。还假定企业投资是自发的或外生的，即不随利率和产量而变动。这样简单的经济关系称为两部门经济。

（2）假设不论需求量为多少，经济社会均能以不变的价格提供相应的供给量。这就是说，社会总需求变动时，只会引起产量和收入变动，使供求相等，而不会引起价格变动。这在西方经济学中有时被称为凯恩斯定律。凯恩斯写作《就业、利息和货币通论》时，面对的是 1929～1933 年的大萧条，工人大批失业，资源大量闲置。在这种情况下，社会总需求增加时，只会使闲置的资源得到利用，生产增加，而不会使资源的价格上升，从而产品成本和价格大体上能保持不变。这条所谓凯恩斯定律被认为是适用于短期分析，即分析的是短期中收入和就业如何决定。因为在短期中，价格不易变动，或者说具有黏性，当社会需求变动时，企业首先考虑的是调整产量，而不是改变价格。

此外，还假定折旧和公司未分配利润为零。这样，GDP、国内生产净值（NDP）、国民收入（NI）和个人收入（PI）就都相等。

NDP即国内生产净值，它是指从GDP中减去资本折旧（在一年期间经济中工厂、设备和住房存量磨损的数额）。

NI指国民收入，是从NNP中减去企业间接税得到的。

PI指个人收入，即家庭和非公司企业所得到的收入额。

在上述情况下，经济社会的产量或者说国民收入就决定于总需求。**和总需求相等的产出称为均衡产出或收入**。微观经济学中已经说明均衡的意义，均衡是指一种不再变动的情况。当产出水平等于总需求水平时，企业生产就会稳定下来。若生产（供给）超过需求，企业所不愿意有的过多的存货会增加，企业就会减少生产；若生产低于需求，企业库存会减少，企业就会增加生产。总之，由于企业要根据产品销路来安排生产，一定会把生产定在和产品需求相一致的水平上。由于两部门经济中没有政府和对外贸易，总需求就只由居民消费和企业投资构成。于是，均衡产出可用公式表示为：$y=c+i$。这里，y、c、i都用小写字母表示，分别代表剔除了价格变动的实际产出或收入、实际消费和实际投资，还要指出的是，公式中的c和i，代表的是居民和企业实际想要有的消费和投资，即意愿消费和投资的数量，而不是国民收入构成公式中实际发生的消费和投资。因此，在国民收入核算中，实际产出就等于计划支出（或计划需求）加非计划存货投资。但在国民收入决定理论中，均衡产出指与计划需求相一致的产出。因此，在均衡产出水平上，计划支出和计划产出正好相等。因此，非计划存货投资等于零。

均衡产出是和总需求相一致的产出，也就是经济社会的收入正好等于全体居民和企业想要有的支出。均衡产出是和总需求相一致的产出。也就是经济社会的收入正好等于全体居民和企业想要有的支出。假定企业生产100亿元产品，居民和企业要购买产品的支出也是100亿元，则这100亿元的生产就是均衡产出或者说均衡收入。换句话说，社会经济要处于均衡收入水平上，就有必要使计划支出量与实际收入水平保持相等。因为只有这样才能使这一收入水平继续被维持下去。若用E代表支出，y代表收入，则经济均衡的条件是$E=y$（这和上式的$y=c+i$其实是一个意思，因为E表示支出，两部门的经济中$E=c+i$），要增加均衡产出，关键是要增加总需求，因为均衡产出水平决定于总需求或者说总支出水平。

投资等于储蓄。均衡产出或收入的条件$E=y$，也可用$i=s$表示，因为这里的计划支出等于计划消费加投资，即$E=c+i$，而生产创造的收入等于计划消费加计划储蓄，即$y=c+s$（这里，y、c、s也都是剔除了价格变动的实际收入、实际消费和实际储蓄），因此，$E=y$也就是$c+i=c+s$，等式两边消去c，则得$i=s$。

需再次说明，这里的投资等于储蓄，是指经济要达到均衡，计划投资须等于计划储蓄。而国民收入核算中的$i=s$，则是指实际发生的投资（包括计划和非计划存货投资在内）始终等于储蓄。前者为均衡的条件，即计划投资不一定等于计划储蓄，只有两者相等时，收入水平才处于均衡状态；而后者所指的实际投资和实际储蓄是根据定义得到的实际数字，从而必然相等。

10.3.1　凯恩斯的消费理论

凯恩斯的消费函数理论作为现代西方经济学的一个重要理论，具有很重要的地位。凯恩斯的消费函数理论说明了消费的增减不如收入增减之甚，从而打破了供给恒等于需求的教条，克服了理论观念上的障碍。承认市场调节会带来盲目失衡，即会出现生产过剩的经济危机和失业问题，从而为他的整个就业理论奠定了前提和基础。同时，几乎所有解决需求不足，增加就业的办法都与消费有关，由此也可见消费理论在其整体理论中的重要地位，同时也为现代西方经济学开辟了理论源泉。

凯恩斯的消费函数理论是他在《就业、利息和货币通论》一书中提出：总消费是总收入的函数。这一思想用线性函数形式表示为

$$C_t=a+bY_t$$

式中，C 为总消费；Y 为总收入；t 为时期；a、b 为参数。参数 b 称为边际消费倾向，其值介于 0 与 1 之间。凯恩斯的这个消费函数仅仅以收入来解释消费，被称为绝对收入假说。这一假说过于简单粗略，用于预测时误差较大。

1. 消费函数

均衡产出既然是指与总需求相一致的产出，则分析均衡产出如何决定，就是要分析总需求各个组成部分是如何决定的。这里，首先要分析消费如何决定，这不仅是因为消费是总需求中最主要的部分，还因为经济均衡的条件是计划投资等于计划储蓄。要找出储蓄量的大小，必须先找出消费量的大小，一旦知道了消费的数额，便可从国民收入中减掉这一数额求得储蓄量。

消费量由什么决定呢？在现实生活中，影响各个家户消费的因素很多，如收入水平、商品价格水平、利率水平、收入分配状况、消费者偏好、家庭财产状况、消费信贷状况、消费者年龄构成、社会保障制度、风俗习惯等。凯恩斯认为，这些因素中有决定意义的是家户收入。为此，可从诸多因素中抽出这一因素单独分析。

关于收入和消费的关系，凯恩斯认为，存在一条基本心理规律：随着收入的增加，消费也会增加，但是消费的增加不及收入增加多，消费和收入的这种关系称为凯恩斯消费函数，具体如图 10-1 所示。凯恩斯消费函数又被直接称为消费倾向。普通消费函数 $c=c(y)$ 满足 $dc/dy>0$，c＝消费，y＝收入。

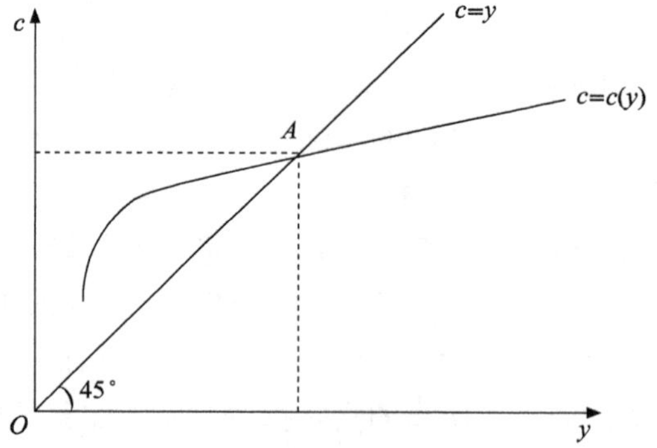

图 10-1　普通消费函数

消费倾向即消费与收入的比率。平均消费倾向（APC）即平均每单位收入中消费所占比例。

边际消费倾向（MPC）：每增减 1 元国民收入所引起的消费变化。$\text{MPC} = \Delta c / \Delta y$；当消费增量 Δc 与收入增量 Δy 趋于无穷小时，即 $\text{MPC} = \text{d}c / \text{d}y$；MPC 是消费曲线上任一点切线的斜率。并且边际消费倾向随着收入增加而呈现递减趋势。

2. 储蓄函数

与消费函数相联系的还有一个储蓄函数的概念。

储蓄是收入中未被消费的部分。既然消费随收入增加而增加的比率是递减的，则可知储蓄随收入增加而增加的比率递增。储蓄与收入的这种关系就是储蓄函数，其公式是 $s = s(y)$，式中，s 为储蓄；y 为收入。

平均储蓄倾向（APS）：储蓄总量与收入总量的比率，储蓄与收入之比＝储蓄/收入，$\text{APS} = s / y$。

储蓄曲线上任一点的斜率是边际储蓄倾向（MPS），它是该点上的储蓄增量对收入增量的比率，其公式是 $\text{MPS}= \Delta s / \Delta y$。

3. 消费函数和储蓄函数的关系

第一，消费函数和储蓄函数互为补数，两者之和总是等于收入。

第二，APC 和 APS 之和恒等于 1，MPC 和 MPS 之和也恒等于 1。

10.3.2 两部门经济中国民收入的决定及变动

当今世界各国的经济都是不同程度的开放经济，在本节中将主要介绍两部门经济中国民收入的决定。

1. 两部门经济中国民收入的构成

如前所述，国民收入可以从收入、支出等不同的角度加以分析。收入代表总供给，支出代表总需求。因此，我们可以从总供给和总需求两个角度来分析国民收入的构成。

从供给方面看，国民收入是一定时期内各种生产要素（即劳动、资本、其他及企业家才能）生产出来的，也可以说是各种生产要素供给的总和。这个总和又可用各种生产要素相应得到的收入（即工资、利息、地租和利润）总和来表示。这些收入不是用于消费就是用于储蓄，因而又可用消费与储蓄加以表示。

总供给=各种生产要素供给的总和=各种生产要素收入的总和

=工资+利息+地租+利润=消费+储蓄

即

$$Y=C+S$$

从需求方面看，国民收入是一定时期内用于消费支出和投资支出的总和，也就是对消费品的需求和对投资品需求的总和。因此，

总需求=消费需求+投资需求

=消费支出+投资支出

=消费+投资

即

$$Y=C+I$$

在两部门经济中，国民收入的均衡条件是

$$C+I=C+S$$

两边同时消去 C，即得 $I=S$。

这就是储蓄-投资恒等式。这种恒等关系就是两部门经济中的总需求（$C+I$）和总供给（$C+S$）的恒等关系。

2. 国民收入的决定——使用消费函数决定国民收入

凯恩斯在分析宏观经济均衡和国民收入决定时，有一个非常重要的假定，即不论社会总需求为多少，经济制度都能以不变的价格提供相应的供应量，也就是说，社会总需求的变动，只会影响产量或国民收入的变动，使总供给与总需求均衡，而不会引起相应的价格变动，这就是西方经济学所谓的凯恩斯定律。凯恩斯认为，在经济萧条时期，存在大量失业，资源大量闲置，因而社会总需求的增加只会使闲置资源得到利用和生产增加，而不会引起资源和要素价格的上升，从而不会引起产品成本和价格的上升。因此，凯恩斯的基本理论是，在短期内，价格水平和社会总供给是不变的，均衡的国民收入决定于总需求，即均衡的国民收入等于总需求，由于总需求又可以用总支出来表示，均衡的国民收入是指与总支出相等的收入。下面运用消费函数来说明均衡国民收入的决定。

由于均衡的国民收入等于总支出（计划的总支出），在两部门经济中，计划的总支出等于消费支出加上投资支出，即 $Y=C+I$。为使分析简化，在国民收入决定的简单模型中，我们假定投资是一个固定的量，不随国民收入水平而变化，即投资为自发的计划投资，为一常数，$I=I_0$。根据这一假定，把国民收入恒等式与消费函数结合起来，建立联立方程组，就可求得均衡的国民收入。

$$Y=C+I$$

$$C=C_0+cY$$

$$I=I_0$$

解联立方程，就得到均衡的国民收入：

$$Y=\frac{C_0+I_0}{1-c}=\frac{1}{1-c}(C_0+I_0)$$

式中，(C_0+I_0)为自发性总需求，或称自主性总需求，它是不由收入水平决定的总需求；$1/(1-c)$ 为乘数。从公式可以看出，均衡的国民收入决定于自发性总需求和乘数两个变量，与自发性总需求和乘数成正比。

上面的分析还说明，如果知道了消费函数和投资量，就可得均衡的国民收入。例如，

假定消费函数 $C=1200+0.8Y$，自发的投资始终为 800（单位：亿元），则均衡收入：

$$Y=\frac{1200+800}{1-0.8}=10000$$

均衡收入决定也可用图形表示，图 10-2 表示如何用消费曲线加上投资曲线和 45°线相交决定收入。

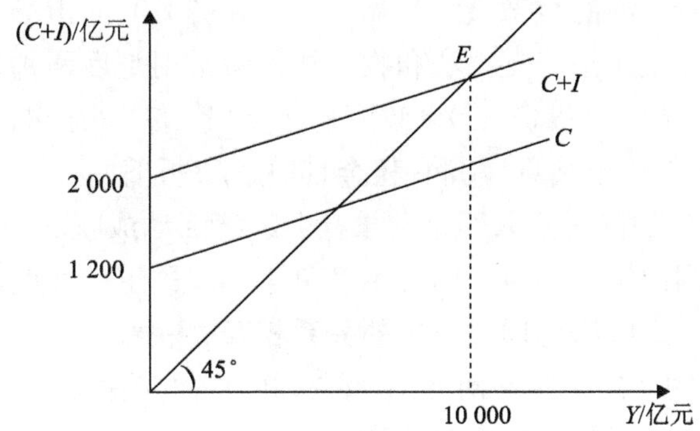

图 10-2　均衡收入

图 10-2 中横轴表示国民收入，纵轴表示消费加投资，在消费曲线 C 上加上投资曲线 I 得到消费加投资曲线 $C+I$，这条曲线就是总支出曲线。由于投资被假定为始终等于 800 亿元的自发投资，消费曲线加投资曲线所形成的总支出曲线与消费曲线相平行，其间的垂直距离即 800 亿元投资。总支出线和 45° 线相交于 E 点，E 点决定的国民收入水平是均衡的国民收入 10 000 亿元，这时，居民户想要有的消费支出与厂商想要有的投资支出的总和正好等于国民收入，即产量。如果经济离开了这个均衡点，厂商部门的销售量就会大于或小于它们的产量，从而被迫进行存货投资或存货负投资，出现意外的存货增加或减少，引起生产的扩大或收缩，国民收入出现非均衡，但厂商部门的存货调整最终会使国民收入回到均衡点。具体来说，在均衡点 E 的左边，收入小于均衡的国民收入，总支出（或总需求）大于总供给，这意味着厂商销售出去的产量大于它生产出来的产量，厂商存货出现意外减少，合意存货不足，此时扩大生产是有利可图的。于是厂商为使存货达到合意存货水平，就会增雇工人，增加投资，增加产量，从而引起国民收入的扩张，并最终达到均衡的国民收入水平。如果在均衡点 E 的右边，收入大于均衡的国民收入，总支出（或总需求）小于总供给，这意味着厂商生产出来的产量大于它销售出去的产量，厂商存货出现意外增加，非合意存货增加，此时厂商为使存货达到合意存货水平，就会减少产量，从而引起国民收入的收缩，并最终达到均衡的国民收入水平。只有在 E 点，收入达到均衡的国民收入水平时，则既没有非计划的存货投资（存货意外地增加），也没有非计划的存货负投资（存货意外地减少），厂商的产量正好等于其销售量，厂商存货保持在合意水平，此时厂商既不会增加产量，也不会减少产量，国民收入维持在相对稳定的均衡状态。

本章总结

1. 宏观经济学研究社会总体的经济行为及其后果，因此，其研究对象和方法都和微观经济学不完全相同。

2. 核算国民经济活动的核心指标是 GDP，它是经济社会（一国或一地区）在一定时期内运用生产要素所生产的全部最终产品（物品和劳务）的市场价值。

3. 核算 GDP 可用生产法、支出法和收入法，最常用是后两种方法。用支出法计算的国内生产总值=消费（C）+投资（I）+政府购买支出（G）+净出口（X–M）；用收入法计算的国内生产总值=工资十利息+利润+租金+间接税+折旧。

4. 西方经济学中讲的国民收入乃是衡量社会经济活动成就的一个广泛概念，实际上包括国内生产总值、国内生产净值、国民生产总值、国民生产净值、国民收入、个人收入和个人可支配收入，这些概念通过一定的关系相互关联着。

5. 与总需求相等的产出称为均衡产出，或者说均衡的国民收入。在均衡产出水平上，计划或意愿的投资一定等于计划或意愿的储蓄。

6. 消费与收入的依存关系称为消费函数和消费倾向，消费倾向有边际消费倾向和平均消费倾向之分。相应地，储蓄倾向也有边际和平均之分。

7. 在两部门经济中，国民收入的均衡条件是储蓄等于投资，即 I=S。

思考题

1. 微观经济学和宏观经济学有什么联系和区别？为什么有些经济活动从微观看是合理的、有效的，而从宏观看都是不合理的、无效的？
2. 为什么政府给公务员发工资要记入 GDP，而给灾区或困难人群发的救济金不计入 GDP？
3. 如果甲、乙两国合并成一个国家，对 GDP 总和会有什么影响（假定两国产出不变）？
4. 举例说明经济中流量和存量联系和区别。财富和收入是流量还是存量？
5. 为什么一些西方经济学家认为，将一部分国民收入从富者转给贫者将提高总收入水平？
6. 税收、政府购买和转移支付这三者对总需求的影响有何区别？

课外阅读

边际消费倾向

据估算，美国的边际消费倾向现在约为 0.68，中国的边际消费倾向约为 0.48。也许这种估算不一定十分准确，但是是一个不争的事实，中国的边际消费倾向低于美国。为什么中美边际消费倾向有这种差别呢？一些人认为，这种差别在于中美两国的消费观念不同，美国人崇尚享受，今天敢花明天的钱，中国人有节俭的传统，一分钱要掰成两半花。但在经济学家看来，这并不是最重要的。消费观念属于伦理道德范畴，由经济基础决定，不同的消费观来自不同的经济基础。还要用经济与制度因素来解释中美边际消费倾向的这种差别。美国是一个成熟的市场经济国家，经济总体上是稳定的；美国的社会保障体系较为完善，覆盖面广而且水平较高。而我国正在从计划经济转向市场经济，社会保障体系还没有完全建立起来。

讨论题

1. 从这个案例当中你可以得出什么结论？

2. 如果要提高我国的边际消费倾向，我们应该从哪几个方面入手？

案例点评

边际消费倾向是指增加的消费在增加的收入中所占的比例。中美边际消费倾向之比较说明我国边际消费倾向明显地低于美国，为什么?我认为存在以下原因:首先来看收入。美国是一个成熟的市场经济国家，尽管也经常发生经济周期性波动，但经济总体上是稳定的。经济的稳定决定了收入的稳定性。当收入稳定时，人们就敢于消费，甚至敢于借贷消费了。中国是一个转型中的国家，正在从计划经济转向市场经济，尽管经济增长速度快，但就每个人而言有下岗的危险，收入并不稳定。这样，人们就不得不节制消费，以预防可能出现的下岗及其他风险。其次来看制度。人们敢不敢花钱，还取决于社会保障制度的完善性。美国的社会保障体系较为完善，覆盖面广而且水平较高。失业有失业津贴，老年人有养老金，低于贫困线有帮助，上大学又可以得到贷款。这样完善的社会保障体系使美国人无后顾之忧，敢于消费。但中国过去计划经济下的社会保障体系被打破了，新的市场经济条件下的社会保障体系还没有完全建立起来，而且受财政实力的限制难以在短期内有根本性的改变，从而要为未来生病、养老、孩子上学等必需的支出进行储蓄，消费自然少了。最后边际消费倾向还与收入分配状况相关。在总收入为既定时，收入分配越平等，社会的边际消费倾向越高，收入分配越不平等，社会的边际消费倾向越低。这是因为富人的边际消费倾向低而穷人的边际消费倾向高。中国目前的收入不平等状况比美国严重，因此，边际消费倾向低也是正常的。解决我国边际消费倾向偏低的现状就要从这几方面入手。

资料来源：高鸿业. 西方经济学(宏观部分). 5版. 北京：中国人民大学出版社, 2011.

第 11 章　市场经济与宏观调控

失业与通货膨胀作为当代经济中存在的主要问题，一直是宏观政策制定者和公共关注的焦点。为了追求稳定的经济增长，各国政府常常通过财政政策和货币政策进行宏观调控，以实现充分就业、物价稳定、经济增长和国际收支平衡四大目标。

第 10 章中，我们主要分析了仅包括产品市场的简单国民收入决定理论，此时考虑的投资仅为自发性投资即投资不受利息率的影响。然而，在现实的经济中，产品市场和货币市场是相互影响的。所以，本章主要介绍产品市场和货币市场同时均衡时的国民收入和利息率水平的决定，即 IS-LM 模型。同时，我们可以借助 IS-LM 模型来判断政府政策干预的绩效。

11.1　市场失灵与经济周期

11.1.1　市场失灵

1. 市场失灵的定义及成因

市场失灵是指市场无法有效率地分配商品和劳务的情况。通常也被用于描述市场力量无法满足公共利益的状况。市场失灵的两个主要原因是：①成本或利润价格的信息扭曲，进而影响个体经济的决策机制。②次佳的市场结构。

市场失灵在某些经济体的存在通常引起究竟应否由市场力量引导运作的争论。而这也产生要用什么来取代市场的争议。最常见的对市场失灵的反应是由政府部门产出部分产品及劳务。然而，政府干预亦可能造成非市场的失灵。

2. 市场失灵的表现

市场机制配置资源的缺陷具体表现在以下七个方面。

1）收入与财富分配不公

这是因为市场机制遵循的是资本与效率的原则。资本与效率的原则又存在着“马太效应”。从市场机制自身作用看，这是正常的经济现象，资本拥有量越多，在竞争中越有利，效率提高的可能性也越大，收入与财富向资本与效率也越集中；另外，资本家对其雇员的剥夺使一些人更趋于贫困，造成了收入与财富分配的进一步拉大。这种拉大又会由于影响到消费水平而使市场相对缩小，进而影响到生产，制约社会经济资源的充分利用，使社会经济资源不能实现最大效用。

2）外部负效应问题

外部负效应是指某一主体在生产和消费活动的过程中，对其他主体造成的损害。

外部负效应实际上是生产和消费过程中的成本外部化，但生产或消费单位为追求更多利润或利差，会放任外部负效应的产生与漫延。比如化工厂，它的内在动因是赚钱，为了赚钱对企业来讲最好是让工厂排出的废水不加处理而进入下水道、河流、江湖等，这样就可减少治污成本，增加企业利润。从而对环境保护、其他企业的生产和居民的生活带来危害。社会若要治理，就会增加负担。

3）竞争失败和市场垄断的形成

竞争是市场经济中的动力机制。竞争是有条件的。一般来说，竞争是在同一市场中的同类产品或可替代产品之间展开的。但一方面，分工的发展使产品之间的差异不断拉大，资本规模扩大和交易成本的增加，阻碍了资本的自由转移和自由竞争；另一方面，市场垄断的出现，减弱了竞争的程度，使竞争的作用下降。造成市场垄断的主要因素有：①技术进步；②市场扩大；③企业为获得规模效应而进行的兼并。一旦企业获利依赖于垄断地位，竞争与技术进步就会受到抑制。

4）失业问题

失业是市场机制作用的主要后果。一方面，从微观看，当资本为追求规模经营，提高生产效率时，劳动力被机器排斥。另一方面，从宏观看，市场经济运行的周期变化，对劳动力需求的不稳定性，也需要有产业后备军的存在，以满足生产高涨时对新增劳动力的需要。劳动者的失业从宏观与微观两个方面满足了市场机制运行的需要，但失业的存在不仅对社会与经济的稳定不利，而且不符合资本追求日益扩张的市场与消费的需要。

5）区域经济不协调问题

市场机制的作用只会扩大地区之间的不平衡现象，一些经济条件优越，发展起点较高的地区，发展也越有利。随着这些地区经济的发展，劳动力素质、管理水平等也会相对提高，可以支付给被利用的资源要素的价格也高，也就越能吸引优质的各种资源，以发展当地经济。那些落后地区也会因经济发展所必需的优质要素资源的流失而越发落后，区域经济差距会拉大。再是因为不同地区有不同的利益，在不同地区使用自然资源过程中也会出相互损害的问题，可以称之为区域经济发展中的负外部效应：江河上游地区林木的过量开采，可能影响的是下游地区居民的安全和经济的发展。这种现象造成了区域间经济发展的不协调与危害。

6）公共产品供给不足

公共产品是指消费过程中具有非排他性和非竞争性的产品。所谓非排他性也就是指当这类产品被生产出来，生产者不能排除别人不支付价格的消费。因为这种排他性一方面在技术上做不到，另一方面即使技术上能做到，其排他成本高于排他收益。所谓非竞争性，是因为对生产者来说，多一个消费者，少一个消费者不会影响生产成本，即边际消费成本为零。而对正在消费的消费者来说，只要不产生拥挤也就不会影响自己的消费水平。这类产品如国防、公安、航标灯、路灯、电视信号接收等。所以这类产品又叫非盈利产品。从本质上讲，生产公共产品与市场机制的作用是矛盾的，生产者是不会主动生产公共产品的。而公共产品是全社会成员所必须消费的产品，它的满足状况也反映了一个国家的福利水平。这样一来公共产品生产的滞后与社会成员、经济发展需要之间的矛盾就十分尖锐。

7）公共资源的过度使用

有些生产主要依赖于公共资源，如渔民捕鱼、牧民放牧。他们使用的资源就是以江湖河流这些公共资源为主要对象，这类资源既在技术上难以划分归属，又在使用中不宜明晰归属。正因为这样，生产者受市场机制追求最大化利润的驱使，往往会对这些公共资源出现掠夺式使用，而不能给资源以休养生息。有时尽管使用者明白长远利益的保障需要公共资源的合理使用，但因市场机制自身不能提供制度规范，又担心其他使用者的过度使用，出现使用上的盲目竞争。

11.1.2 经济周期

1. 经济周期的定义

经济周期，也称商业周期、商业循环、景气循环，**它是指经济运行中周期性出现的经济扩张与经济紧缩交替更迭、循环往复的一种现象。**也伴随着国民总产出、总收入和总就业的波动。

在市场经济条件下，企业家越来越多地关心经济形势，也就是“经济大气候”的变化。一个企业生产经营状况的好坏，既受其内部条件的影响，又受其外部宏观经济环境和市场环境的影响。一个企业，无力决定它的外部环境，但可以通过内部条件的改善，来积极适应外部环境的变化，充分利用外部环境，并在一定范围内改变自己的小环境，以增强自身活力，扩大市场占有率。因此，作为企业家对经济周期波动必须了解、把握，并能制定相应的对策来适应周期的波动，否则将在波动中丧失生机。

2. 经济周期的两阶段划分

经济波动以经济中的许多成分普遍而同期地扩张和收缩为特征，持续时间通常为2～10年。现代宏观经济学中，经济周期发生在实际GDP相对于潜在GDP上升（扩张）或下降（收缩或衰退）的时候。每一个经济周期都可以分为上升和下降两个阶段。上升阶段也称为繁荣，最高点称为顶峰。然而，顶峰也是经济由盛转衰的转折点，此后经济就进入下降阶段，即衰退。衰退严重则经济进入萧条，衰退的最低点称为谷底。当然，谷底也是经济由衰转盛的一个转折点，此后经济进入上升阶段。经济从一个顶峰到另一个顶峰，或者从一个谷底到另一个谷底，就是一次完整的经济周期。现代经济学关于经济周期的定义，建立在经济增长率变化的基础上，指的是增长率上升和下降的交替过程。

经济周期波动的扩张阶段，包括复苏、繁荣，它是总体经济活动的上升时期，是宏观经济环境和市场环境日益活跃的季节。这时，市场需求旺盛，订货饱满，商品畅销，生产趋升，资金周转灵便。企业的供、产、销和人、财、物都比较好安排。企业处于较为宽松有利的外部环境中。

经济周期波动的收缩阶段，包括衰退、萧条，它是总体经济活动的下降时期，是宏观经济环境和市场环境日趋紧缩的季节。这时，市场需求疲软，订货不足，商品滞销，生产下降，资金周转不畅。企业在供、产、销和人、财、物方面都会遇到很多困难。企业处于较恶劣的外部环境中。经济的衰退既有破坏作用，又有“自动调节”作用。在经济衰退中，一些企业破产，退出商海；一些企业亏损，陷入困境，寻求新的出路；一些企业顶住恶劣的气候，在逆境中站稳了脚跟，并求得新的生存和发展。这就是市场经济下“优胜劣汰”的企业生存法则。图 11-1 是经济周期波动的典型示意图（$A \to B$ 为衰退，$B \to C$ 为萧条，$C \to D$ 为复苏，$D \to E$ 为繁荣）。

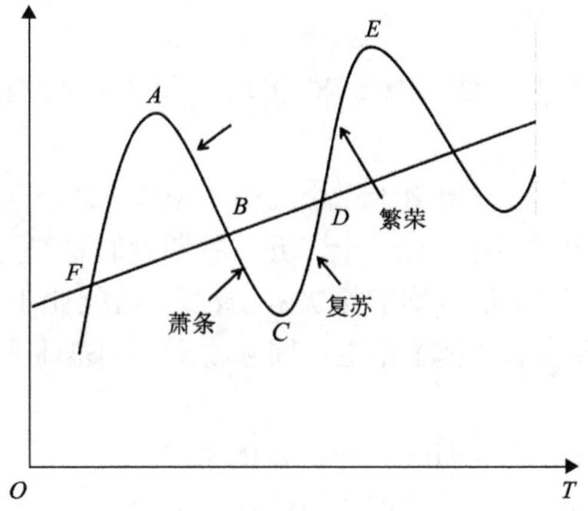

图 11-1　经济周期的含义图示

3. 经济周期的成因

1）外因论

外因论认为，周期源于经济体系之外的因素——太阳黑子、战争、革命、选举、金矿或新资源的发现、科学突破或技术创新等。

2）内因论

内因论认为，周期源于经济体系内部——收入、成本、投资在市场机制作用下的必然现象。

（1）纯货币理论。该理论主要由英国经济学家拉尔夫·乔治·霍特里（Ralph George Hawtrey）在 1913～1933 年的一系列著作中提出的。纯货币理论认为，货币供应量和货币流通度直接决定了名义国民收入的波动，而且极端地认为，经济波动完全是由银行体系交替地扩张和紧缩信用所造成的，尤其以短期利率起着重要的作用。现代货币主义者在分析经济的周期性波动时，几乎一脉相承地接受了霍特里的观点。但应该明确肯定的是，把经济周期性循环唯一地归结为货币信用扩张与收缩是欠妥的。

（2）投资过度理论。投资过度理论把经济的周期性循环归因于投资过度。由于投资过多，与消费品生产相比，资本品生产发展过快。资本品生产的过度发展促使经济进入繁荣阶段，但资本品过度生产从而导致的过剩又会促进经济进入萧条阶段。

（3）消费不足理论。消费不足理论的出现较为久远。早期有西斯蒙第（Sismondi）和马尔萨斯，近代则以霍布森为代表。该理论把经济的衰退归因于消费品的需求赶不上社会对消费品生产的增长。这种不足又源于国民收入分配不公所造成的过度储蓄。该理论一个很大的缺陷是，它只解释了经济周期危机产生的原因，而未说明其他三个阶段。因而在周期理论中，它并不占有重要位置。

（4）心理理论。心理理论和投资过度理论是紧密相连的。该理论认为经济的循环周期取决于投资，而投资大小主要取决于业主对未来的预期。预期却是一种心理现象，心理现象又具有不确定性的特点。因此，经济波动最终取决于人们对未来的预期。当预期乐观时，增加投资，经济步入复苏与繁荣，当预期悲观时，减少投资，经济则陷入衰退与萧条。随着人们情绪的变化，经济也就周期性地发生波动。

11.2　宏观经济调控原理与政策

我国的《国民经济和社会发展第十二个五年（2011—2015 年）规划纲要》中第一篇“经济社会发展的主要目标”中指出，“十二五”时期我们要努力实现“经济平稳较快发展”，其内容是：“国内生产总值年均增长 7%，城镇新增就业 4500 万人，城镇登记失业率控制在 5%以内，价格总水平基本稳定，国际收支趋向基本平衡，经济增长质量和效益明显提高。”

上述内容包含了宏观经济的四大目标，具体如下。

（1）适度和持续的经济增长。长期的经济增长不但是一个国家重要的经济目标，也是一个国家重要的政治目标。因为，一个国家国民财富的增加和国民生活水平的提高需要通过不断的经济增长来实现，一个国家的实力是靠它的经济增长来支持的。适度的经济增长是指一个国家的经济增长率要和它的潜在的总供给能力（主要由技术水平和可利用的资源数量决定）相适应，追求过高的经济增长往往会引发通货膨胀，造成资源的浪费，而经济增长率过低又会使得劳动和其他资源不能得到充分利用。持续的经济增长是指在一定时期经济增长率稳定在大致相同的水平上。不论从什么角度看，大起大落或“马鞍”形的经济增长总是没有平稳、持续的经济增长好。

（2）充分就业。充分就业（高就业、低失业）是指经济中不存在非自愿失业或周期性失业，但可能存在摩擦失业和自愿失业。在美国等发达国家，一般把不超过 4%的失业率视作充分就业。一个社会的失业率过高，不但是一个经济问题，而且是一个政治问题。因为，失业造成劳动力的浪费和资源的闲置，使实际生产出来的产品和服务数量低于经济的生产能力；失业既会减少失业者的收入水平，又会降低失业者的社会地位，因此它成为社会不稳定的因素。

（3）价格稳定。所谓价格稳定，主要是指在中期和长期把通货膨胀率维持在较低的水平上，如通货膨胀率每年在 1%～3%。由于供给冲击会导致短期的产出波动和失业率提高，如果一味追求价格稳定目标有可能会恶化经济形势，因此，价格总水平在短期内偏离价格稳定目标通常被认为是可以接受的。价格稳定对于市场机制准确、快捷地传递资源相对稀缺的信号，对于稳定人们的预期，对于规范经济秩序，对于降低经济运行的成本，都具有重要意义。

（4）国际收支平衡。国际收支平衡是指一个国家在一定时期的经常项目和资本项目分别平衡，或者国际收支平衡表在总体上平衡。在后一种情况下，如果一个国家的经常项目出现赤字，可以通过资本项目的盈余来弥补，这就需要向外国出售资产（黄金或外汇）或向外国借款。一个国家的国际收支长期有赤字，就如同一个人或一个企业长期负债一样，是一种不健康的征兆。20 世纪 80 年代的墨西哥经济危机、1997 年爆发的泰国金融危机和随后爆发的日本经济危机，都和严重的国际收支逆差有关。

如果一个经济能够同时实现上述四个目标，这个经济的运行状况就是健康的、理想的。1992～2001 年美国出现的所谓“新经济”可以看作是同时实现了这四个目标中的前三个目标。这种“新经济”的特征是“两高一低”：高增长——经济增长率在 3%～5%；高就业——失业率低于 4%；低通胀——年通货膨胀率低于 3%。不过，对于大多数经济或一个经济在多数年份来说，同时实现这四个目标的情况是比较少见的。因为，除了经济增长和充分就业这两个目标以外，其他目标之间是有冲突、有矛盾的。

正是由于经济目标是多重的，这些目标之间又存在着矛盾和冲突，这就为经济学家设计政策、政府选择政策和协调政策提供了用武之地。因此，宏观经济管理的任务之一是要对各种宏观经济目标进行协调，对政策进行设计和选择。一般来说，在不同的时期或经济运行的不同阶段，政府根据经济中出现的主要矛盾来确立主要的经济（政策）目标。如果失业和衰退是头号经济敌人，政策目标的重点就应该是扩张总需求，扩大就业，使经济复苏；如果通货膨胀是头号经济敌人，政策目标的重点就应该是削减总需求，给过热的经济降温，把过高的通货膨胀率降下来。

11.2.1　宏观经济调控的基本原理

宏观经济调控主要是通过运用一系列的政策工具和手段来影响总需求和总供给，最终实现宏观经济目标，如图 11-2 所示。

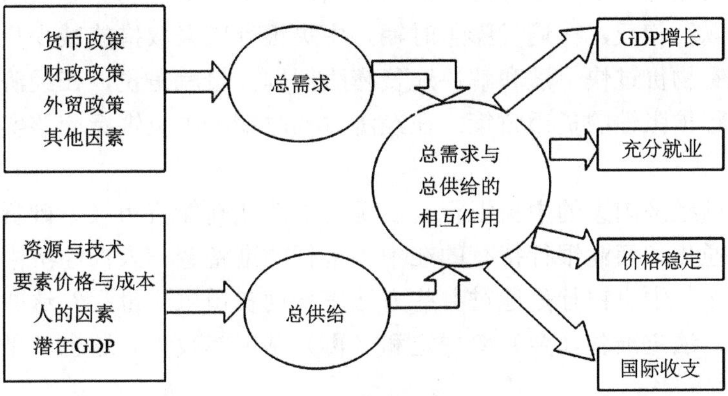

图 11-2　宏观调控原理示意图

由于影响总供给的各种因素在短期是变化很小的，宏观调控在短期主要是通过调节总需求（需求管理）来实现我们想要达到的宏观经济目标。

11.2.2　宏观调控的手段——政策工具

对总需求的调节主要是通过一系列的政策工具来进行的。政策工具是一种可以由政府或有关宏观经济管理部门加以控制，能够对一个或多个宏观经济目标施加影响的经济变量。宏观调控有三大政策工具：财政政策、货币政策和（对外）贸易政策。

1. 财政政策及其作用

财政政策是指政府为了改善宏观经济状况而变动政府支出与税收。宏观经济状况改善包括在存在非自愿失业时增加就业、在存在奥肯缺口时提高经济增长率、在经济过热时给经济降温。财政政策不但可以影响宏观经济活动水平，还可以改变宏观经济的走向。财政支出主要是通过影响总需求水平来作用于有关的宏观经济总量，税收主要是通过两种途径来影响有关的宏观经济总量。

奥肯缺口：美国著名经济学家阿瑟·奥肯，他于1962年提出了著名的“奥肯定律”。该定律论证了失业率与国民生产总值增长率两者呈反方向变化的关系。他还认为，失业率与国民生产总值缺口之间的比率是 1∶2，即失业率每增加1%，则实际国民生产总值会减少2%左右。

2. 货币政策及其工具

货币政策是一国政府根据既定目标，通过一个特定的官方机构运用其政策工具，调节货币供应量，以及通过货币供应量来调节利率，进而影响投资和消费，最终影响宏观经济活动总水平的经济政策。

运用货币政策调节总需求，也和财政政策一样，坚持“逆经济走向行事”的基本原则。当经济衰退时，中央银行应采取措施增加货币供给，刺激总需求，以解决经济衰退和失业问题；相反，在通货膨胀时期，中央银行应采取措施减少货币供给，抑制总需求，以控制物价过快上涨和解决通货膨胀问题。也就是说，在经济衰退时期，中央银行应该实行扩张性的货币政策；在经济过热时期，中央银行应该实施紧缩性的货币政策。

目前，市场经济国家的中央银行主要是通过改变高能货币（基础货币）的供给，也即流通中的通货和商业银行持有的在中央银行的准备金，来向经济中注入或收缩货币供应量。那么，中央银行是通过哪些方法来变动货币供应量呢？这些方法主要有：公开市场业务，法定准备（金）率规定和（再）贴现率政策。这也就是货币政策的三大工具。

3. （对外）贸易政策

一个国家的对外贸易政策主要是通过关税、配额、自愿限制协议、鼓励性或限制性的进出口政策法规来影响进口数量和出口数量。通常把限制贸易的政策称为贸易保护主义（政策），因为对贸易的限制常常源于保护本国产业免受外国进口商品的冲击。

11.3 凯恩斯的基本理论框架

图11-3就是对凯恩斯理论做出的一种通俗化的概括和阐述。

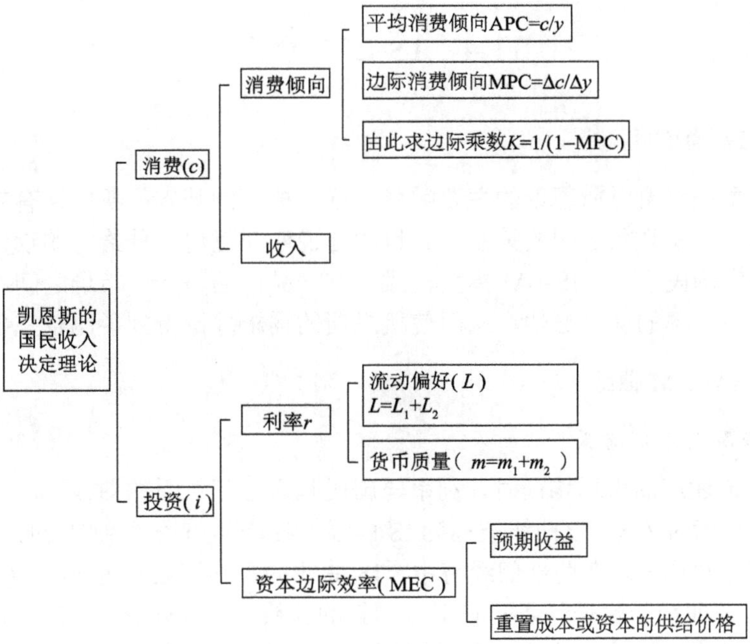

图 11-3　凯恩斯基本理论框架

图 11-3 所概括的凯恩斯经济理论纲要，包括以下几点。

（1）国民收入决定于消费和投资。

（2）消费由消费倾向和收入决定。消费倾向分为平均消费倾向和边际消费倾向。边际消费倾向大于 0 而小于 1，因此，收入增加时消费也增加。但在增加的收入中，用来增加消费的部分所占比例可能越来越小，用于增加储蓄的部分所占比例可能越来越大。

（3）消费倾向比较稳定。因此，国民收入波动主要来自投资的变动。投资的增加或减少会通过投资乘数引起国民收入的多倍增加或减少。投资乘数与边际消费倾向有关。由于边际消费倾向大于 0 而小于 1，投资乘数大于 1。

（4）投资由利率和资本边际效率决定，投资与利率呈反方向变动的关系，与资本边际效率呈同方向变动的关系。

（5）利率决定于流动偏好与货币数量。流动偏好是货币需求，由 L_1 和 L_2 组成，其中 L_1 来自交易动机和谨慎动机，L_2 来自投机动机。货币数量 m 是货币供给，由满足交易动机和谨慎动机的货币及满足投机动机的货币组成。

（6）资本边际效率由预期收益和资本资产的供给价格或者说重置成本决定。凯恩斯认为，形成资本主义经济萧条的根源是消费需求和投资需求所构成的总需求不足以实现充分就业。消费需求不足是由于边际消费倾向小于 1，即人们不会把增加的收入全用来增加消费。而投资需求不足是由于资本边际效率在长期内递减。为解决有效需求不足，必须发挥政府作用，用财政政策和货币政策来实现充分就业。财政政策就是用政府增加支出或减少税收以增加总需求，通过乘数原理引起收入多倍增加。货币政策是用增加货币供给量以降低利率，刺激投资从而增加收入。由于存在“流动性陷阱”，货币政策效果有限，增加收入主要靠财政政策。

11.4　IS-LM 分析

11.4.1　IS-LM 模型的概念

IS-LM 模型是对凯恩斯理论的主要解释。这个模型的基础是凯恩斯有效需求理论，描述的是利率与国民收入之间的关系，其目的是说明在任何一种给定的物价水平上，究竟由什么来决定国民收入。IS-LM 模型构成一个产品市场与货币市场之间相互作用共同决定国民收入与利率的理论框架，从而使凯恩斯的需求理论得到了比较完善的表述。

11.4.2　IS 曲线与 LM 曲线

1. IS 曲线及其经济含义

IS 曲线是描述产品市场均衡时，利率与国民收入之间关系的曲线，由于在两部门经济中产品市场均衡时 $I=S$，该曲线被称为 IS 曲线。在产品市场达到均衡时，收入和利率的各种组合的点的轨迹。在两部门经济中，IS 曲线的数学表达式为 $I(r)=S(y)$，它的斜率为负，这表明 IS 曲线一般是一条向右下方倾斜的曲线。一般来说，在产品市场上，位于 IS 曲线右方的收入和利率的组合，都是投资小于储蓄的非均衡组合；位于 IS 曲线左方的收入和利率的组合，都是投资大于储蓄的非均衡组合，只有位于 IS 曲线上的收入和利率的组合，才是投资等于储蓄的均衡组合。

IS 曲线的经济含义具体如下。

（1）描述产品市场达到宏观均衡，即 $i=s$ 时，总产出与利率之间的关系。

（2）总产出与利率之间存在着反向变化的关系，即利率提高时总产出水平趋于减少，利率降低时总产出水平趋于增加。

（3）处于 IS 曲线上的任何点位都表示 $i=s$，偏离 IS 曲线的任何点位都表示没有实现均衡。

（4）如果某一点位处于 IS 曲线右边，表示 $i<s$，即现行的利率水平过高，从而导致投资规模小于储蓄规模。如果某一点位处于 IS 曲线的左边，表示 $i>s$，即现行的利率水平过低，从而导致投资规模大于储蓄规模。

IS 曲线表示产出均衡条件下国民收入和利率所应保持的关系，所以，只有 IS 曲线上的点对应的国民收入才是均衡收入。所有不在 IS 曲线上的点都是非均衡点，如图 11-4 所示，IS 曲线右边的点意味着 $i<s$，如点 A，而 IS 曲线左边的点意味着 $i>s$，如点 B。

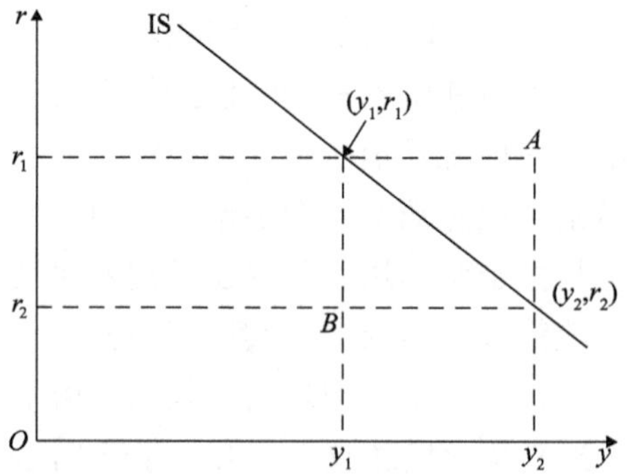

图 11-4　非均衡点

IS 曲线的斜率决定一定量的利率变动 Δr 引起的国民收入变动 Δy 越大；斜率越大，一定量 Δr 引起的 Δy 越小，如图 11-5 所示。

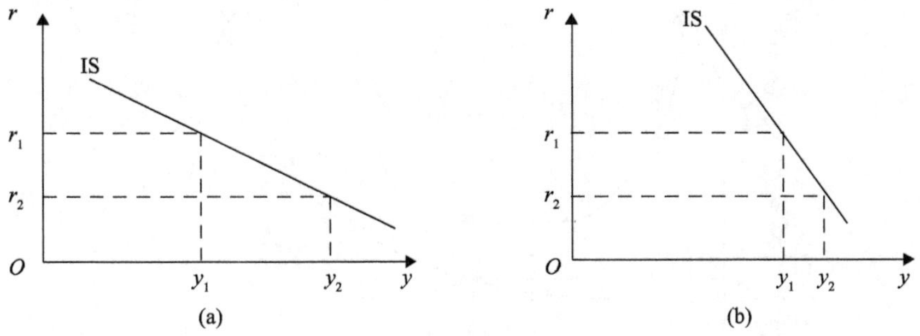

图 11-5　IS 曲线斜率的特点

2. LM 曲线

LM 曲线是描述在货币市场均衡状态下国民收入和利率之间相互关系的曲线。LM 曲线表示在货币市场中，货币供给等于货币需求时收入与利率的各种组合的点的轨迹。LM 曲线的数学表达式为 $m = ky - hr$，其中，m 为实际货币供给量；y 为收入；r 为利率；k 为边际持币倾向；h 为货币的投机需求对利率变化的弹性系数。由表达式可知 LM 曲线的斜率为 $\mathrm{d}r/\mathrm{d}y = k/h$，由此可见，LM 曲线的斜率取决于边际持币倾向（$k$）和货币的投机需求对利率变化的弹性系数（$h$）。

LM 曲线是使得货币市场处于均衡的收入与均衡利息率的不同组合描述出来的一条曲线。换一句话说，在 LM 曲线上，每一点都表示收入与利息率的组合，这些组合点恰好使得货币市场处于均衡。

1）IS-LM 模型分析

IS-LM 模型是反映产品市场和货币市场同时均衡条件下，国民收入和利率关系的模型。IS-LM 模型是在凯恩斯宏观经济理论基础上概括出的一个经济分析模式，即希克斯-汉森模型，也称“希克斯-汉森综合”或“希克斯-汉森图形”。

按照希克斯的观点，流动偏好（L）和货币数量（M）决定着货币市场的均衡，而人们持有的货币数量既决定于利率（r），又决定于收入（y）的水平。由此，在以纵轴表示利率、横轴表示收入的坐标平面上，可以做出一条 LM 曲线。

$I(r) = S(y)$ 即 IS；$m=ky-hr$ 即 LM。其中，I 为投资；S 为储蓄；m 为实际货币供应量；P 为物价水平；y 为国民收入；r 为利率。

曲线上的每一点都表示持有现金的愿望和货币数量相等，即货币需求和货币供给相一致，并且同既定的利率和收入水平相一致。

希克斯又认为，社会储蓄（S）和投资（I）的愿望，决定资本市场的均衡，而储蓄和投资又必须同收入水平和利率相一致。由此，在纵轴表示利率、横轴表示收入的坐标平面上，又可作出一条 IS 曲线（图 11-6），曲线上的每一点都表示储蓄等于投资，并且同既定的利率和收入水平相适应。

通过以上分析，希克斯对收入的决定做出了新的解释，认为收入（y）的均衡水平是由 IS 曲线与 LM 曲线的交点决定的，即凯恩斯体系的四大根基——消费函数、资本边际效率、灵活偏好和货币数量同时决定收入的均衡水平。**在收入均衡点上，同时存在着以LM表示的货币市场的均衡和以IS表示的资本市场的均衡。**如图11-6所示。

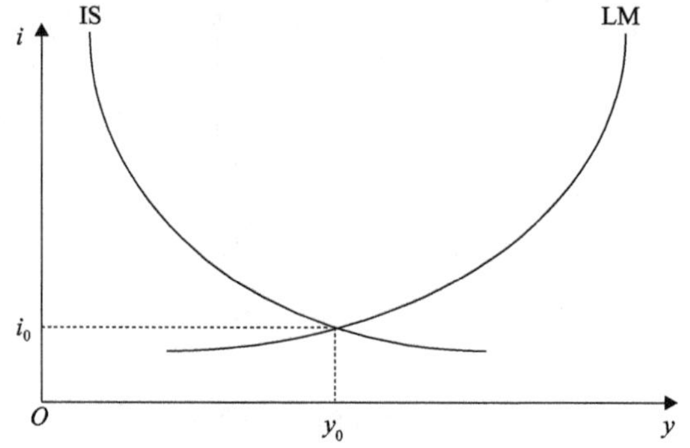

图 11-6　均衡收入水平

IS-LM 模型在一个平面坐标中表示，横轴表示经济需求面决定的收入或产出（y），纵轴表示利率（r）。IS 曲线表示产品市场均衡条件，LM 曲线表示货币市场均衡条件。

把 IS 曲线与 LM 曲线放在同一个图形中，得到 IS-LM 模型，如图 11-7 所示。两者交点 E 点代表均衡利率（r^*）与均衡产出（y^*），即 E 点对应的利率与产出水平表示产品市场与货币市场同时处于均衡状态。E 点以外任何点代表的利率与产出组合，都不满足两个市场同时均衡条件。

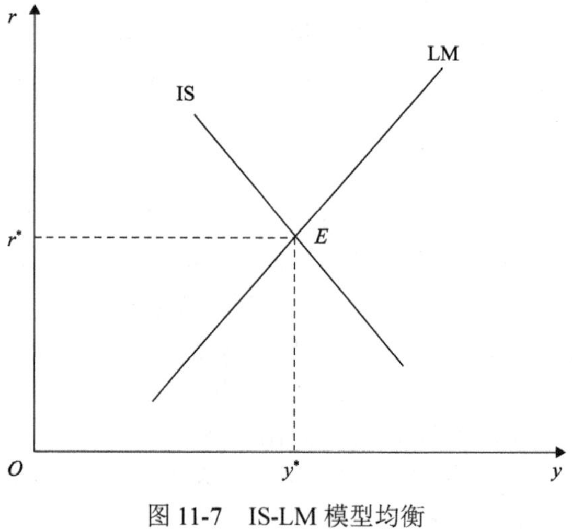

图 11-7　IS-LM 模型均衡

2）IS 曲线和 LM 曲线的斜率及其决定因素的意义

分析研究 IS 曲线和 LM 曲线的斜率及其决定因素，主要是为了分析有哪些因素会影响财政政策和货币政策效果。在分析财政政策效果时，比方说分析一项增加政府支出的扩张性财政政策效果时，如果增加一笔政府支出会使利率上升很多（这在 LM 曲线比较陡峭时就会这样），或利率上升一定幅度会使私人部门投资下降很多（这在 IS 曲线比较平坦时就会是这样），则政府支出的挤出效应就大，从而扩张性财政政策效果较小，反之则反是。

可见，通过分析 IS 曲线和 LM 曲线的斜率及它们的决定因素就可以比较直观地了解财政政策效果的决定因素：使 IS 曲线斜率较小的因素（如投资对利率较敏感，边际消费倾向较大从而支出乘数较大，边际税率较小从而支出乘数较大），以及使 LM 曲线斜率较大的因素（如货币需求对利率较不敏感、货币需求对收入较为敏感），都是使财政政策效果较小的因素。在分析货币政策效果时，比方说分析一项增加货币供给的扩张性货币政策效果时，如果增加一笔货币供给会使利率下降很多（这在 LM 曲线陡峭时就会是这样），或利率上升一定幅度会使私人部门、投资增加很多（这在 IS 曲线比较平坦时就会是这样），则货币政策效果就会很明显，否则则相反。可见，通过分析 IS 曲线和 LM 曲线的斜率及它们的决定因素就可以比较直观地了解货币政策效果的决定因素，使 IS 曲线斜率较小的因素及使 LM 曲线斜率较大的因素，都是使货币政策效果较大的因素。

11.5　货币政策及其效果

11.5.1　货币政策的分类、实施与目标

货币政策是指通过中央银行调节货币供应量，影响利息率及经济中的信贷供应程度来间接影响总需求，以达到总需求与总供给趋于理想的均衡的一系列措施。货币政策分为扩张性的和紧缩性的两种。

扩张性的货币政策是通过提高货币供应增长速度来刺激总需求，在这种政策下，取得信贷更为容易，利息率会降低。因此，当总需求与经济的生产能力相比很低时，使用扩张性的货币政策最合适。

紧缩性的货币政策是通过削减货币供应的增长率来降低总需求水平，在这种政策下，取得信贷较为困难，利息率也随之提高。因此，在通货膨胀较严重时，采用紧缩性的货币政策较合适。

货币政策调节的对象是货币供应量，即全社会总的购买力，具体表现形式为：流通中的现金和个人、企事业单位在银行的存款。流通中的现金与消费物价水平变动密切相关，是最活跃的货币，一直是中央银行关注和调节的重要目标。

运用货币政策所采取的主要措施包括七个方面。

第一，控制货币发行。这项措施的作用是，钞票可以整齐划一，防止币制混乱；中央银行可以掌握资金来源，作为控制商业银行信贷活动的基础；中央银行可以利用货币发行权调节和控制货币供应量。

第二，控制和调节对政府的贷款。为了防止政府滥用贷款助长通货膨胀，资本主义国家一般都规定以短期贷款为限，当税款或债款收足时就要还清。

第三，推行公开市场业务。中央银行通过它的公开市场业务，起到调节货币供应量，扩大或紧缩银行信贷，进而起到调节经济的作用。

第四，改变存款准备金率。中央银行通过调整准备金率，据以控制商业银行贷款、影响商业银行的信贷活动。

第五，调整再贴现率。再贴现率是商业银行和中央银行之间的贴现行为。调整再贴现率，可以控制和调节信贷规模，影响货币供应量。

第六，选择性信用管制。它是对特定的对象分别进行专项管理，包括：证券交易信用管理、消费信用管理、不动产信用管理。

第七，直接信用管制。它是中央银行采取对商业银行的信贷活动直接进行干预和控制的措施，以控制和引导商业银行的信贷活动。

货币政策的最终目标一般有四个：稳定物价、充分就业、促进经济增长和平衡国际收支。

稳定物价目标是中央银行货币政策的首要目标。

充分就业目标，就是要保持一个较高的、稳定的水平。失业，理论上讲，表示了生产资源的一种浪费，失业率越高，对社会经济增长越是不利，因此，各国都力图把失业率降到最低的水平，以实现其经济增长的目标。

经济增长目标就是国民生产总值的增长必须保持合理的、较高的速度。目前各国衡量经济增长的指标一般采用人均实际国民生产总值的年增长率，即用人均名义国民生产总值年增长率剔除物价上涨率后的人均实际国民生产总值年增长率来衡量。政府一般对计划期的实际 GNP 增长幅度定出指标，用百分比表示，中央银行即以此作为货币政策的目标。

平衡国际收支目标，简言之，就是采取各种措施纠正国际收支差额，使其趋于平衡。因为一国国际收支出现失衡，无论是顺差或逆差，都会对本国经济造成不利影响，长时期的巨额逆差会使本国外汇储备急剧下降，并承受沉重的债务和利息负担；而长时期的巨额顺差，又会造成本国资源使用上的浪费，使一部分外汇闲置，特别是如果因大量购进外汇而增发本国货币，则可能引起或加剧国内通货膨胀。当然，相比之下，逆差的危害尤甚，因此各国调节国际收支失衡一般着力于减少以致消除逆差。

11.5.2 货币政策效果分析

（1）在 LM 曲线形状基本不变时，IS 曲线越平坦，LM 曲线移动（由于实行变动货币供给量的货币政策）对国民收入变动的影响就越大；反之，IS 曲线越陡峭，LM 曲线移动的影响就越小，如图 11-8 所示。

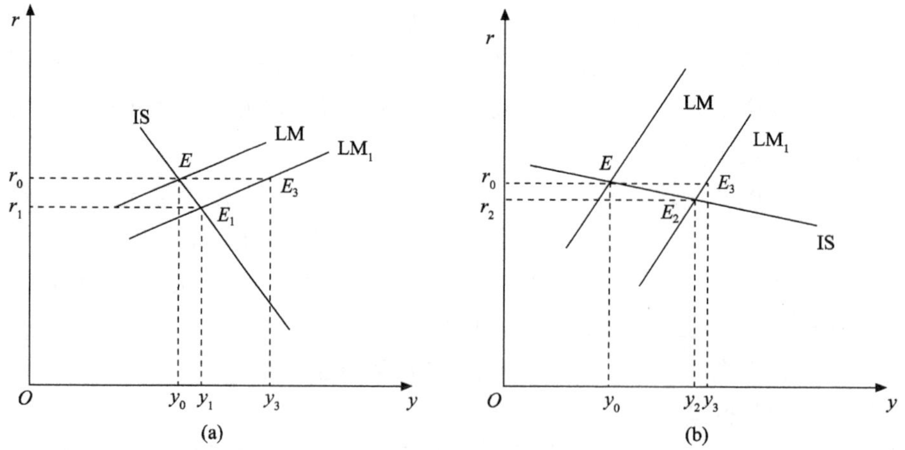

图 11-8 货币政策效果因 IS 曲线斜率而异

图 11-8 中，LM 曲线斜率相同，IS 曲线斜率不同，假定开始的均衡收入和均衡利率都为 y_0 和 r_0。货币当局实行增加同样一笔货币供给量 ΔM 的扩张性货币政策时，LM 曲线都向右移动相同距离 $EE_3=y_0y_3=\dfrac{\Delta M}{k}$，这里 k 是 $L=kY-hr$ 货币需求函数中的，即货币交易需求量与收入的比率，y_0y_3 等于 r_0 利率不变时因货币供给增加而能够增加的国民收入，但实际上收入并不会增加那么多，因为利率会因货币供给增加而下降，因而增加的货币供给量中一部分要用来满足增加了的投机需求，只有剩余部分才用来满足增加的交易需求。究竟要有多少货币量用来满足增加的交易需求，这决定于货币供给增加时国民收入能增加多少。

从图 11-8 可以看出，IS 曲线较陡峭时，收入增加较少；IS 曲线较平缓时，收入增加较多。这是因为 IS 曲线较陡峭，表示投资的利率系数较小。因此，当 LM 曲线由于货币供给增加而向右移动使利率下降时，投资不会增加很多，从而国民收入也不会有较大增加；反之，IS 较平坦时，表示投资利率系数较大，因此，货币供给增加使利率下降时，投资会增加很多，从而使国民收入水平有较大增加。

（2）当 IS 曲线斜率不变时，LM 曲线越平坦，货币政策效果就越小，反之，则货币政策效果就越大，如图 11-9 所示。

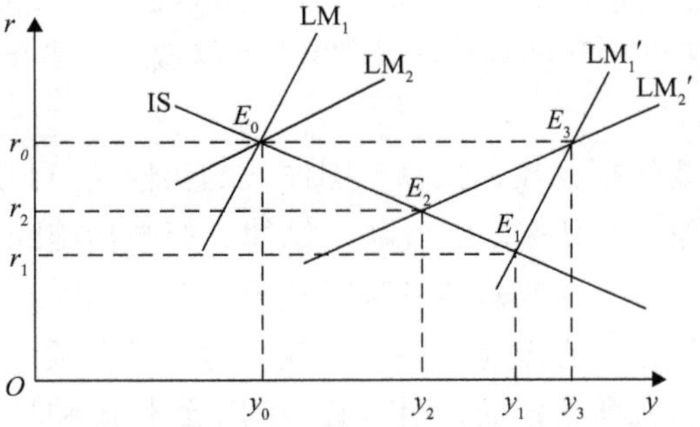

图 11-9　货币政策效果因 LM 曲线斜率而异

在图 11-9 中，只有一条 IS 曲线，因而斜率相同。货币供给增加使 LM 从 LM_1 右移到 LM_1' 和 LM_2 右移到 LM_2' 时：LM_1 较陡峭时，收入增加较多，从 y_0 增加到 y_1；而 LM_2 较平坦时，收入增加较少，从 y_0 增加到 y_2。显然，$y_0y_1>y_0y_2$。

为什么会如此？这是因为，若 LM 曲线较陡峭，表示货币需求受利率的影响较小，即货币供给量稍有增加就会使利率下降较多，因而对投资和国民收入有较多增加，即货币政策的效果较强。反之，LM 较平坦，表示货币需求受利率的影响较大，即利率稍有变动就会使货币需求变动很多，因而货币供给量变动对利率变动的作用较小，从而增加货币供给量的货币政策就不会对投资和国民收入有较大影响。

总之，一项扩张的货币政策如果能使利率下降较多（LM 较陡时就会这样），并且利率的下降能对投资有较大刺激作用（IS 较平坦时就会这样），则这项货币政策的效果就较强。反之，货币政策的效果就较弱。

11.6 财政政策及其效果

11.6.1 财政政策的内容、种类与实施手段

财政政策是指国家根据一定时期政治、经济、社会发展的任务而规定的财政工作的指导原则，通过财政支出与税收政策来调节总需求。增加政府支出，可以刺激总需求，从而增加国民收入，反之则压抑总需求，减少国民收入。税收对国民收入是一种收缩性力量，因此，增加政府税收，可以抑制总需求从而减少国民收入，反之，则刺激总需求增加国民收入。它由国家制定，代表统治阶级的意志和利益，具有鲜明的阶级性，并受一定的社会生产力发展水平和相应的经济关系制约。

财政政策是国家整个经济政策的组成部分，同其他经济政策有着密切的联系。财政政策的制定和执行，要有金融政策、产业政策、收入分配政策等其他经济政策的协调配合。其内容包括：社会总产品、国民收入分配政策、预算收支政策、税收政策、财政投资政策、财政补贴政策、国债政策、预算外资金收支政策等。它们之间是相辅相成的关系。

财政政策的种类：①扩张性财政政策（又称为积极的财政政策）是指通过财政分配活动来增加和刺激社会的总需求，即通过增加国债、财政支出等来实现。②紧缩性财政政策是指通过财政分配活动来减少和抑制总需求。③中性财政政策是指财政的分配活动对社会总需求的影响保持中性。

财政政策的手段主要包括税收、预算、国债、购买性支出和财政转移支付等手段，也即国家为实现财政政策目标所采取的经济、法律、行政措施的总和。经济措施主要指财政杠杆；法律措施是通过立法来规范各种财政分配关系和财政收支行为，对违法活动予以法律制裁；行政措施指运用政府机关的行政权力予以干预。财政政策手段的选择是由财政政策的性质及其目标所决定的。财政政策的阶级性质和具体目标不同，所采取的手段也不同。

11.6.2 财政政策效果分析

1. 一般政策效果分析

从 IS-LM 模型看，财政政策效果的大小是指政府收支变化（包括变动税收、政府购买和转移支付等）使 IS 变动对国民收入变动产生的影响。显然，从 IS 和 LM 图形看，这种影响的大小，随 IS 曲线和 LM 曲线的斜率不同而有所区别。

在 LM 曲线不变时，IS 曲线斜率的绝对值越大，即 IS 曲线越陡峭，则移动 IS 曲线时收入变化就越大，即财政政策效果越大。反之，IS 曲线越平坦，则 IS 曲线移动时收入变化就越小，即财政政策效果越小。如图 11-10 所示。

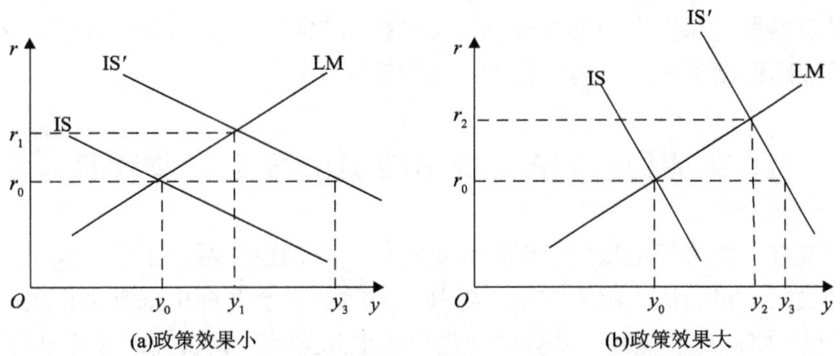

图 11-10　财政政策效果因 IS 曲线斜率而异

在 IS 曲线的斜率不变时，财政政策效果又随 LM 曲线斜率不同而不同。LM 斜率越大，即 LM 曲线越陡，则移动 IS 曲线时收入变动就越小，即财政政策效果就越小；反之，LM 越平坦，则财政政策效果就越大。如图 11-11 所示。

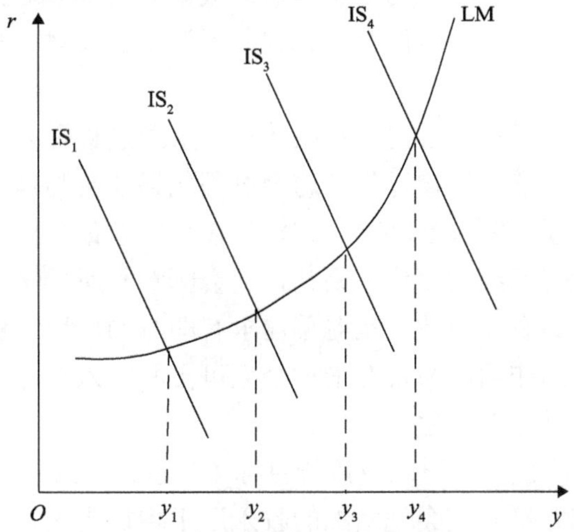

图 11-11　财政政策效果因 LM 曲线斜率而异

2. 凯恩斯主义的极端情况

如果 LM 越平坦，或 IS 越陡峭，则财政政策效果越大，货币政策效果越小。如果出现一种 IS 曲线为垂直线而 LM 曲线为水平线的情况，则财政政策将十分有效，而货币政策将完全无效。这种情况被称为凯恩斯主义的极端情况。

3. 挤出效应

挤出效应指政府支出增加所引起的私人消费或投资降低的经济效应。在 IS-LM 模型中，若 LM 曲线不变，向右移动 IS 曲线，两种市场同时均衡时会引起利率的上升和国民收入的增加。但是，这一增加的国民收入小于不考虑货币市场的均衡（即 LM 曲线）或利率不变条件下的国民收入的增量，这两种情况下的国民收入增量之差，就是利率上升而引起的挤出效应。挤出效应的大小取决于支出乘数的大小、货币需求对收入变动的敏感程度、货币需求对利率变动的敏感程度、投资需求对利率变动的敏感程度等。其中，货币的利率敏感程度和投资的利率敏感程度是挤出效应大小的决定性因素。挤出效应与货币的利率敏感程度负相关；与投资的利率敏感性正相关。

11.7 财政政策和货币政策的局限性与协调

财政政策与货币政策是政府对国民经济进行宏观调控的两大手段，都不同程度地存在一定的局限性，它们从决定到实施，再到政策效果完全发挥出来都会产生政策时滞。因此，在宏观经济政策实施过程中，往往需要协调起来使用，以发挥好各自的调节功能。

11.7.1 财政政策的局限性

宏观经济政策在具体的实施过程中，往往会遇到各种问题，从而大大影响政策的实施效果。这些问题主要表现在以下四个方面。

（1）实施财政政策存在公众压力。有些财政政策的实施会遇到阻力，如增税一般会遭到公众的普遍反对；减少购买可能会引起大垄断资本的反对；削减转移支付则会遭到一般平民的反对。

（2）财政政策会存在时滞。首先，财政政策的形成过程需要较长的时间。因为财政政策的变动一般是一个完整的法律过程，这个过程包括议会与许多专门委员会的讨论、部门的研究、各利益集团的院外活动等。这样，在财政政策最终形成并付诸实践时，经济形势可能已经发生意想不到的变化。因此，就会影响其所要达到的目标。其次，财政政策发挥作用也有时滞。有些财政政策对总需求有即时的作用。例如，购买的变动对增加总需求有直接而迅速的作用，减税对增加个人可支配收入有即时的作用，但对消费支出的影响则要一定时间后才会产生。

（3）公众的行为可能会偏离财政政策的目标（动态不一致）。例如，采取增支减税政策扩大总需求时，人们并不一定会把增加的收入用于增加支出，也可能转化为储蓄。

（4）非经济因素。除此之外，财政政策的实施，还要受到政治因素的影响（如选举）。

11.7.2 货币政策的局限性

（1）从货币市场均衡的情况看，增加或减少货币供给要影响利率的话，必须以货币流通速度不变为前提。如果这一前提并不存在，货币供给变动对经济的影响就要打折扣。在经济繁荣时期，中央银行为抑制通货膨胀需要紧缩货币供给，或者说放慢货币供给的增长率，然而，公众一般来说支出会增加，而且物价上升快时，公众不愿把货币持在手上，而希望尽快花费出去，从而货币流通速度会加快，这无异在流通领域增加了货币供给量。这时候，即使中央银行减少货币供给，也无法使通货膨胀率降下来。反之，当经济衰退时，货币流通速度下降，这时中央银行增加货币供给对经济的影响也就可能被货币流通速度下降所抵消。货币流通速度加快，意味着货币需求增加，流通速度放慢，意味着货币需求减少，如果货币供给增加量和货币需求增加量相等，LM 曲线就不会移动，因而利率和收入也不会变动。

（2）在不同时期政策效果不同。在通货膨胀时期，实行紧缩的货币政策可能效果比较显著，但在经济衰退时期，实行扩张的货币政策效果就不明显。那时候，厂商对经济前景普遍悲观，即使中央银行松动银根，降低利率，投资者也不肯增加贷款从事投资活动，银行为安全起见，也不肯轻易贷款。特别是由于存在着流动性陷阱，不论银根如何松动，利息率都不会降低。这样，货币政策作为反衰退的政策，其效果就相当微弱。即使从反通货膨胀看，货币政策的作用也主要表现于需求拉上型通货膨胀，而对成本推进的通货膨胀，货币政策效果就很小。因为物价的上升若是由工资上涨超过劳动生产率上升幅度引起或由垄断厂商为获取高额利润引起，则中央银行想通过控制货币供给来抑制通货膨胀就比较困难了。

> 需求拉上型通货膨胀是指由消费品市场物价水平的上升而引起的通货膨胀。当社会总需求大于社会总供给，就会出现整个社会商品供不应求，从而导致通货膨胀

（3）货币政策作用的外部时滞也影响政策效果。中央银行变动货币供给量，要通过影响利率，再影响投资，然后再影响就业和国民收入，因而，货币政策作用要经过相当长一段时间才会充分得到发挥。尤其是，市场利率变动以后，投资规模并不会很快发生相应变动。利率下降以后，厂商扩大生产规模，需要一个过程，利率上升以后，厂商缩小生产规模，更不是一件容易的事。总之，货币政策即使在开始采用时不要花很长时间，但执行后到产生效果却要有一个相当长的过程，在此过程中，经济情况有可能发生和人们原先预料的相反变化，比方说，经济衰退时中央银行扩大货币供给，但未到这一政策效果完全发挥出来经济就已转入繁荣，物价已开始较快地上升，则原来采取的扩张性货币政策并未缓解经济衰退，却为加剧通货膨胀起了火上加油的作用。货币政策在实践中存在的问题不止这些，但仅从这些方面看，货币政策作为平抑经济波动的手段，作用也有限。

11.7.3　财政政策和货币政策的协调与配合

传统的宏观经济两难是指经济增长与通货膨胀相伴，为了抑制通货膨胀所采取的提高利率的做法往往也抑制了经济增长。我国目前的宏观经济两难主要是指在投资拉动的经济增长情况下，虽然没有出现通货膨胀，但消费率处于很低的水平。为了抑制投资采取的提高利率和汇率的做法可能进一步抑制了消费，在这种情况下，宏观经济政策的选择应该以财政政策为主，并且主要是政府帮助居民增加消费的财政政策。同时，在现实经济生活中要把两种政策结合使用。

> 宏观经济政策的选择应该以财政政策为主，并且主要是政府帮助居民增加消费的财政政策。同时，在现实经济生中要把两种政策结合使用。

所谓财政政策和货币政策的配合，是指政府将财政政策和货币政策按某种形式搭配组合起来，以调节总需求，最终实现宏观经济的内外平衡。财政政策与货币政策的配合

使用，一般有四种模式。

1. 扩张性的财政政策和扩张性的货币政策，即“双松”政策

松的财政政策和松的货币政策能更有力地刺激经济。一方面通过减少税收或扩大支出规模等松的财政政策来增加社会总需求，增加国民收入，但也会引起利率水平提高；另一方面通过降低法定准备金率、降低再贴现率、买进政府债券等松的货币政策增加商业银行的储备金，扩大信贷规模，增加货币供给，抑制利率的上升，以消除或减少松的财政政策的挤出效应，使总需求增加，其结果是可在利率不变的条件下，刺激经济，并通过投资乘数的作用使国民收入和就业机会增加。这样可以消除经济衰退和失业，比单独运用财政政策或货币政策更有缓和衰退、刺激经济的作用。扩张性的财政政策和扩张性的货币政策搭配所适用的经济初始状态是：存在比较高的失业率；大部分企业开工不足，设备闲置；大量资源有待开发；市场疲软，没有通胀现象；国际收支盈余过多。在此状态下，这种搭配模式一方面会刺激对进口产品的需求，减少国际收支盈余；另一方面对推动生产和降低失业率有促进作用。这种模式能够短时间内提高社会总需求，见效迅速，但运用时应谨慎，如果掌握的尺度不好会造成通货膨胀的危险。

2. 紧缩性的财政政策和紧缩性的货币政策，即“双紧”政策

当经济过度繁荣，通货膨胀严重时，可以把紧的财政政策和紧的货币政策配合使用。这就是说通过增加税收和减少政府支出规模等紧的财政政策压缩总需求，从需求方面抑制通货膨胀。而利用提高法定存款准备金率等紧的货币政策减少商业银行的准备金，会使利率提高，投资下降，货币供给量减少，有利于抑制通货膨胀，同时，由于紧的财政政策在抑制总需求的同时会使利率下降，而通过紧的货币政策使利率上升，从而不使利率的下降起到刺激总需求的作用。其结果是可在利率不变的情况下，抑制经济过度繁荣，使总需求和总产出下降。实施紧缩性的财政政策和紧缩性的货币政策搭配的初始状态是：经济处于高通货膨胀；不存在高失业率；国际收支出现巨额赤字。削减总需求一方面有利于抑制通货膨胀、保证货币和物价的稳定；另一方面有助于改善国际收支状况，减少国际收支赤字。但是，这一模式如果运用不当往往会造成经济停滞的后果。

3. 扩张性的财政政策和紧缩性的货币政策

这种政策组合的结果是利率上升，总产出的变化不确定。具体说来，这种模式在刺激总需求的同时又能抑制通货膨胀，松的财政政策通过减税、增加支出，有助于克服总需求不足和经济萧条，而紧的货币政策会减少货币供给量，进而抑制由松的财政政策引起的通货膨胀的压力。实施扩张性的财政政策和紧缩性的货币政策搭配适宜的条件是：经济停滞不前，甚至衰退；社会总需求不足；物价稳定，没有通货膨胀迹象；失业率高；国际收支赤字。在这种条件下，用松的财政政策来拉动内需，对付经济衰退，用紧的货币政策来减少国际收支赤字，调节国际收支平衡，从而有助于促进宏观经济的内外均衡。

4. 紧缩性的财政政策和扩张性的货币政策

同扩张性的财政政策和紧缩性的货币政策相反，这种政策组合的结果是利率下降，总产出的变化不确定。一方面，通过增加税收，控制支出规模，压缩社会总需求，抑制

通货膨胀；另一方面，采取松的货币政策增加货币供应，以保持经济适度增长。实施紧缩性的财政政策和扩张性的货币政策搭配的适宜条件是：经济过热；物价上涨、通货膨胀；社会失业率低；国际收支出现过多顺差。在此状态下，采取紧缩性的财政政策和扩张性的货币政策的配合是适宜的，前者可以用来对付通货膨胀，后者可用来减少过多的国际收支盈余（通过刺激进口和以低利率刺激资本流出），从而有助于促进宏观经济的内外均衡。

可以看出，上述四种组合各有特点，在现实生活中，这四种政策的搭配与选择是一个很复杂的问题。采取哪种形式，应视当时的经济情况而定，灵活、适当运用。

本章总结

1. 市场失灵带来市场机制资源配置的缺陷。

2. 经济周期是指实际总产出和就业相对于它们潜在水平的波动。经济周期的波动可以分为扩张和收缩两个阶段。

3. 从产品市场均衡要求计划投资等于计划储蓄这一点出发，可以得到一条反映利率和收入相互关系的曲线，即 IS 曲线。IS 曲线和 LM 曲线交点的利率与收入就是产品市场和货币市场同时达到均衡的利率与收入。

4. 依靠市场力量可达到两个市场同时均衡，但却未必能实现充分就业均衡。为此，需要依靠国家用财政政策和货币政策进行调节。各种财政政策工具（所得税、政府支出、投资津贴等）和货币政策对利率、消费、投资和 GDP 会有不同的影响。

5. 从 IS-LM 图形分析，当 LM 曲线不变时，如果 IS 曲线较平坦，表示投资的利率系数较大，因而一项扩张性财政政策使利率上升时，就会使私人投资下降较多，即挤出效应较大，从而使这项政策的效果就较小；当 IS 曲线不变时，如果 LM 曲线较陡峭，表示货币需求的利率系数较小，即货币需求对利率反应较不灵敏，这意味着一定的货币需求增加将使利率上升较多，从而对私人部门产生较大的挤出效应，财政政策效果就较小。反之，IS 曲线越陡峭，LM 曲线越平坦，则财政政策效果越大。如果 IS 曲线陡得像垂直线，LM 曲线平坦得像水平线，则财政政策效果就极大，这是一种凯恩斯主义极端情况。

6. 从 IS-LM 图形分析，LM 曲线形状不变时，IS 曲线较平坦，表示投资的利率系数较大，若增加货币供给，投资和收入会增加较多，即货币政策效果大；反之，IS 曲线越陡峭，货币政策效果就越小。当 IS 曲线形状不变时，若 LM 曲线较平坦，表示货币需求受利率的影响较大，即利率稍有变动就会使货币需求变动很多，因而货币供给量变动对利率影响越小，即货币政策效果小；反之，LM 曲线越陡峭，货币政策效果就越大。如果 IS 曲线呈水平状，LM 曲线呈垂直状，货币政策效果就极大，这就是古典主义极端情况。

7. 根据政策调节的需要，扩张性和紧缩性的财政政策与货币政策可以搭配使用。

思 考 题

1. 摩擦性失业与结构性失业相比，哪一种失业的问题更严重些？
2. 政府的财政收入政策通过哪一个因素对国民收入产生影响？
3. 假定政府没有实行财政政策，国民收入水平的提高可能导致什么后果？
4. 用 IS-LM 模型说明为什么凯恩斯主义强调财政政策的作用而货币主义学派强调货币政策的作用。
5. 什么是斟酌使用的财政和货币政策？
6. 政府发行的公债卖给中央银行和商业银行或其他私人机构对货币供应量变动会产生哪些不利的影响？
7. 什么是自动稳定器？是否税率越高，税收作为自动稳定器的作用越大？

课外阅读

第二次世界大战后美国货币政策传导机制的发展

基本原理：准确地选择货币政策指标是实现货币政策最终目标的前提条件。在每一个特定的时期中所选择的货币政策指标，应与该时期经济运行的特定情况相符合。

一般而言，货币政策指标的选择标准具体如下。

第一，相关性。即所选择的货币政策指标必须是同货币政策的最终目标有极密切的关系，并能作为一种函数关系存在的经济变量。

第二，可控性。即所选用的货币政策指标的变动一定要为中央银行所控制，并能置于中央银行运用的控制手段的作用范围之内。

第三，可测性。即所选用的货币政策指标必须具有明确而合理的内涵和外延，使中央银行能迅速而准确地收集到有关指标的数据资料，且便于进行定量分析，便于进行科学预测。

第四，有效性。即选用这个指标，中央银行能区分出政策性效果和非政策性效果的作用。

第五，适应性。即所选用的货币政策指标必须与特定的经济金融环境相适应。

各国中央银行在选择货币政策指标时，一般将其分为两类：第一类指标是货币政策工具最直接的控制对象，中央银行能够对它们进行紧密的控制；第二类指标则受第一类指标变动的影响，从而间接地受到货币政策工具的影响，但与货币政策最终目标之间的联系却较第一类指标更为密切。一般为明确起见，称第一类指标为近期指标（又称操作目标），称第二类指标为远期指标（又称中介目标）。

可选择的中介指标主要有：利率和货币供应量。

本案例选择了英国、美国，主要以美国联邦储备委员会（以下简称美联储）对货币政策中介指标的选择为线索，通过其在不同历史阶段的不同选择来帮助理解上述原理。

（1）20 世纪 40～50 年代初。1941 年，美联储为筹措军费，采取了廉价的货币政策，即钉住战前的低利率：三个月期的国库券利率为 0.375%，长期财政债券利率为 2.4%。无论什么时候，只要利率上升到高于上述水平，而且债券价格开始下跌时，美联储就进行公开市场购买，迫使利率下降。这一政策在大部分时间内是成功的，但当 1950 年朝鲜战争爆发时，引起了通货膨胀。1951 年 3 月，美联储和财政部达成“一致协议”，取消钉住利率，但美联储承诺它将不让利率急剧上升。同时，美联储正式独立于财政部，此后货币政策才开始具有完全的独立性，这也标志着美国货币政策开始成为影响美国经济的主导力量。

（2）20 世纪 50～70 年代。这期间美国经济周期性扩张和收缩的特征非常突出，因此，扩张性和紧缩性的货币政策交替也很明显，货币政策目标经常变化。50 年代，美联储控制的中介指标有自由储备金净额、三个月期的国库券利率和货币总量比，并按此次序来决定指标控制的重要性。结果表明，美联储对前两个指标的控制较好，对货币总量控制较差，这导致最初的 10 年内竟发生了三次经济危机。到了 60 年代，又重新推行廉价的货币政策，同时重视财政政策的运用。货币供应量的增长率日趋上升，松的货币政策加之松的财政政策导致通货膨胀率不断上升，从 1965 年的 2.3%到 1969 年的 6.1%。这些政策进一步导致了 70 年代滞胀的发生。70 年代，美联储将货币总量作为中间目标，从 M1 和 M2 的增长率来看，美联储以紧缩的货币政策为主，最终导致了 1979 年的经济危机。

（3）20 世纪 80～90 年代。70 年代后，随着通货膨胀被抑制，美联储又转向了平稳利率政策，并获得了极大成功。例如，90 年代初，美国经济陷入萧条，美联储在 1990 年 7 月到 1992 年 9 月间连续逐步降息 17 次，将短期利率从 8%降到 3%，促进投资与消费上升，从而带动了整个经济的发展。在 1994 年到 1995 年 7 月，美国经济过热时，又连续七次提高联邦基金利率，成功地实现了软着陆。1994 年时任美联储主席的格林斯潘指出，美联储将放弃以货币供应量的增减对经济实行宏观调控的做法，将以调控实际利率作为经济调控的主要手段。这标志着美国货币政策的重大转变。

（4）自 1999 年 6 月开始，为防止经济过热，美联储开始抽紧银根，半年中先后三次提高利率。但美国经济增长势头仍没有减缓的迹象，于是在 2000 年 2 月 2 日、3 月 21 日和 5 月 16 日又分别提高利率，使联邦基金利率达到 65%。2000 年 5 月底公布的数据表明力度加大的宏观调控开始见效，经济增长逐步放缓。但 2001 年伊始，种种迹象表明，美国经济已进入了明显放慢的敏感时期。为刺激经济回升，从 2001 年 1 月至 2001 年 6 月底，美联储连续六次降息。在这么短的时间内采取如此大的降息动作，是近 20 年来的第一次。2001 年，美国联邦基金利率和贴现率分别为 3.75%和 3.25%，均为 7 年多来的最低水平。美联储表示，美国经济今后一段时期面临的主要危险仍是疲软，这意味着美联储可能还会降息。

（5）2001 年，随着网络泡沫的破灭和“9・11”恐怖袭击的发生，美国经济出现衰退迹象，为刺激经济，美联储开始实施超宽松的货币政策。在 4 年（2001～2004 年）之内，美联储连续 13 次降息，联邦基金利率从 6.5%降至 1%，以至于出现大量的流动资金过剩。这些资金大量涌入股市、房市，炒房投资盛极一时，次级房贷市场空前火爆，房价以每年10%的速度上涨，2005年更是上涨17%，房地产成为拉动美国经济增长的重要力量，也造成了房地产市场泡沫的发生，为次贷危机埋下了隐患。随着2003年美国经济全面复苏，通货膨胀的压力重新显现。美联储自2004年6月起两年内连续17次将联储基金利率从1%提高到了5.25%。连续提高的利率使购房者的偿还贷款的压力陡增，住房需求不断减少，住房价格快速下降，次贷违约的数量大幅上升，一系列的连锁反应使支付危机演变为流动性危机，大批的金融机构倒闭，资本市场无法有效地运转，最终引发了波及全球的金融危机。

（6）从2007年8月到2008年4月，为了刺激经济，美联储连续13次向市场注入总额高达4600亿美元的资金，希望通过这种方法解决信贷危机流动性不足的问题。同时，为激励银行放贷，从2009年3月18日开始美联储第一次实行量化宽松货币政策（QE1），具体的措施为购进了总额高达1.15万亿美元的抵押证券、长期国债和“两房”债券。2010年11月3日，为治愈居高不下的失业沉疴，美联储又继续启动了第二轮量化宽松货币政策，宣布在2011年6月底之前每月购进750亿美元，总共购进高达6000亿美元的长期国债，联邦基金利率继续维持在0.25%。

资料来源：易纲，吴有昌. 货币银行学. 上海：上海人民出版社，1999.

江娅. 金融政策与经济发展相关性研究. 合肥工业大学博士学位论文，2012.

欧美两大银行体系货币政策工具的比较分析

按照《中国金融百科知识》的定义：货币政策是指中央银行或货币当局运用各种工具通过货币存量调整总需求，进而对宏观经济进行调节繁荣一种手段。而货币政策工具则是指中央银行为达到货币政策目标而采取的手段。

从目前西方国家的实践看，包括欧美在内的世界大多数中央银行大都选择使用公开市场操作政策、再贴现政策和法定存款准备金制度这三种货币政策工具，其中公开市场操作被认为是中央银行最能够和最容易灵活运用的货币政策工具。尽管欧洲中央银行体系和美国联邦储备体系所选择的货币政策工具相近(欧洲中央银行体系为公开市场操作、经常性融资便利和法定最低准备金制度；而美联储体系为公开市场操作、贴现窗口和法定存款准备金制度)，但在具体操作中存在明显的差异，各具特色。下面拟就欧洲中央银行体系与美联储体系的货币政策工具选择及具体操作方式进行比较。

1. 公开市场操作的比较分析

（1）欧洲中央银行在实际操作中大多采用反向交易方式，并且以正向回购为主，而美联储则以反向回购为主。

欧洲中央银行体系把反向交易定义为：中央银行根据回购协议买进或卖出资产的操作，也包括中央银行的抵押贷款业务。因而反向交易实际上包括通常所说的正向回购和相当于买卖等额交易的反向回购。反向交易在向市场提供流动性时适用于所有公开市场操作，但是在吸收流动性资产时只在微调操作中选用。换句话说，欧洲中央银行体系主要使用正向回购交易。

而美国的实践则正好相反，美联储大量使用反向交易。以1994年和1995年为例，据 1996 年第 4 期《联邦储备公告》统计，美联储在正向回购交易时买进资产的总额分别为 3093 亿美元和 3317 亿美元，卖出资产的总额为 3119 亿美元和 3285 亿美元，但其同期所进行的反向回购交易却放大了好几倍；买入资产总额分别达 17 008 亿美元和 21 977 亿美元，卖出资产总额也分别达 17 013 亿美元和 20 202 亿美元。

（2）欧洲中央银行体系在公开市场操作中设计了外汇互换交易，而美联储体系则基本不参与外汇市场的干预。

以外汇互换的形式进行公开市场业务的货币政策操作，目的是微调，主要是管理市场的货币流动性，调节利率水平，它对外汇市场的影响是直接见效的。欧洲中央银行体系的成员国中央银行按欧元对某一种外币（这里指欧元区外货币）的即期汇率买入（或卖出）欧元的同时，再卖出（或买入）欧元的外汇互换业务与回购交易很相似。其对外汇市场的干预，原则上是在不危害物价稳定的基本目标下进行的。从货币政策的实践来看，尽管欧洲中央银行体系在公开市场操作中设计了外汇互换交易，但在具体操作时仍照搬美联储做法，让市场去决定欧元的对外汇率，而不会经常使用外汇互换操作的方式。

在美国，对外汇市场的干预是由美联储银行和财政部共同负责的，而具体操作则由外汇操作室进行，然后由美联储定期公布操作情况。然而，从最近几年的趋势来看，美国有关机构参与外汇市场的干预越来越少，基本上是放手不管，而由市场供需因素直接决定汇率水平。

（3）创造负债是欧洲中央银行体系的一个创新，而美国联邦储备银行就没有这样的操作方式。

为了调整中央银行体系对金融部门的结构性头寸，欧洲中央银行体系在市场上发行一年期以内的短期债券，以创造流动性资产短缺。同时，为了吸收流动资产，欧洲中央银行还可以吸收定期存款。在实际操作中，欧洲中央银行体系吸收定期存款的利率可随时调整。而美国联邦储备银行就没有这样的操作方式创造负债。

2. 经常性融资便利的比较分析

欧洲中央银行体系主要包括经常性融资便利（standing facilites）和边际贷款便利（deposit facility）两种。在正常情况下，边际贷款利率成为隔夜市场利率的最高限额，而存款便利则成为隔夜市场利率的底限。所以，两种利率限制了隔夜市场利率的波动幅度，形成利率走廊（Corridor），起着基准利率的作用。边际贷款采用反向交易方式，也就是前文所说的正回购协议。经常性融资便利是欧洲中央银行体系的又一创新，它丰富了欧洲中央银行的货币政策工具，提高了央行的操作灵活性。

美联储体系货币政策工具也包括类似的便利-贴现窗口，但与欧洲中央银行体系的经常性融资便利相比存在较大的差异：美联储贴现窗口的设立是为了解决突发事件所引起的短期储备不足，而且贷款期限很短。对大银行来说，期限通常为一天，对小银行的期限则在一周以内。银行只能以贴现窗口借款，以解决储备不足，而不可将超额储备存放在联储银行生息。

此外，欧洲中央银行体系对使用经常性融资的限制较少，凡有资格参与公开市场操作的金融机构都可以利用这一便利。而美联储对贴现窗口的限制较多，比如美联储所采用的笼统标准是：银行只能出于实际需要从窗口借贷，而不是出于赢利的目的。从贴现窗口借款是对银行的优惠，而不是银行的固有权利。正因为限制太严，银行顾虑较多，所以银行一般不愿从贴现窗口借钱。

不过，欧洲中央银行体系的经常性融资便利跟美联储的贴现便利一样，不会成为主要的货币政策工具，其地位和重要性将大大低于公开市场操作。

3. 最低存款准备金制度的比较分析

法定存款准备金制度最早起源于英国，但以法律形式将其确定为一种货币政策制度，则始于 1913 年美国的《联邦储备法》。20 世纪 30 年代大危机之后，法定存款准备金制度成为各国中央银行限制银行体系信用创造和调控货币供应量的政策工具。

欧洲中央银行规定欧元区所有信贷机构都必须向欧洲中央银行或成员国中央银行缴纳最低存款准备金，否则欧洲中央银行将根据《欧洲中央银行体系及欧洲中央银行章程》的规定对其加收罚息或进行其他处罚。

欧洲中央银行体系的最低存款准备金制度（The Minimum Reserve System）与美联储银行体系的法定存款准备金制度相比，有以下三大差别。

1）纳入储备基数的负债范围不同

欧洲中央银行对纳入储备基数的负债定义范围要广一些。具体来说，在期限结构方面，负债不仅包括隔夜存款，还包括两年以内的通知存款和定期存款原始期限为两年以下的证券及货币市场票据。另外，负债定义也涉及表外业务引起的债务。

与欧洲中央银行体系相比，美联储定义的须缴准备金的交易账户期限较短而流动性较强。交易账户具体包括：活期存款，可转让支付命令，自动转账储蓄账户，股金汇票账户，以及可通过支票、汇票、流通票据、借方卡或类似方式付款的账户，允许存款人每月进行三次以上事先授权或电话支付的账户，通过取款机或远程服务设施付款的账户。在定义存款时，美联储将本票（商业票据）、不合格承兑票据（融资票据）、应付票据、预计确认书、非国债或完全由政府担保的债券回购协议和非存款机构提供的资金均视为存款，其到期日不足 14 天的归于交易账户，超过者归入非个人定期账户，但后者可转让或由非自然人持有。

2）在储备金基数计算方法和维持期等方面存在较大差异

欧洲中央银行体系要求，须缴存准备金的机构根据月末的资产负债表数据确定维持期的储备基数，维持期为一个月，即从当月 24 日起到下月的 23 日止。

而美联储的储备基数计算采用两周平均法，维持期为 15 天。而从 1994 年 1 月 2 日起，美联储对中等规模及较大规模的存款机构实行无时差准备金计算制度，取消了自 1968 年以来的“滞后”制度。

3）在对存款准备金的计息方面存在很大差别

欧洲中央银行体系对于信贷机构缴纳的最低存款准备金根据 1 个月维持期内的平均主要再融资业务利率（公开市场业务的一种）支付利息。

而美联储对存款准备金则不计息。这一规定大大影响了银行的获利能力和竞争能力，许多存款机构为了少缴纳法定准备金而实施了零售转存计划（Retail Sweep Program），即存款机构将存款人存放在支票账户中超过一定限额的资金，转入货币市场存款账户（因为前者需缴纳法定准备金，而后者免交法定准备金），从而把存款机构本该缴纳的准备金用于投资生息，以期获利。

资料来源：米什金 F S.货币金融学(第四版).郑艳文译. 北京：中国人民大学出版社, 1998.
王煜. 中国货币政策趋势. 北京：中国金融出版社, 2000.
张红地. 中央银行公开市场操作. 北京：中国金融出版社, 2002.
申皓. 欧洲中央银行研究. 武汉：武汉大学出版社, 2001.
王应贵, 夏业良. 欧洲中央银行货币政策探析. 经济评论, 2000,（3）: 95-97.

第 12 章　总需求与失业

在西方经济学中，价格和产量是由供求曲线决定的。这一原理在微观经济学和宏观经济学中都适用，而两者不同的地方在于：在微观经济学中，供求所决定的是个别商品的价格和产量，而在宏观经济学中，供求所决定的则是整个社会的价格水平和产量，也就是国民收入。

关于宏观经济问题的讨论，都是在一般价格水平固定不变的假定下进行的，这些讨论都没有说明产量（收入）和价格水平之间的关系，而总需求-总供给模型则取消了价格水平固定不变的假定，着重说明产量和价格水平的关系。总需求函数（曲线）和总供给函数（曲线）是宏观经济学重要的分析工具，也是理解宏观经济学中的一些重大问题的基础。

而本章将要论述的就是总需求-总供给模型，同时还要分析就业与政府政策、失业和通货膨胀，最后论述投资、总需求和货币政策的联系。

12.1　总供给和总需求

12.1.1　总需求曲线及其变动

总需求曲线告诉我们在任何一种既定的物价水平时经济中所有物品与劳务的需求量，如图 12-1 所示，总需求曲线向右下方倾斜。这意味着，在其他条件相同的情况下，经济中物价总水平的下降（比如说，从 P_1 下降为 P_2）会增加物品与劳务的需求量（从 Y_1 增加到 Y_2）；相反，物价水平的上升会减少物品与劳务的需求量。

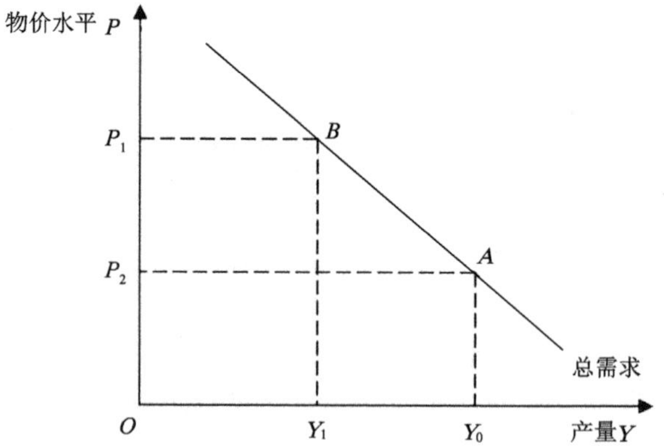

图 12-1　总需求曲线

总需求曲线向右下方倾斜表明物价水平下降增加了物品与劳务的总需求量，但是，许多其他因素影响物价水平既定时的物品与劳务的需求量。当这些因素中的一种变动时，在每一种物价水平时物品与劳务的需求量改变了，总需求曲线就会移动。

现在我们考虑一些使总需求曲线移动的事件的例子。我们可以依据这些事件最直接影响总支出的那一个组成部分将它们进行分类。

1. 消费变动引起的移动

假设美国人突然变得更为关注起退休后的生活从而减少了他们的现期消费。由于在物价水平既定时，物品与劳务的需求量减少了，总需求曲线向左方移动。相反，设想股市高涨使人们更富有了，并且不太关心储蓄了。这种情况所引起的消费支出增加意味着在物价水平既定时物品与劳务的需求量增加了，因此总需求曲线向右移动。

可见，任何一个改变人们在物价水平既定时想消费多少的事件都会使总需求曲线移动。具有这种效应的政策变量之一是税收水平。当政府减税时，它鼓励人们更多地支出，因此总需求曲线向右移动。当政府增税时，人们就会削减支出，因此总需求曲线向左移动。

2. 投资变动引起的移动

任何一个改变企业在物价水平既定时想投资多少的事件都会使总需求曲线移动。例如，设想计算机行业设计出运算速度更快的电脑，而且许多企业决定投资于新电脑体系。由于在物价水平既定时物品与劳务的需求量增加了，总需求曲线向右移动。相反，如果企业对未来经济状况持悲观态度，它们就会削减投资支出，这将使总需求曲线向左移动。

税收政策也可以通过投资影响总需求。投资税收优惠增加了企业在利率既定时需求的投资品数量。因此，投资税收优惠使总需求曲线向右移动。相反，投资税收优惠的取消减少了投资，会使总需求曲线向左移动。

影响投资和总需求的另一个政策变量是货币供给。短期中货币供给增加降低了利率，这种利率的下降就会使借款成本减少。借款成本减少又刺激了投资支出，从而使总需求曲线向右移动。相反，货币供给减少提高了利率，抑制了投资支出，从而使总需求曲线向左移动。许多经济学家认为，整个美国历史上货币政策的变动一直是总需求移动的一个重要原因。

3. 政府购买变动引起的移动

决策者使总需求曲线移动的最直接的方式是通过政府购买。例如，假设国会决定减少新武器系统的购买，由于在物价水平既定时物品与劳务的需求量减少了，总需求曲线向左移动。相反，如果州政府开始建设更多的高速公路，结果是在物价水平既定时物品与劳务需求量增多，因此总需求曲线向右移动。

4. 净出口变动引起的移动

在物价水平既定时任何一个改变净出口的事件也会使总需求曲线移动。例如，当欧洲经历衰退时，它从美国购买的物品变少了，这就减少了美国在每一物价水平上的净出口，使美国经济的总需求曲线向左移动。当欧洲从衰退中复苏时，它又开始购买美国物品，这又会使总需求曲线向右移动。

有时，净出口的变动是因为国际投机者的活动引起了汇率变动。例如，假设这些投机者对外国经济失去信心，想要将其一些财富转移到美国经济中，这样做的结果是他们使外汇市场上的美元价值上升。这种美元升值使美国物品相对于外国物品较为昂贵，这就减少了美国的净出口，使总需求曲线向左移动。相反，引起美元贬值的投机活动刺激了净出口，使总需求曲线向右移动。

12.1.2 总供给曲线及其变动

总供给曲线告诉我们在任何一种既定的物价水平时企业生产并销售的物品与劳务总量。与总是向右下方倾斜的总需求曲线不同。总供给曲线的走势取决于所考察的时间长短。在长期中，总供给曲线是垂直的，如图 12-2 所示；而在短期中，总供给曲线是向右上方倾斜。为了了解短期经济波动，以及经济的短期行为如何预期长期行为不一致，我们既要考察长期总供给曲线，又要考察短期总供给曲线。

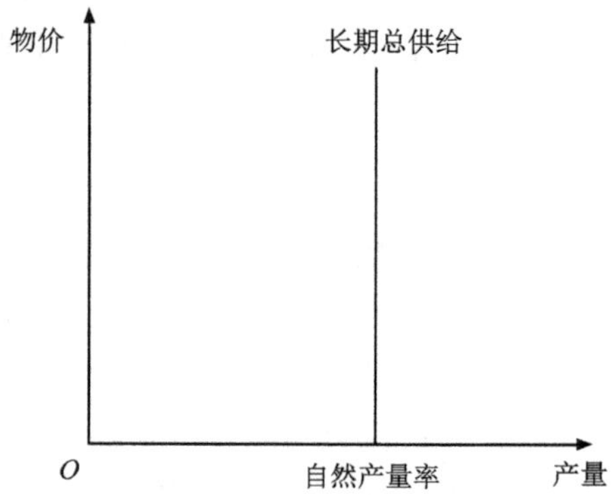

图 12-2 长期的总供给曲线

因为古典宏观经济理论预测了一个经济在长期中所生产的物品与劳务量，所以它也说明了长期总供给曲线的位置。长期生产水平有时称为潜在产量或充分就业产量。为了更准确一些，我们称它为自然产量率，因为它表明失业为其自然率或正常率时经济中所生产的东西。自然产量率是经济在长期中所趋向的生产水平。

经济中任何改变自然产量率的变动都会使长期总供给曲线移动。因为古典模型中的产量取决于劳动、资本、自然资源和技术知识，所以我们可以把长期总供给曲线的移动划分为这四个原因引起的移动。

1. *劳动变动引起的移动*

设想一个经济中移民的增加使工人的数量增多了，因而物品与劳务的供给量也增加了，结果长期总供给曲线将向右移动。相反，如果许多工人离开这个经济去了国外，那么长期总供给曲线将向左移动。

因为长期总供给曲线的位置还取决于自然失业率，所以自然失业率的任何一种变动都会使长期总供给曲线移动。例如，如果国会大幅度提高最低工资，自然失业率就会上升，从而经济生产的物品与劳务量就会减少。结果，长期总供给曲线将向左移动。相反，如果失业保险制度改革鼓励失业工人更努力地寻找新工作，自然失业率就会下降，长期总供给曲线将向右移动。

2. *资本变动引起的移动*

经济中资本存量的增加提高了生产率，从而增加了物品与劳务的供给量。结果，长期总供给曲线将向右移动。相反，经济中资本存量的减少降低了生产率，从而减少了物品与劳务的供给量，会使长期总供给曲线向左移动。

要注意的是，无论我们讨论的是机器和工厂这类物质资本，还是大学生这类人力资本，同样的逻辑都适用。无论哪种类型资本的增加都将提高经济生产物品与劳务的能力，因此都会使长期总供给曲线向右移动。

3. 自然资源变动引起的移动

经济的生产取决于自然资源，包括土地、矿藏和天气。新矿藏的发现使长期总供给曲线向右移动；农业减产的天气变化使长期总供给曲线向左移动。

在许多国家，重要的自然资源是从国外进口的。这些资源的可获得性的变动也会使总供给曲线移动。正如我们将在本章后面讨论的，在历史上，世界石油市场所发生的事件是美国和其他石油进口国总供给曲线移动的一个重要原因。

4. 技术知识变动引起的移动

今天的经济较之上一代产量更高的最主要的原因也许是我们技术知识的进步。例如，电脑的发明已经使我们可以用任何既定量的劳动、资本和自然资源生产出更多的物品与劳务。随着电脑应用在经济中的普及，它已经使长期总供给曲线向右移动了。

许多其他事件尽管表面上看不是技术的变动，但也像技术变动一样起作用。例如，开放国际贸易与发明新的生产过程有类似的作用，因为它使一个国家专门从事生产率更高的行业，所以它也会使长期总供给曲线向右移动。相反，如果政府出于对工人安全与环境的考虑，通过了组织企业利用某种生产方法的新规定，结果就将使长期总供给曲线向左移动。

短期中的经济与长期中的经济之间的关键差别是总供给的状况不同。长期总供给曲线是垂直的，因为在长期中物价水平并不影响经济生产物品与劳务的能力。与此相反，在短期中物价水平确实影响经济的产量。这就是说，在一年或两年的时期内，经济中物价总水平上升往往会增加物品与劳务的供给量，而物价水平下降往往会减少物品与劳务的供给量。结果，短期总供给曲线如图 12-3 所示向右上方倾斜。

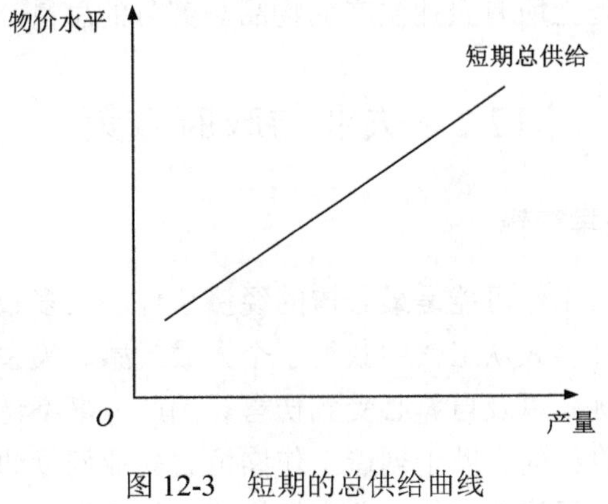

图 12-3　短期的总供给曲线

12.1.3　总需求–总供给模型

我们用短期经济波动模型将注意力集中在两个变量的行为上：第一个变量是，用真实的 GDP 衡量的经济中物品与劳务的产出；第二个变量是，用 CPI 或 GDP 平减指数衡量的物价总水平。要注意的是，产量是真实变量，而物价水平是名义变量。通过关注这两个变量之间的关系，我们背离了可以分别研究真实变量与名义变量的古典假设。

我们用如图 12-4 所示的总需求-总供给模型来分析整个经济的波动，图 12-4 中纵轴表示经济中物价总水平，横轴表示经济中物品与劳务的总产量。总需求曲线表示在每一种物价水平时家庭、企业、政府和外国客户想要购买的物品与劳务的数量。总供给曲线表示在每一种物价水平时，企业生产并销售的物品与劳务的数量。根据这个模型，物价水平与产量的调整使总需求与总供给达到平衡。

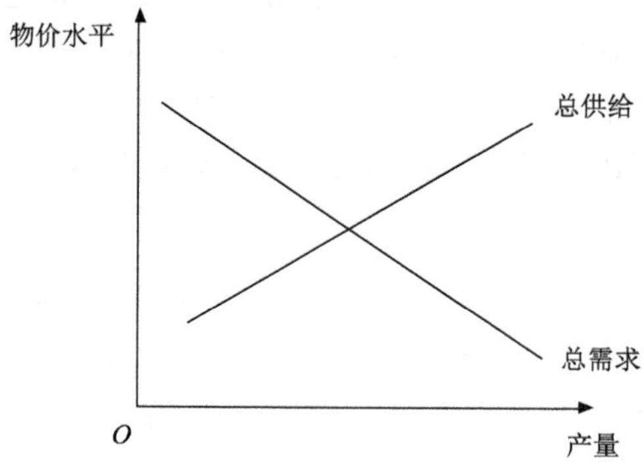

图 12-4　总需求-总供给模型

也许有人会认为，总需求-总供给模型不过是市场需求与市场供给的模型的放大形式而已。实际上这两个模型是完全不同的。当我们考虑某个特定市场，比如冰淇淋市场的需求与供给时，买者与卖者的行为取决于其把资源从一个市场转移到另一个市场的能力。当冰淇淋价格上升时，其需求量减少是因为买者将用他们的收入去购买其他产品而不是冰淇淋。同样，较高的冰淇淋价格会使供给量增加是因为通过雇用从其他经济部门来的工人，生产冰淇淋的企业可以增加冰淇淋的产量。这种从一个市场转向另一个市场的微观经济替代对整个经济来说是不可能的。毕竟我们的模型所要解释的量——真实 GDP——衡量了所有市场上所有企业生产的物品与劳务的总量。

12.2　失业与政府政策

12.2.1　失业的宏观经济学解释

在人的一生中，失去工作可能是最悲惨的经济事件。大多数人依靠他们的劳动收入来维持生活水平，而且许多人从工作中获得了个人成就感。失去工作也意味着现期生活水平降低，对未来的担忧，以及自尊心受到伤害。因此，毫不奇怪，政治家在竞选时往往谈到他们提出的政策将如何有助于创造工作岗位。失业问题通常分为两类——长期失业问题与短期失业问题。经济的自然失业率指经济中的正常情况下存在的失业量。周期性失业是指失业量围绕自然失业率逐年波动，它与经济活动的短期上升及下降密切相关。

关于失业的宏观经济学解释，不同的经济学家对失业有不同的解释。下面介绍几种对失业的经济学解释。

1. 有效需求不足失业论

凯恩斯认为失业是由有效需求不足导致的。有效需求是指总供给价格和总需求价格均衡时的社会总需求。当总需求价格小于总供给价格时，资本家不仅不能按照预期的最低利润出售商品，而且会有大量商品卖不出去，在这种情况下，资本家就会减少雇用工人，减少产量，出现非自愿失业。

2. 高工资失业论

庇古认为就业人数与工资水平成反比，第一次世界大战前，工资水平与就业水平之间的某种均衡是因为工人之间的自由竞争使工资建立在接近充分就业的水平上，第一次世界大战后，公会作用加强和国家失业保险制度，使工资保持在较高水平上，这是造成失业的主要原因。因此，为了达到充分就业，必须降低工资。

3. 技术失业论

德内拉·H. 梅多斯（Donella H. Meadows）认为，技术进步、生产自动化的进一步发展必然会减少对劳动力的需求，因而产生失业。他得出结论：必须放弃反对失业的斗争，因为这是没有意义的。他认为，现代资本主义社会的人物并不在于保障就业，而是使全体社会成员得到有保障的最低失业。

4. 货币失业论

卡尔·华特（Carl Walther）认为，在和平时期，尽管存在许多不能满足的需求，但仍存在有效需求，因为货币不足，不能使需求称为有效的。战时常常有足够的货币，所以需求常常是有效的。失业的原因在于流通中的货币量不足，因此，消除失业的办法只能是增加货币量。

12.2.2 应对失业的政府政策

许多公共政策力图通过减少摩擦性失业来降低自然失业率。政府就业机构传播工作信息，以便使工作岗位和工人更有效率地匹配。公共筹资的培训计划的目的也是使工人更容易地从衰退行业转移到新兴行业。如果这些计划成功地提高了就业率，它自然降低了自然失业率。

> 摩擦性失业是指由季节性或技术性原因而引起的失业。

另一些政府政策计划无意中增加了摩擦失业量。这些计划之一就是失业保障。根据这一计划，失业工人在失去工作之后可以在某一时期内得到自己工资的一个比例。尽管这一计划的准确内容在美国各年之间和各州之间都不同，但通常情况下，根据美国的劳动法，包含在美国失业保障计划中的工人在26周内可以得到自己以前工资的50%。

通过减轻失业者的经济困难，失业保障增加了摩擦性失业的数量，并提高了自然失业率。那些得到失业保障津贴的失业者寻找新的工作的压力变小了，并很可能放弃所提供的没有吸引力的工作。这两种行为变化都降低了就业率。此外，由于工人知道他们的收入受到失业保障部分保护，他们不太愿意去寻找有稳定就业前景的工作，也不太愿意就工作安全保障去讨价还价。这些行为变化提高了离职率。

失业保障提高了自然失业率并不一定意味着这种政策是一个坏主意。这个计划的好处是减少了工人对自己收入的不确定性。此外，使工人可以拒绝所提供的没有吸引力的工作也会使工人和工作之间更为匹配。评价不同失业保障制度的成本与收益是一项困难的任务，也是许多研究一直关注的问题。

一些研究失业保障的经济学家经常提出减少失业量的改革。一种通常的建议是要求解雇工人的企业承担工人失业的全部成本。这种制度称为百分之百经验评级，因为每个企业向失业保障制度支付的定额完全反映了自己工人的失业经历。现在大多数计划都是部分经验评级。在这种制度下，当一个企业解雇了一个工人时，它只缴纳工人的部分失业津贴；其余部分来自该计划的一般收益。一个企业只支付它造成的失业的部分成本，这对企业在劳动力需求暂时减少时解雇工人有激励作用。所建议的改革通过减少这种刺激会降低暂时解雇的流行。

12.3 失业与通货膨胀

12.3.1 通货膨胀

1. 通货膨胀的原因

通货膨胀为经济社会在一定时期内物价总水平持续地和显著地上涨的过程。通货膨胀的原因在西方经济学界有多种不同角度的解释。

以弗里德曼为代表的货币主义学派继承货币数量论的观点，认为通货膨胀无论何时何地都是一种货币现象——货币供给的增加是导致通货膨胀的基本原因。

下面运用总需求-总供给模型分别从需求角度和供给角度进行解释。

需求拉动通货膨胀理论认为，通货膨胀是总需求的过度增长所引起的，包括为实现充分就业时的瓶颈式通货膨胀和充分就业时需求拉动的通货膨胀。总需求的过度增长可能来自消费需求、投资需求、政府需求、国外需求，也可能由货币政策的改变而引起。如图 12-5 所示，当需求曲线 AD 向上移动，供给保持不变时，价格水平逐渐上升。

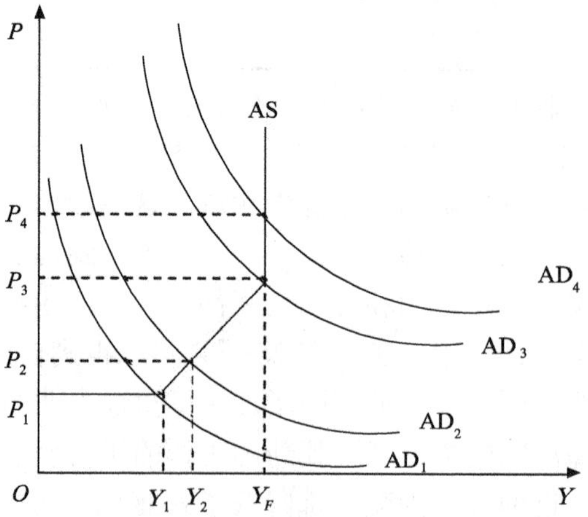

图 12-5 需求拉动的通货膨胀

成本推动通货膨胀理论认为，通货膨胀是在没有超额需求的情况下，由供给方面成本的提高所引起的一般价格水平持续和显著的上涨。引起这种通货膨胀的根源在于市场的不完全竞争，即特定集团在经济中行使市场权利，一是工会要求得到较高工资导致的工资推动通货膨胀，二是垄断和寡头企业谋取过高利润导致的利润推动通货膨胀；另外，在开放经济中，进出口所引起的成本增加也会导致通货膨胀。如图 12-6 所示，当供给曲线 AS 上升，需求保持不变时，价格水平上升。

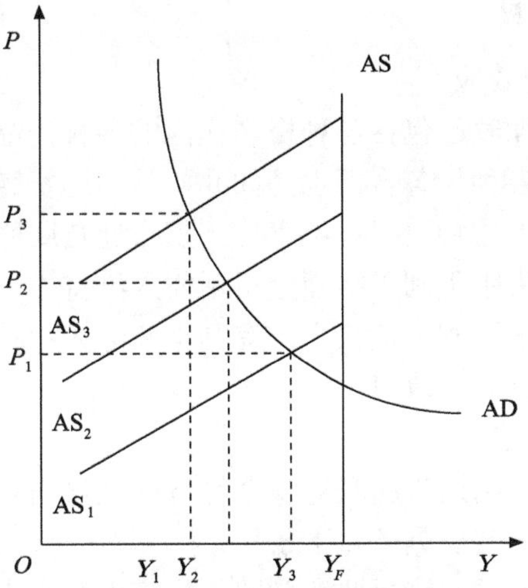

图 12-6　成本推动的通货膨胀

混合通货膨胀理论认为，通货膨胀作为动态过程，不管什么原因引起的物价上涨，随后工资与物价互为因果，相互促进，螺旋上升，所以一般物价水平的持续上涨应当同时从需求和供给两个方面及两者的相互影响来解释。

下面从经济结构的变动角度解释通货膨胀。

首先，由于工资和价格在向上提高这个方向上具有充分伸缩性，而向下跌落则呈刚性或调整缓慢，这时，需求扩大的产业部门，工资和物价将上升，这些部门的产品价格还可能作为其他部门的成本因素，带动物价一个部门接一个部门上升。与此同时，需求下降的部门的工资和物价并不因为需求减少而下跌，必然引起平均物价水平随社会经济的部门需求结构的变化而呈现持续上升的长期趋势。

其次，由于生产率的提高速度不同，现代社会经济结构不容易使生产要素从生产率低的部门转移到生产率高的部门，但是，生产率增加较慢部门的工资“攀比”行为将导致全社会工资增长率超过生产率的增长速度，从而引起通货膨胀。

20 世纪 70 年代，西方经济学家还提出了有别于需求因素和成本因素的第三个对通货膨胀有重大影响的因素——预期，并建立了预期的通货膨胀模型。

通货膨胀并不是价格水平的一次性改变，而是价格水平的持续上升，在大多数情况下通货膨胀似乎有一种惯性，而产生这种惯性的原因在于，如果经济中大多人都预期到通货膨胀的继续，那么，这种对通货膨胀的预期就会变成经济运行的现实。比如在工资调整时，工人根据自己对未来通货膨胀的预期提出工资增加的幅度，银行在提供该款时要根据预期的通货膨胀率来调整贷款利率以确保一定的实际收益率，类似的很多名义变量的提高和经济决策者对价格上涨的预期之间存在着因果关系，同时还会导致实际经济中价格水平的提高。这种由预期引起的通货膨胀称为预期性通货膨胀，由于它表达了通货膨胀得以持续的原因，有惯性通货膨胀之称。

通货膨胀分为温和的通货膨胀和恶性通货膨胀。

2. 通货膨胀的基尼效应

1）通货膨胀的再分配效应

当通货膨胀完全可预期时，包括各种资产在内的各种商品与生产要素的价格都按预期的通货膨胀率来调整，各种债务合同也是如此，从而通货膨胀对实际收入与财产分配没有任何影响。但是实际上这种情况并不存在，那么通货膨胀就会对社会不同集团的人产生不同的影响：①通货膨胀不利于靠固定货币收入维持生活的人，有利于靠变动收入维持生活的人；②通货膨胀不利于债权人，有利于债务人；③通货膨胀不利于按累进税缴纳所得税的社会公众，有利于政府。

2）通货膨胀的产出效应

通货膨胀的产出效应是指通货膨胀对整个经济的产量与就业水平的影响，通货膨胀要能起到刺激生产的作用一定要具备以下条件。

（1）社会上要有闲置资源，这里要注意即使经济中存在未利用资源，但在个别部门存在“瓶颈现象”，从而使资源无法得到充分利用时通货膨胀无法刺激生产。

（2）通货膨胀是未被预期到的，这样实际工资下降利润增加，才能刺激生产。

（3）通货膨胀必须是“温和”的，在加速甚至恶性通货膨胀的情况下，经济体系受到严重破坏就谈不上刺激生产了。

通货膨胀在具备以上三个条件时，短期中能够有刺激生产的作用。从长期看，产量和就业增加取决于生产要素的增加、技术进步等实际因素，通货膨胀在长期中不会有刺激生产的作用。

12.3.2 失业与通货膨胀的关系——菲利普斯曲线

通货膨胀和失业之间的关系吸引了近半个世纪以来最重要的一些经济学家的关注。理解这种关系最好的方法就是考虑它随着时间推移的演变。正如我们将要说明的，20 世纪 50 年代以来的有关通货膨胀和失业的思想史与美国经济史是密不可分的。这两种历史将说明为什么通货膨胀与失业之间的权衡取舍在短期中成立而在长期中不成立，以及它向经济决策者提出了什么问题。

“也许菲利普斯曲线描述了一种最重要的宏观经济关系。”这是经济学家阿克洛夫在 2001 年获得诺贝尔奖时所做的演讲中的一句话，菲利普斯曲线描述了通货膨胀与失业之间的关系。

（1）原始菲利普斯曲线（图 12-7）：新古典综合派对最初的菲利普斯曲线进行改造后得到，在横轴表示失业率 u，纵轴表示通货膨胀率 π 的坐标系中，向下倾斜的曲线表明是失业率与通货膨胀率之间的替换关系，即失业率高，则通货膨胀率低；失业率低，

则通货膨胀率高。u^*代表自然失业率，参数衡量价格对于失业率的反应程度，简单的菲利普斯曲线表示为

$$\pi = -\varepsilon(u - u^*)$$

因为通货膨胀率和失业率存在交替关系，决策者可以选择不同的失业率和通货膨胀率的组合，并利用菲利普斯曲线进行调节。

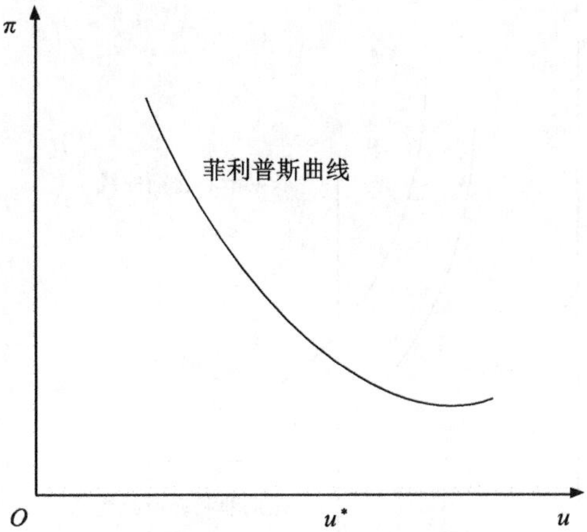

图 12-7　原始的菲利普斯曲线

（2）附加预期的菲利普斯曲线（短期菲利普斯曲线，图 12-8）：在短期中，即通货膨胀的预期来不及调整时所存在的失业与通货膨胀的交替关系。π^e 表示预期通货膨胀率，菲利普斯曲线可以表示为

$$\pi = \pi^\varepsilon - \varepsilon(u - u^*)$$

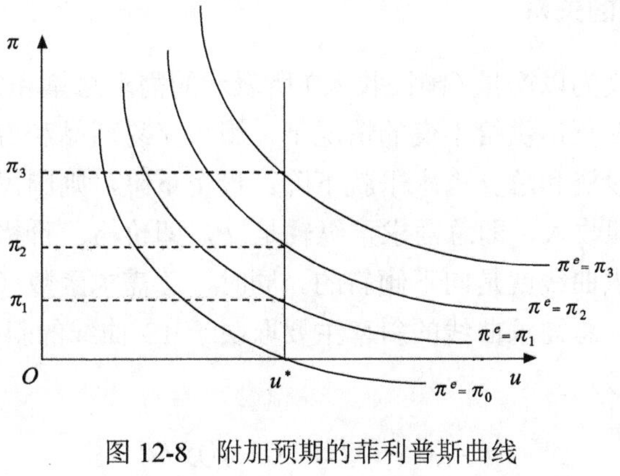

图 12-8　附加预期的菲利普斯曲线

附加预期菲利普斯曲线的性质：①当实际通货膨胀率等于预期通货膨胀率时，失业处于自然失业率水平；②在预期的通货膨胀率不等于实际的通货膨胀率的短期中，失业率与通货膨胀率之间仍存在着替换关系；③不同的预期通货膨胀率有着不同的菲利普曲

线，即预期通货膨胀的变化将引起菲利普斯曲线的移动。

提示：在短期中引起通货膨胀率上升的扩张性财政与货币政策是可以起到减少失业的作用的，换句话说，调节总需求的宏观经济政策在短期是有效的。

（3）长期菲利普斯曲线（图 12-9）：表示在通货膨胀率完全可以预期，失业率为自然失业率情况下失业率与通货膨胀率之间不存在替换关系，因而长期菲利普斯曲线在以失业率为横坐标，通货膨胀率为纵坐标的坐标系中是一条直线。

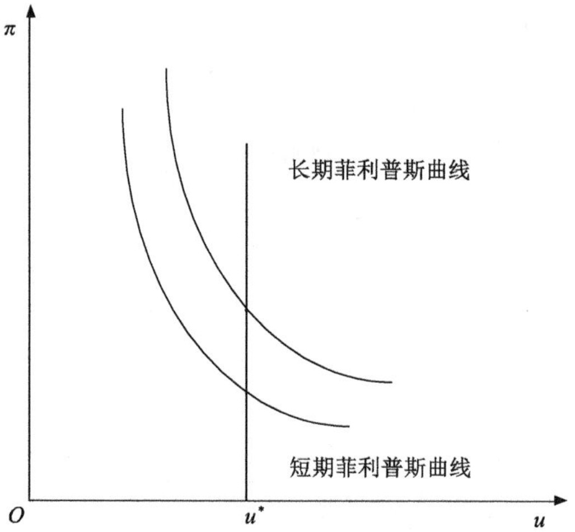

图 12-9　长期的菲利普斯曲线

从长期看，政府运用扩张性政策不但不能降低失业率，还会使通货膨胀率不断上升。

12.4　总需求与货币政策

12.4.1　投资与总需求的关系

总需求函数被定义为以产量（国民收入）所表示的需求总量和价格水平之间的关系。如果价格水平上升，在货币供给不变的情况下，用来交易商品和劳务的货币的需求量就高，则利率就升高，投资和总支出水平就下降。投资下降，则国民收入就下降，而总需求曲线的横轴是 y，即收入，即总需求，纵轴是 P，即价格。价格升高，投资（收入、总需求）下降，总需求曲线就是向下倾斜的。同时，总需求函数（曲线）是根据 IS-LM 模型推导出来的，而且总需求曲线的斜率主要取决于 IS 曲线的斜率，IS 的斜率也是负的，而 IS 曲线的方程为

$$r = (\alpha + e) / d - (1 - \beta) y / d$$

其中，斜率主要由 d，即投资与利率的敏感度决定。投资对于利率越敏感，即 IS 曲线的推导中，投资函数越陡峭，IS 曲线就越平缓，则总需求曲线就越平缓。这是从投资角度说明 AD 曲线向下倾斜和斜率的原因。其中也说明了物价水平的变动所引起总需求变动的情况，因为总需求函数就是物价和总需求的关系。

如果政府支出变动，则是运用财政政策，增加政府支出则是扩张性的财政政策，扩张性的财政政策使 IS 曲线向右移动，进而影响到 AD 曲线向右移动，扩张性的财政政策和扩张性的货币政策都使总需求曲线向右移动。

12.4.2　总需求与货币政策的关系

总需求曲线表示在任何一种物价水平时物品与劳务的总需求量。以下是总需求曲线向右下方倾斜的三个原因。

财富效应：较低的物价水平提高了家庭持有的货币的真实价值，货币是他们的财富的一部分。更多的真实财富刺激了消费支出，从而增加了物品与劳务的需求量。

利率效应：较低的物价水平减少了人们想要持有的货币量。由于人们试图把他们持有的超额货币贷出去，利率下降了。低利率刺激了投资支出，从而增加了物品与劳务的需求量。

汇率效应：当较低的物价水平降低了利率时，投资者就把他们的部分资金转移到国外，以寻求更高的回报。资金的这种流动引起外汇市场上国内通货的真实价值下降。相对于外国物品，国内物品变得便宜了。真实汇率的这种变动刺激了对净出口的支出，从而增加了物品与劳务的需求量。这三种效应同时发生作用，在物价水平下降时增加了物品与劳务的需求量，在物价水平上升时减少了物品与劳务的需求量。

为了更好地理解总需求，我们现在更详细地研究短期利率的决定。在这里我们提出流动性偏好理论。这种利率决定理论将有助于解释为什么总需求曲线向右下方倾斜，以及货币政策如何使这条曲线移动。

凯恩斯在其著作《就业、利息与货币通论》中提出了流动性偏好理论，用来解释决定经济中利率的因素。这种理论在本质上只是供给与需求的应用。根据凯恩斯的观点，利率的调整使货币供给与货币需求平衡。

现在我们通过考虑货币的供给及其各自如何取决于利率来提出流动性偏好理论。

流动性偏好理论的第一部分是货币供给。美联储主要通过在公开市场操作中买卖政府债券的方式改变银行体系的准备金量，从而改变货币供给。当美联储购买政府债券时，它为债券而支付的美元通常被存入银行，并且这些美元增加了银行准备金。当美联储出售政府债券时，它从这些债券中所得到的美元是从银行体系中提取出来的，从而减少了银行的准备金。银行准备金的这些变动又引起银行发放贷款和创造货币的能力的变化。除了这些公开市场操作之外，美联储还可以通过改变法定准备金或贴现率来改变货币供给。

流动性偏好理论的第二部分是货币需求。任何一种资产的流动性是指该资产可以转换为经济中的交换媒介的难易程度。货币是经济中的交换媒介，因此根据定义货币是可以得到的最具流动性的资产。货币的流动性解释了货币需求：人们选择持有货币而不持有其他可以提供较高收益率的资产，是因为货币可以用于购买物品与劳务。

根据流动性偏好理论，利率的调整使货币的供求平衡，存在一种利率，即所谓的均衡利率，在这一利率时，货币的需求量正好与货币的供给量平衡。如果利率处于其他水平上，人们就要调整自己的资产组合，从而使利率趋向于均衡利率。

在说明了流动性偏好理论和货币市场的均衡后，我们现在可以考虑这一理论对物品与劳务总需求的含义了。物价水平是货币需求量的一个决定因素。在物价较高时，每次要用较多的货币交换一种物品或劳务，结果人们将选择持有较多的货币，这就是说，较高的物价水平增加了利率既定时的货币需求量。如图 12-10 所示，物价水平从 P_1 上升到 P_2 使货币需求曲线向右移动。

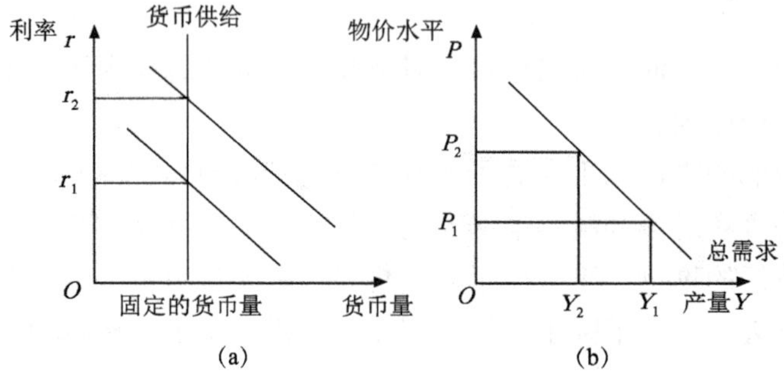

图 12-10　较高的物价水平增加了利率既定时的货币需求量

要注意的是，货币需求的这种变动如何影响货币市场的均衡，对于一个固定的货币供给来说，为了使货币供给与货币需求平衡，利率必然上升。较高的物价水平增加了人们想要持有的货币量，并使货币需求曲线向右移动。但货币供给量并没有改变，因此利率必然从 r_1 上升到 r_2 以抑制额外的货币需求。

利率的这种上升不仅对货币市场有影响，对物品与劳务的需求量也有影响。在利率较高时，借款的成本与储蓄的收益都增加了。选择借款买新房子的家庭少了，买房子的家庭购买的也是较小的房子，因此住房投资需求就减少了。选择借款建立新工厂和购买新设备的企业少了，因此企业投资减少了。

可以把对利率效应的这种分析概括为三个步骤：①较高的物价水平增加了货币需求；②较高的货币需求引起了较高的利率；③较高的利率减少了物品与劳务的需求量。

本 章 总 结

1. 通过对总需求曲线和总供给曲线的讨论，推导出了总需求曲线和总供给曲线移动会带来的经济效应，总需求曲线和总供给曲线的交点决定整个社会的产量和价格水平。

2. 研究了经济学中失业的定义与原因，以及政府应对和解决失业的政策。

3. 在探讨通货膨胀的成因及影响时，又引出了通货膨胀与失业之间的关系，以及它们之间的相互变化影响，失业和通货膨胀都会给人们带来痛苦，给社会带来损失，两者在政策上的替换达到了什么程度应该取决于两者对社会造成的损害的大小。然后，损害并不是由所有的社会成员平均负担的，社会各阶层或阶级的负担轻重取决于政府政策对他们的影响。

4. 在讨论总需求变化的过程中，引入了两个因素，即投资和货币政策对总需求变化的影响。

思 考 题

1. 影响总需求曲线变动的因素有哪些？
2. 为什么古典理论认为总供给曲线是垂直的？
3. 充分就业时还有失业吗？为什么？
4. 如何从总供给曲线推导出菲利普斯曲线？
5. 通货膨胀会对产出、就业财富再分配产生什么影响？

课外阅读

失业的重大影响

失业的主要影响，即社会影响和经济影响。失业的社会影响虽然难以估计和衡量，但它最易为人们所感受到。失业威胁着作为生产单位和经济单位的家庭的稳定，没有收入或收入遭受损失，户主就不能起到应有的作用。家庭的要求和需要得不到满足，家庭关系将因此受到损害。西方学者已经发现，高失业率常常与吸毒、高离婚率及高犯罪率联系在一起。因此，政府应对失业的政策变得至关重要。以美国和中国政府在应对失业问题上的政府政策为例进行分析。

2011 年 6 月 3 日，美国劳工部公布的 5 月份数据显示，失业率从 9.0%上升至 9.1%，非农就业人数仅增加 5.4 万人，不到此前 3 个月的平均新增就业人数的四分之一。同年 9 月 2 日公布的美国 8 月的失业率数据保持 9.1%不变，劳动力市场在经济低迷的背景下出现停滞状态。

2011 年美国失业的原因主要是：①实际产出与潜在产出的缺口较大，产能利用率较低；②就业制度造成工资刚性不利于就业形势较快改善；③结构性失业严重；④房地产市场复苏仍不见起色，吸纳就业能力不足；⑤扩张性财政政策的就业创造效应不佳；⑥受金融危机的影响，其信贷崩溃，并且银行裁员。

美国在 2011 年应对如此严重的失业问题时，采取的政府政策有三点：一是通过减税、奖励和信贷优惠等措施促进小企业发展；二是加大对桥梁、道路等基础设施建设的投资力度；三是加大对新能源和节能领域的投资，通过这一系列举措，创造更多的就业岗位。比如 2011 年 9 月 9 日，时任美国总统的奥巴马就公布了总额达 4470 亿美元的就业刺激计划，包括将工人和小企业所需支付的工资税削减一半、在基础设施建设领域进行支出、向地方政府提供补助金以避免裁员教师人数等措施。

同样在 2011 年，中国第一季度失业人数 909 万人，新增就业 303 万人，失业率达到 4.10%；第二季度失业人数 908 万人，新增就业人数 655 万人，失业率保持在 4.10%不变。

中国的失业原因和美国略有不同，其主要原因有：①劳动力供大于求；②我国正在对经济结构进行重大调整，因此劳动力结构必然要进行相应的调整，出现的结构性失业状况增加了失业人数；③伴随着科技进步及劳动生产率的提高，一些领域特别是第一、第二产业的传统部门，不仅不能扩大就业容量，反而会减少用人，分流部分劳动力，致使失业人员数量增加；④由于许多失业人员技能单一，职业技术水平不高，难以适应用人单位的需要，加上择业观念陈旧，不能依靠自身的努力开辟就业门路，加大了实现再就业的难度；⑤我国现行的社会保障制度不完善、覆盖面窄，市场就业机制尚未完全建立，对劳动力流动和合理配置也有着明显的制约作用。

综合来看，我国的失业为结构性失业，因此失业造成的影响也较为严重。首先是失业直接造成资源的浪费，带来经济上的损失。从整个经济看，失业增加后，家庭消费减少和厂商投资下降，使整个国民经济的增长受到抑制。其次是对人力资本的损失，失业对人力资本的损失是双方面的。一方面，失业者已有的人力资本得不到运用；另一方面，失业者无法通过工作增加自己的人力资本。长期的失业会大大降低人力资本的价值。最后是失业的社会影响，失业不但会使失业者及其家庭的收入水平和消费水平下降，而且会给人的心理造成巨大的创伤，带来一系列社会问题。

2008 年以来，中央和地方政府已经提出了很多具有保增长和促就业作用的措施，并且中央经济工作会也明确提出“实施更加积极的就业政策”，实施更加积极的就业政策，就是要把保增长、调结构和扩内需更加紧密地与扩大就业结合起来。具体政策有：①坚持以扩大就业为目的的经济增长；②就业和创业扶助的瞄准点是青年劳动者，因为在正常的经济增长情况下，青年就业遇到的难度比其他群体要大，失业率也更高；③保持劳动力市场规范性和灵活性统一；④发挥政府职能，降低自然失业率。例如，通过提供就业和再就业的中介服务与培训，完善劳动力市场功能，可以用自然失业率的降低来补偿经济增长速度减缓可能导致的周期性失业率上升。

资料来源：曼昆 N G. 经济学原理(第五版).梁小民，等译. 北京：北京大学出版社, 2009.

第 13 章　经济增长与可持续发展

经济增长是最古老的经济学议题之一。人类要生存，要发展，其基础和前提就是物质产品或物质财富的丰富和增加。经济增长三个基本问题是：为什么一些国家如此富裕，而另一些国家那么贫穷？什么是经济增长的因素？怎样理解一些国家和地区的增长奇迹？此外，随着人类经济社会的前进与人类认知领域的不断扩展，人们对经济增长与发展的认识也越来越深刻，对人与自然关系的看法也有了新的变化。过去的发展模式还适应现代社会的需要吗？现有的发展路径能支撑我们经济的持续健康稳定的发展吗？

13.1　经济增长概述

13.1.1　经济增长的含义

经济增长是指一个国家或地区在一定时期内由于就业人数增加、资本积累和技术进步等原因，经济规模在数量上的扩大和增加。它反映了一国国民经济总量的变化状况。衡量经济增长，通常主要采用国民生产总值增长率、国内生产总值增长率、国民收入增长率等总量增长率和人均增长率等指标。无论采用何种指标，一般都用不变价格进行计算，以消除价格水平变动的影响。

以 Y_t 表示 t 期国民生产总值，Y_{t-1} 表示前一期国民生产总值，则 t 期经济增长率为

$$G_Y = (Y_t - Y_{t-1}) / Y_{t-1} \tag{13-1}$$

用 y_t 表示 t 时期的人均产量，y_{t-1} 表示 t–1 时期的人均产量，则人均产量增长率为

$$g_y = (y_t - y_{t-1}) / y_{t-1} \tag{13-2}$$

一国生产能力的增长或者实际产出的增加，主要取决于一国人力资源、自然资源和资本积累的数量与质量及技术水平的高低，因此，经济增长意味着这些因素的改进和扩大。

虽然 GDP 指标有着诸多缺陷，但是 GDP 仍不失为一个粗略地度量一国生活水平的指标。下面可以看到，国家间生活水平的差距如此之大，以至于即使一个不十分精确的指标也足以得到人们的关注。表 13-1 给出了 2013 年世界上人口最多的十个国家人均收入情况。

表 13-1　生活水平的国际差异

	人均 GDP（以现价美元计算）/美元	人口/百万人
中国	6 807	1 357
印度	1 499	1 252

续表

	人均 GDP（以现价美元计算）/美元	人口/百万人
美国	53 143	316
印度尼西亚	3 475	250
巴西	11 208	200
巴基斯坦	1 299	182
孟加拉国	829	157
尼日利亚	3 006	174
俄罗斯	14 612	143
日本	38 492	127

资料来源：世界银行官网数据

表 13-1 表明一个事实：在国家间人均收入及生活水平方面，各国存在着巨大差异。例如，美国 2013 年的人均收入为 53 143 美元，列在表 13-1 中各国之首。孟加拉国人均收入仅为 829 美元，而美国的该指标为孟加拉国的 64 倍。人均 GDP 尽管不是一个衡量人类福利的完美指标，但是正像美国经济学家曼昆所说的，GDP 高的国家负担得起孩子更好的医疗保健，负担得起更好的教育制度，也可以教育更多的公民阅读和欣赏诗歌。总之，GDP 确实衡量了人们过上一种有意义生活的投入能力。

经济增长又是一个现代故事。1820 年以前，全球经济增长极为微弱，1500～1820 年，世界 GDP 平均每年才增长 0.33%；人均 GDP 的增长更低，仅为 0.4%。而 1820～1992 年，世界 GDP 增长了 40 倍，人均产值增长了 8 倍。而 18 世纪工业革命以来，世界各国经济的发展出现了显著的不同，有些国家成为了富裕的、工业化的发达国家，有些则还是较为贫穷的、以农业为主的欠发达国家。不同国家的贫富差距的拉大，逐步推动人们更多地关注经济增长和发展的内在因素及外部可能的影响。主流经济学家从 20 世纪五六十年代开始系统地研究经济增长现象，并建立起来了许多数学模型来描述和解释经济增长的机制。

> 现价美元和不变美元的区别是：不变美元是以某年的物价指数为参考，消除物价变动影响的美元价格。

13.1.2 经济增长的源泉

经济增长直接体现为产品的产量增加，因此可以根据总生产函数来研究增长的源泉。

总生产函数是总产量与生产中使用的全部生产要素投入量之间的函数关系，由式（13-3）表示：

$$Y = Af(L, K) \tag{13-3}$$

式中，Y 为产量；L 为劳动；K 为资本；A 代表技术。经济增长的源泉是资本、劳动与技术进步。

1. 资本

它包括物质资本和人力资本。前者指设备、厂房、存货等存量；后者指体现在劳动者身上的投资，如劳动者的文化技术水平、健康状况等。

从古典经济学开始，就把资本积累（增加）作为国民财富增加的源泉。

现代经济增长理论主要是从资本–劳动比、人均资本量、资本-产出比、储蓄与资本积累等相关理论范畴来分析探讨资本在经济中的影响和贡献作用。

2. 劳动

一般来说，在经济增长的开始阶段，人口增长率较高。这时劳动的增加主要依靠劳动力数量的增加。当经济增长到了一定阶段，人口增长率下降，劳动工时缩短，这时就要通过提高劳动力的质量来弥补劳动力数量的不足。这是一个普遍规律。

3. 技术进步

现代科学技术已经成为影响经济增长的决定性因素，科技进步对经济增长的贡献已明显超过资本和劳动力的作用。

（1）生产率的提高。用同样的资源可以生产出更多的产品。

（2）资源配置的改善。指人力资源配置的改善，即劳动力从低生产率部门转移到高生产率部门中，包括农业劳动力转移到工业中，以及独立经营者与小企业中的劳动力转移到大企业中去。劳动力的这种转移，提高了生产率。

（3）规模经济。指由企业规模扩大而引起的成本下降与收益增加。随着企业规模的扩大，由于能采用新技术与最先进的设备，以及能采用新的生产方法而提高了生产率。

（4）知识的进展。包括新工业的发明与采用，科学技术、管理科学的进展及其在生产中的运用等，是技术进步中最重要的内容。根据美国经济学家丹尼森计算，技术进步引起的生产率提高中有 60%要归功于知识的进展。

4. 制度因素

社会和意识形态对经济增长是很重要的。非经济因素，尤其是政治因素，也是经济增长中应考虑的。一个社会只有在具备了经济增长所要求的基本制度条件，有了一套能促进经济增长的制度之后，这些经济因素才能发挥作用。第二次世界大战后许多发展中国家之所以经济发展缓慢，关键并不是缺乏资本、劳动或技术，而是因为制度落后或制度演进缓慢。

13.1.3　经典经济增长理论

经济增长理论的成长经历了古典、新古典和新增长三个发展阶段。

在古典经济学时期，经济学家就特别注重对经济增长的分析，代表人物有亚当·斯密、大卫·李嘉图和托马斯·马尔萨斯。

亚当·斯密认为，促进经济增长有两种途径：一是增加生产性劳动的数量。他把劳动区分为生产性劳动和非生产性劳动，并认为生产性劳动创造财富，而非生产性劳动只消耗财富。在劳动投入量中增加生产性劳动投入的比例将会促进经济增长。二是提高劳动的效率。他认为分工协作和资本积累是促进经济增长的基本动因。分工使得单位劳动的产出量增加，进而导致收益递增。资本积累可以使得资本存量扩大，与之相联系的劳动数量增加，从而直接促进经济增长。在这两个增长途径中，斯密更强调劳动效率对增长的促进作用。

> 亚当·斯密的著作《国富论》一书是极具影响力的著作，使经济学成为一门独立的学科。

李嘉图在考察了工资、利润和地租的关系、变动规律及影响这些分配比例变量的外部因素后，认为长期的经济增长趋势在收益递减规律的作用下而停止。他认为，土地和土地生产的产品（谷物）是有限的，随着人口的增加，人们对土地产品的需求增加，这将导致生产向肥力较低的土地上扩展，这就意味着，随着土地投入的增加，土地上产出的增加越来越小，出现边际收益递减现象。这使得土地上产出的价值提高，从而又导致劳动的工资上涨，进而使得资本家的成本提高，利润降低，致使投资下降，最终导致资本积累减少。同时，土地产出的价值提高，这将引起地租增加，地主只进行非生产性消费而不进行投资，必将导致资本积累停止。由此可见，李嘉图更注重亚当·斯密增长分析中的劳动量增加和资本积累的作用。

> 李嘉图以边沁的功利主义为出发点，建立起了以劳动价值论为基础，以分配论为中心的理论体系。

马尔萨斯对经济增长的讨论是与他的人口原理联系在一起的。他认为，人口增长与产出增长是不同步的。人口是不断增长的，而其增长率会随着产出的增长而进一步增大，而产出却遵循收益递减规律，从而生活水平下降，进而导致出生率下降，死亡率上升。在均衡状态下，人口增长率为零，从而经济增长也为零。马尔萨斯的人口增长是内生决定的，即人口增长取决于人均收入。

新古典经济学于 19 世纪后半叶兴起，贡献主要在于其分析工具（边际分析、一般均衡）的改进上，而不是经济思想的提供上。值得细说的是马歇尔对规模收益递增的分析及熊彼特对创新的分析。

马歇尔认为，人口数量的增加、财富（资本）的增加、智力水平的提高、工业组织（分工协作）的引入等，都会提高工业生产，促使经济增长。另外，马歇尔认为，在长期均衡过程中，代表性厂商主要表现为收益递减，而行业产出的变动则可以使得代表性厂商出现收益递增。一方面，行业的扩大可以借助于厂商的内部经济发挥作用，从而使厂商成本下降，呈现规模收益递增；另一方面，行业产出的扩大也产生外部的经济，也使得厂商出现规模收益递增，这便成了后来经济增长理论的“外溢”模型的思想渊源。

熊彼特使用“创新”概念来解释资本主义社会的经济发展。他认为，在一个简单再生的静态经济中，当所有的生产资源达到最佳使用状态时，经济处于均衡。但创新会诱发超额利润，打破静态均衡。创新包括引进新产品、采用新生产方法、开辟新市场、获取新资源、建立新组织等。熊彼特认为，创新是企业家特有的职能，这就使经济总收入增加，经济出现增长。在超额利润的诱使下，许多厂商开始模仿创新厂商，从而使得创新在整个经济中展开，并使创新厂商的超额利润逐渐减少并最终消失。此时，经济来到了新的均衡状态。熊彼特认为经济发展（经济增长）是伴随着经济周期（经济波动）而出现的。

现代经济学源于凯恩斯的“有效需求”革命。

凯恩斯认为，他的《通论》同传统理论（新古典理论）之间的根本区别是：第一，传统经济学认为我们对有关未来的知识非常清楚，而事实上我们对有关未来的知识是含糊的、不确定的和被动的；第二，传统经济学信奉瓦尔拉斯的一般均衡和萨伊定律，认为供给能自动创造需求，整个社会的总供求能自动达到均衡的状态，而事实上是需求决定了供给水平，结果传统学派由于缺乏有效需求理论，无法解释就业水平和总产量的波动。所以，凯恩斯的经济分析重心从古典学派的供给层面转移到了需求层面。

凯恩斯创立的宏观经济学被称为 20 世纪人类知识界的三大革命之一。

哈罗德-多马模型是哈罗德和多马基于凯恩斯的理论分别建立的。关键假定是生产要素劳动和资本不能相互替代，即总量生产函数具有固定的比例。在储蓄率、人口增长率不变且不存在技术进步和资本折旧的情况下，经济增长率随着储蓄率的增加而提高，随着资本-产出比的扩大而降低。

索洛、斯旺建立的增长模型奠定了新古典经济增长理论的基础，该模型在很长一段时间里处于经济增长理论的正统地位。索洛模型指出，在既定的劳动数量下，随着资本存量的增加，资本的边际收益递减规律保证经济增长稳定在一个特定值上。经济的长期增长率取决于外生的人口增长率和技术进步率。

13.2　经济学对环境问题的早期认识

环境是人类活动的资源基础。无论生产、消费或交换，所有的商品和服务归根到底都是由自然提供的，任何一种产品都是在源于自然的另一种产品、劳动时间、技能和自然资源的基础上产生的。甚至连劳动力本身也是自然的产物，他们由维持生命的自然资源所创造，需要消耗营养物质，要喝水，要呼吸空气等。因此，自然资源通过直接或间接的途径为人类所用，人类的所有活动最终都依赖于自然资源。一国的环境——它的大气、水、多样性的生物种类和自然环境——都是有价值的自然资源。所有的经济活动，在一定程度上都是将环境作为废弃物的垃圾堆。根据传统的测算，如果这类环境污染不被法令或政策禁止的话，经济增长可能会更快。但是，大气、水和自然环境吸纳废物的能力是有限度的，而且，随着收入的增长，污染可接受的水平呈下降的趋势。因此，今天快速的、污染型的增长，会减少将来的社会福利并带来治疗费用。对于发展中国家来说，现在污染、以后再付出代价治理污染的行为合乎理性吗？如果耗尽自然环境，经济的增长还能持续吗？

第二次世界大战后的工业迅速发展和世界人口急剧增加导致环境污染问题日益严重，造成全球范围内的生态失调。不容忽视的是，近年来，我国经济的高速发展带来了日益严重的环境污染问题。

13.2.1 环境问题的定义

环境问题是指由人类生产和生活活动所引起的环境破坏和污染。环境问题具体体现在：①“三废”严重。“三废”是指工业生产和居民向自然环境中排放的废气、废水和废渣，它们是环境的主要污染源。②噪声污染。工业机器、建筑机械、汽车飞机等产生的高强度噪声，给人类生活环境造成极大的破坏，严重影响了人类生活质量。③水资源枯竭。工业废水、生活污水、农药和化肥污染，使水资源污染，从而引起水资源的稀缺。④土地沙漠化和水土流失严重。土地沙漠化是全球生态平衡遭到破坏后产生的最严重后果之一。而水土流失造成土地质量退化、生态平衡破坏。⑤森林植被破坏严重。不合理森林开发造成了森林面积减少，树种单一化，生物多样性减少，水土流失加剧，生态系统趋于脆弱。⑥温室效应。工业生产排向大气中的二氧化碳激增，而热带森林面积减少，吸收和储存二氧化碳的能力减弱，使全球性气温上升，造成温室效应的形成。⑦大气臭氧层破坏。工业化过程使大气层中的臭氧层出现了大面积的空洞，严重威胁着人类的生产与生活。

13.2.2 环境问题产生的原因及经济学解释

市场失效方面：早期的生态经济文献 *The Economics of the Environment*[①]认为，市场失效是产生环境问题的内在原因，许多经济学家认为环境资源市场是不存在的，原因是阻止市场正常运作的交易成本太高。例如，相隔较大的地理尺度和时间跨度，你无法阻止几百千米外的森林砍伐，也不能与我们的后代讨论二氧化碳对气候的影响。对于大气和深海资源而言，其地理位置的特性使私有财产权的建立难以实现，因而市场不可能存在；而对生物多样性等没有明确财产权界定的资源，市场也不存在，即使存在也难以正常运作。

社会人为方面：当前商品和服务的市场价格没有反映其社会稀缺性，许多环境资源尽管其供给有限，但市场价格实际上是零；另外，公共资源有大量的使用者，每个人都只对别人造成很小的危害，而且过分利用公共资源导致的环境影响，只要不发生灾难就不易察觉到，一般要经过一段时间后才能表现出来，但加起来数量是很可观的；环境退化是贫穷国家和地区贫困加剧的原因之一，相反，贫困本身也会造成环境退化。由于一些环境资源是发生剧烈经济困难时期重要的收入补充来源，贫困地区人民大量砍伐林产品获得收入。这种相互影响可能导致贫穷、环境退化和土壤肥力以协同方式相互影响。

制度方面：有一些环境问题是由政府失效造成的，如巴西对所有农业收入免征农业税，将伐木视为土地占有权的证据，这对富人购买森林并大肆砍伐形成很大的激励作用；政局不稳定也会产生环境问题，政局不稳定会导致财产权的不确定，人们不愿对环境的保护和改善进行投资，因为回报率太低。迪肯对 120 个国家的研究发现，政局不稳与森林破坏之间呈正相关关系[②]。

---

① Oates W E. The Economic of the Environment. Northampton: Edward Elgar Publishing Ltd, 1994.

② 达斯古柏塔 P, 何勇田. 环境资源问题的经济学思考. 国外社会科学,（3）: 40-46.

外部性又称为溢出效应、外部影响或外差效应，指一个人或一群人的行动和决策使另一个人或一群人受损或受益的情况。

13.3　经济的可持续发展

考察国民经济问题经常涉及两个既有联系又有区别的概念，即经济增长和经济发展。如果说经济增长是一个“量”的概念，那么经济发展就是一个比较复杂的“质”的概念。从广泛的意义上说，经济发展不仅包括经济增长，而且包括国民的生活质量，以及整个社会各个不同方面的总体进步。总之，经济发展是反映一个经济社会总体发展水平的综合性概念。本节将重点对经济可持续发展的经济学命题进行讨论。

13.3.1　命题的提出

21 世纪，在经济发展的同时，人类面临的生存环境将非常严峻，世界经济可持续发展面临挑战。发展经济的资源越来越少，滥伐森林的速度惊人，地下水位持续下降，气候变化越发无常。在过去的一百年里，全球人口增加了 40 多亿人，相当于 20 世纪初人口的近 5 倍。消耗的能源和原材料则是那时的 10 倍以上。环境的破坏，对世界经济的增长带来了严重的危害。

可持续发展（sustainable development）概念的提出，是在 1987 年以布伦兰特夫人为首的世界环境与发展委员会（WCED）发表了报告《我们共同的未来》。这份报告正式使用了可持续发展概念：**能满足当代人的需要，又不对后代人满足其需要的能力构成危害的发展。**它包括两个重要概念：需要的概念，尤其是世界各国人们的基本需要，应将此放在特别优先的地位来考虑；限制的概念，技术状况和社会组织对环境满足眼前和将来需要的能力施加的限制。

可持续发展主要包括社会可持续发展、生态可持续发展和经济可持续发展。经济可持续发展是指发展不以伤害后代人的利益为前提来满足当代人的需求，保障人类发展的长期利益或后代人的持续收入。经济可持续发展的一个重要方面，就是经济增长和人们生产经营活动的可获利性，它要求国民经济系统保持它的产出水平等于或大于它的历史平均值的能力，是个产出没有负增长趋势的系统，而且经济增长既重视数量增加，又重视质量改善，还要降低消耗，节约资源，减少废物，提高效率，增进效益，力求经济增长和经济收益的变异性较低或最低，从而保证国民经济持续、稳定、协调发展。

可持续发展强调的原则包括：第一，公平性原则。可持续发展强调本代人之间的公平、代际间的公平和资源分配与利用公平。第二，持续性原则。主要指人类经济和社会的发展不能超越资源和环境的承载能力，也就是要有限制措施。第三，共同性原则。各国可持续发展的具体模式是不同的，但公平性原则和持续原则是相同的，总目标是相同的，应充分认识地球整体性和相互依赖性。

13.3.2　经济可持续发展的实质

经济可持续发展的实质是：经济发展不能超过资源和环境的承载能力，也就是经济与资源环境的协调发展。

1. 自然资源的有限性特点

一是稀缺性，不仅资源储量有限，而且可替代资源的品种有限。二是整体性，各种自然资源在生物圈中相互依存、相互制约，构成完整的资源生态系统。三是地域性，自然资源在地域分布上极不平衡，由此形成地区的相对资源优势。四是多用性，同一种资源可以作为不同生产过程的投入因素。

实行经济可持续发展，对可再生资源的要求是促使其保障永续性，防止生态的破坏和动物的灭绝等。不可再生资源意味着资源会最终被耗尽。因此，不可再生资源是制约经济长期发展的主要因素，根据短边原理，不可再生资源也制约着可再生资源在长期内可以利用的程度。实行经济可持续发展必须对不可再生资源进行代际公平配置和寻找替代。

> 短边原理即“短板理论”，又称“木桶原理”“水桶效应”，指木桶其中一块木板很短，则此木桶的盛水量就被短板所限制。这块短板就成了“限制因素”。

2. 自然资源对经济的作用

自然资源是经济可持续发展的重要基础。自然资源的供给条件越好，劳动生产率越高，生产者提供的剩余劳动越多。

（1）自然资源是影响劳动生产率高低的重要因素。美国经济之所以在 19 世纪末、20 世纪初得到迅速发展，一个重要因素就是它拥有丰富的自然资源。西部地区的开发，使它获得广阔而肥沃的耕地，大面积的森林和丰富的矿藏，这些都为美国经济发展提供了优越的条件。20 世纪 60 年代以后，中东石油国家经济能够迅速发展，靠的也是优越的自然资源。

（2）自然资源是形成产品实体的物质源泉。物质产品是社会物质财富的基本形式，经济发展归根到底表现为产品形式社会财富的增加。

（3）自然资源是制约产业结构的重要因素。产业结构一般是指各产业之间的比例关系。产业结构的合理与否，对经济发展的影响很大。如果一国自然资源种类比较齐全，数量较多，那么该国就有可能建立一个产业部门比较完整的、各产业协调发展的产业结构体系；反之，如果一国资源贫乏，就无法形成产业部门较完整的产业结构体系。

13.3.3　经济可持续发展的具体途径

要实现可持续发展，就必须改变传统的经济与环境二元化的经济模式，建立一种把两者内在统一起来的生态经济模式。

（1）生产过程的生态化。在生产过程中，建立一种无废料、少废料的封闭循环的技术系统。传统的生产流程是“原料—产品—废料”模式。这里追求的只是产品，但加入生产过程与产品无关的都作为废料排放到环境中。而生态模式的生产中，废料则成为另一生产过程的原料而得到循环利用。封闭循环技术系统既节约资源，又减少了污染，在对生物资源的开发中，应当是“养鸡生蛋”而不应该是“杀鸡取蛋”。

（2）经济运行模式的生态化。我们应当运用经济的机制刺激和鼓励节约资源及环境保护，把节约资源和环境保护因素作为经济过程的一个内在因素包含在经济机制之中。为此，第一，我们应当重视社会能量转换的相对效率，并使它成为评价经济行为的重要指标之一。新经济学应当依据净能量消耗来测定生产过程的效率，把利润同能量消耗联系起来。第二，应该把“自然价值”纳入经济价值之中，形成一种“经济—生态”价值的统一体。在这里，资源的“天然价值”应当作为重要参考数打入产品的成本。资源价值应遵循“物以稀为贵”的原则。随着某些资源的减少，资源的天然价值就会越高，使用这些资源制造的产品的价格也就应当越高。这种经济机制能够抑制对有限资源的浪费。第三，应当建立一种抑制污染环境的经济机制。我们应当看到清洁、美丽的适合人类生存的环境本身就具有一种“环境价值”。为此，应当把破坏环境的活动看成产生“负价值”的活动而予以经济上的惩罚。例如，汽车的成本中不仅应当包括资源的自然价值、原料的价值、劳动力价值，而且应当包括汽车生产过程中对环境的破坏的“负价值”和汽车在消费中对环境的污染（如它排放的尾气造成的大气污染）、汽车在消费中可能出现的交通事故造成的危害等负价值打入汽车的成本当中，由生产者和消费者共同承担。这样，就会对损害环境的经济行为形成一种抑制效应。

（3）消费方式的生态化。传统的消费方式也是一种非生态的消费方式。传统经济模式中生产并不是为了满足人的健康生存的需要，而是为了获得更大的利润。因此，生产不断创造出新的消费品，通过广告宣传造成不断变化的消费时尚，诱使消费者接受。大量地生产要求大量消费，因此，挥霍浪费型的非生态化生产造成了一种挥霍浪费型消费方式。这种消费方式所追求的不是朴素而是华美，不是实质而是形式，不是厚重而是轻薄，不是内在而是外表。这种消费方式的反生态性质主要表现在以下方面：第一，它追求一种所谓“用毕即弃”的消费方式。大量一次性用品的出现，不仅浪费了自然资源，而且污染了环境。仅以一次性筷子为例：我国每年出口到日本的一次性筷子达200亿万双，折合木材达40亿立方米，内地消费也不低于这个数目。因此，林业专家警告说：“长此下去，将祸及我们的子孙后代。”我们的许多消费品都是在还能够使用时就被抛弃，因为它已落后于消费时尚。在服装消费上表现得最为突出。第二，在消费中追求所谓“深加工”产品，也是违反生态原理，特别是违反热力学第二定律（熵定律）的。所谓“深加工”产品只是追求形式上的翻新。对原料每加工一次，就有部分能量流失。在食品多次加工中，不仅浪费了能量，而且由于各种化学添加剂的加入，对人的健康造成了威胁。有些深加工商品属于不同能量层次的转化，浪费的能量就更多。例如，用谷物喂牲畜，把植物蛋白转化成动物蛋白，浪费的能量更多。“这种由食用靠粮食喂养的牲畜所造成的能量损失如下，家禽百分之七十，牛百分之九十。”同时，过量地食用高脂肪食物还会危害人的健康。“据现在的估计，自然的长寿年龄在九十岁左右，但是多数美国人至少少活了二十年，造成这些早亡的主要原因是滥用食物，其中高脂肪是男性癌症患者中40%和女性癌症患者中的60%的主要致病因素。”

总之，近代西方工业文明所形成的发展模式是一种非持续性的发展模式。要实现可持续发展，就必须在发展和发展模式上有一个革命性变革。当然，在全球经济趋向于一体化的今天，要彻底解决这个问题，并不是一个国家、一朝一夕可以做到的。当代人类面临的困难是全球性的，因此，只有通过全人类的长期的共同努力才能做到。

13.4 经济发展战略

13.4.1 经济发展战略的定义

美国发展经济学家阿尔伯特·赫希曼（Albert Otto Hirschman, 1915—　）较先使用这一概念，1958 年他出版了《经济发展战略》一书。**发展战略是指一种科学规划的、积极的、向前的、全局性的蓝图。**经济发展战略从指一切国家经济增长的战略，逐渐演变为专指发展中国家由落后经济过渡到现代化经济的战略。20 世纪 70 年代末，中国一些学者开始引用“发展战略”概念，并进行专门研究。

世界上一般发展中国家所采取的经济发展战略，从基本方面看，大体可分两种，经历两个阶段。

第一阶段：第二次世界大战后的头一二十年，实行所谓“传统的发展战略”（conventional development strategies，CDS）。这种战略以 GNP 增长为主要目标，以工业化为主要内容，求得国家的富裕和繁荣。实行的结果是，在不同程度上推动了社会经济的发展，扩大了对外贸易，提高了按人口平均计算的国民收入，有些国家和地区进入了中等国家行列。但由于片面追求 GNP 的增长，往往忽视人民福利，以过高的积累率，过多地发展重工业，导致经济比例失调，经济结构不合理，消费品不足，贫富悬殊，财政赤字、外债剧增，通货膨胀，环境恶化。

第二阶段：由于实行传统发展战略的结果不理想，20 世纪 60 年代以来有越来越多的发展中国家改行“变通的发展战略”（alternative development strategies，ADS），或称“新的发展战略”。这种战略，从本国实际情况出发，以满足人们基本需要为目标，在增加 GNP 的同时，重视保证最低限度的人类需要，重视生活的物质质量，重视分配的公平。

13.4.2 制定战略的依据

经济发展战略的制定必须有科学的依据，一般地说，主要有以下三个方面：①基本国情。制定经济发展战略必须从本国与经济社会密切相关的各种基本情况出发，包括自然资源条件、人口状况、经济条件、经济社会结构和科技发展水平。②客观规律。制定经济发展战略必须符合客观规律的要求，要善于学习和总结实践经验，从经济实践中找出经济发展的规律性，做出科学的决策。③国际环境。当今世界，生产国际化加强，国际经济关系日趋密切。国际政治和经济的形势及条件，对国内经济发展有着重大影响。

13.4.3 美国的发展战略

在第二次世界大战后美国全球战略的目标是谋求“世界领导地位”和“按照美国的

构想塑造世界”。在杜鲁门政府时期推出“马歇尔计划”，并建立北约，还在东亚和东南亚形成了针对中国的战略包围圈。艾森豪威尔政府提出了对付社会主义国家的“大规模报复战略”。肯尼迪、约翰逊政府的“和平战略”实质就是运用和平与战争的反革命两手策略，在社会主义国家搞和平演变，在亚非拉地区推行新殖民主义。尼克松、福特政府时期，美国为了保住霸权地位而提出了一整套外交思想和对外战略。卡特政府提出了“世界秩序战略”，主要是加强日、美、欧三边合作关系。里根政府提出了“重振国威”“扩军抗苏”的口号。制订了“星球大战计划”，谋求对苏联的战略优势。老布什政府的全球战略提出超越遏制战略，提出建立欧洲新格局，提出“世界新秩序”的主张，实质是要在美国的领导下按照美国的价值观改造世界。小布什政府实施“单边主义”政策和“先发制人”战略。谋求建立美国霸权地位。将打击国际恐怖主义作为小布什政府对外政策的中心任务。美国的全球战略进一步向亚洲太平洋地区转移。

奥巴马政府实施金融改革，从 2007 年的美国次贷危机到 2008 年席卷全球的金融危机，使得美国经济陷入了严重的衰退。美国于 2010 年 7 月通过了金融监管改革法案——《多德-弗兰克法案》，根据该法案，美国金融监管体系将全面重塑，原先金融企业“大到不能倒”的状况将得到改变。新法案规定，政府不会再拿纳税人的钱救助类似雷曼、美林银行这种面临倒闭的金融机构，如果再出现资金问题，它们将直接被清盘；另外，美国的大银行、对冲基金、私募公司和衍生产品市场也将受到更加严格的监管。该法案的通过，将对整个华尔街产生重大影响。

金融改革主要内容：①成立消费者金融保护机构（CFPA）；②建立新的监管协调机制；③结束金融机构“大而不倒”的现象；④限制金融机构高管薪酬；⑤严格管理评级机构；⑥加强金融衍生产品监管；⑦加强对冲基金等的机构监管。

美国金融监管改革法案是对导致美国金融危机的金融监管问题进行反思与矫正的产物，其实质是力求完善金融监管体系，革除金融市场弊端，抑制虚拟经济过度发展，有效保护消费者利益。

所谓信息革命，主要是指由信息技术的迅速发展而带来的经济和社会变革。第四次信息革命是计算机技术的诞生，主要表现为：通信技术和计算机技术的突飞猛进和日益普及；通信产业、计算机产业、信息服务业和相关产业的高速发展；整个生活的日趋信息化。

经济实力是构成一国综合国力的基础性要素。自 20 世纪 80 年代以来，随着信息革命的迅猛发展，包括计算机、通信、软件在内的电子信息产业迅速崛起，已成为带动国民经济发展的主导产业。90 年代以来，信息技术作为制约影响综合国力的重要因素已引起了世界各主要发达国家的高度重视。日本已将大力发展信息技术与信息产业作为 90 年代和 21 世纪的重点开发领域。欧盟制订了“创建欧洲信息社会，迎接 21 世纪挑战”的信息高速公路发展计划。在信息技术和产业领域保持优势地位的美国，不断加大对于这一领域的投资力度，1990 年，美国用于计算机等信息技术和产业的投资首次超过对其他产业领域的投资。1996 年，美国在信息业的投资已达 2060 亿美元，比 1995 年增加了 12.5%。时任美国总统的克林顿在 1998 年 2 月美国科学年会上发表讲话时更进一步强调：保持美国科技优势是美国全社会的任务和职责。

13.4.4 中国经济发展战略新调整

中国经济之所以取得巨大成就，重要原因之一就是推行了行之有效的经济发展战略。我国历史上曾制定了“两步走”和“三步走”的经济发展战略。十八届三中全会以来，以习近平为总书记的新一届中央领导集体在新时期新阶段提出全面深化改革的战略思想部署，促使我国经济发展战略进行了一系列的新调整。

1. 新战略指导思想的确立

改革开放以来我们以经济建设为中心，科学发展观提出的以人为本成为经济发展战略指导思想。从人民群众的根本利益出发谋发展、促发展，不断满足人民群众日益增长的物质文化需要，切实保障人民群众的经济政治文化权益，让发展的成果惠及全体人民。中共十八大报告指出，适应经济全球化新形势，必须实行更加积极主动的开放战略。

2. 战略目标的调整与丰富

“小康社会”是由邓小平在 20 世纪 70 年代末、80 年代初在规划中国经济社会发展蓝图时提出的战略构想。中共十六大报告明确提出了“全面建设小康社会”。中共十八大报告首次提出全面“建成”小康社会。中共十六大报告提出“国内生产总值到 2020 年力争比 2000 年翻两番”。中共十七大报告提出“实现人均国内生产总值到 2020 年比 2000 年翻两番”。中共十八大提出确保到 2020 年全面建成小康社会，实现国内生产总值和城乡居民人均收入比 2010 年翻一番的目标。在生态文明、自主创新、开放型经济体制和新农村建设等方面也提出新要求，从而进一步丰富了经济发展战略目标的具体内容。

3. 战略方针的转变

20 世纪 50 年代我国提出了“多快好省”地建设社会主义的经济发展战略方针，但在实践中偏重的“多快好省”未能得到贯彻。1956 年在中共八大上，制定了“既反保守又反冒进，在综合平衡中稳步前进”的经济建设方针；90 年代初，便有了促进经济“又快又好发展”的提法。2006 年中央经济工作会议强调了国民经济要“又好又快”地发展。中共十七大报告指出“促进国民经济又好又快发展，关键要在加快转变经济发展方式、完善社会主义市场经济体制方面取得重大进展”。至此，实现经济又好又快发展成为了经济发展战略总方针。中共十八大报告指出，坚持发展是硬道理的本质要求就是坚持科学发展。以科学发展为主题，把推动发展的立足点转到提高质量和效益上来。

这一战略方针的调整使我们在经济建设过程中首重“质”再重“速”，注重发展中的“协调”，实现速度、质量、效益相协调；消费、投资、出口相协调；人口、资源、环境相协调。还要更加注重民生，实施积极的就业政策，深化收入分配制度改革，建立健全社会保障体系。

本 章 总 结

1. 经济增长是指一个国家或地区在一定时期内由于就业人数增加、资本积累和技术进步等原因，经济规模在数量上的扩大和增加。经济增长直接体现为产品的产量增加，因此可以根据总生产函数来研究增长的源泉。经典的经济增长理论的成长经历了古典、新古典和新增长三个发展阶段。

2. 环境问题是指由人类生产和生活活动所引起的环境破坏和污染。环境退化，包括土壤侵蚀、森林减少和水资源枯竭等，是贫穷国家和地区贫困加剧的原因之一。市场失效是产生环境问题的内在原因，因而，外部性问题在环境经济学中得到了广泛的研究。

3. 经济可持续发展的实质是：经济发展不能超过资源和环境的承载能力，也就是经济与资源环境的协调发展。要实现可持续发展，就必须改变传统的经济与环境二元化的经济模式，建立一种把两者内在统一起来的生态经济模式。

4. 经济发展战略对一国的发展有着重要的指导性作用，发展战略是指一种科学构划的、积极的、向前的、全局性的蓝图。中国经济之所以取得巨大成就，重要原因之一就是推行了行之有效的经济发展战略。

思　考　题

1. 经济增长的源泉是什么？
2. 分析 2008 年经济危机爆发的原因。
3. 美国的金融改革有何弊端？
4. 怎样做到“既要金山银山，又要碧水青山”？
5. 当今中国经济发展战略是什么？

课外阅读

引入技术进步的索洛经济增长模型

1. 模型简介

索洛模型包括四个变量——产量 Y，资本 K，劳动 L 和知识或者劳动的有效性 A，资本、劳动和知识结合起来生产产品，生产函数形式为

$$Y = F(K, AL) = Y(t) = F(K(t), A(t)L(t))$$

在索洛模型里，时间并不直接进入生产函数，只是通过 K、L、A 进入。仅在生产投入变化时，产量才会随时间变化。A 和 L 以相乘形式进入，AL 被称为有效劳动，以此种形式进入技术进步称为劳动增进型或者哈罗德中性。

生产函数假定：规模报酬不变，用数序式子表达也即是 $xY=F(xK, xAL)$，这意味着 x 倍的资本和劳动投入将导致 x 倍的产出。规模报酬不变的假定使我们可以使用密集形式的生产函数：

$$F\left(\frac{K}{AL}, 1\right) = \frac{1}{AL} F(K, AL)$$

式中，K/AL 为每单位有效劳动的平均资本数量；$F(K, AL)/AL$ 为每单位有效劳动的平均

产量。定义 $k=K/AL$，$y=Y/AL$，则

$$y=f(k)$$

如图 13-1 所示。

假定密集形式的生产函数满足

$$f(0)=0,\quad f'(k)>0,\quad f''(k)<0$$

$$\lim_{k\to 0} f'(k)=\infty,\quad \lim_{k\to\infty} f'(k)=0$$

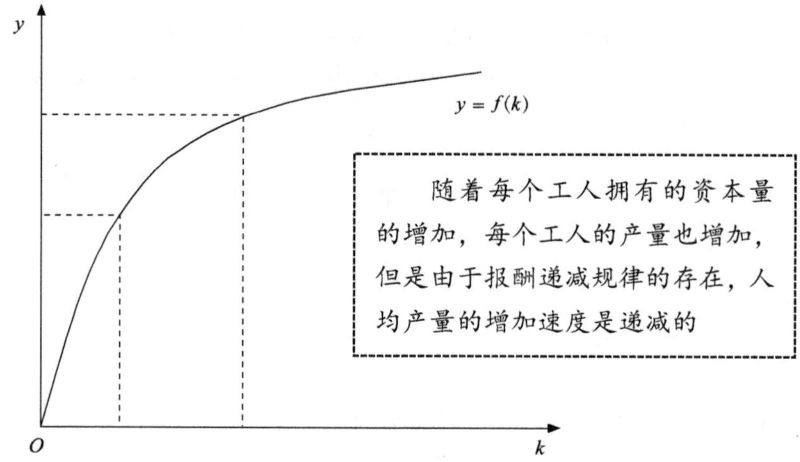

图 13-1　人均生产函数

2. 索洛模型的动态学

在索洛模型中，劳动和知识的变动是外生的，因此人均资本量的变动是我们要考虑的主要变量。由于有 $k=K/AL$ 链式法则，我们可以得到下面的推导过程：

$$k=\frac{\dot{K}(t)}{A(t)L(t)}-\frac{K(t)}{A(t)L(t)}\frac{\dot{L}(t)}{L(t)}-\frac{K(t)}{A(t)L(t)}\frac{\dot{A}(t)}{A(t)}$$

由于 $K/AL=k$，$\dot{L}/L=n$，$\dot{A}/A=g$，$\dot{K}=sY(t)-\delta K(t)$，则

$$\dot{k}(t)=\frac{sY(t)-\delta K(t)}{A(t)L(t)}-k(t)n-k(t)g=s\frac{Y(t)}{A(t)L(t)}-\delta k(t)-gk(t)$$

应用 $Y/AL=f(k)$，有

$$\dot{k}(t)=sf\big(k(t)\big)-(n+g+\delta)k(t)$$

上述方程式表明，每单位劳动拥有的平均资本量的变动率是两项之差：第一项 $sf(k)$ 是每单位有效劳动的平均实际投资，$f(k)$是每单位有效劳动的平均产量，s 是投资的比例。第二项是持平投资，即使得 k 保持在现有水平上所必需的投资量。其中包括弥补折旧部分带来的影响 δk，有效劳动增长带来的对人均资本占有量的稀释作用$(n+g)k$。

图 13-2 中，$sf(k)$为人均储蓄曲线，它与人均生产函数有相同形状但是位于生产函数的下方。另外一条直线表示资本的广化。

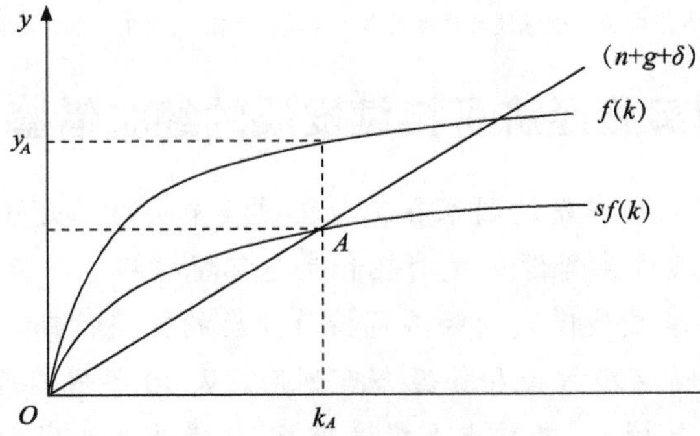

图 13-2　索洛模型稳态分析图

根据稳态分析，$sy=(n+g+\delta)k$，此时$(n+g+\delta)k$ 线和 sy 曲线相交，交点 A 所对应的人均资本为 k_A，人均产量为 y_A，这时人均储蓄恰好等于资本广化的需要，即 $sy=(n+g+\delta)k$。

在 A 点的左边，sy 曲线比$(n+g+\delta)k$ 线高，这表明储蓄高于资本广化的需要，会导致人均资本 k 的提高，从而使产出增加，k 会不断向 k_A 靠近，直到最终用于资本广化的储蓄等于全部储蓄，而人均占有的资本数量保持不变，经济增长达到稳定状态。在 A 点的右边，情况完全相反。

当经济处于资本深化阶段时，产出的增长会快于人口的增长，人均产出水平会不断提高。因此，对于资本贫乏的国家，其产出增长率会高于资本充裕的国家，但是随着资本深化的提高，他将日益接近于稳定增长的人均资本水平，经济增长率最终会慢下来。因此当经济偏离稳定状态时，无论人均资本过多还是过少，都存在着某种力量使其恢复到长期增长的均衡状态。这是新古典经济增长理论对哈罗的模型的改进。

3. 模型的平衡增长路径

当 k 向 k^*收敛时，如图 13-3 所示，劳动和知识分别以 n 和 g 的速度增长，资本存量 $K=ALk$，由于 k 在 k^*处不变，K 以 $n+g$ 的速度增长，规模报酬不变的假设意味着总产出 Y 也以 $n+g$ 的速度增长，人均资本 K/L 和每个工人的平均产量 Y/L 以 g 的速度增长。这样索洛模型意味着不管经济的最初状态如何，经济总能向平衡增长路径收敛，在平衡增长路径上该模型中的每一个变量的增长率都是一个常数（外生），每个工人平均产量的增长率仅仅取决于技术进步率 g。

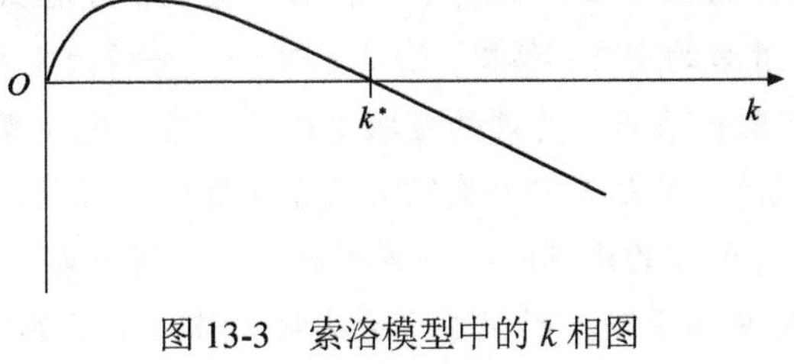

图 13-3　索洛模型中的 k 相图

资料来源：高鸿业. 西方经济学. 北京：中国人民大学出版社，2011.
郭庆旺. 罗伯特·索洛的长期经济增长模型述评. 世界经济研究，1988,（3）：72-75.
熊俊. 经济增长因素分析模型：对索洛模型的一个扩展. 数量经济技术经济研究，2005,（8）：25-34.
李小棒，白红媛. 索洛增长模型综述及几点思考. 商场现代化，2008,（17）：393-394.

外国实施经济可持续发展的经验借鉴

20世纪60年代以前，西方发达国家在工业化过程中实行的是一种经济不可持续发展模式，其特点是经济发展伴生资源过度消耗和生态环境破坏。自70年代以来，西方发达国家进入由经济不可持续发展模式向经济可持续发展的转换时期。其间，先是末端治理环境污染，后是首端预防环境污染和资源合理利用。从90年代以后，西方发达国家先后开始实行经济可持续发展模式，其特点是经济增长、环境改善和资源节约的协调发展。西方发达国家实施经济可持续发展的一些做法，如美国的环境产业和环境影响评价、日本的环境投资制度和循环经济、德国的环境管理手段和环境技术、荷兰的生态税收制度和环境成本信息，都对我国经济可持续发展有重要借鉴意义。

1. 美国的环境保护战略

1）环保机构

美国环境保护局成立于1970年12月。按照业务职权范围与地理分布，美国环境保护局下设九个职能办公室和十大区域环境管理办公室。国家环保局不仅是国家重大的环境保护工程的制定和实施者，而且负有国家环境保护法规的执行和监督责任。环境管理办公室作为美国环境保护局派出机构，负责协调州际环境问题。同时，各级地方政府也都健全和完善了环境管理机构。

2）战略原则

美国环境保护局的所有计划和活动都将在七项战略原则指导下进行，这些原则是美国环境保护局战略计划的核心。这七项原则是：生态系统保护原则、环境公平原则、污染预防原则、依靠科学技术原则、合作原则、管理原则和环境责任原则。比如污染预防原则，过去美国环境保护局把更多的努力放在环境问题产生之后再去解决，这样投资大，收效低，资源仍在浪费。20世纪90年代初，美国环境保护局把工作重点放在预防上，实施源头控制政策，对工艺过程实施全过程控制，从根本上解决污染问题。此后，美国环境保护局把污染预防作为环境保护计划中的首要任务。

3）战略目标

环境保护的任务是保护人民健康和保护生命赖以生存的空气、水体和陆地等自然环境。1997年9月，美国环境保护局向国会提交了主题为“为迎接环境保护新时代作准备”的战略规划报告，就美国环境保护局的工作任务、目标和措施制定了框架。美国环境保护局所规划的十大目标是：第一，清洁的空气；第二，清洁水体和安全的饮用水；第三，安全的食品；第四，预防污染和减少风险；第五，更好的废物管理、污染场地恢复和应急反应；第六，减少全球及跨边界的环境风险；第七，扩大美国公民了解环境状况信息的权力；第八，开展良好的科学研究，改进对环境危害的认识和用政策创新解决环境问题；第九，进一步强化执行，遏制污染；第十，有效的内部管理。围绕这十大战略目标提出了各项战略措施。

2. 美国的环境保护措施

增加环境保护投入。1972～1992 年，美国环保投入增长了一倍，1993 年总投入占国民生产总值的 1.8%，达到 920 亿美元。其中，污染控制费用 888 亿美元，监测与执法费用 16 亿美元，科技与发展费用 14 亿美元（科研费用为 55 亿美元）。私营企业投资占 6.7%，公共部门占 25%。公共部门的费用，其中的 53%是由地方提供，主要用于污水处理厂、固体废物处置场建设。目前，联邦政府在治理环境污染方面的花费每年大约 3000 亿美元，占美国国民生产总值的 2%。国家环境保护局所属科研所有 10 多个，同时各州、市、大学、企业尚有许多环保科研机构。每年科研经费达 15 亿～20 亿美元。

颁布大气质量标准。1971 年颁布的大气质量标准，主要监测项目为 SO_2、TSP、CO、NO_2、CH 化物，光化学氧化剂。同时，对工业部门制定出允许排放标准。例如，在工业区内，SO_2 允许排放标准为昼夜平均值仅为 0.15 微克。每年 SO_2 总排放量已由 1970 年 3000 万吨降至 1990 年 2000 万吨，1995 年开始削减 1000 万吨。洛杉矶曾在 1954～1955 年发生过光化学烟雾事件，死亡约 4000 人，而今是空气清新、环境优美宜人。

但是，美国在环境污染治理方面，仍然存在许多问题。1995 年 CO_2 排放量占全世界总量的 23%，在控制与削减 CO_2 排放量、减少温室效应方面任重道远。布什政府以全球已有 110 个国家签署的《京都议定书》会损害美国的经济利益为由，公然宣布拒绝签署该协议。可见，美国的经济可持续发展是不全面的，是以牺牲其他国家和地区资源环境为代价的。因此，美国在资源开发和污染控制方面做了大量工作。首先，成立了权威性强、精简高效、具有独特运行机制的流域管理机构，统筹实施水利与水污染防治工程，从防洪入手，综合开发水资源，严格控制排污，兴建污水处理厂。其次，实施清洁生产工艺，尽量采用闭路循环系统，工业用水循环利用率已高达 80%以上。污水中污染物处理率为 75.4%。生物化学处理生活污水，用微生物霉菌处理各种废物、废渣，使之全部降解。现已开发出消除不同污染的微生物品种有 1200 个。芝加哥拥有世界上最大的污灌曝气湖（900 万吨/天），占地 4660 公顷，可灌溉 18 万公顷农田。加强垃圾废品管理。美国每年生产工业垃圾 7 亿吨，生活垃圾 2.2 亿吨，生活垃圾处理率为 92%，其主要成分是废纸 29.7%，庭院废物 19.7%，食物残渣 16.8%。每年报废汽车 1000 万辆，废轮胎 1 亿只。现有垃圾处理场 50 644 处，占地面积 11 750 平方千米，每年用于收集处理垃圾的直接费用 45 亿元，填埋费用 100 亿～200 亿美元，填埋处理量占垃圾总量的 95%。每年综合利用垃圾量 5 亿吨，年营业额 180 亿美元，并吸纳就业人数 100 万人。美国从 1980 年起禁止向江河排放有毒废品，1982 年起禁止向海洋排放污泥。全国已有 220 个城市对废品分类收集处理，每年回收空铝盒 70 亿只，价值 5500 万美元。芝加哥废品管理公司是世界上第一家垃圾跨国公司，国外业务占 15%，在国内有 140 处分支公司，年纯利润 3700 万美元。

资料来源：周玉梅. 中国经济可持续发展研究. 长春: 吉林大学出版社, 2007.

我国现代化战略布局

中国现代化建设战略大体分“三步走”。这一战略部署就是：第一步，从 1981 年到

1990年国民生产总值翻一番，解决人民的温饱问题；第二步，从1991年到20世纪末，国民生产总值再翻一番，人民生活达到小康水平；第三步，到21世纪中叶，人均国民生产总值达到中等发达国家水平，人民生活比较富裕，基本实现现代化。

中共十四大进一步提出，要在20世纪90年代初步建立起社会主义市场经济新体制；20世纪末国民生产总值比1980年翻两番，实现第二步发展目标；同时，也对实现第三步战略目标提出初步设想。

中共十五大又将第三步目标进一步具体化：到21世纪的第一个十年，实现国民生产总值比2000年翻一番，使人民的小康生活更加富裕，形成比较完善的社会主义市场经济体制；再经过十年的努力，到建党一百周年时，使国民经济更加发展，各项制度更加完善；到新中国成立一百周年时，基本上实现现代化，建成富强、民主、文明的社会主义国家。

中共十六大提出，中国的国内生产总值到2020年力争比2000年翻两番，综合国力和国际竞争力明显增强。

中共十八大报告根据我国经济社会发展实际和新的阶段性特征，在中共十六大、十七大确立的全面建设小康社会目标的基础上，提出了一些更具明确政策导向、更加针对发展难题、更好顺应人民意愿的新要求，以确保到2020年全面建成的小康社会，是发展改革成果真正惠及十几亿人口的小康社会，是经济、政治、文化、社会、生态文明全面发展的小康社会，是为实现社会主义现代化建设宏伟目标和中华民族伟大复兴奠定了坚实基础的小康社会。

资料来源：中国共产党第十三次全国代表大会报告. 1987.
中国共产党第十四次全国代表大会报告. 1992.
中国共产党第十五次全国代表大会报告. 1997.
中国共产党第十六次全国代表大会报告. 2002.
中国共产党第十七次全国代表大会报告. 2007.
中国共产党第十八次全国代表大会报告. 2012.

第四篇

全球信息化下的世界经济

第 14 章　比较优势与国际贸易

随着经济的发展，当一国商品、劳务和服务的交换活动越出国界，在世界经济范围内进行时，国际贸易就产生了。当今世界，国际贸易在各国和世界经济的发展中扮演着越来越重要的角色，中国也不例外。国际贸易的具体内涵是什么？各个国家为什么要进行国际贸易？伴随着国际贸易出现的经济全球化和区域经济一体化对各国和世界经济有什么影响？这一章主要来回答这些问题。

14.1　各学派在比较优势方面的观点

14.1.1　重商主义者的贸易观点

重商主义可以说是国际贸易理论的前驱，它产生于 15 世纪左右的欧洲，盛行于 16～17 世纪。顾名思义，重商主义就是要重视商业，它是代表当时新兴的商业资产阶级利益的一种经济学说。

15 世纪前后，随着地理大发现和新航路的开辟，欧洲国家和世界上其他地区的联系日益紧密起来，在这个过程中，产生了新兴的商业资产阶级，以及为其利益服务的重商主义学说。

重商主义者认为一国财富的唯一形式是金银等贵金属。金银越多，国家越富有，并且国家经济的繁荣与否取决于贵金属的持有量。而获得财富的真正渠道是通过对外贸易，只有扩大出口，减少进口，即在对外贸易中保持顺差才能获得财富的增加，才能获得国家的繁荣富强。重商主义者认为，财富的总和是不变的，一个国家获得财富即意味着另外的国家财富的损失。

根据重商主义的观点，在国际贸易上，重商主义者的经济政策是鼓励出口，限制进口，政府在对外贸易中起到保护本国贸易的作用，以获取更多的贵金属。重商主义的政治政策是积极进行海外扩张，掠夺更多的财富和人口，最终达到增强国力的目的。

14.1.2　绝对优势理论

绝对优势理论是英国经济学家亚当·斯密在《国富论》中提出的。18 世纪后期，产业革命在英国已经取得了比较显著的发展，生产力快速提高，本国市场的购买力已经无法满足日益充盈的市场供给，开拓外国市场的任务迫在眉睫。然而受重商主义思潮的影响，贸易保护主义在欧洲各国盛行，为了打开外国市场，鼓吹自由贸易的绝对优势理论应运而生。

亚当·斯密认为，两国间的贸易基于绝对优势。他认为，国际贸易与国内的分工和贸易本质上是一样的。在国内，随着经济的发展和社会分工的出现，人们专门生产某一类产品，从而提高效率，降低成本。然后用自己专门生产的产品和别人生产的产品进行交换，从而提高整个社会和国家的福利水平。所以，裁缝不会自己去制作靴子，鞋匠不会自己去缝制衣服。同理，在国际上，如果一个国家的生产技术处于劣势，就应该进口其他国家的产品，因为自己生产的成本反而更高。一个国家能向外国出口产品，则是因为该国的生产技术优于别国，因此生产成本更低，具有绝对优势。

绝对优势理论是英国经济学家亚当·斯密在《国富论》中提出的。亚当·斯密认为，两国间的贸易基于绝对优势。

例如，加拿大和印度这两个国家，加拿大的气候较冷，不适合种香蕉，比较适合种小麦。而印度气候较热，不适合种小麦，比较适合种香蕉。两国的情况见表 14-1。

表 14-1　绝对优势

产品	加拿大	印度
小麦/（千克/小时）	6	1
香蕉/（千克/小时）	2	5

由表 14-1 可知，加拿大在小麦生产上相对于印度有绝对优势，因为加拿大每小时可生产 6 千克小麦，而印度每小时只能生产 1 千克小麦，即加拿大生产小麦的成本绝对低于印度。印度则在生产香蕉上相对于加拿大具有绝对优势，因为印度每小时能生产 5 千克香蕉，而加拿大每小时只能生产 2 千克香蕉，即印度生产香蕉的成本绝对低于加拿大。

在这种情况下，如果两个国家各自生产小麦和香蕉，整个社会福利比较低。但是如果两国都专门生产自己具有绝对优势的产品，然后通过交换（国际贸易）获得另外一种产品，则两国都会增加生产效率，社会福利也会增加。所以加拿大应专门生产小麦，印度专门生产香蕉，然后通过国际贸易互通有无。

从上面的论述可知，绝对优势理论是以劳动生产率和生产成本为依据进行比较的，而这正是国际分工和国际贸易的基础。各国应该集中生产并出口其具有绝对优势的产品，进口其不具备绝对优势的产品。

绝对优势理论为遏制贸易保护主义、发展国际分工和国际贸易提供了理论依据。另外，绝对优势理论也有一定的局限性。假设一个超级发达的国家，在任何一件产品的生产上都具有绝对优势，按照绝对优势理论，这个国家就没有必要进口任何产品。事实上，即使如此，国际贸易仍然会在这个国家和其他国家间进行。这又是怎么回事呢？李嘉图的比较优势理论很好地解释了这一现象。

14.1.3　比较优势理论

在绝对优势理论的基础上，19 世纪，英国经济学家李嘉图提出了比较优势的贸易理论。这一理论主要体现在他所著的《政治经济学及赋税原理》一书中。

比较优势理论认为，国际贸易的基础是生产技术的相对差别，以及由此产生的相对成本的差别，而不是绝对差别和绝对优势。即使一个国家在所有产品的生产上都不具备绝对优势，或者说某个国家在所有产品的生产上都具有绝对优势，国际贸易还是可以发生的，原则就是国家都应集中生产并出口其具有比较优势的产品，进口其具有比较劣势的产品。

比较优势理论是由英国经济学家李嘉图提出的。比较优势理论认为，国际贸易的基础是生产技术的相对差别，而不是绝对差别和绝对优势。

下面的案例应该能更好地解释这个理论。

表 14-2　比较优势

产品	美国	印度
相机/（件/小时）	4	1
皮鞋/（双/小时）	2	1

从表 14-2 中我们可以看到，印度相机的劳动生产率是美国的 1/4，处于绝对劣势；皮鞋的劳动生产率是美国的 1/2，也处于绝对劣势。两种产品都处于绝对劣势，是不是就没有必要进行国际贸易了呢？我们再仔细观察一下，可以发现，印度在相机上的劣势（1/4）比它在皮鞋上的劣势（1/2）要大。换句话说，印度在皮鞋的生产上有相对的优势。另外，美国在相机和皮鞋生产上都有绝对优势，但是相机的绝对优势（4∶1）比皮鞋的绝对优势（2∶1）更大，因此美国在相机生产上有相对优势。根据比较优势原理，如果美国专门生产相机并出口一部分换取印度的皮鞋；同时，印度专门生产且出口皮鞋而进口相机，则两国都会获利。

由此可见，国际分工和国际贸易的基础，并非在于两国在生产技术上的绝对差别，只要两国在生产技术上存在相对差别，就会有生产成本和产品价格的相对差别，从而使各国在不同的产品上具有比较优势，使国际分工和国际贸易成为可能。

14.2　国际贸易理论

14.2.1　国际贸易的产生与发展

国际贸易是在一定的历史条件下产生和发展起来的，是生产力发展的必然产物。顾名思义，国际贸易包含两个要素：一是“国际”，就是说形成国际贸易的条件之一是“国家”的形成；二是“贸易”，即国际贸易的另一个条件是社会生产力发展到出现能够用于交换的剩余产品的阶段。有了“国家”和“可用于交换的剩余产品”，国际贸易就产生了。国际贸易的前身是对外贸易。

在资本主义制度产生以前，虽然也有国际贸易，但在贸易的范围和交易的种类上具有非常大的局限性。只有到了资本主义社会，国际贸易才有较大的发展。

1. 前资本主义时期的国际贸易

在 15 世纪的地理大发现之前，由于人类认知和交通条件的限制，对外贸易只存在于一定的地理范围内，具有很强的区域性，真正的国际贸易还未出现。

原始社会时期，人类社会的生产力水平十分低下，没有剩余产品，因此也就不存在对外贸易。随着三次社会大分工，生产力获得了一定程度的提高，再加上货币、阶级和国际的出现，对外贸易开始登上历史舞台。

随后人类社会进入奴隶社会时期，这一时期，自然经济占主导地位，奴隶主占有生产资料和奴隶。因而，奴隶和奴隶主所追求的奢侈品，如香料、纺织物和装饰品是这一时期的主要交换商品。

对外贸易在封建社会取得了较大的发展，特别是封建社会中后期。随着资本主义生产关系的萌芽，手工业迅猛发展，东西方出现了丝绸、香料与毛呢、酒等商品的对外贸易，并且出现了一些较大的贸易区，如以意大利威尼斯和热亚那为中心的地中海贸易区、以中国和日本为主的东亚贸易区等。

2. 资本主义时期的国际贸易

15 世纪左右的资本原始积累时期虽然不能算成资本主义时期，但这一时期在资本主义制度的形成上具有重要意义，并且这一时期的国际贸易也有非常大程度的发展。所以，资本主义时期的国际贸易我们从 15 世纪的资本原始积累时期开始了解。

15～18 世纪国际贸易主要以殖民贸易为主。新航路的开辟和地理大发现，再加上重商主义的学说，使得区域性贸易开始扩大到世界范围内，不同地区的国家之间建立了联系，对外贸易开始升级为国际贸易。同时，这一时期的世界贸易具有浓重的殖民色彩。

随着资本主义制度的建立和两次工业革命的进行，资本主义国家的生产力飞速增长。火车、轮船等交通工具的产生和应用为不同国家之间进行贸易提供了有利的条件；传统的工场手工业转变为机器化大工业生产，剩余产品种类和数量增加；科学技术飞速进步并与工业生产紧密结合，资本主义资金大量积累；国际环境相对稳定，市场不断扩大。这一时期国际分工渐趋完善，国际贸易不断扩大。

1914～1945 年，由于两次世界大战的进行和 1929 年资本主义经济危机的爆发，此阶段的国际贸易整体上处于萧条时期。同时，由于战争原因，这一时期的贸易商品中，原油和武器比重迅速上升。

3. 1945 年以来的国际贸易

第二次世界大战结束后，以原子能技术、航天技术、电子计算机技术为代表的第三次技术革命率先在美国兴起，随后席卷世界。原子能、半导体、石油、化工、宇航等新兴产业产生并迅速发展。新产业使国际贸易市场的产品更加多样化，部分旧产业衰败。根据比较优势原理，世界各国的国际分工和产业分工继续深化。值得注意的是，这一时期，服务贸易迅速发展，成为国际贸易的重要组成部分。这一时期的国际贸易，发达国家仍然是主体，欧盟、东盟、亚太经济合作组织等经济组织的出现代表着区域性贸易的迅速发展。

14.2.2 国际贸易的相关概念及分类

1. 国际贸易的概念

国际贸易是指不同国家或地区之间的商品、劳务和服务的交换活动。国际贸易由进口贸易和出口贸易两部分组成，因此也叫作进出口贸易。

根据相对比较优势理论，贸易会使进行交换的双方都获益，国际贸易则将这种交换拓宽到世界范围，极大地丰富了商品的种类。通过国际贸易，中国人能够喝到来自法国的红酒，美国人也能够买到中国的丝绸。国际贸易为厂商提供了更大的购买市场，有助于厂商降低生产成本，实现规模经济。同时，国际贸易增加了竞争，使市场这个“无形的手”能够更好地发挥作用。国际贸易还能够加强整个世界的思想交流，一种先进的技术在世界范围内的转移往往是依靠含有这种技术的物品在国际市场的流通而完成的。假如中国想要了解苹果手机的某项新技术，最好的方法就是购买一些苹果手机来进行研究，而不是试图在国内制造一台苹果手机。

2. 国际贸易的分类

国际贸易按照不同的分类标准，会有不同的分类方式。

1）按商品移动的方向分类

按商品移动的方向分类，国际贸易主要分为三类：进口贸易、出口贸易和过境贸易。

所谓进口贸易，即引进其他国家的商品或服务到本国，又称为输入贸易。出口贸易，即输出本国的商品或服务到其他国家，又称为输出贸易。过境贸易，即进行交易的商品或服务经过第三国境内运至购买国，对于第三国而言即为过境贸易。过境贸易国虽然没有直接参与进出口交易，但商品进出了该国国境，需要海关统计，所以过境贸易也构成了该国进出口贸易的一部分。

2）按商品的形态分类

按商品的形态分类，国际贸易主要分为有形贸易和无形贸易。所谓的有形贸易是指有实物形态的商品贸易，又称货物贸易，国际贸易中的有形商品种类很多，主要包括初级产品和制成品。有形贸易一般要经过海关来进行。无形贸易是指没有实物形态的劳务、技术、服务等商品的贸易，又称服务贸易。无形贸易不经过海关。

3）按是否有第三者参加分类

按是否有第三者参加分类，国际贸易可以分为直接贸易、间接贸易和转口贸易。所谓直接贸易，是指出口国与进口国之间不通过第三国进行买卖，又可分为直接出口或直接进口。间接贸易，是指出口国与进口国之间通过第三国进行买卖，出口国为间接出口，进口国为间接进口。转口贸易，是指出口国与进口国之间通过第三国进行买卖，对于第三国来说是转口贸易，第三国称为转口贸易国。

4）按商品的运输方式分类

按商品的运输方式分类，可以分为陆路贸易、海路贸易、空运贸易和邮购贸易。陆路贸易是指以货车、汽车等陆路交通工具作为货物运输方式。海路贸易是指以轮船等海上交通工具作为货物运输方式。海路贸易是国际贸易中最常见的方式。空运贸易是指以飞机等空中交通工具作为货物运输方式。空运的费用相对较高，一般只有高级消费品或容易变质的商品才会使用空运的方式。邮购贸易是指以邮政包裹的方式运输货物。近年来，邮购贸易随着互联网和电子商务的兴起而快速发展。

14.2.3　国际贸易政策工具——关税与非关税壁垒

1. 关税

1）关税的概念

关税是指各国政府授权海关对进出口商品征收的一种税。关税是国家税收的一种，在一些对外贸易发达的国家，关税是国家财政的主要来源。

关税与其他税收一样，具有强制性、无偿性和固定性等特征。与其他税种相比，关税又有自身的特点：首先，关税的征收对象是进出境的商品；其次，关税具有涉外性，是实施对外贸易政策的重要手段。

2）关税的分类

关税的种类很多，按照不同的分类标准，会有不同的分类种类。

（1）按照税收的方式分类，关税可以分为进口关税、出口关税、过境关税。

进口关税：对进口的商品进行征税。主要分为最惠国税和普通税。对与该国签订包含有最惠国待遇条款的贸易条约或协定的国家或地区，征收最惠国税，对其他国家征收普通税。

出口关税：对出口的商品进行征税。征收出口关税将提高本国商品在国外市场的销售价格，削弱了本国商品在国际市场的竞争力，所以大部分国家不征收出口关税。

过境关税：对通过该国关境的外国商品进行征税。现在大多数国家已经不征收国境关税，以少量的准许费、印花费、登记费等代替。

（2）按照征税标准分类，关税可分为从价税、从量税、混合税、滑准税。

从价税：以进出口商品的价格作为标准征税。从价税随着商品的价格变动，与商品价格成正比。目前，世界上多数国家采用这种方法征税。

从量税：以进出口商品的数量的计量单位为标准征税。第二次世界大战前，大多数资本主义国家采用从量税。第二次世界大战后，随着商品经济的发展，商品种类逐渐增多，同时通货膨胀问题也逐渐加剧，只有少数国家继续采用从量税。

混合税：按照不同情况对进出口商品进行从价、从量混合征税，分为复合税和选择税。复合税采用从价税和从量税同时征收，选择税对商品分别定有从价税和从量税两种税率，选择税额较高的一种征收。

滑准税：商品的价格越高，适用税率越低；商品的价格越低，适用税率越高。征税额与商品的价格成反比。

（3）按照征收关税的目的分类，关税可分为财政关税、保护关税。

财政关税：以增加国家财政收入为目的的关税。目前，由于其他税源的增多及保护关税的增加，世界上大多数国家的财政关税在财政收入中的比重都呈降低趋势。

保护关税：以保护本国产业和市场为目的的关税。当保护关税的税率达到 100%以上时，等同于禁止进口，保护关税就变成了禁止关税。

2. 非关税壁垒

在国际贸易中，除了关税会对贸易的进出口国和国际贸易有影响外，各国为了保护本国市场和本国产业，还会出台各种非关税的政策，这些政策统称为非关税壁垒。主要的非关税壁垒有以下四种。

1）配额

配额是指一国政府在一定时期内，对某种商品的进口或出口进行数量或金额上的限制。配额是一种重要的非关税贸易壁垒。

进口配额是指在一定时期内对某种商品的进口进行数量或金额上的控制。在这一时期内，配额以内的商品可以进口，超过配额的商品不准进口，或者需要征收额外的关税或罚款后才能进口。

进口配额主要有绝对配额和关税配额两种方式。绝对配额是指在一定时期内，对于设置了进口配额的商品，超过配额则禁止进口。关税配额是指在一定时期内，对于设置了进口配额的商品，在配额以内实行低税、减税或免税的政策，超过配额的商品，通过征收较高的关税、征收附加税或罚款的方式进口。

2）自动出口限额

自动出口限额是指在进口国的要求或压力下，出口国“自动”规定在某一时期内限制某种商品的出口数量，超过限额即自动禁止进口。

自动出口限额主要有非协定的自动出口限额和协定的自动出口限额两种形式。非协定的自动出口限额不受国际协定约束，是出口国自行规定的出口限额。协定的出口限额是进口国和出口国双方通过谈判达成共识，签订“自限协定”或“有秩序销售协定”，出口国按照协定的出口限额执行。

3）出口补贴

出口补贴是国家促进出口的一种方式。为了提高本国商品在国际市场的竞争力，出口国政府有时会对某种出口商品的厂商进行现金补贴或给予财政上的优惠政策。通过出口补贴，该商品的出口价格降低，在国际市场上的竞争力就相对提升了。

4）其他非关税贸易壁垒

其一是外汇管制。外汇管制是通过外汇控制进出口的一种方法。国家通过制定法令限制国际结算和外汇买卖，通过这种方法来平衡国际收支，维持本国货币汇价。

进口商在进口商品前，首先要按照政府制定的汇价通过外汇管制机关申请购买外汇。出口商在国际市场售出商品后，必须把出口商品获得的外汇收入按照政府制定的汇率卖给外汇管制机关。此外，出入境时允许携带的本国货币数量也受到外汇管制机关的严格限制。政府采用制定汇价、集中外汇收入和批汇等方式，通过外汇管制机关，对外汇的数量进行严格管理和控制，最终达到控制进出口的目的。

其二是进口许可证制。进口许可证制是指进口国规定某些商品的进口必须首先从进口国政府获得进口许可证，否则不能进口。

其三是最低限价制。最低限价制是指进口国通过规定某种商品的最低进口价格来达到限制进口的目的。对于低于最低限价的商品，实行禁止进口或需要缴纳进口附加税才可进口的政策。

其四是技术性贸易壁垒。技术性贸易壁垒是指进口国对进口商品制定的各种技术性标准，如技术法规、技术标准、合格评定程序、检验检疫标准、商品包装和标签、环境许可等。这些技术性标准比较复杂多变。出口国受生产周期、信息滞后等因素影响，往往难以快速适应。因此，技术性贸易壁垒成为进口国控制进口的一个有效手段。

3. 关税和非关税壁垒对国际贸易的影响

1）关税对国际贸易的影响

征收关税会对征税国国内市场价格和国际市场价格造成影响。当商品的出口供应完全缺乏弹性时，该商品在征税国的国内市场价格将不会改变。当商品的出口供应和进口需求都具有弹性时，关税最终对价格的影响不能确定，但一般会使价格上涨。当商品的进口需求无弹性，进口国不是该商品的主要国际市场时，该商品价格在进口国会上涨。

征收关税会对国家贸易条件产生影响。当进口国不是该商品的主要国际市场时，征收关税对出口国和进口国的贸易条件几乎没有影响。当进口国是该商品的主要国际市场时，由于前面所分析的价格作用，在其他条件不变的情况下，征收关税将会使进口国的贸易条件变好，而使出口国的贸易条件变差。征收关税对贸易条件的影响力大小取决于征税国在国际市场影响力的大小。

征收关税还对征税国的产业有影响。一般情况下，征收关税会使进口商品的价格提高，较高的价格会使一部分消费者放弃购买进口商品而转向购买国内生产的同类商品，因此，征收关税对征税国本国产业具有一定的保护作用。

2）非关税贸易壁垒对国际贸易的影响

一般情况下，非关税贸易壁垒对国际贸易的发展起到阻碍作用。其他条件不变时，国际贸易增长的程度和世界性非关税贸易壁垒加强的程度呈反向关系。也就是说，当非关税壁垒加强时，国际贸易增长的幅度降低，甚至负增长；而当非关税壁垒减弱时，国际贸易将加速增长。例如，20 世纪 70 年代后期，由于世界性的非关税壁垒盛行，国际贸易增长率急剧下降。

另外，非关税壁垒在一定程度上还会影响国际贸易商品的结构。在国际贸易中，当各国对某一种或某几种商品加强非关税壁垒时，这种或这几种商品的国际贸易额就会急剧下降。例如，20 世纪 70 年代中期以来不断加强的农产品的非贸易壁垒，就使得农产品的贸易额下降，而工业品的贸易额由于没有受到非关税壁垒的影响而不断增加。

14.2.4 当代国际贸易发展的特点

随着经济的发展和国际经济一体化的进行，国际贸易在国际经济活动中扮演着越来越重要的角色，其特点也发生了一些变化。

1. 服务贸易在国际贸易中的比重不断增大

国际服务贸易（international service trade）是指国际间服务的输入和输出的一种贸易方式，贸易一方向另一方提供服务并获得收入的过程称为服务出口或服务输出，购买他人服务称为服务进口或服务输入。

第三次技术革命以来，随着生产力和科学技术的快速发展，人类社会进入知识经济时代。在知识经济时代，对物质资源的需求已经远远不能满足各国发展的需要，科学技术、先进的思想、高技术高素质人才和高端的服务开始成为资本追逐的对象。因此，在当代国际贸易中，货物贸易所占的比重开始下降，而服务贸易的比重则不断上升，国际服务贸易成为新的重要研究课题，越来越受到各国的重视。同时，国际服务贸易的领域不断扩大，不仅有传统的国际运输、国际旅游等服务贸易，国际金融服务、国际咨询服务、知识产权、国际投资服务等领域也进入服务贸易。另外，工业化国家在国际服务贸易中占有绝对优势，而新兴发展中国家服务贸易发展势头良好。

2. 商品结构发生变化，高科技商品贸易增加

在货物贸易方面，商品的结构也发生了显著的变化。科学技术的快速发展改变了世界范围内的产业结构，传统的劳动和资本密集型产品不再是商品市场的主体，普通技术密集型产品的地位也有所下降，取而代之的是高技术密集型产品。高技术密集型产品大多具有质量轻、功能丰富、产品多样、实用性强等特点，方便运输，受到国际市场的广泛欢迎。高科技商品贸易增加成为当代国际贸易的主要特点，在一定时期内也将是未来

国际贸易的主要趋势。

3. 贸易方式发生变化，互联网及电子商务发挥更加重要的作用

在贸易方式上，随着互联网技术和电子商务平台的不断发展，互联网手段开始在国际贸易中发挥越来越重要的作用。国际贸易的空间距离随着互联网的普及不断缩小，电子商务平台越来越成熟，国际贸易的支付工具也从传统的现金货币、面对面结算变成了电子货币、信用货币，支付方式也逐渐转变为网络转账、第三方结算等。更加便利快捷的贸易方式使得互联网及电子商务手段成为当代贸易的一种主要方式。目前已经在纽约证券交易所上市的阿里巴巴公司在世界范围内的迅速崛起即是当代国际新型贸易的典范。

4. 技术性贸易壁垒成为主要非关税贸易壁垒

经济全球化及贸易自由化的浪潮使当代各国逐渐取消或削弱了关税，而其他传统的非关税贸易壁垒也逐渐减少。在当代国际贸易中，复杂多变且名义正当的技术性贸易壁垒越来越成为一种主要的贸易保护方式。例如，当前一些发达国家实施的所谓“绿色壁垒”，即是以保护环境的名义而制定的一些条件严格又变化多样的技术性标准，最终达到保护国内市场的目的。可以预见，随着技术在世界市场各个领域的渗透，技术性贸易壁垒将会成为非常普遍的非关税贸易壁垒。

5. 服务外包成为国际产业专一的新兴主流方式

服务外包是指企业将生产过程中的一些基础性的、具有共性的、非核心的业务从企业的业务流程中剥离出来，外包给专门提供该项服务的公司来完成，从而达到优化资源配置，降低企业成本，增强企业在国际市场中的竞争力的目的。服务外包一般是基于发达的信息网络技术，将服务性工作交由计算机来完成，通常使用现代通信手段进行交易。服务外包产生的根源是生产和服务环节的国际分工细化，产生的条件是国家贸易和信息技术的飞速发展。服务外包使企业能够专注于自己的核心技术，并通过外包的方式利用国外资源和国家市场。

随着国际贸易的深入发展，全球外包市场的规模持续扩大。从 2006 年到 2011 年，全球服务外包收入由 6224 亿美元增长到 8200 亿美元。在北美，墨西哥是主要的外包中心。东欧和爱尔兰是欧洲的外包中心，印度则是全球的外包中心。近几年，中国、菲律宾、俄罗斯、巴西等国家也在外包服务中发挥越来越重要的作用。信息技术外包和业务流程外包是服务外包的主要商务模式。近几年来，又出现了针对企业价值链高端环节的知识流程外包，发展前景十分广阔。

14.3　经济全球化、区域经济一体化与国际贸易

14.3.1　经济全球化与国际贸易

1. 经济全球化的概念

“经济全球化”一词被认为最早出现在 20 世纪 90 年代。**经济全球化是指世界经济**

活动超越国界，通过对外贸易、资本流动、技术转移、服务交换等经济活动形成的全球范围经济的有机整体。经济全球化是当代世界经济发展的重要特征，也是各国在经济发展过程中不可回避的主流趋势。一方面，它有利于资源和要素在全球范围的合理配置，有利于资本的全球流动，有利于科学技术的推广普及和全人类生活水平的提高，有利于促进不发达地区经济的发展，是人类发展进步的表现，是世界经济发展的必然结果。但另一方面，它又是一把双刃剑，尤其是对经济实力薄弱的发展中国家而言，正确对待并有效利用经济全球化成为一项严峻的考验。

2. 经济全球化的表现

1）生产全球化

生产全球化是指世界各国和地区的生产过程联系日益紧密，环环相扣，相互依存。具体来说，所谓全球化生产，指的是某一产品的价值链的不同部分由不同国家和不同企业分别完成或是合作完成。生产不再是单个国家或企业的生产，企业内部的生产经营行为延伸到其他企业，国家的生产领域与其他国家息息相关。一个经典的案例是福特汽车的全球化生产网络，从排气机、启动器到灯管、轮胎，总共由 15 个国家分别完成，各部分零件的生产在世界各地的工厂中分别进行，然后统一组装，构成生产的国际化、全球化（表 14-3）。

表 14-3 福特汽车的全球化生产网络

国家	产品
加拿大	玻璃，收音机
瑞士	车身底板，涂料，计速器，齿轮
美国	阀门，螺母，液压挺杆
比利时	轮胎，内胎，制动器
挪威	排气机凸缘，轮胎
丹麦	风扇，皮带
荷兰	轮胎，金属，油漆
日本	排气机，启动器，轴承，挡风玻璃，清洗器，泵
西班牙	电器配线，离合器叉，空气过滤器，镜
英国	汽化器，点火器，排气机，油泵，飞轮齿轮，计速器，加热器，转向盘轮，后轮轴，进气管，汽缸
德国	排气机，前盘，配电器，摇臂，油箱，转向轴，计时器，镜，变速箱，离合器
法国	交流发电机，制动器，挡风条，离合器，加热器，轴承，变速箱，大梁，金属构件，密封件
瑞典	汽缸螺栓，排气管，金属构件，冲压件
意大利	灯管，汽缸头，除霜器，汽化器
奥地利	加热器，散热器

资料来源：http://gzxk.mzedu.com/html/2010/dltk_0205/14470.html

生产的全球化之所以能够实现，离不开国际分工的深化、信息技术领域的创新和跨国公司（transnational corporation, TNC）的主导。

跨国公司最早出现在 19 世纪六七十年代，第二次世界大战后跨国公司加大收购与兼并力度，实力迅速扩大。随着跨国公司的迅猛发展与经济全球化的不断推进，世界经济的市场化、自由化和网络化成为不可逆转的趋势。跨国公司在协调生产活动时将发达国家的资金技术与发展中国家的资源和劳动力整合，形成了不同地区生产方式与经济发展方式的专业化差异，进一步推动了生产全球化的步伐。

2）金融全球化

金融全球化实际上是国际金融的自由化趋势的不断深化，以及统一金融市场的不断形成与完善。其实质是要求各国放松金融管制，推动全球范围内统一金融市场的形成，让市场来主导金融资源的配置。金融全球化的目标是取消利率限制，使利率完全自由化；取消外汇管制，使汇率浮动完全自由化；放松对金融机构的职能监管，使金融机构经营自由化；允许国际资本的自由流动和国际金融机构自由扩大市场份额，并鼓励本国资本流向国际市场，放松对本国金融机构海外业务的限制；放宽对金融市场的监管，从而达到金融领域的全面自由化。

3）贸易全球化

顾名思义，贸易的全球化表现在全球贸易总量的增加、贸易渠道的拓展、贸易商品的多样化及贸易对象合作的不断加深。19 世纪 60 年代到 90 年代，贸易总额增加了 300 倍，到 90 年代末，发达国家的平均关税降至 3.5%。除此之外，各个国家的非关税贸易壁垒也在不断削弱，促进国际贸易的国际性组织纷纷建立并在区域贸易中发挥巨大作用。1995 年 1 月 1 日，世界贸易组织正式生效运转，并取代了 1947 年的关税贸易部协定，成为了贸易全球化的重要一步。

3. 经济全球化对国际贸易的影响

经济全球化对国际贸易产生了多方面的直接和间接的影响。一方面，经济全球化直接降低了国与国之间的关税，打破了许多长期存在的贸易壁垒，减少了国际贸易的费用，直接增加了国际贸易的总量，促进了国际贸易的质的飞跃。经济全球化被广泛地认为是真正开始于 20 世纪 90 年代，1990～2013 年，世界 GDP 的平均增长率为 2.72%，而国际贸易的增长率约为 5.47%，国际贸易在世界总产出中的所占比重从 1990 年的 20%增长到 2007 年的 35%。其中，发展中国家的国际贸易数量和总额更是获得了惊人的飞跃[①]。

另一方面，根据赫克歇尔-俄林的要素禀赋理论，每个封闭国家的丰裕要素不同，自然禀赋也不同，因此国家在封闭情况下密集使用丰裕要素生产的产品就会在经济全球化的大背景下流向其他国家，形成国家间的比较优势。这种比较优势的存在使得国际贸易能够增加各个国家的福利，促进全社会总体福利的提升，而不是只增加贸易优势国的经济利益。

此外，经济全球化还促进了国际分工的进一步发展，全球贸易浪潮中的各个国家在贸易中更加明确自己的优势所在，生产的专业化不断提高，更加有效地参与到国际贸易中来，从而又推动经济的进一步全球化。经济全球化也极大地促进了跨国公司的发展和发达国家经济的全球扩张，因此，如何在经济全球化的浪潮中扬长避短，有效利用经济

① 裴长洪，林江. 经济全球化背景下国际贸易的新发展. 求是, 2006,(9): 59-61.

全球化来发展本国经济，成为发展中国家的挑战和考验。

14.3.2 区域经济一体化与国际贸易

1. 区域经济一体化的概念和内涵

经济一体化的概念最早是由荷兰经济学家丁伯根在 1954 年提出的。他认为："经济一体化的过程就是消除那些阻碍经济有效地良性地运行的因素和障碍的过程，经济体之间相互协调，形成有利于整个经济运行的大环境。"这之后对于区域经济一体化的定义众说纷纭。

综合各种主流的观点，我们认为，**区域经济一体化指的是两个或两个以上的国家或地区，通过协商并缔结经济条约或协议，实行统一的经济政策和措施，消除商品、要素、金融等市场的人为分割和限制，以国际分工为基础来提高经济效率，获得更大经济收益，把各国或各地区的经济融合起来形成一个区域性经济联合体的过程。**

综上可知，区域经济一体化的实质就是通过降低成员国之间的交易成本，提高经济活动的自由度，实现各种产品和要素的自由配置。我国学术界关于区域经济一体化内涵的研究主要是对西方有关内容的借鉴与拓展，运用相关的经济学、政治经济学、制度经济学及区域经济学等理论对其进行发散和阐释。

2. 区域经济一体化的组织形式

1）优惠贸易安排

优惠贸易安排是区域经济一体化中最低级和最松散的组织形式。成员国之间通过订立贸易条款和签订贸易协议，给予相应的贸易商品关税减免和优惠。例如，第二次世界大战后建立的"非洲木材组织"及"东南亚国家联盟"等。

2）自由贸易区

自由贸易区又称免税贸易区，是在关境以外划出的，签订自由贸易协议的成员国相互彻底取消了贸易中的关税和限制，使商品在各成员国之间可以自由流动的一个区域。但是，成员国仍保持着对来自非成员国进口商品的限制政策。典型的自由贸易区有"中欧自由贸易区""东盟自由贸易区"。

众多的自由贸易区按照不同标准可以划分为不同种类。按性质划分，自由贸易区可分为商业自由区和工业自由区，前者不允许货物拆包零售或再加工，后者允许工业原料的免税交易。就功能而言，自由贸易区可分为转口集散型、出口加工型、报税仓储型等。

3）关税同盟

关税同盟是指成员国之间在彻底取消了商品贸易的关税和数量限制的基础之上，缔结协定建立统一的关境，对同盟外的国家或地区的商品进口实行一致的关税税率和统一贸易政策。例如，早期的"欧洲经济共同体"和"东非共同体"。

关税同盟的建立意味着成员国撤销了自由关境而同其他国家一起建立统一关境。它开始有超越国家的性质，是区域经济一体化的重要标志。

4）共同市场

在关税同盟的基础之上，共同市场允许成员国内生产要素的自由流动，如资本、劳动力等。例如，“加勒比共同市场”和“南方共同市场”。

5）经济联盟

经济联盟的成员国既统一了对外关税和贸易政策，内部允许生产资料自由流动，还共享一些经济政策和社会政策，使成员国形成统一的经济实体。例如，欧盟现阶段就处在经济联盟的阶段。

6）完全经济一体化

完全经济一体化是区域经济一体化的最高级的组织形式。区域内各成员国在经济联盟的基础上，全面实行统一的经济和社会政策，使各成员国在经济上形成单一的经济实体。目前世界上还暂时不存在完全经济一体化的组织，只有欧盟在为实行这一目标而努力。

3. 区域经济一体化的发展实践

1）欧盟

欧洲联盟的前身是欧洲经济共同体。1951 年 4 月，法国、德国、意大利、荷兰、比利时、卢森堡在法国巴黎签订了《欧洲煤钢联营条约》，建立了欧洲煤钢共同体。之后，六国把巴黎条约的原则扩大到了其他领域，签订了《罗马条约》，欧洲原子能共同体和欧洲经济共同体正式成立。

《罗马条约》的主要内容有：建立全面的关税同盟，对内取消各种商品关税，对外采用统一关税，实行共同的贸易政策和农业政策；逐步协调经济和社会政策，实现商品、人员、劳务和资本的自由流通。

到 1968 年，西欧六国已完成关税同盟的建设，实现了对内取消关税，对外统一关税。1951～1968 年，无论是成员国之间的贸易额，还是各成员与其他国家的贸易额都得到了飞速发展。在关税同盟建设差不多完成的同时，欧洲煤钢共同体、欧洲原子能共同体、欧洲经济共同体三个机构合并为一个机构，统称为欧洲共同体，简称欧共体。

进入 20 世纪 70 年代后，非关税壁垒盛行。这一阶段欧共体面临着经济难以发展，内部合作受阻的危机。欧共体成员国领导人经过长期磋商，决定建立“欧洲统一大市场”，以振兴经济，与美、日争夺世界市场的主导权。1985 年起，欧共体起草了《关于完善内部市场的白皮书》《欧洲一体化文件》《为一体化文件的成功而奋斗：欧洲的新边界》三份文件，在这三份文件中，欧共体建立统一大市场的计划被提上日程。该计划不仅得到各成员国首脑的批准，而且实施得比较顺利。到 1992 年年底，各国贸易壁垒基本消除，欧共体向共同市场阶段迈进。

1991 年 12 月，在荷兰马斯特里赫特城举行了成员国首脑会议，决定正式签署《马斯特里赫特条约》（简称《马约》），又称《欧洲联盟条约》。1993 年 11 月 1 日，《马约》正式生效，欧盟正式诞生。1999 年 1 月 1 日，欧元在欧盟各成员国范围内正式发行，它是一种具有独立性和法定货币地位的超国家性质的货币，根据《马约》规定，欧元于 2002 年 1 月 1 日起正式流通。

从上面的欧盟的发展历程我们可以看出，西欧经济一体化的发展是一个横向和纵向同时发展的过程。一方面，它的一体化程度不断加深，从关税同盟、共同市场发展到现在的经济联盟，并正为完全经济一体化的实现而努力。成员国之间商品和资料流通的自由化不断加深，有了统一的货币和中央银行，内外经济政策也实现了高度统一。另一方面，它的成员国数量不断增加，20 世纪 70 年代，英国、爱尔兰和丹麦成为成员国；20 世纪 80 年代，希腊、葡萄牙和西班牙成为成员国；20 世纪 90 年代，芬兰、奥地利和瑞典加入欧盟；2004 年 5 月以波兰为首的东欧 10 国正式加入欧盟。至今，欧盟由最初的 6 国发展成为现在的 25 个国家。

2）北美自由贸易区

北美地区的经济一体化兴起于 20 世纪 80 年代。北美自由贸易区的前身是由美国和加拿大两国建立的美加自由贸易区。20 世纪 80 年代后，美、加之间在贸易、投资上的关系更加密切，却碍于边境贸易的不断冲突而无法达成经济上的进一步合作。因此，美、加认识到双边贸易合作的重要性，并签订了《美加自由贸易协议》。

《美加自由贸易协议》规定 10 年内取消商品进口关税和非关税贸易壁垒。另外，该协议对农产品、能源、汽车、劳务、金融服务贸易等做了专门的规定，并设立专门机构解决贸易纠纷。

1990 年 6 月，美国与墨西哥磋商签订美墨自由贸易协议，并将加拿大加入谈判。三国于 1992 年 8 月 12 日签订《北美自由贸易协议》。该协定于 1994 年 1 月 1 日正式生效。

《北美自由贸易协议》规定 15 年内建成自由贸易区，三国的商品关税分三批取消。在原产地规则方面，它要求包含 62.5%以上北美部件的车辆才有资格享受免税待遇；纺织品及服装必须在北美自由贸易区内生产主要部分，才能享受关税减免待遇。另外，协议对服务、投资、知识产权、政府采购等方面都做了规定。

在美、加、墨三国决定开展北美自由贸易协议谈判后，美国倡议将自由贸易范围扩大至拉丁美洲，并决定在 2005 年完成“美洲自由贸易区”的谈判。到 2003 年年底，美洲自由贸易的谈判已历经九年，但进展甚微，在消除商品和服务贸易壁垒这个主要目标方面几乎没有达成任何有意义的协议。2003 年 11 月 19 日至 21 日，美洲第 8 次部长级会议在美国佛罗里达州的迈阿密举行。此次会议重申最迟于 2005 年 1 月启动美洲自由贸易区。

在此之后，北美自由贸易协定成员国开始酝酿建立共同市场，实现三国间统一货币的自由流通，以及人员和资金的自由流动。

4. 区域经济一体化对国际贸易影响

（1）区域经济一体化促进了区域内国家和地区的贸易增长。区域经济一体化有效地降低了成员国之间的关税与贸易壁垒，使得区域内部的贸易环境极大地优于区域外部，成员国间的贸易占这些国家贸易总量的极大比重，促进了区域内贸易的迅速发展和成员国经济的腾飞。

（2）区域经济一体化促进了区域内的国际分工与协作。区域内成员国在小范围内形成了一个分工协作的国际市场，在与第三方进行贸易之前率先形成了成熟的分工模型，发挥了比较优势，为国际贸易中的获利做好了准备。此外，区域经济一体化有利于成员国之间的技术与资金等方面的协作，达成双赢甚至多赢的局面。

（3）区域经济一体化为区域内企业的优化配置提供了便利，使得企业在步入国际市场参与竞争之前能够先进行兼并重组，极大地提升企业的国际竞争。

（4）区域经济一体化有利于地区稳定。随着区域经济合作范围的不断扩大和内涵的不断深化，区域内成员国之间的交流日益密切，相互依赖的程度逐步加深。由于经济和政治的不可分割性，区域经济一体化必将导致成员国在政治领域和意识形态领域的相互影响。区域内国家与地区的发展息息相关，使得区域的稳定程度大大提高。

14.4　汇率和国际收支

14.4.1　汇率

1. 汇率的概念

汇率是指一国货币与另一国货币之间的兑换比率，也就是以一国货币表示的另一国货币的价格。由于世界各国货币的名称不同，币值不一，一种货币对其他国家的货币要规定一个兑换率，即汇率。

汇率之所以重要，是因为汇率将同一商品的国内价格与国外价格联系起来。汇率实际上是把一种货币单位表示的价格“翻译”成用另一种货币表示的价格，从而为比较进口商品和出口商品、贸易商品和非贸易商品的成本与价格提供了基础。一国货币币值的提高称为升值（appreciation），一国货币币值的降低可称为贬值（depreciation）。在两国内价格均保持不变的前提下，当一个国家的货币升值时，该国商品在国外就变得较为昂贵，而外国商品在该国则变得较为便宜。反之，当一国货币贬值时，该国商品在国外就变得较为便宜，而外国商品在该国则变得较为昂贵。

2. 汇率的表示方法

汇率的表示方法包括直接标价法（direct quotation system）和间接标价法（indirect quotation system）。

（1）直接标价法：又称价格标价法（price quotation）或应付标价法（giving quotation），用一单位的外币作为标准，将其折算成一定数量的本国货币，以此来表示汇率的方法为直接标价法。在直接标价法下，汇率越高意味着一单位外币可以兑换更多的本币，即汇率升高，本币贬值。世界绝大多数国家的货币都采用直接标价法，我国人民币对外币也采用这种标价方法。

（2）间接标价法：又称数量标价法（quantity quotation）或应收报价法（receiving quotation），用一单位的本币作为标准，将其折算成一定数量的外国货币，以此来表示汇率的方法为间接标价法。在间接标价法下，汇率越高意味着一单位本币可以兑换更多的外币，即汇率升高，本币升值。

3. 汇率的种类

根据不同的分类标准，汇率可以划分为以下不同种类。

1）按银行买卖外汇的角度，汇率可以分为买入汇率、卖出汇率和中间汇率

买入汇率（buying rate，或 bid price），也称买入价，是银行从同业或客户买入外汇时所使用的汇率；卖出汇率（selling rate，或 offer price），也称卖出价，是银行向同业或客户卖出外汇使用的汇率。由于买入汇率、卖出汇率分别适用于出口商、进口商与银行

间的外汇交易，两者又常常称为出口汇率、进口汇率。

买入汇率和卖出汇率的算术平均数称为中间汇率（medial rate, 或 middle rate），其计算公式为：中间汇率=（买入汇率+卖出汇率）/2。中间汇率通常在计算远期升、贴水率和套算汇率中使用，各国政府规定和公布的官方汇率及经济理论著作中或报道中出现的汇率一般也是中间汇率，因此，中间汇率不是在外汇买卖业务中使用的实际成本价。

2）按本币对不同外币确定汇率的顺序，汇率可分为基本汇率与套算汇率

基本汇率（basic rate）是指本国货币与关键货币对比而制定出来的汇率。所谓关键货币，是指在国际贸易或国际收支中使用最多、在各国外汇储备中所占比重最大、自由兑换性最强、汇率行情最为稳定、事实上普遍为各国所接受的货币。目前，各国一般都把美元当作制定汇率的关键货币，因此，本币与美元的汇率被视为基本汇率。基本汇率确定之后，再据以套算出本国货币与其他国家货币的比率。

套算汇率（cross rate）是指根据基本汇率套算出来的本国货币与其他国家货币的汇率，或者说，两国间的汇率是通过各自与第三国货币的汇率间接计算出来的。套算汇率也称作交叉汇率，即已知三种货币中两种货币的汇率，从中得出第三种货币的汇率。

3）即期汇率与远期汇率

即期汇率指买卖双方成交后，在两个营业日由办理外汇交割的交易中对应的汇率。

远期汇率指买卖双方事先约定的，据以在未来一定日期进行外汇交割的交易中对应的汇率，是按时间划分的。

即期汇率是指目前的汇率，用于外汇的现货买卖，远期汇率是将来某一时刻的汇率，比如 1 个月、3 个月或 6 个月后的汇率，用于远期外汇交易和期货买卖。远期汇率高于即期汇率称为升水，远期汇率低于即期汇率称为贴水，两者相等即为平价。

4）按国际货币制度的演变，汇率可以划分为固定汇率和浮动汇率

固定汇率是指政府运用行政或法律手段选择一个基本参照物，并确定、公布和维持本国货币与该单位参照物之间的固定的比价，参照可以是黄金、某一货币或多种货币组合，固定汇率不是永远不变的。

浮动汇率是指汇率水平完全由外汇市场上供求决定，政府不加任何干预的汇率制度。由于政府力量的强大和对经济生活的日益加深的干预，各国政府同样也或多或少地对汇率水平进行行政干预和指导，这种汇率称为肮脏的浮动汇率，政府不加任何干预的称为清洁浮动汇率。

5）名义汇率与实际汇率

名义汇率是由官方公布的或在市场上通行的，没有剔除通货膨胀因素的汇率。它是一种银行买卖外汇的汇率或一般的市场汇率。它表示一个单位的某种货币名义上等于多少个单位的另一种货币。

实际汇率由名义汇率和价格水平决定。它是在名义汇率的基础上剔除了通货膨胀因素后的汇率。它反映了一国货币在兑换成外币后能购买多少商品和劳务的能力。

此外，按买卖外汇的对象，汇率可以划分为同业汇率和商人汇率；按银行的付汇方式，汇率可以划分为电汇汇率、信汇汇率和票汇汇率；按银行营业时间，江率可以划分为开盘汇率和收盘汇率；等等。

14.4.2　国际收支

1. 国际收支的定义

国际收支（balance of payments）是一国居民与外国居民在一定时期内全部对外经济交易的货币价值总和。对这个定义，需要明确的是，国际收支记录的是一国居民与非居民之间的交易，按照国际货币基金组织的说明，居民是指在某个国家（或地区）居住期限达 1 年以上者，否则即为非居民。但一国的外交使节、驻外军事人员除外，尽管他们在另一国居住 1 年以上．仍为居住国的非居民。居民与非居民包括政府、个人、非营利团体和企业四类。此外，国际收支反映的内容是以货币记录的交易；而且，国际收支是一个流量概念。

国际收支的概念，最早出现在 17 世纪初期。当时，国际收支只是简单地解释为一个国家的对外贸易差额（balance of trade），即进口与出口之对比。随着国际经济交易的内容和范围不断扩大，不仅有商品贸易，而且有劳务贸易；不仅有商品和劳务的输出与输入，而且有资本的输出与输入，这样，国际收支就被定义为一国在一定时期的外汇收支，各种国际经济交易，只要涉及外汇收支，就属于国际收支范畴，这就是狭义的国际收支。广义的国际收支概念，是在第二次世界大战以后开始使用的，它不仅包括有外汇收支的国际借贷关系．而且包括没有实际外汇收支的经济交易，如私人和政府捐赠、无偿援助、易货贸易等，即囊括了一国在一定时期对外的全部经济交易。现在，对国际收支的评论和分析大多是依据广义的国际收支概念来进行的。

> 国际收支是一国居民与外国居民在一定时期内全部对外经济交易的货币价值总和。

2. 国际收支平衡表

1）国际收支平衡表的定义

国际收支平衡表是指国际收支按照特定账户分类和复式记账原则表示的会计报表。

2）国际收支平衡表的记账原则

任何一笔交易发生，必然涉及借方和贷方两个方面，有借必有贷，借贷必相等；所有国际收支项目都可以分为资金来源项目和资金运用项目；凡是资金来源增加或资金占用减少的均记入贷方，凡是资金占用增加或资金来源减少的均记入借方。

3）国际收支平衡表的账户设置

按照国际货币基金组织出版的《国际收支手册》（第五版），国际收支平衡表的账户由三部分构成，即经常账户（current account）、资本与金融账户、错误与遗漏账户（表 14-4）。

A. 经常账户

经常账户也称往来账户，它反映一国与外国实际资源的转移，经常项目通常包括：商品（goods）、劳务（services）、收益（income）、无偿转移（transfers）。

B. 资本与金融账户

（1）资本账户（capital account）主要包括资本转移和非生产、非金融资产的收买或放弃。资本转移既可以用现金形式，也可以用实物形式。

（2）金融账户（financial account）反映居民与非居民之间投资和借贷的增减变化。它包括以下几方面。

直接投资（direct investment）是指对外国企业拥有10%以上的股权，从而拥有管理发言权的投资。

证券投资（portfolio investment）指对有价证券和股票的购买与售卖。

其他投资（other investment）反映了与非居民进行的有关金融资产、负债方面的所有交易，这是一个剩余项目，凡不包括在直接投资、证券投资和储备等账户之内的一切资本交易均在此列。

储备与相关账户（reserves and related items）是指储备资产、额外融资、使用基金组织贷款和信贷的交易总值。

C. 错误与遗漏账户

错误与遗漏（errors and omissions）是指在统计过程中，由主观和客观的原因所导致的数据错误或遗漏。按照国际收支平衡表编制原理，借、贷应相等，余额为零。但是国际收支平衡表经常出现借方余额或贷方余额，这主要是由统计资料有误造成的。这是因为：①资料来源不一；②资料不全；③资料本身错漏。由于上述原因，需要设立这一账户来人为估算一下错漏总额，以便轧平国际收支的差额。

表 14-4　国际收支平衡表的账户设置

国际收支平衡表的账户设置		
1. 经常账户	（1）货物	
	（2）服务	
	（3）收入	
	（4）经常转移	
2. 资本和金融账户	（1）资本账户	
	（2）金融账户	
		①直接投资
		②证券投资
		③其他投资
		④储备与相关账户
3. 错误和遗漏账户		

3. 国际收支平衡与失衡

1）国际收支平衡与失衡的判断标准

按照国际收支平衡表的记账原则，国际收支平衡表账面上借贷双方的最终余额总是平衡的，那又该怎样判断一国的国际收支实际上是否平衡呢？在国际收支的研究中，国际收支平衡有多种不同的概念，在习惯上，也有多种不同的含义及衡量标准。

A. 自主性交易差额与补偿性交易差额标准

自主性交易又可称为事前交易。它是指根据个人自主的经济动机而进行的各种经济交易，如商品和劳务的输出入、馈赠和侨汇等。调节性交易又可称为事后交易。它是指为弥补自主性交易差额或缺口而进行的各种经济交易活动，如分期付款、商业信用、黄金或外汇储备的支付等。

按照这一标准，国际收支平衡是指自主性交易收支自动相等，不需用调节性交易来弥补；国际收支失衡是指自主性交易收支不能相抵，必须用调节性交易来轧平，这样达到的平衡，则被称为被动平衡。这一标准是从交易动机出发来判断国际收支平衡的，在统计上难以精确区别，故很难付诸实践。

B. 贸易收支差额标准

这一标准衡量的是贸易不平衡，如果贷方大于借方，出现盈余，称为贸易顺差，以“+”号表示；如果借方大于贷方，出现亏损，称为贸易逆差，以“-”号表示；如果借方等于贷方，则称贸易平衡。贸易收支差额标准在传统上经常作为国际收支平衡与否的标准。一般国际收支顺差以黑色书写，故又称“黑字”；而逆差以红色书写，故又称“赤字”。

C. 经常项目收支差额标准

以经常账户差额衡量国际收支的平衡，为贸易差额与经常项目中的其他项差额之和。经常账户各项目在国际收支中具有举足轻重的地位，因此它被视为衡量国际收支平衡与否的最好标准之一。

D. 资本和金融账户差额标准

资本与金融账户差额具有两方面的分析作用：①通过资本和金融账户余额可以看出一个国家资本市场的开放程度和金融市场的发达程度，对一国货币政策和汇率政策的调整提供有益的借鉴；②资本和金融账户与经常账户之间具有融资关系，资本和金融账户的余额可以折射出一国经常账户的状况和融资能力。

E. 综合账户差额（总差额）标准

综合账户差额即剔除国际收支平衡表中官方储备项目后的差额，可用它来衡量国际收支对一国储备造成的压力。综合账户差额是这些差额中包括的项目最全面的，也是国际收支的局部差额中最常用的，在没有特别说明的情况下，国际收支差额通常指的是综合差额。

2）国际收支失衡的原因及影响

A. 国际收支失衡的原因

根据起因的不同，国际收支失衡可以分为偶然失衡、周期性失衡、收入性失衡、结构性失衡及货币性失衡等五种。其中，偶然性失衡是指由一次性的突发事件造成的一国国际收支失衡；周期性失衡是指由世界各国经济所处的阶段不同导致的国际收支失衡；收入性失衡是指由国民收入水平的变动导致的国际收支失衡；结构性失衡是指由一个国家经济结构失调（如产品供需结构失调和要素价格结构失调）导致的国际收支失衡；货币性失衡是指由一个国家的价格、利率或汇率货币性因素所导致的国际收支失衡。

B. 国际收支失衡的影响

国际收支失衡对一国经济造成不利影响。如果一国国际收支的经常账户出现了逆差，可用资本账户交易的盈余净额来弥补；如果全部交易出现逆差，那就需要动用官方储备了。但储备总是有限的，不能眼看着储备慢慢耗尽为零。因此，各国政府都非常关心对国际收支逆差的调节。另外，即使出现国际收支持续顺差，一国政府也会自愿或不自愿地进行调节。因为，一国的国际收支并不像一个家庭或一个企业的收支那样简单，总是盈余越来越多为好。首先，一国持续性的国际收支顺差会加大国内通货膨胀的压力，因为收进的大量外汇总是要转换成对国内货币的需求，而由此额外发行的货币却是没有以物资保证为基础的。其次，一国持续性的国际收支顺差，也会遭受来自贸易伙伴国的压力，后者会时不时地设置一些障碍，以致引起无休无止的贸易摩擦。为此，必须对国际收支失衡加以调节。

3）国际收支失衡的调节

国际收支失衡不利于经济稳定和协调发展，必须对国际收支失衡进行调节。鉴于各国都比较注重国际收支逆差，我们将分析的基点定位于国际收支逆差，至于国际收支顺差的调节则反之。在完全或接近完全的市场经济中，国际收支平衡可以通过市场经济变量的调节自动恢复均衡，具有自动调节作用的经济变量主要有价格、收入和利率水平。

A. 货币-价格机制

货币-价格机制具有两种形式：一般物价水平变动形式和相对价格水平变动形式。其作用过程分别如下：①国际收支逆差→货币外流增加，货币存量减少→国内一般价格水平下降→出口商品价格下降，出口增加→贸易收支改善；②国际收支逆差→本币外流增加，对外币需求增加→本币汇率下降→抑制进口，促进出口→贸易收支改善。

B. 收入机制

收入机制即国民收入水平变动对国际收支的调节，其作用过程如下：国际收支逆差→对外支付增加→国民收入下降→社会总需求下降→进口需求下降→贸易收支改善。

C. 利率机制

利率机制是通过利率水平变动引导资金流动完成对国际收支的调节，其作用过程如下：国际收支逆差→本国货币供应量减少→利率上升→本国金融资产收益率上升→资金外流减少，资金内流增加→国际收支改善。

需要指出的是，自动调节机制作用的发挥受诸多因素的制约，难以达到理想效果，必要时必须采取相应的政策手段对国际收支失衡进行调节。各国政府往往从国情出发，对相关的经济利益进行判断，继而采取不同的经济政策来调节国际收支的失衡。这些经济政策主要有：财政政策、货币政策、汇率政策和贸易管制政策。人为的政策调节相对机制调节来说，比较直接、有力，但也容易产生副作用（也许照顾到了外部平衡却兼顾不了内部平衡），有时还会因时滞效应而达不到预期目的。

本章总结

1. 绝对优势和比较优势都是经济学的概念，是一国或地区进行国际贸易的理论基础。绝对优势理论认为，各国应该集中生产并出口其具有绝对优势的产品，进口其不具备绝对优势的产品。李嘉图的比较优势理论的核心是：一个国家倘若专门生产自己相对优势较大的产品，并通过国际贸易换取自己不具有相对优势的产品就能获得利益。

2. 国际贸易，指不同国家或地区之间的商品、劳务和服务的交换活动。国际贸易由进口贸易和出口贸易两部分组成，因此也叫作进出口贸易。

3. 国际贸易广泛运用的政策工具主要是关税和非关税壁垒。这两类政策工具对国际贸易产生了很大影响。

4. 随着国际贸易和经济的发展，在世界经济中出现了经济全球化和区域经济一体化的趋势。经济全球化主要表现在生产、金融、贸易的全球化。区域一体化组织形式众多。无论是经济全球化还是区域一体化，都对国际贸易产生了巨大影响。

5. 汇率是指一国货币与另一国货币之间的兑换比率，也就是以一国货币表示的另一国货币的价格。汇率有直接标价法和间接标价法。按照不同的标准，汇率有很多分类。

6. 国际收支是一国居民与外国居民在一定时期内全部对外经济交易的货币价值总和。国际收支平衡与否会对一国经济产生重要影响，国际收支的失衡可以通过市场的自动调节和政策干预来加以纠正。

思　考　题

1. 根据绝对优势理论或比较优势理论，你认为中国应该出口什么商品，进口什么商品？
2. 某教授最近在写一本书。假设他的写书速度和收集所需要数据的速度都是这个世界上最快的。即使如此，他还是花钱请了一位同学来帮他收集数据。你认为这样有意义吗？解释你的答案。
3. 举一个关税或关税壁垒的案例，并谈谈你对该案例的看法。
4. 有人说，经济全球化是一把双刃剑，你对此有什么看法？
5. 查看几日的外汇市场交易数据，试确定汇率的标价方法，这些数据一般会公布哪几种汇率？
6. 请查阅近五年中国的国际收支平衡表，分析中国国际收支的变动情况。

课外阅读

当前我国国际经济贸易战略

经济全球化的出现是目前世界上最为明显的特征，经济全球化让全球范围内的生产要素得以实现循环，所以生产要素在各国的市场当中相互依存促进了国际贸易的巨大飞跃。在目前经济全球化的整个趋势下，国际贸易的规模不断扩大，呈现出贸易结构转变与投资互动性加强的特点，贸易市场更为自由化，这些特点的出现让我国的贸易市场一下子难以适应，出现种种问题。

1. 贸易战略

贸易战略指的就是一个国家整体的经济发展当中涉及对外贸易发展的内容，是一个国家或者地区的政府对于一定时期内的贸易未来的目标、结构和方向进行有针对性的战略性决策。从某种层面来说，贸易战略有效凸显出政府对于贸易未来发展的整体规划。另外一个层面，政府通过贸易战略对国家的对外贸易进行政策性的干预来最终影响国家的整体经济，对于国家未来的产业型经济的发展有一定的指导作用。适合国家的贸易战略，直接关系到国家的整体经济发展，因此需要格外关注。

综合来说，发展中国家共有四种贸易战略，具体包括初级产品战略、出口替代战略、进口替代战略、出口导向战略。

中国在改革开放以来，国家内部的贸易战略不断进行调整，最初实行进口替代战略，与我国当时的国情有一定的关系。改革开放以前，我们国家的人口数量比较多，当时市场的需求较为迫切，需要采用长期进口替代。在当时的阶段，国家的经济发展水平低，处于落后水平，无法参与到国际竞争当中。然后进口替代战略的实行，有一定的问题存在，这种战略导致国家内部生产出来的产品严重积压，产能过剩，大量的人员失业，出口能力受到限制，物价水平不断提高。所以，我国针对形势改变了战略，发展出口导向型的贸易战略，积极鼓励国家的产品出口。需要从国际市场当中不断进口原材料，根据国情发展劳动密集型的产品。发展劳动密集型的产品，既可以解决国家劳动力过剩的问题，还可以通过出口贸易赚取外汇，获得国家工业生产当中需要的技术和资金。不过如果一味发展劳动密集型的产品，创造的利润毕竟是有限的，难以保证国家经济的平稳发展，还有可能导致恶性竞争，最终导致国家的贸易环境不断恶化。国家自从加入了世界贸易组织以后，贸易壁垒逐渐降低，国家内部企业开始参与到国际竞争中。随着整个国家形势的变化，经济全球化的趋势逐渐明显，贸易交易更为自由，国家需要对贸易战略进行调整，从以往的出口创汇为主，变成未来的实现产业升级为主，真正达到国际贸易的要求，并且在国际竞争当中占据主导地位。

2. 我国国际经济贸易发展的战略选择

我国是一个人口大国，有着明显的劳动力优势。在国际贸易当中，生产和出口劳动密集型产品，一直是我国的优势，这与我国一直以来实行出口导向型贸易的战略有一定的关系。

随着目前经济全球化的进程推进，国际贸易更为自由，知识经济时代作为主导，国际经济的整体环境出现了变化。由于我国实行的出口导向型战略有一定的弊端存在，我们必须进行产业结构的调整，根据国内外的情况实行不同的贸易战略。从目前的出口导向型战略向具有竞争优势的竞争性协调战略转变。

一是依然使用出口导向型战略的同时，需要进行国内市场的深入挖掘。当国内的需求存在不足时，出口导向型的战略能够帮助国内形成规模化的经济。但是随着国内经济水平的提升，存在巨大的市场需求，可以采取对应的措施来进行刺激。例如，有效增加居民的收入，建立健全社会保障，刺激居民消费，扩大国内需求等。

二是传统的比较优势可以作为基础，然后形成自己的独特优势，促进国际经济贸易战略转变，从比较优势转变为竞争优势。当前的国际经济贸易环境当中，国家内部必须进行产业结构的调整，让国家内部企业的创新能力不断提升，促进企业的科技创新，在国家内部形成具有核心竞争力的产业，将竞争优势明显突出。还需要将市场调节与政府调控加以结合，有效发挥政府的作用。既需要对国家的法律法规不断完善，将贸易当中的争端不断解决，为国际经济贸易营造良好环境。同时，还需要扶持高新科技企业，对人才、技术和资金给予支持，为高新科技企业创造机会。

三是经济全球化不断深入和互联网技术快速发展，世界上各个国家之间的经济联系更加密切。在国际贸易当中需要协调好与其他国家之间的良好关系，实现利益的双赢，达成良好的合作。现代化的新型国际贸易，不仅需要注重竞争，还需要注重合作。在这样的背景下，国家应该转变现有的国际贸易交易方式，改变以往的粗放型，转变为集约型。对于严重消耗环境的污染企业应该及时关闭，实现国际贸易的长久可持续发展。在国际贸易当中，还需要注重贸易保护文化，有效推进贸易的自由化。国际贸易协调需要协调发达国家与发展中国家之间的关系，积极促进贸易发展。只有实现了国际贸易当中的竞争与协调，才能够在真正意义上促进国际贸易的发展。

以上就是关于我国国际贸易战略与趋势的分析，希望能够对大家有所启示。国际贸易是一个涉及全面的内容，需要全方面进行分析。

资料来源：索毅. 浅析当前我国国际经济贸易战略与趋势. 现代经济信息, 2014, (9): 171-172.

第15章　国际信息经济

信息经济学是一门新兴的正在快速发展的学科，在20世纪后半叶得到了广泛的关注，对经济学和其他领域都产生了较为深刻的影响。信息经济学在理论发展中更多地运用了博弈论、计量统计等方法，使这一学科更为规范化。各国在20世纪都认识到了信息化在经济发展中，尤其是在促进工业化发展中的作用，并积极采取措施促进信息产业的发展。

15.1　信息经济学的发展和主要研究内容

15.1.1　信息经济学的发展

信息经济学的渊源可以追溯到18世纪，贝叶斯定理为信息经济学提供了数学分析的基础。

20世纪初，索尔斯坦·凡勃伦在《资本的性质》一书中，对信息经济学的产生奠定了思想基础。随后，冯·诺依曼（J. von Neumann）、奥斯卡·摩根斯坦（Oscar Morgenstern）和杰拉德·德布鲁为信息经济学的产生提供了重要的基础理论。在之后的发展过程中，芝加哥学派的创始人之一，弗兰克·奈特（Frank H. Knight）、1972年诺贝尔奖获得者肯尼思·阿罗、1974年诺贝尔奖获得者弗里德里希·哈耶克（Friedrich A. Hayek）、1978年诺贝尔奖获得者赫伯特·西蒙（Herbert Simon）及雅各布·马夏克等都做出过重要的贡献。

1959年马夏克在《信息经济学评论》一文中正式提出了“信息经济学”一词，信息经济学开始真正形成。1982年诺贝尔经济学奖获得者乔治·施蒂格勒（George J. Stigler）被称为信息经济学的创始人。马夏克和施蒂格勒是信息经济学两个最为重要的奠基者。

1970年以后，信息经济学进入了快速发展时期，1970年乔治·阿克洛夫针对二手车市场的分析理论标志着微观信息经济学进入了快速发展阶段。

1979年杰克·赫什雷弗（Jack Hirshleifer）和约翰·赖利（John G. Rily）首次将信息经济学划分为微观信息经济学和宏观信息经济学两大分支，并认为其分别讨论市场的不确定性和技术的不确定性。

20世纪90年代以后，信息经济学的影响越来越大，逐步成为西方本科学生的必修科目，也开始从发达国家向发展中国家传播。

15.1.2　信息经济学研究的主要内容

信息经济学研究的内容十分广泛，而且其依旧是一个发展中的经济学分支，国内外对信息经济学的理解也有不同。从信息经济学的研究性质进行划分，信息经济学可以分为理论信息经济学和应用信息经济学。理论信息经济学主要研究信息及其特性对经济主体的行为与相互关系的影响，旨在借助信息以减少或消除不确定因素所造成的后果。应用信息经济学是从研究信息产业和信息职业开始的，它主要研究信息商品、信息系统、信息网络、信息产业、信息市场、信息贸易、信息基础设施及信息化建设中的经济问题。①

在 20 世纪 70 年代以后，不对称信息理论成为国外信息经济学的主要研究内容并影响了国内，诺贝尔经济学奖获得者迈克尔·斯宾塞 2002 年在中山大学作专题演讲时提到：信息经济学是对付不确定性的学问。但国内在 90 年代后则更多地从信息经济学中找到了信息化和工业化相结合发展的道路，从实践中获得了信息经济学快速发展的收益。从信息经济学的发展现状看，目前较为完善的主要有委托代理理论、逆向选择和道德风险等。关于不确定性信息的内容，本书已经在第 9 章中做了介绍。

15.1.3　委托代理理论

委托代理的问题很早就被关注，20 世纪 30 年代经济学家开始研究代理问题。在工业化发展过程中，现代企业制度的建立就开始在实践委托代理理论。当股份制企业出现时，企业的所有权和经营权就开始分离了，所有者只能委托经理人对企业的日常管理负责，现代职业经理人的出现更将委托代理问题推向了新的高度。由于企业的所有者和经营者之间存在着不对称信息，经理人是否能够很好地完成所有者期望的目标，实现企业股东权益最大化，作为委托人的所有者是无法准确把握的，于是就产生了委托代理的问题。企业的经理人不仅会考虑企业的效益，而且会考虑自身的收益，包括个人声望、地位等，所以委托人和代理人的目标并不完全一致，从而出现矛盾。

由于委托人和代理人往往会出现利益协调的问题，委托人通常会采用激励的方法，对代理人的行为进行一定的激励，期望能够解决信息的不对称。激励机制称为解决委托代理问题的主要方法。

在实践中，我国在改革开放初期实行的包产到户、土地承包和家庭联产承包责任制等措施刺激了农业的跨越式发展，国有企业也曾实行过厂长负责制、承包制等。在现代社会，股票期权成为较为流行的一种激励手段，尤其是高科技企业在初始创业时会赠送给管理者和员工大量的期权，促使职业经理人和股东的目标保持一致。

15.1.4　逆向选择

逆向选择主要是由在交易发生前存在信息的不对称问题而导致的，原因是卖者比买者掌握更多的信息。1970 年阿克洛夫在研究二手车市场（也被称为柠檬市场）时，提出了逆向选择的理论。由于逆向选择的存在，市场上出现劣币驱逐良币的现象，在二手车市场里将导致市场崩溃。

在二手车市场中，充斥着各种已经被使用过的车辆，质量存在较大的差异。为了分析的方便，我们假定只存在两种类型的车辆，一种是质量较高的，另一种是质量较低的，两者的数量相同。高质量汽车的售价是 4 万元，低质量汽车的售价是 2 万元。在潜在的买者进入市场时，由于信息的不对称，他不如车辆的出售者了解车辆的质量

---

① 乌家培，谢康，肖静华. 信息经济学. 2 版. 北京：高等教育出版社，2007.

状况，也无法分辨面对的是高质量的汽车还是低质量的。这样对于买者来说，他只能预期自己会以一定的概率买到高质量的汽车，由于两者的数量相同，买到高质量的和低质量的汽车的概率是相同的，都是 50%。因此，买者愿意支付的金额取决于两者的售价和期望值，买者只会支付 3 万元。因此，低质量汽车的卖者当然愿意进行交易，但高质量汽车的拥有者只有选择退出。于是，市场上最终将充斥大量的低质量的汽车，高质量的汽车被低质量的汽车驱逐出了市场。在正常市场上被驱逐的劣质商品在二手车市场上却大行其道，由信息的不对称导致了逆向选择。而当消费者认识到他们面对的都是低质量的汽车时，他们也将重新审视自己的出价，二手车市场终将因为高质量的汽车被驱逐而交易冷淡。

15.1.5 道德风险

道德风险则主要是在交易发生后，由于信息的不对称产生的问题，买者比卖者掌握更多的信息。在交易发生后，由于消费者的理性行为，会选择对自己更有利的行动，从而获得更多的预期收益或少付出成本。在保险市场上，购买了汽车盗抢险的车主一般不会像没有买保险时那样注重车辆的安全问题，购买了医疗保险的人群往往会在看病时索要一些并不是必要的药品。消费者的这些行为都将提高卖者的成本，增加风险的发生概率。

15.2 信息化与经济发展

20 世纪 80 年代以来，全球信息技术飞速发展，尤其是互联网的出现和应用的普及，使得信息技术得以迅速渗透到社会经济的各个领域，标志着全球信息社会的形成，信息化成为不以人的意志为转移的世界潮流。20 世纪 90 年代，美国经济持续高速增长，主要原因之一是信息技术及其相关产业的高速发展，具体体现在企业信息化水平的迅速提高和信息技术应用的迅速普及。一方面，运用信息技术改造传统工业，迅速完成了产业升级；另一方面，对信息技术的运用及互联网的扩展，拉动了计算机软、硬件的开发和生产。信息产业已经被公认为是当代最有发展潜力的产业，无论是对经济发展还是对社会的进步都产生了前所未有的深刻影响。有的学者在三次产业分类的基础上将信息产业作为第四产业，认为信息产业是在第三产业之后对经济发展起到决定性作用的产业。

产业升级

产业升级主要是指产业结构的改善和产业素质与效率的提高。产业结构的改善表现为产业的协调发展和结构的提升；产业素质与效率的提高表现为生产要素的优化组合、技术水平和管理水平及产品质量的提高。产业升级必须依靠技术进步。

15.2.1 信息化是推进产业升级和实现跨越式发展的主要途径

信息化带来的技术创新、商务模式转变和新的资本市场，极大地推动了社会生产力的发展。一方面，信息化正主导着工业化的方向，使传统产业的信息化改造成为后工业化的标志和必须完成的重要任务，以信息技术为核心的高技术产业加快发展已经成为后工业化的基本动力；另一方面，信息化最突出的特征，如集成化、数字化、智能化、电子化和网络化，正在广泛地应用于社会各个领域，促进着生产力的进步，改变着经济增长的模式。推进信息化，有利于加快我国社会主义市场经济体制的发展完善，有利于加快我国产业结构调整和优化升级，有利于提高国民经济的运行质量。我国是发展中国家，目前正处在工业化中期阶段，从我国实际情况看，我们既不能走发达国家先工业化后信息化的路子，也不能放弃工业化只发展信息化，前者会使我们放慢发展速度，拉大与先进国家的差距，后者不适合我们的国情。因此，我们必须要一方面加快工业化，另一方面大力推进信息化，用信息化带动工业化，争取在未来的竞争中占据主动。

信息技术和产品具有广泛的应用领域，对传统产业具有广泛的渗透力，能够改变许多传统产业的生产、组织、管理、物流等的流程，极大地提高传统产业的效率。这种信息产品和技术向国民经济各领域渗透的过程就是信息化。信息化很可能成为一些国家实现跨越式发展、转变经济增长方式的重要手段。因此，在考虑经济增长方式转变时有必要考虑信息化水平。为了持续观察我国的信息化水平，我国信息产业部公布了《国家信息化指标构成方案》，可以算出我国的信息化水平指数。该指数主要从资源开发与利用、信息网络建设、信息产品和服务、信息化人力资源、信息化发展环境等角度测算信息化发展的水平。据国家信息化测评中心测算，2011 年，中国信息化水平得到进一步提高，信息化发展指数达到 0.732。2010 年中国信息化发展指数为 0.707，居世界第 39 位[①]。中国信息技术应用得到较快的发展，信息技术和网络技术正向各个领域广泛渗透，对经济结构调整和传统产业的改造开始发挥重要作用，成为拉动中国信息化水平提高的主要因素。我国信息产业持续高速发展，已经成为国民经济的重要支柱产业，正在改变我国工业国的面貌。

> 国家信息化水平指数是继国内生产总值之后反映信息时代国家综合实力的重要指标，是由包括资源开发利用、信息网络建设、信息技术应用、信息产品与服务、信息化人力资源和信息化发展环境等六个方面的 20 项指标综合测算出来的。有人形象地称之为信息时代的“国家智商”（NIQ）。

15.2.2 优化传统存量资本

通过信息化投资优化传统存量资本是一种低成本的有效措施。这方面可以通过企业

---

① 国家统计局统计科研所“信息化统计评价”研究组. 2012 年中国信息化发展指数（Ⅱ）国际比较研究. 调研世界, 2013,（1）: 6.

信息化建设优化原有存量资本的结构，改善企业的生产、产品、资金、信息流程，管理架构，从而挖掘存量资本的效益和潜力。但是从我国"十一五"期间的实际看，企业在信息系统建设和系统应用方面的累计投入占企业总资产的比例仅为0.4%，而发达国家大企业的信息化投入占总资产的比例一般在5%以上。而且企业信息化建设投入中，存在"重建设轻维护更新""重硬件轻软件""重网络轻资源""重技术轻管理"等倾向和误区。这从反面说明我国企业信息化的潜力很大，可以通过具有现代技术的增量投资优化原有存量资本。类似的通过现代技术投资优化存量资本的手段还很多，空间很大。

> 存量优化是指在不改变企业资产总量的基础上，股权资本与债务资本两者此消彼长的结构性变化。

15.3 信息化与工业化的关系

在世纪之交，我国明确地阐明了"在完成工业化的过程中注重运用信息技术提高工业化的水准，在推进信息化的过程中注重运用信息技术改造传统产业，以信息化带动工业化，发挥后发优势，努力实现技术的跨越式发展"的战略。

国家做出以信息化带动工业化，发挥后发优势，实现社会生产力的跨越式发展的决定，就是为了抓住目前的信息技术革命，并以信息化全面提升中国的工业化进程的一项战略决策。信息化带动工业化的过程不仅是生产力的变革，而且伴随着生产关系的重大变革。因此，以信息化带动工业化，使信息化与工业化融为一体，互相促进，共同发展，反映了当今世界经济和社会发展的大趋势。实现信息化，首先要发展信息产业，信息产业是信息化的物质基础。信息化水平的高低，不是简单地用计算机代替打字机，用电脑代替算盘，也不是看有多少商业网站和政府网站，关键是要看网络技术和信息技术融入到传统经济的程度有多深。信息化要求我们在工作方式、思想观念等方面都必须进行深刻的变革。以信息化带动工业化，用现代信息技术和网络技术改造、提升传统产业，是实现我国经济结构战略性调整的必由之路。

15.3.1 信息化带动工业化的基础

近几年来，我国信息产业发展迅速。目前，信息产业产值已达到1万多亿元的规模，成为我国第一大产业，也使我国成为世界信息产业大国之一，有力地带动了国民经济的增长，改善了我国的产业结构。信息产业由于其产业链条长，其发展本身又带动了一大批新兴产业的崛起，使我国出现一大批新兴产业群、企业群，一大批新兴产业、新兴企业的国际竞争力正在快速上升。同时由于信息产业技术具有广泛的渗透性、深度产业关联性、高度效率倍增性、高强度创新性等特点，可以利用信息技术改造传统产业、企业，如产业信息化、企业信息化建设，使传统产业、企业焕发出新的生机，这已在实践中表现出巨大的前景。产业、企业由于信息化改变了原有的产业、企业间的关联关系，引起产业组织结构的重新调整。例如，电子商务的推行使传统的批发企业等中间环节消失，而引发现代物流业的大发展，使经济的专业化水平、技术含量大大增加。当然跨越式发展不仅仅是利用信息技术，其他的技术革命，如生物技术、纳米技术、空间技术等都有可能是我国实现跨越式发展的技术选择方式。而且我国已经积累了一定的跨越式发展的经验，如我国通信业，经过20世纪90年代的发展，微波数字通信、光缆铺设等达到了国际先进水平。进入21世纪以来，通信行业得到了快速发展。2013年电信业，局用交换机容量减少2 697万门，总容量41 052万门；新增移动电话交换机容量12 522万户，达到196 545万户。年末固定电话用户26 699万户。新增移动电话用户11 696万户，年末达到122 911万户，其中3G移动电话用户40 161万户。电话普及率达到110.5部/百人。互联网上网人数6.18亿人，其中手机上网人数5.0亿人。互联网普及率达到45.8%。①我国通信业实现了跨越式发展。再如我国证券业中交易技术的发展、民航运输业的发展、高速公路运输等行业的发展就充分发挥了后发优势，实现了跨越式发展。这些实践将为我国的跨越式发展战略提供宝贵的经验支持。

15.3.2 信息化带动工业化的实现途径

信息化带动工业化，实现工业化的主体主要是企业，企业不作基础准备，工业化就无法被带动和提升。信息化不仅需要政府的努力，更需要企业的参与。企业信息化不仅是一个信息技术应用的过程，而且在很大程度上是指企业管理理论、方法与体制的更新和适应的过程。它包括企业管理机制、企业人员的技术力量和素质，甚至管理者的思想意识等一套符合信息化要求的管理方法与制度等。所以，真正的企业信息化包括企业各项活动中广泛深入地运用计算机技术与通信技术相结合的信息技术和信息方法的过程，是企业家使管理专家、经济学家与信息技术专家之间形成有机合作的过程。在将信息化广泛应用于企业重组、技术开发、市场开拓和产业调整中，实现数据通信网络化、经营管理电子化、生产流程自动化、产品设计智能化、信息服务社会化，通过企业信息化水平的提高来带动全社会的信息化。

以信息化带动工业化，主要是通过信息技术对传统产业进行改造。这主要是由于信息技术本身具有广泛的适用性和很强的渗透性，在很多领域可以应用信息技术，通过信息技术改造传统产业具有技术基础。同时，信息产业已经发展成为我国第一大产业，具有以信息化带动工业化的物质基础。对于以信息化带动工业化，首先，通过信息技术对传统产业生产方式的改造，实现技术、资本、资源、劳动效率的优化配置。其次，通过信息技术对传统产业的竞争方式和产业间关系的改造，通过电子信息技术等改变传统的物流、资金流，引起产业间重新整合。最后，通过信息技术改造传统产业组织结构及管理模式，如通过信息技术对企业生产进行组织扁平化革新、信息化管理等。通过信息技术对工业领域的渗透，提高工业的技术含量和效率，提高工业的发展层次。

> 中国工业的比较优势主要是劳动力资源丰富。改革开放以来，中国国际贸易的高速增长，主要得益于较好地发挥了劳动力便宜的比较优势。

① 国家统计局：《2014年国民经济和社会发展统计公报》。

通过参与全球化，提高竞争力，由工业大国向工业强国转变。通过参与全球化，可以利用全球资源、技术、市场，带动中国工业化的发展，同时又可以发挥中国工业的比较优势，通过参与国际竞争，提高竞争力，有利于工业素质的提高。例如，改革开放以来，我国就通过出口带动工业的发展，增强工业的竞争力。

信息化是当今世界经济和社会发展的趋势，信息技术的应用越来越广泛和深入，工业化必须依靠信息化，以信息化带动现代化。在信息化的浪潮中，如果我们在现有的产业基础采用逐步演进的发展方式，是难以缩小与发达国家的差距的。因此，只有尽快实施以信息技术提升制造业的方法，才有可能实现社会生产力的跨越式发展。

15.4 国民经济信息化对社会经济发展的贡献

15.4.1 国民经济信息化的内涵

国民经济信息化，也称信息化，是指在国家统一规划和组织下，在农业、工业、科学技术、国防及社会生活各个方面应用现代信息技术，深入开发、广泛利用信息资源，加速实现国家现代化的进程。这一定义主要有四方面含义：其一，实现现代化离不开信息化，信息化也要为现代化服务；其二，国家要统一规划和统一组织信息化建设；其三，各个领域都要广泛应用现代信息技术，深入开发利用信息资源；其四，信息化是一个不断发展的过程。

我国政府十分重视推进国民经济信息化。早在20世纪80年代，邓小平同志就提出："开发信息资源，服务四化建设。"90年代，江泽民同志明确指出："四个现代化，哪一化也离不开信息化。"党的十四届五中全会提出"加快国民经济信息化进程"的战略任务，中共十五大又强调"推进国民经济信息化"，在2010年远景目标纲要中规定，到2010年要使"国民经济信息化的程度显著提高"。

15.4.2 国民经济信息化的建设内容

按照国家信息化发展规划，我国的信息化建设主要包括四方面内容：一是领域信息化。就是在部门、行业信息化的基础上，采用信息化的思路和方法，组织协调业务内容和业务处理方式相关的有关部门及行业，按照国家信息化规划的总体要求，打破部门和行业界限，综合解决宏观经济管理和社会发展中的重大问题。当前，领域信息化的重大工程主要包括财税经贸、政法系统、人口管理、地理信息系统、环境保护、科技教育、医疗保健等。二是区域信息化。就是结合本地区经济和社会发展的实际，开展本地区的信息化建设，为领域信息化和企业信息化创造良好的发展环境，其核心是城市信息化。三是企业信息化。主要是推进信息技术改造传统产业和企业经营管理信息化，并为开展电子商务奠定基础。四是社区、家庭和个人信息化。主要是让全社会和全体人民都能及时享受信息化的成果，提高全民的生活质量和水平及对信息化的认识。

我国的国家信息化体系由六个要素组成：①信息资源。信息资源、材料资源和能源资源共同构成经济和社会发展的三大战略资源，信息资源的开发利用是信息化的首要任务，是信息化取得实效的关键，但其恰恰也是我国信息化的薄弱环节。②信息网络。一般将信息网络分为电信网、广电网和计算机网，它是信息资源开发利用和信息技术应用的基础。③信息技术应用。这是信息化体系六要素中的“龙头”，是国家信息化建设的“主阵地”，集中体现了国家信息化建设的需求和效益。④信息技术和产业。加快形成具有自主知识产权的信息技术和产业，是实现国家信息安全的重要保证。⑤信息化人才队伍。人才是信息化成功之本，并将对其他各要素产生决定性影响。⑥信息化政策法规和标准规范。

15.4.3 实现国民经济信息化的措施

深度开发企业内部资源，实现管理信息化。信息化为企业提供了加强和改善企业管理的机遇，在信息技术的支持下，管理手段向网络化、智能化、自动化、高效化发展，实现管理信息化是提高企业竞争能力的关键。加强企业内部管理，挖掘企业内部潜力，提高管理效率，为实现企业的生存与发展提供了更为有效、充分的技术手段。企业对财务、人事、物资管理、销售等方面的资源进行整合，建立先进的信息管理体系。企业要用信息化的思想认真分析管理现状，将先进的管理思想和模式引入到企业中来，按照建立现代企业制度的要求，对内部流程进行重新设计，建立扁平化的组织机构。同时，要对企业内部资源进行深度开发，对企业内部系统进行信息化的改造，形成企业内部的众多计算机应用系统，实现管理系统的集成化和信息化。

运用信息技术，加快企业技术进步。从企业发展必须紧紧依赖技术和管理两个轮子的要求看，一方面，企业要求应用现代技术，尤其是信息技术对企业管理进行改造；另一方面，通过引进先进技术和装备对现有企业进行的技术改造，有效地加快了我国行业的升级换代。因此，提高经济增长质量的一个重要方面是应用信息技术加快企业技术进步的步伐。将企业信息化建设纳入企业技术改造、科技发展的有关规划、计划中，在技术改造项目中推广信息技术的使用范围。

立足国情，从企业实际出发。经济全球化使国外的信息技术、解决方案、运作模式更多、更快地进入我国市场，企业可以借助经济开放程度的提高，得到过去难以得到的先进技术、管理经验、市场、资源和其他有利条件。但是我国的企业信息化发展程度与发达国家不同，体制也不一样，跟在外国公司后面亦步亦趋，听凭国内外信息化供应商的炒作，是盲目的，也是没有出路的。网络经济、电子商务乃至互联网在中国企业的应用，不能简单照搬发达国家的技术和理念，更要注重与中国的实际相结合。

坚持科学决策，合理利用信息技术资源。信息化建设是一项技术密集型和资金密集型的投入，如果投资决策不考虑项目的应用性及前瞻性，不仅造成浪费，也不能适应信息技术发展的要求。但如果只考虑技术上的先进性，而忽视了技术的适用性，不注意与现有信息基础设施相结合，也会造成重复建设和无效投入。在实施信息化的过程中，应注意信息、技术、设施、管理等信息化要素的共享，搞好社会和专业的分工与协作，避免大而全、小而全。遵循统一规划、统一标准、统一平台、统一编码的原则，这是互联互通、资源共享的大前提。应坚持高起点、高标准，既要突出现实性、应用性，又应有一定的超前性，充分考虑到未来发展的需要。

坚持发展电子商务的策略。在推进信息化建设的过程中，网络建设十分重要。加强网络建设，积极推动电子商务的发展是我们必须采用的策略。建设国家重点企业信息专网，形成一个安全、可靠、先进的计算机网络平台和信息通道，实现信息标准化、数据通信网络化、业务处理电子化、信息服务社会化。企业必须加强内部网的建设，使每个子系统实现无缝连接，达到系统的优化。同时，更应注重对外部网络的利用，接通互联网。随着宽带技术的发展，企业可以建成真正的信息高速传送系统。

15.5 信息产品及服务的比较优势

15.5.1 信息产品及服务的分类

信息产业是直接进行信息的生产、加工与分配，并以信息产品或信息服务作为其产出的产业，包括了信息的收集、传播、处理、存储、流通、服务的全部过程。信息技术的发展对经济结构调整和传统产业的改造起着至关重要的作用，信息化的发展有利于加快改革、提高人民生活水平和质量，以及提高国民经济的整体素质。

美国将信息服务业划分为七个大类：信息处理服务、网络服务、系统软件、应用软件、一揽子委托服务、系统集成服务、专业培训咨询和系统运行服务。我国对信息服务业的分类构成也做了初步界定，1992 年，中国信息产业商会对国内从事信息服务的企事业单位进行广泛调查，并结合国际上流行的信息服务业分类方式，将我国的信息服务业划分为五个大类，即信息提供业、信息处理业、软件开发与服务业、系统集成服务业、咨询业及其他。

当前，世界信息产业进入新的发展时期，发展与融合、调整与变革成为全球大趋势。微电子、软件、计算机、通信技术日新月异，通信网、计算机网与有线电视网加快融合，国际市场竞争日益激烈，跨地区、跨国界的兼并、重组层出不穷。形势的发展要求作为基础设施和支柱产业的信息产业保持快速健康发展，发挥对经济发展的促进作用。

信息技术服务属于知识性服务、技术性服务和生产性服务高度综合的范畴，信息技术服务贸易主要通过知识文化、信息资源或信息技术基础设施等物理载体，及其他高科技手段，借助信息技术的感知化（利用计算机软件传递数据）、物联网化（利用网络进行数据的实时整合）和智能化（利用模型进行比对分析）的特点，实现服务贸易中人和物的服务融合、知识性服务贸易和生产性服务贸易交融互汇的新兴贸易方式。按目的和手段的服务不同，信息技术服务贸易又分服务主体是信息、服务对象是人的目的性服务贸易，以及服务主体是信息、服务对象也是信息的手段性服务贸易。

信息技术服务中的实体空间与虚拟空间服务功能创新中，最引人注目的是媒体功能服务贸易的创新。传媒功能属于信息服务范畴，信息服务贸易的价值链分别由前端的信息提供、传播技术和传播媒介，中端的传播渠道及末端的经营服务构成。在传统媒体服务贸易的基础上，媒体服务贸易的创新在于综合运用多种媒介和终端，以文字、图片、声音、影像等传媒元素和传播形态，全方位、立体地展示传播内容的新媒体化方式进行全新的信息技术服务贸易。在创新媒体服务中，信息技术服务已从原先的末端经营服务跃居首位，并贯穿于信息提供、传播技术、传播媒介、传播渠道和经营服务的全过程，信息技术服务贸易的创新也随信息服务方式（流媒体服务和全媒体服务）

的创新而发展。

根据经济合作与发展组织的定义，电子商务是指所有基于电子数据（文字、声音和可视画面等等）交换和处理的商业交易活动。电子商务是随着科技的迅速发展，尤其是计算机网络和通信技术的广泛应用而产生的一种全新的交易方式。与传统的商务方式相比，具有明显的优势，如提高通信速度、加强信息交流、减少流通环节、降低流通成本、提高服务质量、突破交易活动在时间上和空间上的限制，因而增强了企业的竞争能力，也引发了一场流通革命。流通企业发展电子商务将是我国在电子商务时代做出的战略选择。

电子商务的出现和普及，必将对传统流通企业的生存和发展带来冲击。目前，电子商务已被各国普遍接受，各国都看好广阔的发展前景，其发展速度、变革程度已超过人们的想象。面对电子商务带来的挑战，流通企业应转变传统的营销观念和企业运作模式，适应电子商务所引起的变化。

软件产品与软件服务是软件产业中不可分割的两个部分，随着软件产业的发展，对传统产业渗透性越来越强，软件产业的价值将越来越体现在服务上。以软件为载体的信息服务贸易，已成为信息技术（information technology, IT）行业中发展最快的一部分。据预测，全球应用软件外包服务市场正以平均每年 30%的速度增长。

几乎世界各国都参与了软件开发的国际竞争。许多发展中国家的软件公司也谋求挤入国际信息市场。它们相信价格竞争已经不能维持竞争优势，世界水平的编程技巧和别具一格的软件才是制胜之本。中国和印度都大规模地建设基础设施，已把有优势的软件开发公司与世界联结起来，提供软件开发服务，取得了很大的成功。印度软件产业的出口额已占其全部出口额的 30%。据世界银行对各国软件出口能力的调查结果，印度软件的出口额、质量和成本三项综合数据居世界前列，被认为是未来的软件超级大国。我国软件业在规模上虽已接近印度，但在出口额、质量等方面差距仍较大。无论如何还是西方发达国家在软件市场占有较大优势。

网络信息服务是指信息服务机构为满足用户的信息需求，通过计算机网络提供经过加工、整理的信息产品和服务的总称，它包括信息内容的加工处理、信息内容的提供、信息内容的存储与获取、网络增值服务、信息咨询服务等方面。

15.5.2　信息产品及服务贸易

全球信息服务以每年 10%～20%的速度增长。信息网络在线服务把政府干部、工商企业、学术团体和家庭联成一体，大大缩小了空间距离，提高了信息交换效率。目前各发达国家政府都极为重视信息技术开发、信息高速公路建设和信息网络服务，英、德、加、法、意、日等国日益增加联网用户数目，欲将各行各业、千家万户连接起来，通过信息服务利用光缆网络或卫星、无线移动、多媒体系统把声音、色彩、图像，以及快捷准确的数字、文字等信息传送给用户。许多世界著名的大企业、大公司也都看中了这一巨大的市场，积极参与信息服务市场竞争，但迄今还没有一家信息公司的业务能力与互联网的贸易量相匹敌。从目前情况来看，在世界信息服务贸易中，美国已具有其他国家无法抗衡的比较优势和规模经济优势。

信息高速公路就是把信息的快速传输比喻为“高速公路”。所谓信息高速公路，就是一个高速度、大容量、多媒体的信息传输网络。其速度之快，比目前网络的传输速度高 1 万倍；其容量之大，一条信道就能传输大约 500 个电视频道或 50 万路电话。此外，信息来源、内容和形式也是多种多样的。网络用户可以在任何时间、任何地点以声音、数据、图像或影像等多媒体方式相互传递信息。

根据世界贸易组织的统计，信息通信技术（information and communication technologies, ICT）对服务贸易的发展有促进作用。全球服务贸易总额（国际收支统计口径）从 1980 年的 7623 亿美元上升至 2012 年的 4.3 万亿美元①。服务贸易的迅速发展，是新技术革命引起的国际分工深化、全球产业结构调整升级的必然结果。20 世纪 90 年代以来，在服务经济得到迅速发展的同时，一个明显的事实是与信息通信技术紧密关联的服务贸易，如金融、电信、软件服务等，改变了服务贸易的内容与构成，有力地促进了服务贸易的发展。美国学者实证分析了互联网应用水平对美国服务贸易进出口增长率和服务贸易进出口额的影响，结论表明，若美国贸易伙伴的互联网应用水平提高 10 个百分点，则带来服务进口增长率上升 1.1%，出口增长率上升 1.7%，服务贸易进口额增长 0.5%，出口额增长 0.2%。

经济合作与发展组织（Organization for Economic Co-operation and Development, OECD，简称经合组织），是由 30 多个市场经济国家组成的政府间国际经济组织，旨在共同应对全球化带来的经济、社会和政府治理等方面的挑战，并把握全球化带来的机遇。

15.5.3 信息产品及服务的发展方向

在网络服务方面，我国的服务水平、普及程度和消费水平均不高。而韩国在互联网领域却保持着几项纪录：50%以上的韩国人都上网，65%的家庭拥有电脑，300 万人利用光缆线路接入互联网，500 万人利用宽带线路上网，占全世界 ADSL②用户的 25%。

国外企业十分重视组织和管理体系及相关技术和软件的创新与变革，相继出现了许多新的管理思想和技术，早已从 IT 技术的普及应用进入到广泛运用信息技术的现代科学管理阶段，并朝着系统化、网络化、集成化和智能化方向前进。而我国许多企业尚处于经验管理阶段，少数大中型企业只是局部采用了计算机辅助管理，管理水平与国外相比存在很大差距。总体上来说，我们要在企业的基础自动化、过程控制自动化及企业的信息管理等方面作更多的努力。

信息基础设施是实现国民经济与社会服务信息化的基础，也是加快信息产业发展的重要载体。因此，加快我国信息基础设施建设势在必行。我们要做好统筹规划，集中国

① 世界贸易组织：《2013 年世界贸易报告》。

② 非对称数字用户线路（asymmctrical digital subscriber line）。

家资源，尽快建成较为完善的基础设施，为推进信息化做好准备。一方面，通过引进先进的信息技术和设备积极发展和建立信息基础设施；另一方面，迅速提高我国信息技术科研开发及技术装备工业化生产的水平，在核心技术和关键产品的开发及产业化方面取得突破，使我国信息网络化基础设施建设真正建立在自主技术和国产装备基础之上。

信息基础设施包括电信网、广电网、计算机网、大型数据库、支持环境等。

我国有一大批有较高技术水平的信息产业方面的科研、生产、服务企业，但大都没有形成竞争优势和规模优势，难以进行高技术含量的产品开发。因此，必须加快信息产业的联合重组，彻底打破行业界限、地区界限和所有制界限，尽快形成若干实力雄厚的产业集团，增强企业的市场竞争力。通过建立大企业集团，强化企业在产品开发、技术创新和市场开拓等方面的优势。与此同时，也要支持广大中小企业的发展，搞好大企业与中小企业的分工与协作，建立完善的生产、销售、服务体系。

要大力开发和推广信息应用，发挥信息资源对经济增长的催化和增值作用。鼓励各级政府和企业建立局域网；推动企业、政府和家庭上网，加快电子政务和电子商务的发展。在加强网络建设的同时，要注重信息资源的建设和共享。美国建立的国家互联网将著名的高校和科研机构连接在一起，方便了知识的传播和利用。我国也可以借鉴其中的经验，加快信息网络的建设，使更多的社会成员能够更为方便地使用知识。许多网站在建设之后就没有更多的改动，不能为社会提供更为及时、准确的信息，因此要鼓励更多的社会部门参入网上信息资源建设，提供符合市场需要的信息。

15.6　世界信息经济的发展

电子信息技术在世界范围内的广泛应用，已使一些发达国家获得了持续快速的发展。从 20 世纪 90 年代起，世界上一些发达国家率先由工业现代化进入了信息化时代，而我国在开发应用信息技术方面则显得落后了许多。今后我们不仅要完成工业的现代化，还要在应用信息技术上更快地发展。十多年的历史经验证明，信息技术是产业结构优化、升级的重要推动力。信息技术的高渗透性、高倍增性、高融合性，推动了传统产业的技术改造，加快了产品的升级换代，提高了劳动生产率，增强了企业的竞争力。因此，在今后一段时间内，我们要重点发展生产过程自动化、智能化和管理信息化技术，提高我国自动化装备的国产化水平，推进工业的现代化。

信息化时代按照阿尔文·托夫勒（Alvin Toffler）的观点，第三次浪潮是信息革命，大约从 20 世纪 50 年代中期开始，其代表性象征为计算机，主要以信息技术为主体，重点是创造和开发知识。

15.6.1　世界信息经济发展的现状

西方国家在 20 世纪 90 年代初就开始信息化建设，为信息服务贸易的发展提供了物质基础。美国政府 1993 年提出“国家信息基础设施”（national information infrastructure, NII），将信息高速公路建设作为其施政纲领，计划投资 4000 亿美元建设国家信息基础设施。1994 年，提出“全国信息基础设施行动计划”，鼓励私营部门投资；促进竞争；为所有信息提供者和使用者提供开放的网络通道；保障普遍服务。1996 年美国通过了新的电讯法案，消除电讯行业的垄断，开放所有的电讯市场，促使美国的电讯行业展开新的竞争和重组，从而推动高速“宽带”网络的建设。1999 年提出“21 世纪的信息技术：对美国未来的一项大胆投资”（简称 IT2）计划，该计划将研究与开发的重点放在先进技术与计算方法、大规模网络、高可靠性系统、人类中心系统和教育与人才培养五个领域。美国政府提出 NII 计划之后，就着手考虑建设电子政府，确立建设电子政府的战略目标，已通过《2001 电子政府法案》。

英国政府于 1999 年在内阁办公室成立了电子商务专员（e_envoy）办公室；颁布了一系列指导政府各部门信息化建设的规则，开设政府网站；投入大量资金加速电子政务进程，2000 年 9 月，政府宣布在两年内投资 10 亿英镑用于政府信息化建设；兴建各类信息中心，降低上网费用，促进全民使用互联网。

美国和日本在计算机技术和电子元器件等尖端科技领域明显处于领先地位。美国计算机系统供应商具有多元化的产品开发战略，以及争夺世界市场份额的雄厚实力。过去日本企业仿制美国技术产品，在计算机工业上缺乏独立技术开发。目前日本计算机公司正在进行重新组合，将成为美国公司的强劲竞争对手。尽管欧洲在软件和并行处理等领域有一定的技术水平，但没有一家公司处于计算机技术领域的领导地位，它们多数成为美、日信息设备的经销商，或是美、日公司的当地生产伙伴。

15.6.2 世界信息经济发展的定量分析

进入 21 世纪，信息化发展水平已经成为衡量国家综合国力和国际竞争力的重要标志。中国国家统计局从 1996 年开始在信息化综合指数测评方面开展深入的探索和研究，公布了从不同角度测算的信息化综合指数。

世界及各国（地区）信息化发展指数逐年提高。2010 年世界信息化发展总指数达到 0.802，比 2000 年提高 0.224 个点①。世界及各个国家和地区的信息化发展指数呈现出逐年稳步提高的趋势。

2007 年瑞典的信息化发展总指数达到 1.275，位居所比较的 57 个国家（地区）之首；从 1997 年开始，瑞典超过美国已经连续多年居世界第 1 位；英国居第 2 位；挪威第 3 位；荷兰和丹麦分居第 4 位和第 5 位。排位最后的 3 个国家分别是斯里兰卡、危地马拉和印度，它们的信息化发展总指数分别只有 0.558、0.552 和 0.481②。但这三个国家信息化水平比上年均有显著提高。

2001～2010 年，世界信息化发展指数（Ⅱ）年均增长速度为 5.26%。在世界信息化各分类指数中，年均增长速度由高到低分别为应用消费指数、基础设施指数、产业技术

① 国家统计局统计科研所“信息化统计评价”研究组. 2012 年中国信息化发展指数（Ⅱ）国际比较研究. 调研世界, 2013, （1）: 4.
② 国家统计局统计科研所“信息化统计评价”研究组. 2012 年中国信息化发展指数（Ⅱ）国际比较研究. 调研世界, 2013, （1）: 6.

指数、发展效果指数和知识支撑指数，分别为 10.50%、8.28%、4.82%、1.35%和 1.34%，2010 年世界信息化发展指数（Ⅱ）的五个分类指数中，产业技术指数最高，为 1.065；发展效果指数和知识支撑指数紧随其后，分别为 0.902 和 0.885；第四是应用消费指数，为 0.728；最后是基础设施指数，仅为 0.429。排名首位的产业技术指数是排名末位的基础设施指数的 3.76 倍，比 2009 年的 2.56 倍有所扩大。国际电信联盟在 2011 年发布的《衡量信息社会发展报告 2011》中，使用其构建的信息化发展指数（information development index, IDIITU）对全球信息化进行了滚动监测。结果显示：2008～2010 年，信息化发展指数涉及的所有 152 个国家和地区的得分均有所提高，平均得分由 3.62 上升到 4.08。这说明信息通信技术正在全球范围内得到普及，并对信息社会的发展产生越来越深刻的影响①。

自 20 世纪末以来，世界信息通信技术呈现出一些较为显著的变化。一是移动电话用户数量持续上升，固定电话用户数量继续下滑，固定电话业务已经成为衰退的领域。在发达国家，移动电话市场已经超越了固定电话市场，尤其是 2007 年智能手机的出现极大地改变了通信既有的格局。到 2010 年年末，全球移动电话用户数量已经达到了 53 亿产，比 2008 年增加了 13 亿户。发达国家登记的移动电话普及率已经超过 100%，2010 年的增长率只有 1%，其移动电话用户数量已经趋于饱和；发展中国家移动用户的增长势头仍很强劲，达到 20%，且没有任何减速的迹象。二是国际互联网宽带技术水平提升，使用范围继续扩大。从 2008 年到 2010 年，国际互联网带宽几乎翻番，由 29 000TBit/s 提高到了 59 000TBit/s。三是互联网的接入呈现迅速发展态势。2007 年拨号用户数量开始急剧下降，逐渐向宽带过渡；2008 年移动宽带订购用户数超过了固定宽带；2010 年年底已有超过 150 个国家和地区推出了移动宽带服务，预计 3G 服务将很快在所有国家普及。到 2010 年年末，全球共有 20 多亿互联网用户。发展中国家的增长率很高，尤其是中国、巴西、印度、尼日利亚、俄罗斯等国。2000 年全球实现在线上网的人口比重约为 6%，2003 年达到 12%，2010 年上升为 30%。家庭上网的比例稳步增长。在发展中国家，2010 年年末已有约 16%的家庭可接入互联网，而发达国家的数字更高达 66%。2010 年年末，全世界仍有 70%的人口（几乎覆盖 80%的发展中国家人口）还没用上互联网，通过宽带连接上网的人数更少②。在很多的发展中国家，尤其是位于大城市以外的家庭、学校、医院和其他公共机构依旧有很多地方还没有享受到互联网。

15.7　国际信息贸易与政策

15.7.1　国际信息贸易的发展现状

在世界范围内，信息服务市场的争夺已经越演越烈。在卫星通信市场、网络市场和电信市场上，各国的企业都在争抢市场份额。

由美国波音公司和微软公司共同拟订的太空国际互联网（Internet in The Sky）建设

① 国家统计局统计科研所“信息化统计评价”研究组. 2012 年中国信息化发展指数（Ⅱ）国际比较研究. 调研世界, 2013,（1）: 5.
② 国家统计局统计科研所“信息化统计评价”研究组. 2012 年中国信息化发展指数（Ⅱ）国际比较研究. 调研世界, 2013,（1）:5.

计划目前已经开始启动。这项计划预计投资 90 亿美元，将在地球周围布设数百个低轨道同步卫星，低成本、高速度、高质量地实现全球计算机彼此间的信息交流。

Intel 公司也正式进军卫星市场。在德国汉诺威的 CeBit 全欧电脑大展中， Intel 宣布与欧洲最大的民营卫星公司 SES 联手提供网际网络服务，1997 年年底寻求合作伙伴。

美国 Motorola 公司宣布，从 1999 年起，4 年内发射由 72 颗小卫星组成的低轨道全球卫星通信系统。该系统将耗资 60 亿美元，能与地面无线电通信系统联结，可同时服务于几个不同市场，如宽带通信、交互直播电视业务等。

另外，卫星业“龙头”休斯公司也决定将其在北美的网络扩展到全球，一场新的太空商业战争已经开始。

Internet 客户端的竞争在全球出现了两个泾渭分明的阵营：一个是以 Oracle、Sun、和 Netscape 为首的 NC 联盟；另一个是得到 Intel 支持的微软公司。NC 联盟中的一些成员在 1996 年美国计算机经销商博览会（COMDEX）大展前后，抢先推出部分商品化的 NC 产品，包括苹果电脑公司的新一代 Pippin 和 IBM、Oracle 的产品；而微软总裁比尔 •盖茨在旧金山开幕的 1997 年 Windows 硬件工程会议上反复重申了一种命名为 Windows 终端的设备，不需要操作系统或浏览器接口，而是从中央服务器获得全部软件，正式开始与 NC 联盟展开竞争。

1995 年 7 月 IBM 公司出资 35 亿美元收购了美国著名软件公司——莲花公司。莲花公司凭借热门软件产品 Notes 控制了 34%的 Internet 网络市场，而微软仅占有市场的 12%，加剧了竞争的激烈程度。1998 年，Push 技术成为 Internet 软件先锋 NetScape 和微软争夺的最新战场。微软公司提出了一个名为频道定义格式（Channel Definition Format, CDF）的标准，而 NetScape 则有了频道探索者（Channel Finder）。微软公司宣布与 13 个公司签订协议，为 ActiveDesktop——InternetExplorer4.0 的 Push 部分建立信息频道。这 13 家公司包括 PointCast、Forbes 和 Fortune 杂志、道琼斯及华尔街日报的网络交互版等。而 NetScape 则向用户提供了 10 个频道。此后，NetScape 将开拓 120 个频道。此外，还有一些电信公司也都渴望在 Internet 市场的发展上占得先机。

在电信改革的大气候下，跨国范围的纵横兼并愈演愈烈。爱立信、诺基亚和西门子联合推出“无线电话全球标准”，已经建立 70 个世界范围的全球移动通信网络。美国投入几十亿美元，以 Motorola 为主，利用军事技术，发展出码分多址系统。日本也在奋起直追，以 NTT 为主，推出更便宜的世界标准，目标是发展中国家。美国电话电报公司（AT&T）拆分出七家地区“小贝尔”（BabyBells），可以在 2000 亿美元的电讯市场与长途电话企业竞争。三大长途公司[AT&T、美国世界通信公司和斯普润特（Sprint）]也可以自由进入地区电讯市场。

1995 年，美国八家电信巨头：哈利斯（Harris）、微软、惠莱特（Hewlett）、斯普润特、英特纳特（I-net）、罗宾斯（Robbins）为了建立全球信息调整公路提供可靠的电子信息系统，宣布成立“全球信息集团”的联盟。美国电话电报等六家美国公司、富士通等三家日本公司和加拿大北方电信公司，以及来自欧洲、亚洲、大洋洲、美洲等的 37 家电信和信息技术公司宣布结成集团公司，成立“电信信息网络体系集团”，谋求发展全球电信服务和电信软件。

15.7.2 国际信息贸易的发展趋势

随着信息网络技术和电子商务的发展，国际信息贸易正从国际服务贸易中分离出来，以一种独立的新的贸易形式出现。**国际信息贸易指的是与信息产品和信息服务有关的一切跨国贸易形式和活动。**因此，国际贸易将由商品贸易（消费品、生产资料贸易）、劳务贸易（运输、旅游、工程承包）和信息贸易（技术、信息商品和信息服务贸易）三分天下，而国际信息贸易的发展是国际贸易商品结构高级化、软化，以及国际贸易得以不断扩大的动因之一。信息服务贸易的发展大大拓展了国际贸易的空间和场所，缩短了国际贸易的距离和时间，简化了国际贸易的程序和过程，使国际服务贸易活动全球化、瞬间化、智能化、无纸化、简易化。因此，信息服务贸易已成为知识经济时代深化产业革命的重要角色。

1993 年美国提出国家信息基础设施，即信息高速公路建设，引起了全世界的强烈反响。1995 年，美国政府宣布将“国家信息基础设施”计划推向全球，形成“国家信息基础设施”计划，呼吁世界各国加入“国家信息基础设施”的建设，通过“商讨性、建设性和合作性”程序使所有国家都从信息设施中受益。

1995 年 2 月 25 日，西方七国召开部长会议，会议主要内容是国际信息服务贸易自由化。会上提出要开放信息市场，鼓励私人投资，促进公平竞争，实现稀缺资源的公平有效分配。然而，各国政府无不关心本国的信息产业发展和信息服务市场保护，发展自由服务贸易的目的只是发展本国的信息服务贸易，创造就业机会，扩张本国经济。

国际信息服务贸易包括的国际技术与管理咨询服务贸易（如工程咨询、法律、财务服务贸易）、国际经贸信息服务贸易、国际专家服务（如国际教育、技术专家服务贸易）等，大部分都可通过信息网络的“运送服务”方式进行信息的交流和反馈，“足不出户”即可为全球各地的用户同时提供服务。通信和信息技术的改进，为技术性咨询公司带来大量贸易盈余。提供网上信息搜索服务的百度的股票 2005 年登陆美国纳斯达克市场，发行价 27 美元，开盘价 66 美元，如今的价格已在 200 美元以上。2014 年 9 月 20 日，中国电商巨头阿里巴巴集团的股票在美国纳斯达克上市，开盘即大幅飙升，较每股 68 美元的首次公开募股价格上涨逾 30%，成为美国市值最大的公司之一。阿里巴巴的首次公开募股筹资 218 亿美元，成为美国有史以来规模最大的上市交易。

在欧洲国家和日本，以及一些发展中国家（如亚洲四小龙、印度等），信息服务贸易发展也非常迅速，如印度的软件出口额已占其出口总额的相当比重，成为新兴的软件大国。

信息服务业的全球化是基本趋势，但信息服务业的市场开放是一个漫长的过程。在市场需求、技术进步、业务创新和国际电信管制政策逐步放松等因素的共同推动下，信息服务全球化已经成了全球信息服务业发展的一个基本趋势。全球化就是提高国际通信能力，扩大国际合作，走出国门，参与国际市场竞争，具备提供全球性服务的能力，以适应将来的多边贸易体制。通信全球化是经济全球化的必然结果。全球化趋势使原来国际电信与信息服务贸易的双边贸易体制向市场更开放、贸易更自由、竞争更激烈的多边贸易体制转移，从而由企业一对一的关系变为多对多的关系。而且不再是国家与国家进行贸易，而是公司与公司进行贸易。每个国家都必须适应这些全球化的趋势，才能融入国际社会。为了实现全球化，需要具备提供端到端全球业务的能力，需要新的多边贸易结算机制，需要用新的优质产品与服务走出国门。

通信服务业的市场开放是国际通信业发展的基本趋势，也是世界贸易组织各成员国相互间的承诺。但各国在市场开放之前，必须做好充分的国内准备，包括放松国内管制、加强国内通信基础设施建设、提高国内运营商的业务水平，这是发达国家共同经历的基本途径。发展中国家尤其要注意这一点。目前，各国电信市场的开放程度已经比较高了，邮政市场的开放则相对要滞后得多。

信息基础设施建设和社会信息化是信息服务发展的物质基础和社会基础。20 世纪 90 年代中后期，我国加速了社会信息化进程，在网络、通信等基础硬件建设和信息开发方面有了长足发展，国民信息意识逐渐增强。但是，受资金、管理等因素的影响，信息总量明显偏少。以网络信息输入、输出比例为例，我国在 Internet 上的信息输入、输出仅占总量的 0.1%和 0.05%。目前，国内信息服务业与国外相比普遍存在如下不足：企业规模偏小，缺乏具有强大技术实力、人才实力和经济实力及具有相当国际影响的大信息服务商，面对国际性大服务机构，市场竞争力及抗风险能力薄弱；服务行业规范和相应法律法规尚不健全，业内人士的法律意识和自我保护意识较薄弱，不正当竞争、短期行为等不良现象较为严重；社会监督、自律意识、用户服务意识、信息产品质量观念等方面与国际化市场竞争的要求存在较大差距。

> 国家信息化水平总指数是反映信息时代国家综合实力的重要指标，是由包括资源开发利用、信息网络建设、信息技术应用、信息产品与服务、信息化人力资源和信息化发展环境等六个方面的 20 项指标综合测算出来的。
>
> 信息产业是直接进行信息的生产、加工与分配，并以信息产品或信息服务作为其产出的产业，包括信息的收集、传播、处理、存储、流通、服务的全部过程。

15.7.3 国际信息贸易的政策

按照 1994 年乌拉圭回合谈判达成的《服务贸易总协定》中对服务贸易所作的定义，国际信息服务贸易界定为：①过境信息交付。即从一成员境内向另一成员境内提供的信息服务，如国际联机信息检索，互联网信息的过境，数字产品及软件的国际销售，电视节目的国际广播，国际电话服务，卫星信息传送，技术、专利、发明的跨境交易，样品、数据库的过境销售等。②境外消费。在一成员国境内向其他成员国的用户提供的信息服务，如出国考察、出国培训和出国人员接受所在国的各种信息服务。③商业存在。一成员国的信息服务提供者在其他成员国设立信息服务机构，如建立服务器、设立镜像站点，或直接在对方设立信息服务组织。这里尤其值得注意的是，世界一些著名联机机构、网络公司在我国一些高校设立了镜像站点或真实站点，授权使用，这是国际信息服务的一个重要趋向。④信息服务人员流动。一成员国的信息服务提供者在任何其他成员国境内通过自然人存在提供信息服务。例如，一成员国的专家、学者、咨询人员受聘其他成员国或以无偿援助的名义从事各种信息服务。

美国商务部报告《浮现中的数字经济Ⅱ》对信息技术服务贸易专门做了分析，为此我们也可以将信息服务贸易分为信息技术服务贸易和非信息技术服务贸易，这里区分的关键是信息服务与信息技术的相关度。采用这种划分方法可以利用已有的数据进行比较研究，而且在该报告中，这些数据同时采用了标准产业分类体系和北美产业分类体系，这两个标准在美国和北美地区都有较大的影响力。2000 年商务部的报告采用的是后一标准。

信息服务贸易包括：技术（知识产权）的贸易；无形的信息内容商品，如市场行情、经贸信息、软件等；与计算机、通信等信息技术产品密切相关的管理、维修、售后服务等。信息服务贸易加上有形的信息技术产品（如计算机及通信设备等）构成信息贸易，信息贸易、商品贸易与劳务贸易共同构成国际贸易的所有内容。

1997 年，为了促进激烈竞争的信息服务贸易市场健康快速发展，世界贸易组织按照《基础电信协议》积极推进基础电信服务市场准入的谈判，共有 71 个谈判方政府列明减让清单，其中 69 个国家和地区政府提交的 55 份减让表附在《服务贸易总协定》之后，成为第四议定书。1997 年世界贸易组织基础电信协议的签署，将电信的国际竞争扩展到了占全球 90%的市场。随着欧洲及其他地区国家电信市场的逐步开放，各个跨国电信经营公司纷纷推行国际化扩张战略，它们通过联合和兼并等手段最大限度地使用自身规模和能力，向那些曾由一家经营者提供电信服务的国家渗透，使得自己规模更大、技术更领先，也大大促进了国际信息服务贸易的发展。

由于信息服务贸易对经济竞争力的影响越来越强烈和广泛，它与国家经济竞争力的提高保持着难以割断的联系。目前没有一个国家愿意完全开放本国信息服务市场，也没有一个国家倾向于执行严格的信息服务进口替代政策。虽然世界信息贸易自由化进程已经迈出第一步，即发达国家采取提高竞争力的放松出口管制政策，发展中国家采取放宽进口限制的渐进自由化政策，然而由于国家竞争力原因，信息服务贸易既不可能出现李嘉图式的纯粹自由贸易，也不可能出现传统的工业进口替代那样的保护贸易。有管理的信息服务自由贸易最有可能成为各国发展的预定目标，但这也需要经历漫长的过程。

电子商务是指所有基于电子数据（文字、声音和可视画面等等）交换和处理的商业交易活动。

电子政务是指运用计算机、网络和通信等现代信息技术手段，实现政府组织结构和工作流程的优化重组，超越时间、空间和部门分隔的限制，建成一个精简、高效、廉洁、公平的政府运作模式，以便全方位地向社会提供优质、规范、透明、符合国际水准的管理与服务。

本章总结

1. 信息经济学是一门新兴的正在快速发展的学科，在 20 世纪后半叶得到了广泛的关注，对经济学和其他领域都产生了较为深刻的影响。在信息经济学的发展过程中，博弈论、计量统计等现代分析方法的使用，使这一学科更为规范化。

2. 信息经济是以现代信息技术等高科技为基础，信息产业起主导作用的，基于信息、知识、智力的一种新型经济形态。信息经济不仅意味着国际间信息传播速度的加快、传播成本的降低，而且意味着各国规则上的相互交融，将各国社会经济联结成一个整体。正如托夫勒所说："实际上，当传播信息的新媒介环绕着地球，推动财富创造系统全球化时，要想将某一特定的信息限制在国界之内或将其拒之于门外已经变得更加困难了。"

3. 信息经济是智力支撑经济。在信息经济时代，具有高等教育学历的知识阶层将成为社会的主体，只有拥有专业知识和技能的人，才能在物质产品和精神产品的生产中发挥核心作用。信息社会主导资源和能源主要来自知识、技术、技能，它们不仅是具有反复使用、低成本复制和扩散特点的取之不尽、用之不竭的资源，而且它们所创造的日益升级的高科技产业，既能不断减少资源和能源的消耗，又能不断地创造出新的干净的能源和功能更高的新材料。因此，信息经济将给经济的可持续发展提供坚实的物质技术基础。

思　考　题

1. 高薪养廉在某些国家或地区为什么能够成功？
2. 为什么 70 岁以上的人很难买到商业医疗保险？
3. 为什么一些超市要求消费达到一定金额后才能免费停车若干小时？
4. 信息化促进工业化发展的原因是什么？
5. 信息国际贸易中需要重视什么？

课外阅读

从"数说春节"看大数据服务公共领域

春节期间，中央电视台新闻频道推出"数据说春节"栏目，结合春运、年货、年夜饭等话题，通过网络运营商的大数据支持，将大数据以老百姓能看懂的方式，展现在千家万户的电视屏幕上，无疑是为大数据进行了一次最直接、最有意义的普及。

在这档栏目中，我们看到由全国两亿多部智能手机移动定位出来的实时春运迁徙图。数据显示，大年初七，团聚的人纷纷踏上返程路。十大最热线路排行中，有六条线都奔向北京，但主要以中短途为主。

而在马年春节，百姓最关注的习俗前三名，分别是拜年、贴春联和放鞭炮。在很多人的记忆里，大年三十都是在鼎沸的鞭炮声中度过的。不过，这个年却有些许不同。数据显示，从 2011 年到 2014 年，网友对烟花爆竹的关注度的增长速度从 43%降到 15%。

鞭炮少放了，可年味儿不能少。2014 年春节，有句话触动了很多人：你回家不过七天，而父母可能需要等待一年。数据显示，在如何陪父母过年的热搜中，看电影高居榜首，其次是陪父母聊天和旅游。如果按地域分布，北京人、上海人陪父母看电影的概率最高，可能跟这两地新片上映速度快有关。

数据还显示，春节期间，应聘话题的热搜榜上，20～29 岁的年轻人排在首位。他们更钟情于互联网和金融行业。其中，大数据工程师受关注的上涨幅度最高。而按地域分布，过年忙事业最上心的是浙江、江苏和广东三省。

不难看出，中央电视台作为国内影响力大的权威媒体之一，积极推动大数据与新闻报道相结合，用大数据来洞察社会、感知社会，从数据中去发现新闻，让人们对大数据有了更加直观而具体的认识。“数据说春节”栏目的推出，也可以说是大数据技术在公共领域应用的一次有益尝试。

大数据概念从两三年前就在 IT 界兴起，但对于普通老百姓而言，始终还有段距离。实际上，大数据在金融保险、医疗卫生、公共服务、交通运输等行业得到了越来越多的应用，与每个人的生活都息息相关。

如今，大数据在政府领域应用的巨大潜力已经成为业内共识。政务的信息化进程，以及政务数据的透明化，将能使民众准确了解政府的运作效率。这是不可逆转的历史潮流，同时也是大数据最具潜力的应用领域之一。

在公共服务领域，一方面，政府可以利用大数据技术把积累的海量历史数据进行挖掘利用，提供更为广深的公共服务；另一方面，政府可以通过对卫生、环保等领域的大数据实时分析，提高危机的预判能力，为实现更好、更科学的危机响应提供技术基础。

资料来源：沐澜. 从“数说春节”看大数据服务公共领域. 中国政府采购报, 2014-2-18, 5 版.

中国信息化进程及阶段发展

1956 年周恩来同志亲自主持制定《1956—1967 年科学技术发展远景规划纲要》，提出了我国科学技术发展十二年规划的六个战略重点，其中有三项与当代新技术革命的发展密切相关，分别是半导体、电子学和计算机，并将电子数字计算机的研制作为战略重点之一，以此揭开了中国应对当代信息革命挑战的序幕。因此，中国信息化的进程应该以 1956 年的《十二年科学技术发展规划》为起点。

1. 中国信息化进程的四个阶段

从起点的角度来看，中国应对当代信息革命的挑战起步并不算晚。1956 年以后，中国信息化的进程可以分成四个阶段：第一是“艰苦中创业”阶段，从 1956 年至 1966 年“文化大革命”前夕；第二是“‘文化大革命’中曲折发展”阶段，从 1966 年“文化大革命”开始至 1978 年改革开放前夕；第三是“改革开放开创新局”阶段，从 1978 年十一届三中全会以后直至 1999 年 21 世纪的前夜；第四是“全方位高效益推进”阶段，从 2000 年至今。其中，十五届五中全会是一个重要的里程碑。当时，在《中共中央关于制定国民经济和社会发展第十个五年计划的建议》中提出“信息化是覆盖现代化建设全局的战略举措”，对后来中国信息化的发展产生了极为深远的影响。

2. 中国电子计算机产业的雏形

《十二年科学技术发展规划》制定以后，1958 年 8 月 1 日，我国第一台数字电子计算机 M103 机诞生。在新中国成立十周年大庆前夕，Mi04g 成功通过试运算。《人民日报》为此专门发表消息，正式宣告中国第一台大型通用电子计算机试制成功。

从时间上来看，中国的计算机事业起步晚于美国、苏联、英国，而与日本、法国、德国相差不多。中国用了不到三年的时间和不多的资金，成功地研制了当时世界上技术指标比较先进的大型通用电子计算机，从无到有开创了中国的计算机事业。中国第一代电子管计算机 M103 机共生产了 36 台，M104 机共生产了 7 台，初步形成了中国的计算机产业。20 世纪 60 年代中期，中国已经成功研制出五种型号的晶体管计算机，并小批量地投入生产，标志着中国计算机工业进入了第二代。

3. 改革开放：由复苏走向振兴

1）信息基础设施与通信技术

信息技术包括微电子技术、通信技术、计算机技术和软件技术。回顾过去中国信息化五十多年的进程，最为引人自豪之处，莫过于中国通信服务业、通信技术和产业的发展。这不但使中国的信息基础设施和通信服务水平晋升到世界先进国家的水平，成为世界各国现代通信服务业发展的楷模，而且带动了中国具有完全自主知识产权的电子通信技术和产业的发展，在许多核心技术方面取得了突破，产生了当今中国在世界上有重要影响的华为、中兴、大唐等跨国企业，诞生了中国的第三代移动通信国际标准——时分同步码分多址。

2）互联网在中国兴起

1994 年 4 月 20 日，中关村地区教育与科研示范网络工程通过美国 Sprint 公司连入互联网的国际专线开通，实现了与互联网的全功能连接，中国成为国际上第 77 个真正拥有全功能互联网的国家，这是中国互联网发展历史上具有里程碑意义的一天。同年 5 月，中国科学院计算机网络信息中心完成了中国国家顶级域名（CN）服务器的设置，改变了中国的 CN 顶级域名服务器一直放在国外的历史。1999 年 1 月 22 日，中国电信和国家经济贸易委员会等共同倡议发起“政府上网工程”。同年 9 月，招商银行率先在国内全面启动“一网通”网上银行服务。

3）超级计算机

2008 年 11 月，在“第 32 届全球超级计算机前 500 名排行榜”的前 10 名中，9 台超级计算机安装在美国，唯一的一台没有安装在美国的超级计算机，是中国制造的、采用美国超微半导体公司的皓龙处理器、运算速度峰值可以达到每秒 230 万亿次的曙光 5000A。2009 年 10 月 29 日，中国国防科学技术大学研制成功了我国首台千万亿次超级计算机系统“天河一号”，是目前中国速度最快的商用高性能计算机。中国成为继美国之后世界上第二个能够研制千万亿次超级计算机的国家。经过中国科技工作者几十年孜孜不倦的努力，中国的超级计算机研制水平已经显著提高，成为继美国、日本之后，世界上第三个高性能超级计算机的研制和生产国。2013 年 6 月 17 日国际 TOP500 组织公布了最新全球超级计算机 500 强排行榜榜单，中国国防科学技术大学研制的“天河二号”以每秒 33.86 千万亿次的浮点运算速度，成为全球最快的超级计算机。此次是继“天河一号”之后，中国超级计算机再次夺冠。

资料来源：周宏仁. 中国信息化的发展. 首届中国政府门户网站发展论坛, 2009.

第16章　世界范围内的发展与贫困

在当代世界经济发展中，贫困问题始终是困扰人类社会进步的一个重大问题。不仅在发展中国家和地区存在着庞大的且有上升趋势的贫困人口，在经济发达的欧美国家也存在大量贫困人口。在资本主义发展的过程中，不平衡的发展模式致使收入差距不断扩大，而且在发展经济的过程中破坏了环境，使资源出现不可持续的消耗，出现了增长的极限，这一切深刻地影响着资本主义的未来。

16.1　不平衡发展与贫困

16.1.1　贫困的概述

1. 贫困的内涵

贫困是一个动态的、历史的和地域的概念，它是随着时间和空间及人们的思想观念的变化而变化。和其他社会现象一样，不同的社会制度，不同的思想体系和不同的学科对它的定义和看法是不同的。在不同的国家，由于生产力发展水平和社会经济发展水平的差异，贫困的性质、表现形式和产生的原因也有很大的差别。可以说对贫困问题认识的深化是随着经济的发展、社会的进步和人类文明水平的提高，以及一个民族对于社会福利、平等和作为对基本人权重要组成部分的生存权的认识的深化而逐步深化的。

贫困是指由制度因素和非制度因素所造成的使个人或家庭不能获得维持正常的物质和精神生活需要的一种生存状态。

第一，从历史演进的角度看，贫困呈现出动态性、历史性。虽然在某个时期贫困是静态的、不变的，但从纵向上或从历史演进的角度看，它是一个动态的、历史的概念。随着客观环境，尤其是经济发展水平的变化，以及公众对最低生活的理解的变化，对贫困的界定也相应调整变化。

第二，从贫困的成因和表现形式看，贫困表现为复合性、多元性。贫困是与“落后”或“困难”联系在一起，它包括“经济、社会、文化”乃至“肉体的和精神的”各个方面。一般来说，随着贫困的成因和性质的变化，贫困的多元性特征也更加突出。也就是说，除了人均收入水平外，可用来刻画贫困特征的还有一系列其他社会指标。例如，从生活质量进而从影响人力资本形成的因素来看，贫困人口通常具有教育水平低下、健康状态差、营养不良、卫生条件恶劣、饮用水缺乏及死亡率高等特征；从生产条件和生态环境进而从影响物质资本形成的因素来看，贫困地区往往具有耕地、水源、空气和其他自然资源质量低劣、流失及退化，以及地理上与外界处于隔绝状态等特征。

第三，从贫困衡量标准及其界定看，贫困具有公众普遍认可的客观社会性。从贫困衡量标准及其界定看，贫困是低于“最低”或“最起码”的生活水准，具有公众普遍认可的客观社会性。贫困标准的制定，就是根据社会公众认可的标准开出维持最低生活需要的一张“清单”。

第四，从贫困的实质看，贫困的核心是能力欠缺性。从表象上看，贫困首先表现为低收入。但就其实质看，是缺乏手段和能力，是能力贫困，从这个意义上说，贫困问题可视为缺乏问题。反贫困的核心就是在帮助人们摆脱物质贫困的同时，要积极采取改善人们能力的社会行动和制度安排，帮助他们真正扩大选择与机会，从而能够更好地享有健康、教育和文化。

2. 贫困的外延

从贫困的程度和贫困的范围加以区分，贫困可以划分为绝对贫困和相对贫困、狭义贫困和广义贫困两大类。

绝对贫困是指收入难以维持最低限度的生活水准。因此，绝对贫困又叫生存贫困。绝对贫困的基础就是“绝对性”，即不能满足维持最低生存生理需要的收入水准和物品量。相对贫困是比较而言的贫困。世界银行的专家认为，收入低于平均收入水平的 1/3 的社会成员便可视为相对贫困人口。由此可见，贫困标准的确定具有明显的主观偏好。

狭义贫困仅仅指经济上的贫困，反映维持生活与生产的最低标准。这种贫困的概念只包括物质生活的贫困，而不包括精神生活的贫困。广义贫困是指除狭义贫困之外的包括社会方面、环境方面和精神文化方面的贫困，即贫困者享受不到作为一个正常的“社会人”所应享受的物质和精神文化生活。

3. 发达国家的贫困

由于一国内部不同地区之间经济发展水平的差异，以及严重的社会分配不公和失业等诸多问题的存在，即使是已实现现代化且生产力发展水平较高的西方发达的资本主义国家，贫困问题依旧相当突出。和发展中国家相比，发达国家贫困程度相对较轻，因而范围较小，人数较少，危害较轻，属“贫困的岛屿”；发达国家以相对贫困为主；消除贫困的重点，放在改变不合理的社会经济结构等方面。

4. 发展中国家的贫困

世界上除少数发达国家外，大多数国家都可归属于发展中国家，即工业化和城市化还没有完成，经济、社会正处于发展之中的一类国家，这些国家的贫困状况一般具有如下两方面的特征：一是绝对贫困和相对贫困并存，但以绝对贫困为主；二是乡村贫困与城市贫困并存，但以乡村贫困为主。造成这些国家贫困的原因既有自然的、历史的、社会的、政治的原因，同时又有传统文化（传统劣质性）的负面影响，但就其根本原因而言，则是由生产力发展低下及社会分配不均所造成的。

16.1.2 国家之间的收入不平等

世界范围内收入分配差距扩大成为主流，全球收入分配变得越来越不平等。采用汇率尺度计算，世界上最富的 20%人口的收入与最穷的 20%人口的收入的比率从 1970 年的 33.7∶1 扩大到 1999 年的 70.4∶1；最富的 10%人口与最贫穷的 10%人口的收入的比率从 1970 年的 51.5∶1 扩大到 1999 年的 127.7∶1。按美元购买力平价计算，1993

年，全世界最富的 1%人口的收入相当于最穷的 57%人口的收入；全世界最穷的 10%人口的收入仅是最富的 10%人口的收入的 1.6%。联合国贸易和发展会议发表的《2002年度最不发达国家报告》指出，全球最贫穷的 49 个国家的人民经济状况继续恶化。每天生活费用不到 1 美元的人数已达到 3.07 亿人，到 2015 年会增加到 4.2 亿人。据世界银行《2003 年世界发展报告》，目前世界上最富裕国家的平均收入已经是最贫穷的 20 个国家的 37 倍。富国和穷国之间的差距及生活在脆弱土地上的人口总数在过去 40 年都增加了 1 倍。联合国世界发展经济研究所发布的《全球家庭财富分配情况》报告显示，世界财富分配极不均衡。2000 年包括家庭财产和金融资产在内的全球财富人均为 2.05 万元。但最富有的 1%成年人拥有世界财富的 40%，最富有的 10%成年人拥有世界财富的 85%。而世界底层的半数人口仅仅拥有世界财富的 1%。从区域分布来看，财富高度集中在北美、欧洲和亚太地区的高收入国家，这些国家拥有世界财富的 90%。从人口分布来看，北美、欧洲及亚太地区的高收入国家的人口相对较少，却拥有世界财富的大多数。相反，人口众多的中国、非洲、印度和其他亚洲低收入国家只拥有较少的世界财富份额。

1. 发达国家内部收入差距

20 世纪 50～60 年代，发达国家收入集中的程度在稳定下降，这一趋势一直持续到 70 年代中后期。此后，这种趋势在大多数国家或地区已经中止或逆转。只有在爱尔兰和意大利的不平等程度在一直下降，并延续到 1992 年。目前，经济合作与发展组织的国家按美元购买力平价计算的人均收入已达 22 000 美元，但也有 1.3 亿以上的人收入微薄，3400 万人失业，成人半文盲率为 15%。在经济合作与发展组织的国家中，从 20 世纪 80 年代末期 90 年代末期，除丹麦有所下降外，其他经济合作与发展组织的国家的收入差距都不同程度地扩大了。各国的工资差距也呈扩大趋势。20 世纪 70 年代后期到 90 年代中期，在大多数经济合作与发展组织的国家中，位于第 10 个百分位与第 90 个百分位劳动者之间的工资差距逐渐扩大。美国工人的收入差距增长了 29%，比其他国家收入的增长幅度都要大。同时，英国也增长了 27%，新西兰增长了 15%，意大利增长了 14%，加拿大增长了 9%。一些国家收入差距扩大较小，如荷兰仅增长了 3%，法国增长了 1%。只有两个国家的差距在缩小：挪威减少了 4%，德国减少了 6%。由此可见，绝大多数经济合作与发展组织的国家的工资分配不平等程度在扩大。

2. 转型国家的收入分配差距

1990 年以来，东欧和独立国家联合体（简称独联体）国家的收入大幅度下降。16 个国家的人均收入都出现了下降，其中，有 4 个国家下降了一半以上。俄罗斯的收入下降趋势在 20 世纪 90 年代末极其明显。在 1995 年收入最高类别家庭中，到 1998 年有将近 60%下降到较低的等级，7%下降到收入最低的等级。2000 年，最富裕的 20%占全部收入的 51.3%，最贫穷的 20%人口占全部收入的 4.9%；基尼系数达到 0.456。最近几年，转型国家的收入分配差距又发生了新的变化。俄罗斯的收入分配差距已经缩小，而中国的收入分配差距仍在扩大。2007 年，世界银行发布了两份报告。第一份关于俄罗斯经济状况的报告指出，俄罗斯经济增长是符合穷人利益的经济增长。第二份报告是世界银行于 2007 年 12 月 1 日发布的《贫困评估报告》初步研究结果，报告显示 2001～2005 年中国 10%贫困人口实际收入下降 2.4%。

16.1.3 资本主义与不平衡发展

资本主义经济政治发展不平衡规律贯穿于资本主义发展的整个历史过程。但是，在资本主义发展的不同阶段上，由于经济条件的不同，这个规律发生作用的形式和引起的后果也有重大的区别。在自由竞争阶段，整个资本主义还处在向上发展的时期，生产技术尚未高度发展，生产社会化程度也还不高，企业规模相对比较狭小和分散。这时，资本主义经济的发展虽然也不平衡，但总的来说，发展还是比较缓慢、比较平稳的。后起的资本主义国家，要经过较长时间才能赶上和超过先进的国家，当时世界领土尚未瓜分完毕，发展较快的国家尚有扩张的余地，还不至于引起重新分割殖民地的世界规模的军事冲突。

进入帝国主义阶段，由于垄断的形成和发展，资本主义经济政治发展不平衡规律的作用具有了新的特点。经济发展不平衡表现为跳跃式的。在帝国主义时期，垄断对于生产和技术的发展具有推动和阻碍的双重作用。在后起的帝国主义国家，垄断资本为了获取高额垄断利润和争夺世界市场，尽量利用和发展先进的科学技术，使本国经济迅速地发展起来；而在老牌帝国主义国家，垄断却阻碍着新技术的采用，生产和技术的发展出现相对停滞的趋势，并且这些国家大量输出资本，在一定程度上也削弱了国内经济的发展。这就造成一些后起的帝国主义国家能够跳跃式地较快地赶上和超过老牌的帝国主义国家，从而在经济实力的对比上发生急剧的变化。例如，英国在 1870 年以前一直是在世界工业生产中占第一位，号称“世界的工厂”。但是，当时英国的工业主要是纺织、采煤等旧的工业部门。随着自由资本主义向垄断阶段过渡，新的科学技术迅速发展，新的工业部门不断出现，到 19 世纪 80 年代末，美国引进科学技术，大力发展新兴工业部门，迅速赶上了英国，跃居世界工业生产的第一位。19 世纪末，另一个新兴工业强国——德国也超过了英国，跃居世界工业生产的第二位。这一时期政治发展不平衡表现为：随着后起的帝国主义国家的经济、军事实力的增长，它们强烈要求按照新的力量对比重新瓜分已被瓜分完毕的世界领土，要想按照自己的实力占领新的商品市场、原料产地和投资场所，就必须从老殖民帝国手中夺取，而老牌帝国主义国家则力图维持和巩固原来划分的势力范围。这样，便造成新老帝国主义国家之间的尖锐矛盾，导致世界性的军事冲突。20 世纪以来的两次世界大战，就其根本原因来说，都是因此而爆发的。在帝国主义国家之间发生战争的条件下，帝国主义国家的实力会遭到削弱，其矛盾最集中、最尖锐的国家将成为世界帝国主义体系内最薄弱的环节，革命就会首先在这里爆发，并取得成功。第一次世界大战后，俄国十月社会主义革命的胜利是这样；第二次世界大战后，中国和其他国家社会主义革命的胜利，也证明了这一点。

社会主义在一国或数国首先胜利，帝国主义时期资本主义经济政治发展不平衡规律，是列宁关于社会主义革命可能在一国或数国首先胜利学说的出发点。列宁指出：“资本主义的发展在各个国家是极不平衡的。而且在商品生产的条件下也只能是这样。由此可以得出一个确定不移的结论：社会主义不能在所有国家内同时获得胜利。它将首先在一个或者几个国家中获得胜利，而其余的国家在一段时期内将仍然是资产阶级的或者资产阶级以前时期的国家”。在列宁这个理论的基础上，斯大林进一步指出：“战争揭露了世界帝国主义阵线的无法克服的弱点，而发展不平衡的规律预先就决定了不同国家的无产阶级革命成熟的时间不同，这时列宁根据马克思主义的理论得出结论：在新的发展条件下，社会主义革命在单独一个国家内完全可能胜利；社会主义革命在一切国家或大多数文明国家内同时胜利是不可能的，因为在这些国家内革命的成熟是不平衡的”。

列宁和斯大林的这个科学结论具有重要的理论意义和实践意义。它揭示了帝国主义时代无产阶级革命的规律，展示了社会主义制度取代资本主义制度的历史进程，极大地激励了各国无产阶级和劳动人民对革命胜利的信心。

第二次世界大战后主要资本主义国家的发展不平衡。在第二次世界大战中，德、意、日三国战败，英、法两国被削弱，唯独美国利用战时大大扩张起来的经济和军事力量，在战后初期成为资本主义世界的霸主。

从 20 世纪 50 年代中期开始，日本、联邦德国、意大利、法国等经过战后的经济恢复和发展，经济实力不断增强，经济发展速度超过美国。而美国从侵略朝鲜战争失败以来，经济开始走下坡路，它在资本主义世界经济中的地位相对削弱。1958 年，美国占资本主义世界工业生产的 46.1%，1976 年下降为 36.3%。1958 年美国占世界黄金储备的 54.1%；1977 年下降为 27.5%。与此同时，日本以及欧洲共同体国家联邦德国、意大利、法国等经济实力则大大增强。特别是日本，经过 50 年代和 60 年代经济高速增长，到 70 年代初已成为资本主义世界中仅次于美国的第二“经济大国”。这就使得美国、欧洲经济共同体和日本之间的经济实力对比发生重大变化，形成资本主义世界经济中三足鼎立的新格局。欧洲共同体在国民生产总值方面已赶上美国，在出口贸易方面更大大超过美国，日本的经济力量虽不如以上两方，但发展速度最快，在经济比重方面继续呈上升趋势。美国经济力量和政治地位虽相对削弱，但绝对实力仍居首位。

第二次世界大战后资本主义经济发展的不平衡，使主要资本主义国家的实力地位发生重大变化，导致资本主义世界三个实力中心（美国、西欧和日本）形成。主要资本主义国家之间矛盾重重。但是，同第一次世界大战前和第二次世界大战前帝国主义列强之间的矛盾发展为争夺世界霸权、重新分割世界有所不同，当今它们之间的矛盾，主要表现为经济上争夺销售市场、原料产地和投资场所的斗争。美国的霸权地位在相对下降，但在发达资本主义国家中仍居主导地位，并且仍然是维护资本主义制度的主要支柱。美国力图继续维持自己的势力范围，其他国家则力图摆脱美国的控制，并且互相争夺市场和原料产地，这是帝国主义国家发展不平衡规律发生作用的新情况。

16.2　世界范围内的投资与生产

第二次世界大战以后，尤其是 20 世纪 60 年代以来，随着经济全球化的不断推进，世界各国之间的经济联系已越来越密切，相互之间的影响和依赖也越来越明显。从目前来看，国际经济合作范围之广、影响之深、内容之丰富都是以往所不可比拟的。

国际经济合作是经济全球化条件下，不同的主权国家政府、国际经济组织及跨越国界的自然人与法人出于安全、效率和公平等方面的考虑，在平等互利的基础上，在生产、分配、交换和消费各领域（侧重生产领域）所进行的较长期的微观协作或宏观政策协调活动。

16.2.1 国际直接和间接投资

1. 国际直接投资

国际直接投资（international direct investment）又称外国直接投资（foreign direct investment , FDI）、对外直接投资或海外直接投资。国际直接投资是指一国的自然人、法人或其他经济组织在他国投入资本或其他生产要素，以获取投资企业的有效控制权为核心，直接参与投资企业的经营管理，并按投资比例或合同规定参与该企业的风险分担及盈亏分配的投资活动。

国际直接投资是当代经济技术合作领域内加强国际经济联系，促进国际分工的重要形式，是资本要素国际移动的主要方式之一。它以资本流动为媒介，带动技术等其他要素在国际间流动，对于深化国际分工、推动区域经济一体化和集团化及以促进世界经济发展有着重要作用。

根据自身条件和国际投资环境的不同，投资者进行跨国投资一般采取如下三种具体形式：独资、合资和合作。

国际独资企业是指外国投资者依照东道国法律在东道国设立的全部资本为外国投资者所有的企业。作为单独的出资者，外国投资者独立承担风险，独立经营，独享利润。

国际合资企业属于联合国工业发展组织所指的股权式合营企业（equity joint ventures），也是国际上最为普遍的合营企业形式。国际合资企业指外国投资者和东道国投资者为了一个共同的投资项目，联合出资按东道国有关法律在东道国境内设立的企业。国际合资企业是国际直接投资的主要形式，尤其适合小型跨国公司采用。主要采用的组织形式是有限责任公司或股份有限公司。

国际合作企业属于联合国工业发展组织所指的契约式合营企业（contractual joint ventures），它是建立在契约规定的合作条件基础之上的一种形式灵活的合营企业。国际合作企业包括两种类型：一种是法人式，即合作经营企业具有独立的法人资格，拥有独立的财产权，在法律上拥有起诉权、被起诉权，并以该法人的全部财产为限对其债务承担责任；另一种是非法人式，即合作经营企业没有独立的财产权而只有使用权，其管理可由合作各方派代表组成联合管理机构，也可委托一方或聘请第三方进行管理。

2. 国际间接投资

国际间接投资（international indirect investment）包括国际证券投资、国际债券投资和国际股票投资等。

证券投资的国际化，不仅使闲置资本在世界范围内得到广泛的利用，促进了世界性的经济发展，而且为证券投资企业和个人带来了更广阔的投资机会。目前，证券投资已经发展成为国际投资活动的主要形式之一。债券是由国家、地方政府、金融机构和企事业单位为筹集资金而发行的一种借款凭证。国际债券投资具有收益性、安全性和流动性等特点，大致可分为外国债券、欧洲债券和全球债券三类。股票投资是企业、个人等购买股票的一种行为。它具有收益性、风险性、变现性、决策的参与性、价格的波动性等特征。

16.2.2　跨国公司

随着世界经济的一体化发展，跨国公司作为主要组织者和承担者，发挥着越来越重要的作用。

1. 跨国公司的产生与发展

跨国公司是国际直接投资的主体，世界上绝大部分的直接投资都是由跨国公司进行的。仅世界 100 家最大的跨国公司在国际直接投资的总存量就占到了 1/3 的份额。跨国公司的产生与发展主要经历了以下三个阶段。

1）第一次世界大战以前的萌芽阶段

跨国公司的发展已有一百多年的历史。在统一的世界市场被逐渐开拓出来以后，为了争夺市场和获得原材料，一些西方国家的公司开始进行对外直接投资，于是产生了现代跨国公司的雏形。其中，比较有名的是美国胜家（Singer）缝纫机公司于 1867 年在英国建立分厂进行生产，以后陆续扩展到欧洲一些国家，占领欧洲市场。总的来说，第一次世界大战以前的世界范围内从事跨国经营的企业数量较少，对外直接投资额也不大，跨国公司处于萌芽阶段。

2）两次世界大战之间的逐渐发展阶段

在这个阶段，对外直接投资有了相当的增长，比第一次世界大战前增加了两倍，制造业吸引了更多的国际直接投资，制造业的跨国公司发展迅速，越来越多的西方国家的大公司开始在海外建立子公司。据统计，在这个阶段共有 1441 家西方国家的公司进行了对外直接投资。在这一时期，美国跨国公司的发展较快，美国在国外直接投资的比重逐渐超过英国而居世界首位。然而，由于战争、经济危机和国家管制，跨国公司虽然有了一定的发展，但整体速度仍然较慢。

3）第二次世界大战以后至今的迅猛发展阶段

第二次世界大战以来，科学技术取得了突飞猛进的发展，世界经济一体化程度不断提高，经济全球化趋势加强，这使得对外直接投资在深度和广度上迅速发展，跨国公司的数量和规模大大增加，对外直接投资的作用和影响已经超过对外间接投资。根据联合国原跨国公司中心的资料，发达国家跨国公司母公司在 1968 年有 727 家，子公司有 27 300 家，到 1980 年增加到母公司 10 727 家，子公司有 98 000 家。

2. 对跨国公司的认识

企业跨国经营的目的是把自己拥有的优势充分利用，跨国经营是“优势利用”和优势扩张的结果。因此，我们可以把传统跨国公司理论称之为基于“优势利用”的跨国公司理论。自 20 世纪 90 年代以来，随着世界经济加速走向市场化、自由化和网络化，跨国公司的全球影响越来越大，作为国际直接投资主要载体的跨国公司是连接发达国家的资金、技术和管理经验与发展中国家的资源、廉价劳动力和广阔市场的不可替代的紧密纽带，在世界经济的发展中起着举足轻重的作用。

跨国公司规模巨大，仅美国通用汽车公司的年销售额就相当于一个欧洲中等发达国家的国民生产总值。第二次世界大战后，跨国公司的迅猛发展大大推动了资本国际化和生产国际化的进程，促进了各种生产要素在国际间的移动与重新合理组合配制。跨国公司是推动经济全球化和一体化的主要力量之一。

16.2.3 世界体系的形成

世界经济体系形成是一个历史过程，是人类历史发展的必然。它随着资本主义生产方式的形成而诞生，随着资本主义生产方式的发展走向成熟。由于历史原因，各国生产力发展水平不同，当代世界经济体系发展是不平衡的。

在世界经济体系中，发达国家生产力水平高，经济实力强，其经济占世界 GDP 总量的比重在 75%以上。仅美国、西欧、日本目前就占世界生产的 70%以上，占世界贸易的 60%以上，占世界每年海外直接投资总额的 80%以上，占世界最大的 100 家银行中的 90 多家，占世界最大的 500 家公司的 440 多家。而广大发展中国家生产力水平低，经济实力弱，因而当前的经济体系是发达国家主导的体系，其表现为以下几个方面。

1. 在国际贸易中，发达国家处于优势地位

根据国际货币基金组织的统计，到 1996 年，发达国家占世界出口总额的 78.6%，而 127 个发展中国家占世界出口的比重只有 17.3%，远低于发达国家水平。此外，在发达国家出口总额中，制成品的比重高达 70%以上，高技术产品占 40%左右，而广大发展中国家的出口则基本上是原料和初级产品，有些制成品也是劳动密集型产品。据统计，发展中国家的初级产品出口，90%以上是输往发达国家的，在整个发展中国家的商品出口中，输往发达国家的也占到 63%以上，而发达国家向发展中国家出口电子产品，机器设备、精密仪器，民用飞机、汽车，以及高级耐用消费品等高附加值产品。高低附加值产品交换的价格差距是相当惊人的，如 1997 年中国与法国双边贸易中，法国对中国出口的最大宗商品为 24 架飞机，其总价（约为 121 亿美元）竟大大超过中国向法国出口的服装、鞋帽、箱包、玩具、塑料制品、家具等前十大商品的总值（约为 10 亿美元）。

2. 在国际投资领域，发达国家处于主导地位

在国际直接投资中，发达国家是输出资本的主要来源，而发展中国家大多为输入资本的东道国，发达国家的跨国公司对发展中国家的直接投资发挥着越来越重要的作用。有资料显示，目前 90%以上的跨国公司投资来自发达国家，最大的 1%的跨国公司拥有世界对外直接投资总额的 50%，按资产排列的世界 100 家最大跨国公司控制了约 1/3 的世界对外直接投资。发达国家对外直接投资额从 1985～1990 年平均 1450.05 亿美元增加到 1996 年的 2947.32 亿美元。在间接投资方面几乎是唯一的贷款人。

3. 在科学技术上，发达国家处于领先地位

目前，美国、西欧、日本虽仅占全球人口的 15%，但却提供着世界几乎全部的技术创新。约占世界人口一半的国家和地区在生产和消费这些技术。世界上至少有 1/3 的人口，既不能在本国创新，也无法取得外国的技术。第二次世界大战后，发达国家凭借其雄厚的经济实力，为科学技术的研究与开发提供了资金上的保证。在全世界每年用于研究和开发的资金中，发达国家至少占了 95%，发展中国家才占不到 5%。科研支出上的巨大差距，最终必然导致两者之间对科技成果占有的不平衡。据发展经济学家 G. 拉尼斯的估算，在全世界发明专利的总数中，发达国家约占 67%，发展中国家仅占 5%。目前

世界已进入信息时代，发达国家在高科技方面，特别是信息技术方面，更具有绝对优势。联合国公布的材料表明：1999 年，世界 1.3 亿互联网用户中，发达国家占 92.2%，发展中国家只占 7.8%。有资料表明：到 2000 年年底，世界互联网用户将达 3.2 亿户，其中北美 1487 亿户，每千人有 479 户，西欧每千人有 217.5 户，亚太地区每千人有 16.6 户，而中东、非洲地区每千人只有 7.2 户。互联网用户数量的差距表明，发达国家在新兴经济发展中拥有强劲势头和领先地位。

4. 在人才领域，发达国家集中了世界上最优秀的科学家和工程师

诺贝尔科学奖的 95%以上被发达国家的科学家获得，基础科学研究的重大突破绝大多数发生在发达国家。仅美国发表的科学论文就占世界科学文献的 44%。第二次世界大战后世界应用的主要技术革新成果有 40%是美国取得的。据世界银行统计，1981～1995 年，美国每百万人平均有科学家和工程师 3732 人，德国为 3016 人，日为 5677 人，发展中国家中，韩国较高，已达 2636 人，而那些最不发达国家则很少，多数国家每百万人平均科学家和工程师只有几人或十几人，发展中国家也有一些优秀人才，但大量人才外流到美国等发达国家。

16.3　资本主义的未来

16.3.1　增长的极限

当代资本主义，作为历史上的资本主义的直接继承和发展，已经发生很大变化，甚至发展到了以往不可想象的高度。但是，在马克思主义看来，当代资本主义固然有了长足的发展和进步，但它依然不是人类理想境界。当代资本主义的各种矛盾在新的基础上积累和加深。

随着资本全球化而来的资本无时空限制的对剩余价值的榨取，资本主义生产资料私人占有制与社会化大生产之间的矛盾在全球范围内加深了。跨国公司内部的高度组织性和计划性与世界生产无政府状态，全球生产的无限扩大与世界市场容量的有限性，资本扩张的无限性与地球资源的有限性，资本积累过剩与消费需求不足之间的矛盾日益尖锐。

全球性金融投机导致了“虚拟经济”与“实体经济”严重脱节，以金融体系崩溃为特征的世界性资本主义危机频繁爆发，货币汇率大起大落，股市剧烈动荡，大银行破产接踵而来，形式愈益险恶，危机发展到了新阶段。

资本主义的生产方式与大自然之间存在着对抗性的矛盾。资本主义唯利是图的本性还造成日益严重的环境污染和生态危机，威胁着整个人类的生存与发展。

人类的物质生产或生产劳动，正如马克思指出的那样，“首先是人和自然之间的过程，是人以自身的活动来引起、调整和控制人和自然之间的物质变换过程”；“是为了人类的需要而占有自然物，是人和自然之间的物质交换的一般条件，是人类生活的永恒的自然条件，因此，它不以人类生活的任何形式为转移”。但是，资本主义生产方式和资本主义商品生产的崛起，使人类物质生产过程及其面目发生了有史以来最为深刻和剧烈的变革。

这扼要地说，一方面，迅速发展和创造出来的巨大的生产力，使征服和掠夺自然界的能力和行为普遍化了，很快到空前的程度；另一方面，“只有资本主义的商品生产，才成为一个划时代的剥削方式，这种剥削方式在它的历史发展中，由于劳动过程的组织和技术的巨大成就，使社会的整个经济结构发生变革，并且不可比拟地超过了以前的一切时期”。资本主义生产的掠夺和破坏自然的法则从此形成了。这个法则的动机和目的就是生产剩余价值或赚钱，而生产剩余价值则不仅要剥削人的劳动力，而且要尽可能地剥削自然界。因此，掠夺和破坏是资本主义生产方式的必然性法则。

工业革命的历史，为以后的资本主义发展开辟了一条具有典型意义的道路。工业化了的市场经济之所以在全球取得成功，原因不仅在于新机器的发明，而且在于它建立了一套有效地使用机器的生产组织方式，在于由此扩大和增强了利用、征服和掠夺自然界的能力和思维，并使之具有造福人类的合理外观。但是，随着资本主义生产方式的全球征服和扩展，随着一批资本主义国家走向发达，资本主义工业文明对自然的破坏性已达到了难以复加的地步，地球上生态系统和自然资源面临的压力越来越重。就一些具有基本意义的指标来看，从 1950 年到 1997 年，木材的消费量增加 2 倍，纸消费量增加了 5 倍，捕鱼量增加了 4 倍，谷物消费量增加了近 2 倍，化石燃料消费量增加近 3 倍。空气和水资源急剧恶化，自然生态被严重破坏，物种大量灭绝和急剧减少。经济增长越来越快，然而经济依赖的生态系统却不能得到改善。自资本主义开创的工业革命以来，光明和阴影便成为它自始至终的伴随物。在工业文明给人类造成的阴影中，垃圾是十分可怕的阴影。自然界存在着成千上万种生物，一些生物分解和利用另一些生物代谢物，使之变得无害，从而自然生态系统维持其平衡。工业革命开始以前，自然生态未遭破坏，人类社会几乎不生产垃圾；大多数产品来源于自然界的物质，它们在自然循环中又回到自然界，而不留下什么痕迹。但是，垃圾则是工业文明的产物。在地球发展史上，地表上及其太空覆盖层内，由于工业而第一次每天生产新材料，而且生产各种各样的垃圾，它们数量持续增加而没有相应的分解过程使之被消灭。大量的工业设备每天制造的大量代谢物，永久地改变着我们这个地球；这一独特的过程的产物，没有办法通过自然界来化解，因为大自然不能生产它们。正如不停地向一个容器中注水，最终水会溢出来一样，随着有害物质的不断增加，自然界的平衡早晚会消失。总而言之，自然界业已遭受的各种破坏，只不过是资本主义生产方式破坏自然法则的必然结果。

16.3.2 经济危机后资本主义的出路

1. 主要资本主义国家应对金融危机的措施

2008 年下半年以来，经济危机导致在全球多地持续发生政治和经济动荡，使全球经济复苏变得更加复杂。在美国，经济危机引发了自省和改革，包括对经济前景及政府在美国社会和经济中的基本角色等问题的广泛辩论。欧洲国家面临的挑战，包括金融危机之后引起的欧债危机。为了应对国际金融危机冲击，世界各国纷纷出台一系列政策措施，主要有以下四点。

1）金融救助方案

危机爆发以来，主要经济体“三管齐下”，从金融机构资产负债表的资产、负债和所有者权益三个方面入手。政府出资购买金融机构不良资产；各国央行通过各种形式向金融机构提供贷款，试图缓解信贷紧缩的困境；通过直接向有问题的金融机构注入资本金，实施“国有化”控股。

2008 年美国通过紧急经济稳定法案，将高达 7000 亿美元的不良资产救助方案用于购买金融机构问题资产及帮助金融机构注资。欧洲在金融救助政策方面则较强调政府通过注资获得金融机构股权。问题严重的冰岛、瑞典甚至由政府直接接管金融机构，实施完全国有化。日本也采取了收购不良资产、注资等方式帮助出问题的金融机构，但规模较小。

2）扩张性财政政策

各国经济刺激方案均包括减税、增加公共投资等内容。继布什政府出台 1680 亿美元减税方案后，2009 年奥巴马又通过了总额为 7870 亿美元的美国复苏与再投资法案。美国的刺激方案主要包括减税和扩大公共支出。欧盟的财政刺激方案主要包括增加政府投资、减税、对弱势群体的补贴三个方面。欧盟各国均增加了对对基础设施投资的支持。日本在保增长方面主要依靠财政政策，从 2008 年 8 月到 2009 年 4 月，日本共出台了四项经济刺激计划，计划规模达 75 万亿日元，占 GDP 的 5%左右。主要用于：向全国家庭发放 2 万亿日元补贴、通过政府担保帮助中小企业获得贷款、高速铁路建设工程、学校建筑防震、环保保护、儿童和老人护理等社会福利计划。

3）扩张性的货币政策

主要经济体的货币政策表现出趋同的特征。一方面，主要经济体在危机后均大幅度降低利率。2008 年 12 月以来，美联储宣布联邦基金利率长期保持在 0～0.25%；英格兰银行 5 次下调基准利率 350 个基点至 1%，欧洲央行下调 325 个基点至 1%。2008 年 10 月 31 日，日本央行决定将银行间无担保隔夜拆借利率由 0.5%下调至 0.3%。另一方面，当利率降无可降之后，主要经济体央行均采取了“数量宽松”政策，通过购买金融资产，继续向市场注入流动性。

4）产业发展政策

奥巴马政府着重在新能源、环保政策方面发展，美国通过制定进出口产品的标准，打击对手。增强能源自给，有助于减少对外国能源的依赖，削弱石油出口国与美国的敌对势力，还有助于改善美国国际收支平衡。欧洲产业政策“有攻有守”，“攻”是为了发展新兴产业，占领未来经济发展的制高点；“守”是为了维持重要产业的就业，避免这些行业的重要企业被他国收购。日本试图通过优惠的税收政策吸引投资、提高东京作为国际金融中心的地位。

2. 应对危机措施的效果

资本主义国家采取的应对危机的措施在一定程度上有助于恢复市场信心、加速经济回暖。但金融危机的负面影响仍然未彻底清除、全球经济复苏的基础依然脆弱，应对危机的措施中存在制定潜在风险在未来可能逐渐凸现。

（1）这些措施在一定程度上稳定了金融市场。在金融危机的发源地美国，反映银行间信贷成本指标的 3 个月伦敦同业拆借利率已经显著下降，中长期住房抵押贷款的利率水平也明显下降。如果没有新的系统性风险爆发，美国金融市场已经开始趋稳。但是，金融机构的信贷紧缩问题依然存在，消费者和企业难以从银行获得贷款。全球各经济体的消费仍然呈下降趋势，投资减少，出口下滑，失业率上升。随着金融危机的蔓延，其影响已深入实体经济，危机的化解需要更多深层次的干预手段。

（2）扩张性的财政政策对促进经济复苏难以起到立竿见影的效果。发达国家基础设施完善，加大公共投资机会较少，而且能源和基本设施建设的投资周期长，收效慢。减税虽然可以增加居民的可支配收入，增加消费，刺激经济增长。但美国失业率持续上升，居民对未来收入预期日益悲观，减税对消费的刺激作用有限。政府开支可能导致资源从私营企业流出，形成政府与私企争资源的局面。扩张性的财政政策将导致美国财政赤字增加。根据美国国会预算办公室的数据，2009 年预算赤字规模达到 1.7 万亿美元，占 GDP 的比例高达 11.9%，2010 年赤字占 GDP 比例达到 7.9%，规模为 1.1 万亿美元。美国将以更大的规模、更快的速度发行国债，最终可能酿成“国债泡沫”。

（3）扩张性的货币政策可能导致通货膨胀抬头。大量的钱放出商业银行又收回央行，变成了超额存款准备金。国债的泡沫就会崩溃，如果投资者放弃国债选择其他资产，就会引起其他资产的价格上涨，这将带来通货膨胀。

3. 资本主义的出路

危机后，全球金融市场逐渐趋稳，但是未来数年经济仍然处于低速增长，以下是资本主义国家今后发展的方向。

（1）继续刺激经济，在外部需求继续疲软的情况下，各国刺激经济增长的着力点依然在促进消费和投资。保就业将逐渐取代保增长，成为资本主义国家下一步刺激政策的主要内容。加强社会保障体系建立，提高对弱势群体的保护和救济，是资本主义国家需要更加重视的工作。危机时期资本主义国家的税收政策可能会更向低收入和中产阶级倾斜，而且会实施适度的“劫富济贫”政策。出台更新改造、节能减排为特色的投资项目，未来的刺激方案中可能会更多地讨论跨国界、大规模、有助于落后地区减贫的基础设施建设。

（2）防范新的风险，各国在应对经济衰退时采取各种贸易保护政策，转移国内批评，保护国内就业和产业。保护主义措施无助于抑制国际金融危机和经济衰退，并将推迟全球经济复苏进程。金融危机的冲击已经波及世界经济体系中的外围国家和偏僻的发展中国家，会导致落后国家更加落后、贫穷人民更加贫穷，甚至可能引起部分地区的冲突和战争。

（3）及时选择退出，扩张性的财政和货币政策不能长期持续。随着经济逐渐复苏，继续增加公共投资就会挤出私人投资，继续增加货币发行最终一定导致通货膨胀。这些刺激政策应该在适当的时候及时退出，过早或过晚退出、过快或过慢退出均会引起严重的后遗症。

（4）争夺未来制高点。将新技术革命和新兴产业的布局作为重中之重。在高科技领域的较量在很大程度上将改写未来的国家力量对比。另外，取决于未来国际经济体系和国际规则。金融危机引发了世界各国对国际货币体系、金融部门监管等领域的议论，这些领域的谈判在今天的变化，决定着各国未来的发展空间。

本 章 总 结

1. 贫困是指由制度因素和非制度因素所造成的使个人或家庭不能获得维持正常的物质和精神生活需要的一种生存状态。贫困不仅存在于发展中国家，也存在于发达国家。各国间的收入不平等差距逐渐扩大，更加凸显资本主义的不平衡发展。

2. 国际经济合作是经济全球化条件下，不同的主权国家政府、国际经济组织在平等互利的基础上进行的较长期的微观协作或宏观政策协调活动。

3. 跨国公司是国际直接投资的主体，世界上绝大部分的直接投资都是由跨国公司进行的。随着世界经济的一体化发展，跨国公司作为主要组织者和承担者，发挥着越来越重要的作用。

思 考 题

1. 发达国家的贫困主要是什么原因？
2. 在经济发展过程中，如何缩小收入的差距？
3. 在东西方交往中，东方经济的优势和劣势何在？
4. 跨国公司在国外建厂都考虑什么因素？
5. 创新、替代性和效率是否打破增长的极限？

课外阅读

全球历史上几次重大的环境污染事件

1. 马斯河谷烟雾事件（1930 年）

在比利时马斯河谷工业区有炼油厂、金属厂、玻璃厂等许多工厂。12 月 1 日到 5 日的几天里，河谷上空出现了很强的逆温层，致使 13 个大烟囱排出的烟尘无法扩散，大量有害气体积累在近地大气层，对人体造成严重伤害。一周内有 60 多人丧生，其中心脏病、肺病患者死亡率最高，许多牲畜死亡。这是 20 世纪最早记录的公害事件。

2. 洛杉矶光化学烟雾事件（1943 年）

夏季，在美国西海岸的洛杉矶市，250 万辆汽车每天燃烧掉 1100 吨汽油。汽油燃烧后产生的碳氢化合物等在太阳紫外线照射下引起化学反应，形成浅蓝色烟雾，使该市大多市民患了眼红、头疼病。后来人们称这种污染为光化学烟雾。1955 年和 1970 年洛杉矶又两度发生光化学烟雾事件，前者有 400 多人因五官中毒、呼吸衰竭而死，后者使全市 3/4 的人患病。

3. 多诺拉烟雾事件（1948 年）

美国的宾夕法尼亚州多诺拉城有许多大型炼铁厂、炼锌厂和硫酸厂。1948 年 10 月

26日清晨，大雾弥漫，受反气旋和逆温控制，工厂排出的有害气体扩散不出去，全城14 000人中有6000人眼痛、喉咙痛、头痛胸闷、呕吐、腹泻。17人死亡。

4. 伦敦烟雾事件（1952年）

自1952年以来，伦敦发生过12次大的烟雾事件，祸首是燃煤排放的粉尘和二氧化硫。烟雾逼迫所有飞机停飞，汽车白天开灯行驶，行人走路都困难，烟雾事件使呼吸系统疾病患者猛增。1952年12月那一次，5天内有4000多人死亡，两个月内又有8000多人死去。

5. 水俣病事件（1956年）

日本熊本县水俣镇一家氮肥公司排放的废水中含有汞，这些废水排入海湾后经过某些生物的转化，形成甲基汞。这些汞在海水、底泥和鱼类中富集，又经过食物链使人中毒。当时，最先发病的是爱吃鱼的猫。中毒后的猫发疯痉挛，纷纷跳海自杀。没有几年，水俣地区连猫的踪影都不见了。1956年，出现了与猫的症状相似的病人。因为开始病因不清，所以用当地地名命名。1991年，日本环境厅公布的中毒病人仍有2248人，其中1004人死亡。

6. 剧毒物污染莱茵河事件（1986年）

11月1日，瑞士巴塞尔市桑多兹化工厂仓库失火，近30吨剧毒的硫化物、磷化物与含有水银的化工产品随灭火剂和水流入莱茵河。顺流而下150千米内，60多万条鱼被毒死，500千米以内河岸两侧的井水不能饮用，靠近河边的自来水厂关闭，啤酒厂停产。有毒物沉积在河底，将使莱茵河因此而“死亡”20年。

当代十大环境问题

从1984年英国科学家发现、1985年美国科学家证实南极上空出现“臭氧洞”开始，当代环境问题的特征是，在全球范围内出现了不利于人类生存和发展的征兆，目前这些征兆集中在以下十大环境问题上。

1. 全球气候变暖

由于人口的增加和人类生产活动的规模越来越大，向大气释放的温室气体不断增加，导致大气组成发生变化。大气质量受到影响，气候有逐渐变暖的趋势。全球气候变暖，将会对全球产生各种不同的影响，较高的温度可使极地冰川融化，海平面每10年将升高6厘米，因而将使一些海岸地区被淹没。全球变暖也可能影响到降雨和大气环流的变化，使气候反常，易造成旱涝灾害。

2. 臭氧层的耗损与破坏

臭氧层能吸收太阳的紫外线，保护地球上生命免遭过量紫外线的伤害，并将能量储存在上层大气，如果进入一些破坏臭氧的气体，它们就会和臭氧发生化学作用，臭氧层就会遭到破坏。臭氧层被破坏，将使地面受到紫外线辐射的强度增加，给地球上的生命带来很大的危害。

3. 生物多样性减少

在自然状态下，生态系统的演替总是自动地向着生物多样化、结构复杂化、功能完善化的方向发展。如果没有外来因素的干预，生态系统必将最终达到成熟的稳定阶段。那时其生态种类最多，种群比例最合适，总生物量最大，生态系统的内稳性最强。可近百年来，由于人口的急剧增加、城市化、农业发展、森林减少和环境污染，自然生态区域变得越来越小了，这就导致数以千计的物种绝迹，生物多样性正以前所未有的速度减少：据估计目前世界平均每天就有一个物种消失，现在物种灭绝的速度是自然灭绝速度的1000倍！生物多样性的丧失已成为人类面临的全球范围内环境问题。

4. 酸雨蔓延

酸雨是pH值小于5.6的酸性降雨，其形成主要是由于为了发展现代工业，燃烧矿物燃料、进行金属冶炼，向大气排放了大量硫氧化物和碳氧化物。世界目前已有三大酸雨区。酸雨的危害主要是破坏森林生态系统，改变土壤性质与结构，抑制土壤中有机物的分解，使土壤贫瘠，植被破坏，影响植物发育；其次是破坏水生生态系统，酸雨落在江河中，造成大量水生动植物死亡。水源酸化致使金属元素溶出，对饮用者的健康产生有害影响。此外，酸雨还会腐蚀建筑物。

5.森林锐减

在今天的地球上，森林正以平均每年4000平方千米的速度消失。森林的减少使其涵养水源的功能受到破坏，造成了物种的减少和水土流失，对二氧化碳的吸收减少，进而又加剧了温室效应。

6. 土地荒漠化

全球荒漠化的土地已达到3600平方千米，占地球陆地面积的1/4，荒漠化以每年5万～7万平方千米的速度扩大，每年有600万公顷的土地变成沙漠。经济损失每年423亿美元。全球共有干旱、半干旱土地50亿公顷，其中33亿公顷遭到荒漠化威胁。人类文明的摇篮底格里斯河、幼发拉底河流域，已经由沃土变成沙漠。

7. 大气污染

大气污染是指大气的组成部分和结构、状态和功能发生了不利于人类生存发展的改变。大气污染的主要因子为悬浮颗粒物、一氧化碳、臭氧、二氧化碳、碳氧化物、铅等。它的污染源有工业污染源、农业污染源、交通运输和生活污染源等。大气污染导致每年有30万～70万人因烟尘污染提前死亡，2500万儿童患慢性喉炎，400万～700万的农村妇女、儿童受害。

8. 水污染

地球表面只有不到3%是淡水，其中有2%封存于极地冰川之中。预测再过20～30年，地球上淡水资源将严重短缺。严重缺水的国家和地区将达46～52个，缺水人口将达28亿～33亿人。人们将未经处理的工业废水、生活污水和其他废物直接或间接地排入江河湖海，使地表水和地下水的水质恶化，造成水体的富营养化和严重的赤潮，使水中生物死亡，威胁人类饮用水安全。

9. 海洋污染

全世界60%的人口挤在离大海不到100千米的地方，沿海地区受到了巨大的人口压力，这种人口拥挤状况正使非常脆弱的海洋生态失去平衡。由于人类不断向大海排放污染物，大量建筑海上旅游设施……近年来发生在近海水域的污染事件不断增多。海洋污染主要有原油泄漏污染、漂浮物污染和有机化合物污染及赤潮、黑潮等。全世界1/3的沿海地区（欧洲是80%的沿海地区）遭到了破坏，破坏了红树林、珊瑚礁、海草，使近海鱼虾锐减。

此外，过度捕捞造成海洋渔业资源正以令人可怕的速度减少。在某些海域，由于大量捕捞，某些特有的鱼种，如大西洋鳕鱼，已达商业灭绝的程度。更为糟糕的是，过度捕捞严重影响海洋生产力和生物多样性，海洋生态系统遭到严重破坏。

10. 危险性废物污染与越境转移

危险性废物是指除放射性废物以外，具有化学活性或毒性、爆炸性、腐蚀性和其他对人类生存环境存在有害特性的废物。其数量和浓度较高，可能造成或导致人类死亡率上升，或引起严重的难以治愈疾病或致残。工业带给人类文明曾令多少人陶醉，但同时带来的数百万种化合物存在于空气、土壤、水、植物、动物和人体中，即使作为地球上最后的大型天然生态系统的冰盖也受到了污染。那些有机化合物、重金属、有毒产品，都集中存在于整个食物链中，引起癌症，最终将威胁到人类的生命安全。有毒有害废弃物使自然环境不断退化，土壤和水域不断被污染，垃圾处置填埋场地越来越少，居民抗议声越来越大，发达国家开始以公开或伪装的方式向发展中国家转移危险废弃物。

资料来源：佚名. 全球十大环境污染事件. 环境教育，2004，(2)：32.

苹果：跨国公司如何存在？

根据原《时代》杂志总编辑沃尔特•艾萨克森所著《史蒂夫•乔布斯传》一书的描述，苹果公司自创立伊始就被乔布斯自觉地赋予了伟大梦想，他无法忍受平庸，疯狂地想要改变这个世界。在某种程度上，他做到了。苹果所制造的产品风靡全球，苹果成为全球市值最高的上市公司，2011年公司利润高达259亿美元，持有现金及有价证券810亿美元，超过美国国库。

苹果被赞扬为一家具有划时代意义的企业，乔布斯则是缔造这一神奇的时代人物。在这个全球化联系日益加强，透明度大大提升的时代，评价一家跨国公司的社会价值，多元而复杂。

“完美”苹果的另一面

和iPhone上市引发抢购风潮给人的赞叹相比，苹果公司在社会责任履行上存在的缺陷，如同它的商标：一只有着缺口的苹果。

苹果公司公布的2012年供应链社会责任审计报告显示，公司2011年对156家供应商进行了229次审计活动，包括总装和部件供应商等供应链所有级别，都进行了调查。

“这些供应商占苹果公司全球产品在材料、制造和组装方面97%的采购支出。”报告说。

而2011年苹果公布的供应商责任进展报告显示，审查数量为127家厂家，当时有9家存在聘用未成年劳工的违规行为，80多家存在危险化学品。

在责任担当上，苹果公司要求供应商退还自2008年以来过度收取的用工费总计340万美元，并与严重违规的3家供应商中断了合作关系。但这在很多人看来做得还远远不够，美国《纽约时报》的报道引用一位苹果前高管的话说，自2007年以来，公司在多家供应商处都发现了违反行为准则的情况，但只有不到15家因此被终止合作。

在这些审计报告中，环保人士还批评苹果并没有披露这些供应商在污染环境上存在的问题，中国的非政府组织曾在2011年对苹果27家“疑似供应商”（因苹果不透露这些工厂的具体信息）进行调查，发现存在大量的环境污染事实。

苹果的供应商主要位于东南亚，存在的问题不仅在中国，根据苹果2007年公布的社会责任报告，在泰国和菲律宾，也存在工人超时工作、违规惩罚、合同没有保障、缺少社会福利保障等情况。

虽然苹果公司在其网站上声明:“苹果致力于在所有产品生产地都确保履行最高水平的社会责任。我们坚持供应商应该提供安全的工作条件，并采用对环境负责的制造流程。”但诸多的事实证明，他们并没有完全做到这一点。2012年2月，第三方组织美国劳工公平协会也介入了对富士康的调查审计，来自中国的一家环保组织也和苹果联合启动了对供应商环境污染方面的审查。苹果公司对于社会责任方面的批评，正逐渐从过去的封闭状态转向对话和有限公开。

跨国公司伦理

其实，苹果眼下所受到的指责，只是跨国公司作为全球化主要力量所带来问题的又一个版本而已。

第二次世界大战之后，殖民体系瓦解，跨国公司采取卡特尔形式对市场进行瓜分和垄断的政治基础基本上消失。而到了20世纪60年代后，跨国公司依托资本输出快速发展，逐渐形成总部负责设计和研发，后发展国家承接产业转移和代工的格局。地区发展的不平衡为他们提供了更低的成本，但获取高额利润的时候，却将污染和低保障的劳工权益转移到了原料所在地和制造输出国。供应链社会责任起源于90年代。彼时，西方消费者开始对卷入“血汗工厂”丑闻的跨国公司品牌产品发起了声势浩大的罢买和抵制活动，对其品牌声誉和财务绩效均造成了巨大损失。耐克、阿迪达斯也曾经遭遇过类似的困境。

不同的是，全球的代工体系从传统产业扩展到了IT产业，并且更加严密和精细化。据悉，在中国东莞，为苹果生产零配件及外围配套设备的企业就达到上千家。

在关于跨国公司企业社会责任的论述上，过往一种观点被反复强调，即企业最大的责任是为股东创造最大化的利润。在这种观点的主导下，全球分工体系虽然推动了后发展中国家的物质增长和产业发展，但同时也带来了一些负面的后果。

美国纽约城市大学教授普拉卡什•赛提在论及经济全球化和跨国公司时提到，跨国公司为了使投资回报最大化，正享受着资本在不同地区和国家流动的好处，而工人却缺乏流动。他们不能轻易地移民到劳动力缺乏的国家去。这样，工人们就不能消除劳动力市场的低效。

而资本的流动使当地政府税基的一大重要部分游离了，这从另一方面加强了当地政府对国内的征税强度，同时由于资源短缺，东道国政府不愿也不能一夜之间推行法规，或实施起码的当地劳动者和环境的保护法，“这种做法是跨国公司梦寐以求的。”他说。

有必要指出，跨国公司是否有必要在利润分配上如此“不公”？一份 iPad 的价值分析图显示，尽管 iPad 是在中国内地组装，但事实上劳动力的价值依旧极小：仅占成本的 2%左右。而苹果从 iPhone 获得的利润更高，中国劳动力仅从 iPhone 获益 1.8%。跨国公司对供应商的采购价格压得过低，可能压缩了这些供应商投入实践社会责任所需要的成本空间。

地球并不完全是平的，跨国经营无可避免地会遭遇价值差异的鸿沟，2002 年，联合国可持续发展峰会的核心议题即指出跨国公司所面临的问题：环境质量退化、贫穷及经济发展机会缺乏的阴霾覆盖全球，从而滋生了种族冲突、仇恨和暴力。私有经济部门所肩负的责任比以往任何时候都更重大，需要研发新产品、采取新操作流程，还要能够支持加强环保、消除贫困、创造公平透明社会的政策主张。未来的挑战就在于找到一条理想的发展道路，既可以满足市场增长的需求，又可以维持生态平衡，并为经济长远发展打好基础，还要能满足全球各个地区增长的物质及权益需求。

随着发展中国家经济水平的提升、权利意识的觉醒，以及信息技术的发达，越来越多的利益相关方将跨国企业置于透明化时代，仅仅满足于市场增长的需求和为股东创造利益最大化已不可能再以牺牲和损害他人合理权益为基础了。

不过，对跨国公司的指责并非要让全球化经济退回到工业化社会之前的地方经济时代，跨国公司在社会责任履行上的缺陷并不构成反对全球化的充足理由，由于资源禀赋和人力结构的不相同，如何发挥更大的生产效率和实现经济增长的路径必然不一样，如果没有全球的分工体系，就没有相互优势和资源的互补，无法降低交易成本，缺乏资金投入也无法完成不断的技术创新，中国的消费者恐怕也很难用相对便宜的价钱买到高品质的苹果产品。

随着法律的完善、环境和人力成本的提高，跨国企业的竞争优势如何建立？发展中国家的比较优势又将向何而去？难道是在重复另一个循环吗？这是跨国公司如何存在的新命题，它不是依靠道德批判就能完成的任务。

资料来源：邢少文. 苹果: 跨国公司如何存在？南风窗, 2012,（10）: 74-77.

参考文献

巴曙松. 2000. 中国货币政策有效性的经济学分析. 北京: 经济科学出版社.

包先建. 2010. 安徽省城镇居民消费结构变化的实证分析. 安徽机电学院学报,（3）: 36-40.

柴源. 2006. 完全竞争理论的历史渊源. 生产力研究,（11）: 28-29.

崔建军. 2006. 货币中性非中性: 理论述评. 河南金融管理干部学院学报,（3）: 12-17.

达斯古柏塔 P, 何勇田. 1997. 环境资源问题的经济学思考. 国外社会科学, （3）: 40-46.

戴金平. 2012. 全球不平衡发展模式: 困境与出路. 厦门: 厦门大学出版社.

邓于君. 2000. 当前宏观经济形势成因探析. 淮南工业学院学报,（3）: 10-13.

董全瑞. 2010. 收入分配差距国别论. 北京: 中国社会科学出版社.

董岩. 2013. 经济全球化基本问题研究. 长春: 吉林大学.

范里安 H. 2012. 微观经济学: 现代观点（第八版）. 费方域, 等译. 上海: 格致出版社.

高鸿业. 2011. 西方经济学（宏观部分）. 5 版. 北京: 中国人民大学出版社.

国家统计局统计科研所“信息化统计评价”研究组. 2013. 2012 年中国信息化发展指数（II）国际比较研究. 调研世界,（12）: 3-7.

哈伯特 G, 奥布莱恩 A. 2007. 经济学（微观）. 张军译. 北京: 机械工业出版社.

海闻, 林德特 P, 王新奎. 2003. 国家贸易. 上海: 上海人民出版社.

何帆. 2009. 世界主要发达经济体应对金融危机的措施及其效果评述. 经济社会体制比较,（4）: 82-87.

何伟军, 曾宇平. 2011. 宏观经济学. 武汉: 武汉大学出版社.

赫国胜, 杨哲英, 张日新. 2003. 新编国际经济学. 北京: 清华大学出版社.

贾利军, 郭利华. 2002. 诺贝尔经济学奖经典理论. 呼和浩特: 内蒙古人民出版社.

江娅. 2012. 金融政策与经济发展相关性研究. 安徽: 合肥工业大学.

姜国钧. 2013. 面对金融危机世界各主要经济体的战略研究. 长春: 吉林大学出版社.

凯恩斯 J M. 2005. 就业、利息与货币通论（第三版）. 高鸿业译. 北京: 商务印书馆.

凯斯 K E, 菲儿 R C. 2003. 经济学原理下（第六版）. 李明志, 王斌, 高明译. 北京: 清华大学出版社.

李东阳. 2002. 国际直接投资与经济发展. 北京: 经济科学出版社.

李海峰. 2013. 金融发展不平衡与全球失衡——基于国际分工的研究. 南京: 南京大学.

李嘉图 D. 2009. 政治经济学及赋税原理. 丰俊功译. 北京: 光明日报出版社.

李松龄. 2002. 国民收入决定原则: “价值说”与“财富说”. 湖南财经高等专科学校学报,（2）: 3-8.

梁小民. 1984. 西方经济学导论. 北京: 北京大学出版社.

林恩 S R. 2009. 发展经济学. 王乃辉, 等译. 上海: 格致出版社.

刘春生, 王建军, 刘怡娟. 2009. 政治经济学. 北京: 中国人民大学出版社.

刘儒. 2010. 论各国应对金融危机的政策及效果分析. 现代商业, （9）: 202-203.

刘秀光. 2008. 宏观经济学. 3 版. 厦门: 厦门大学出版社.

刘玉平. 2006. 财务管理学. 北京: 中国人民大学出版社.

刘远坤. 2001. 商品化是我国农业转型的基础. 贵州农业科学,（5）: 50-52.
卢进勇, 杜奇华, 赵囡囡. 2013. 国际经济合作. 北京: 机械工业出版社.
罗宾逊 J. 2012. 不完全竞争经济学. 晏智杰译. 北京: 华夏出版社.
罗珉. 2004. 现代管理学. 成都: 西南财经大学出版社.
骆正山, 等. 2013. 信息经济学. 2 版. 北京: 机械工业出版社.
吕建军. 2008. 宏观经济学原理. 广州: 暨南大学出版社.
马尔萨斯 T R. 1992. 人口原理. 朱泱, 胡企林, 朱和中译. 北京: 商务印书馆.
马歇尔 A. 2005. 经济学原理. 陈良璧译. 北京: 商务印书馆.
麦克康奈尔 K, 布鲁伊 S. 2011. 经济学——原理、问题和政策（第十七版）.侯立平, 等译. 北京: 高等教育出版社.
曼昆 N G. 2009. 经济学原理（第五版）. 梁小民译. 北京: 北京大学出版社.
曼昆 N G. 2011. 微观经济学原理（第五版）. 梁晓明译. 北京: 北京大学出版社.
曼昆 N G, 哈克斯 D R. 2007. 经济学原理学习指南（第四版）. 梁小民, 陈宇峰译. 北京: 北京大学出版社.
梅多斯 D, 兰德斯 J, 梅多斯 D. 2013. 增长的极限. 李涛, 王智勇译. 北京: 机械工业出版社.
米什金 F S. 2011. 货币金融学（第九版）. 郑艳文, 荆国勇译. 北京: 中国人民大学出版社.
裴长洪, 林江. 2006. 经济全球化背景下国际贸易的新发展. 求是,（9）: 59-61.
彭洪斌. 1999. 知识经济时代国际贸易发展的新特点. 理论前沿,（1）: 23-24.
平狄克 R S, 鲁宾菲尔德 D L, 科尔 W T H. 2008. 微观经济学: 亚洲版. 刘启, 王引, 毛剑辉, 等译. 北京: 清华大学出版社.
平新乔. 2003. 微观经济学十八讲. 北京: 北京大学出版社.
钱存端. 1994. 对完全竞争市场模型的剖析. 理论研究,（2）: 7-10.
萨缪尔森 P, 诺德豪斯 W. 2013. 经济学（第十九版）. 萧琛, 等译. 北京: 商务印书馆.
尚玥佟. 2001. 发展中国家贫困化理论与反贫困战略. 北京: 中国社会科学院研究生院.
申皓. 2001a. 欧元区成员国财政政策对单一货币政策的影响. 欧洲,（1）: 45-50, 109.
申皓. 2001b. 欧洲中央银行研究. 武汉: 武汉大学出版社.
沈明伟. 2011. 世界经济发展不平衡的应对策略. 商丘师范学院学报,（5）: 76-79.
斯密 A. 2011. 国富论. 孙善春, 李春长译. 北京: 中国华侨出版社.
宋承先. 1994. 现代西方经济学: 微观经济学. 上海: 复旦大学出版社.
汤秀莲, 马云泽, 蒋雅文. 2013. 政治经济学. 北京: 清华大学出版社.
唐任伍. 2001. 世界经济大趋势研究——21 世纪中国东亚与世界. 北京: 北京师范大学出版社.
王冰. 2000. 完全竞争市场及对其评论. 武汉市经济管理干部学院学报,（2）: 19-22.
王建福. 2001. 论经济增长理论的发展历程. 经济师,（10）:32-33.
王雪野. 2004. 政治经济学发展新论. 北京: 化学工业出版社.
王应贵, 夏业良. 2000. 欧洲中央银行货币政策探析. 经济评论,（3）: 95-97.
王煜. 2000. 中国货币政策趋势. 北京: 中国金融出版社.
韦尔 D N. 2011. 经济增长（第二版）. 王劲峰译. 北京: 中国人民大学出版社.
乌家培, 谢康, 肖静华. 2007. 信息经济学. 北京: 高等教育出版社.
吴朝阳. 2011. 国际经济合作. 大连: 东北财经大学出版社.

吴晶妹. 2002. 评货币政策的中介目标——货币供应量. 经济评论,（3）: 78-80.
吴茜. 2003. 当代资本主义的新变化及其发展趋势. 国际论坛,（3）: 7-13.
徐海熙. 2002. 跨国公司在世界经济发展中的作用. 华东经济管理,（5）: 26-29.
杨丹辉, 贾伟. 2007. 全球服务外包发展的影响与我国的对策. 首届国际服务贸易论坛暨创刊25周年学术年会论文集. 北京: 国际贸易杂志社, 北京第二外国语学院国际经济贸易学院.
姚开建. 2003. 经济学说史. 北京: 人民大学出版社.
姚洋. 2013. 发展经济学. 北京: 北京大学出版社.
易纲, 吴有昌. 1999. 货币银行学. 上海: 上海人民出版社.
张伯伦 E H. 2013. 垄断竞争理论. 周文译. 北京: 华夏出版社.
张红地. 2002. 中央银行公开市场操作. 北京: 中国金融出版社.
张红伟. 2008. 我国金融发展与城乡收入差距关系的实证研究. 财政研究,（12）: 58-60.
张静. 2007. 可持续发展经济理论与实践. 北京: 经济科学出版社.
张维迎. 2007. 博弈论与信息经济学. 上海: 格致出版社.
张玮. 2011. 国际贸易. 2版. 北京: 高等教育出版社.
张竹云. 2001. 当前世界经济发展的特点分析. 北华大学学报（社会科学版）,（4）: 48-51.
张宗和. 2011. 新编政治经济学教程. 杭州: 浙江工商大学出版社.
章晓英. 2001. 消费结构与社会保障. 重庆工学院学报,（4）: 29-31.
郑新立, 周喜安. 2003. 中国: 21世纪的工业化. 北京: 经济科学出版社.
中国注册会计师协会. 2007. 财务成本管理. 北京: 经济科学出版社.
Coase R H. 1960. The problem of social cost. Journal of Law and Economics, 3（10）: 1-44.
Fink R H. 1982. Supply Side Economics. Washington D C: American University Press.
Hall R E. 1988. Hall and Tayler Macroeconomics: Study Guide. New York: W W Norton & Co Inc.
Oates W E. 1994. The Economics of the Environment. Northampton: Edward Elgar Publishing Ltd.